Statistik-Lehrbuch

Methoden der Statistik im wirtschaftswissenschaftlichen Bachelor-Studium

von

Univ.-Prof. Dr. Horst Degen
Heinrich-Heine-Universität Düsseldorf

apl. Prof. Dr. Peter Lorscheid
Heinrich-Heine-Universität Düsseldorf

4., korrigierte Auflage

Oldenbourg Verlag München

Bibliografische Information der Deutschen Nationalbibliothek

Die Deutsche Nationalbibliothek verzeichnet diese Publikation in der Deutschen
Nationalbibliografie; detaillierte bibliografische Daten sind im Internet über
http://dnb.d-nb.de abrufbar.

© 2012 Oldenbourg Wissenschaftsverlag GmbH
Rosenheimer Straße 145, D-81671 München
Telefon: (089) 45051-0
www.oldenbourg-verlag.de

Lektorat: Dr. Stefan Giesen
Herstellung: Constanze Müller
Einbandgestaltung: hauser lacour
Gesamtherstellung: Grafik & Druck GmbH, München

Dieses Papier ist alterungsbeständig nach DIN/ISO 9706.

ISBN   978-3-486-71420-3
eISBN 978-3-486-71588-0

Inhaltsverzeichnis

Vorwort zur vierten Auflage

Das vorliegende Lehrbuch richtet sich an Studierende in grundlegenden wirtschaftswissenschaftlichen Studiengängen und ist aus einem Skript zur statistischen Ausbildung im Diplom-Studiengang Betriebswirtschaftslehre an der Heinrich-Heine-Universität Düsseldorf hervorgegangen. Die zugehörigen Lehrveranstaltungen hatten zunächst einen Umfang von acht Semesterwochenstunden (SWS) Vorlesungen plus zwei SWS Übungen und wurden ergänzt um zwei freiwillige SWS Praxis am Computer.

Durch die Umstellung auf konsekutive Bachelor- und Masterstudiengänge ist ab der dritten Auflage eine Änderung der ursprünglichen Konzeption notwendig geworden. Im Gegensatz zu den meisten Lehrbüchern zur Statistik für Wirtschaftswissenschaftler enthielt das Buch in den vorigen Auflagen auch einen substanzwissenschaftlichen Teil, nämlich die Wirtschafts- und Bevölkerungsstatistik, der in die statistische Methodenlehre eingebettet war. Obwohl wir auch weiterhin der Meinung sind, dass der Bereich der Wirtschafts- und Bevölkerungsstatistik unbedingt zum statistischen Basiswissen für angehende Wirtschaftswissenschaftler gehört, mussten wir der erforderlichen Kürzung des Statistikangebotes im Bachelorstudiengang Rechnung tragen: Das Pflicht-Lehrprogramm im Fach Statistik umfasst nur noch sechs SWS Plenum und zwei SWS Gruppenarbeit. Um dem statistischen Standard-Curriculum in wirtschaftswissenschaftlichen Bachelorstudiengängen zu entsprechen, trennten wir uns schweren Herzens von der Wirtschafts- und Bevölkerungsstatistik im Pflichtprogramm und verlagerten die diesbezüglichen Lehrveranstaltungen in den Wahlpflichtbereich ab dem dritten Fachsemester.

Dementsprechend haben wir auch das vorliegende Statistik-Lehrbuch ab der dritten Auflage um den bisherigen Teil zur Wirtschafts- und Bevölkerungsstatistik gekürzt. Die drei verbleibenden Themenschwerpunkte des Lehrbuchs orientieren sich weiterhin an unserer 1994 erstmals erschienen Statistik-Aufgabensammlung[1], die – neben der Wirtschafts- und Bevölkerungsstatistik – zur statistischen Methodenlehre die Themenbereiche beschreibende (deskriptive) Statistik, Wahrscheinlichkeitsrechnung und schließende Statistik (Stichprobentheorie) abdeckt. In allen drei Themenbereichen des Lehrbuchs werden Grundkenntnisse in Wirtschaftsmathematik vorausgesetzt.

---

[1] H. DEGEN & P. LORSCHEID: *Statistik-Aufgabensammlung.*

Da die Aufgabensammlung parallel zum Lehrbuch verwendet werden soll, haben wir im Lehrbuch die Zahl der Beispiele stark beschränkt und keine Übungs-aufgaben aufgenommen. Zur Erläuterung der Methoden benutzen wir – soweit es die Verfahren erlauben – ein durchgehendes ökonomisches Beispiel eines fiktiven Unternehmens, wobei die Berechnungen häufig auf den zuvor ermittelten Ergebnissen basieren. Wir hoffen, durch die aufeinander aufbauenden An-wendungen nicht nur den Zusammenhang zwischen den Methoden aufzuzeigen, sondern auch eine gewisse Motivation zur Vor- und Rückschau zu vermitteln. Denn detailliertes Formelwissen ist für das Verständnis der Statistik weit weniger entscheidend als das Erkennen von Zusammenhängen, Unterschieden und Gemeinsamkeiten bei den Verfahren, die sich erst aus einer Gesamtschau der Methoden ergeben.

Neu aufgenommen bzw. übertragen aus der Statistik-Aufgabensammlung haben wir am Ende dieses Buches Übersichten zur Vorgehensweise bei Konfidenz-intervallschätzungen und bei Signifikanztests. Erhalten geblieben ist ein knapper Tabellenanhang mit den Werten der wichtigsten benötigten Verteilungs-funktionen.

Die Texte des Lehrbuchs sind möglichst knapp gehalten, andererseits so ausführlich, dass sie in sich verständlich sein sollten. Formeln werden grundsätzlich erläutert – meist unter Verzicht auf mathematisch-statistische Herleitungen. Dadurch ist das Lehrbuch sowohl zum Selbststudium als auch als Begleittext beim Besuch von Lehrveranstaltungen geeignet.

Nach der dritten Auflage war bereits nach kurzer Zeit eine Neuauflage erforderlich. Inhaltlich ist die vierte gegenüber der dritten Auflage unverändert. Wir haben aber die Gelegenheit genutzt, einige Fehler, insbesondere in den Quer-verweisen innerhalb des Buches, zu beseitigen.[2]

Horst Degen
Peter Lorscheid

---

[2] Soweit auch in dieser vierten Auflage noch Fehler im Text auftreten sollten, können uns diese unter der e-mail-Adresse ‚peter.lorscheid@uni-duesseldorf.de' mitgeteilt werden.

0 Statistik – historische Entwicklung und heutige Arbeitsgebiete

0.1 Der Begriff ‚Statistik‘

Ursprünglich wurde der Begriff ‚Statistik‘ zur Beschreibung der Verhältnisse im staatlichen Gemeinwesen benutzt; Gegenstand der Statistik war somit der ‚Zustand des Staates‘. Etymologisch konnte nicht eindeutig geklärt werden, ob das Wort direkt auf das lateinische ‚status‘ (Stand, Zustand) zurückgeht oder auf die hieraus entlehnte Bezeichnung ‚Staat‘.[1]

Im Laufe der Zeit gesellten sich zu dieser ursprünglichen Bedeutung des Wortes ‚Statistik‘ andere hinzu:

● *materiell*: Eine ‚Statistik‘ ist eine tabellarische oder grafische Darstellung von zahlenmäßig erhobenen Daten oder von Ergebnissen statistischer Untersuchungen bestimmter Sachverhalte.

● *instrumental*: ‚Die Statistik‘ ist die Zusammenfassung von Methoden, die zur zahlenmäßigen Untersuchung (Beschreibung, Analyse) von Massenerscheinungen dienen.

● *institutionell*: Begriffe wie ‚Arbeitsmarktstatistik‘ oder ‚Bankenstatistik‘ bezeichnen die an der Durchführung bestimmter statistischer Erhebungen beteiligten Bereiche oder Institutionen.

● *speziell*: ‚statistic‘ ist der englische Ausdruck für eine Stichprobenfunktion, der zum Teil auch im deutschen Sprachraum verwendet wird.

Definitionen von Statistik

Diese Vielzahl von Bedeutungen des Begriffes ‚Statistik‘ führte dazu, dass es kaum möglich ist, eine allgemein gültige Definition hierfür anzugeben. Jede Definition von Statistik ist darauf angewiesen, innerhalb dieser vielschichtigen Bedeutungen Schwerpunkte zu setzen. Eine Auswahl von unterschiedlichen Statistik-Definitionen bekannter Statistiker soll die verschiedenen Schwerpunkte verdeutlichen:

---

[1] Dies liegt nicht zuletzt daran, dass im Englischen und Französischen bis heute für beide Bedeutungen das gleiche Wort verwendet wird.

HORST RINNE: „Statistik als wissenschaftliche Disziplin ist die Lehre von den Methoden zum Umgang mit quantitativen Informationen."[2]

PETER BOHLEY: „Statistik entsteht und besteht aus dem Zählen und Messen und dem Aufbereiten von Dingen und Phänomenen, die wiederholt oder meist sogar massenhaft auftreten."[3]

JOSEF BLEYMÜLLER, GÜNTHER GEHLERT & HERBERT GÜLICHER: „Heute wird das Wort ‚Statistik' im doppelten Sinn gebraucht: Einmal versteht man darunter quantitative Informationen über bestimmte Tatbestände schlechthin, wie z. B. die ‚Bevölkerungsstatistik' oder die ‚Umsatzstatistik', zum anderen aber eine formale Wissenschaft, die sich mit den Methoden der Erhebung, Aufbereitung und Analyse numerischer Daten beschäftigt."[4]

GÜNTER BAMBERG & FRANZ BAUR: „Zum einen beschreibt er die tabellarische oder grafische Darstellung eines konkret vorliegenden Datenmaterials, [...]. Zum anderen beschreibt der Begriff „Statistik" die Gesamtheit der Methoden, die für die Gewinnung und Verarbeitung empirischer Informationen relevant sind."[5]

HEINZ-JÜRGEN PINNEKAMP & FRANK SIEGMANN: „Aufgabe der statistischen Methodenlehre ist es daher, allgemeine Grundsätze und Regeln zu formulieren, die es den jeweiligen Fachvertretern (Technikern, Medizinern, Soziologen, Ökonomen etc.) erlauben, Datensätze so zu komprimieren und darzustellen, daß sie überschaubar werden."[6]

WERNER NEUBAUER: „Statistik ist eine Methodik empirischer Erkenntnis von Massenerscheinungen, die quantifizierende, numerische Urteile über kategorial wohldefinierte Phänomene produziert."[7]

JOSEF SCHIRA: „Statistik ist die Wissenschaft vom Sammeln, Aufbereiten, Darstellen, Analysieren und Interpretieren von Fakten und Zahlen."[8]

JOCHEN SCHWARZE: „In unserer Sprache hat das Wort ‚Statistik' zwei, allerdings miteinander verwandte Bedeutungen. Einmal versteht man unter Statistik eine Zusammenstellung von Zahlen oder Daten, die bestimmte Zustände, Entwicklungen oder Phänomene beschreiben. [...] Die andere Bedeutung des Begriffs ‚Statistik' umfasst die Gesamtheit aller Methoden zur Untersuchung von Massenerscheinungen."[9]

---

[2] H. RINNE: *Taschenbuch der Statistik*, S. 1.

[3] P. BOHLEY: *Statistik*, S. 1.

[4] J. BLEYMÜLLER, G. GEHLERT & H. GÜLICHER: *Statistik für Wirtschaftswissenschaftler*, S. 1.

[5] G. BAMBERG, F. BAUR & M. KRAPP: *Statistik*, S. 1.

[6] H.-J. PINNEKAMP & F. SIEGMANN: *Deskriptive Statistik*, S. 1.

[7] W. NEUBAUER: *Statistische Methoden*, S. 6.

[8] J. SCHIRA: *Statistische Methoden der VWL und BWL*, S. 13

[9] J. SCHWARZE: *Grundlagen der Statistik I*, S. 11.

WERNER VOSS: „Die Statistik dient dazu, Entscheidungen in Fällen von Ungewißheit zu
    treffen."[10]

Volksmund: „Es gibt drei Arten von Lügen: einfache Lügen, Notlügen und Statistiken."[11]

Angesichts dieser Anzahl und Vielfalt von Definitionen fällt es nicht leicht, sich
für eine zu entscheiden. Alle angeführten Begriffsbestimmungen sind angemessen und heben dem jeweiligen Autor besonders wichtige Bestandteile des Begriffs
‚Statistik' hervor. Eine knappe Formulierung, die alle im Rahmen dieses Buches
wesentlichen Elemente enthält, haben wir in einem der großen Standard-Lexika
gefunden:[12]

> BROCKHAUS-Lexikon: Statistik ist eine „methodische Hilfswissenschaft zur
>   zahlenmäßigen Untersuchung von Massenerscheinungen."

Jedes einzelne Wort dieser Definition muss man sorgfältig lesen, um den Sinn-
gehalt der Formulierung zu erkennen: ‚Methodisch' bedeutet, dass die Vorgehensweise der Statistik in der planmäßigen Anwendung von Verfahren zur
Lösung von Aufgaben besteht. ‚Hilfswissenschaft' betont, dass statistisches
Arbeiten kein Selbstzweck ist, sondern stets innerhalb einer bestimmten
Fachdisziplin erfolgt. ‚Zahlenmäßige Untersuchung' heißt, dass es bei der
statistischen Arbeit vor allem um die quantitative Analyse von durch Zahlen
geprägten Sachverhalten geht. ‚Massenerscheinungen' schließlich weist darauf
hin, dass Statistik sich grundsätzlich nicht mit Einzelfällen näher befasst, sondern
stets die Bearbeitung (Beschreibung, Analyse, Interpretation) von großen Datenmengen zum Ziel hat.

0.2   Geschichte der Statistik

Als (Hilfs-)Wissenschaft ist die Statistik erst im 20. Jahrhundert entstanden.
Statistisches Arbeiten und Denken gibt es jedoch schon seit etwa 4000 Jahren in
Form von agrar- und bevölkerungsstatistischen Erhebungen. Bei der geschicht-

---

[10] W. VOSS: *Statistische Methoden und PC-Einsatz*, S. 16.

[11] Dies zeugt von dem großen Misstrauen gegenüber der Statistik, das in weiten Teilen der Bevölkerung
herrscht, was nicht zuletzt darauf zurückzuführen ist, dass schon bei der Definition des Begriffes große
Unsicherheiten auftreten.

[12] *Der Große Brockhaus*, 16. Aufl. 1957, Bd. 11, S. 178.

lichen Entwicklung der Statistik bis ins 20. Jahrhundert hinein unterscheidet man üblicherweise vier große Phasen, die sich zum Teil zeitlich überschneiden:

Praktische Statistik

Sie ist ausgerichtet auf staatliche Phänomene und Bedürfnisse (gemeinsame Großbaustellen, Versorgungssicherung, Kriegsführung, fiskalische Zwecke). Volkszählungen zur Erfassung der arbeitsfähigen, waffentragenden und/oder steuerpflichtigen Männer waren in Ägypten seit 2500 v. Chr., in China seit 2200 v. Chr. und in Persien seit 500 v. Chr. üblich. Seit 435 v. Chr. wurden im römischen Reich Einkommens- und Vermögenslisten (,Zensus') eingeführt, die in einem Rhythmus von 5 Jahren (später 15 Jahren) erstellt wurden. Das Mittelalter war dagegen eine wenig statistikfreundliche Zeit. Es gab nur vereinzelt Zählungen (England 1086, Italien 1154, Dänemark 1231).

Universitäts- und Kathederstatistik

Es entstand eine erste Schule der Statistik (Conring 1606-1681) und damit eine Ausweitung und Systematisierung umfassender Staatsbeschreibungen in Italien, Holland und Deutschland zwischen dem 16. und 18. Jahrhundert (meist auf privater, d. h. universitärer Ebene). Statistik wird als ,Lehre von den Staatsmerkwürdigkeiten' betrachtet. Im Mittelpunkt stehen rein beschreibende Darstellungen ohne Zahlenangaben. Da er erstmals den Begriff ,Statistik' verwendete, wurde der deutsche Historiker und Jurist GOTTFRIED ACHENWALL (1719-1772) auch ,Vater der Statistik' genannt und als Mitbegründer der wissenschaftlichen Statistik in die Lexika aufgenommen. Bei PLAYFAIR (1786) findet man erste Versuche einer übersichtlichen Darstellung mittels Tabellen und Schaubildern. Ende des 19. Jahrhunderts kam es zum Zusammenbruch der Staatenkunde, als sich die Wissenschaften immer mehr spezialisierten und verselbstständigten (Nationalökonomie, Geographie usw.).

Erste staatliche statistische Ämter findet man in Schweden (1756), Frankreich (1796) und Bayern (1801). Bis 1870 kam es allgemein zur Institutionalisierung statistischer Ämter in allen europäischen Staaten. In Deutschland wurde im Jahre 1872 das Kaiserliche Statistische Amt gegründet. Seit 1880 erfolgte die regelmäßige Herausgabe des „Statistischen Jahrbuchs für das Deutsche Reich". Umfassende Volks-, Berufs- und Betriebszählungen fanden bereits in den Jahren 1882, 1895 und 1907 statt.

Politische Arithmetik

Sie entstand im 17. Jahrhundert unabhängig, aber auch als Gegenpol zur Universitätsstatistik und betonte die Erforschung der Bevölkerungsverhältnisse in Form einer mathematisch-statistischen Analyse, verbunden mit der Suche nach Regelmäßigkeiten im Wirtschafts- und Sozialleben. Als wichtige Neuerung ist hier z. B. die Aufstellung von Sterbetafeln durch GRAUNT (1662) und PETTY (1681) zu nennen. 1741 entwickelte der deutsche Statistiker und Nationalökonom JOHANN PETER SÜßMILCH statistische Modelle der allgemeinen Bevölkerungsentwicklung.

Wahrscheinlichkeitsrechnung

Parallel zu den beiden letztgenannten Entwicklungen kam es zu einer Übertragung von Methoden der Wahrscheinlichkeitsrechung auf die Statistik. Statistik wird hier in erster Linie als Anwendungsgebiet der Stochastik (Zweig der angewandten Mathematik) betrachtet und damit die Grundlagen für die Entwicklung der analytischen Statistik gelegt. Dieser Zweig der Statistik hat vom 17. bis ins 20. Jahrhundert hinein die Geschichte der Statistik geprägt und in neuerer Zeit dominiert. Als wichtige Arbeiten in diesem Bereich gelten diejenigen von PASCAL (1623-1662), DE MOIVRE (1667-1754), J. BERNOULLI (1654-1705), D. BERNOULLI (1700-1782), BAYES (1702-1761), LAPLACE (1749-1827), GAUß (1777-1855), QUETELET (1796-1874), GALTON (1822-1911), PEARSON (1857-1936), FISHER (1890-1962), KOLMOGOROFF (1903-1987) und WALD (1903-1950).

Statistik in der zweiten Hälfte des 20. Jahrhunderts

Seit dem zweiten Weltkrieg hat sich mit dem Aufkommen des computergestützten Rechnens der Wissenschaftszweig Statistik außerordentlich schnell weiterentwickelt: Nichtparametrische Statistik [SIEGEL (1956), BICKEL und LEHMANN (1975/76)], Explorative Datenanalyse [TUKEY (1977)]; Computerabhängige Methoden, wie z. B. das Bootstrappen [EFRON (1979)]; Ausbau multivariater statistischer Verfahren, wie z. B. der LISREL-Ansatz [JÖRESKOG (1982)] – um nur einige herausragende Entwicklungen zu nennen. Im Zentrum der Diskussion steht die Polarisierung zwischen konfirmatorischem (induktivem) und explorativem (deskriptivem) statistischen Denken, d. h. zwischen der Nutzung von Wahrscheinlichkeitsmodellen zur statistischen Prüfung vorgegebener Hypothesen einerseits und der hypothesenbildenden statistischen Datenanalyse andererseits.

0.3 Arbeitsgebiete der Statistik

Die Arbeitsgebiete der Statistik gliedern sich in zwei Hauptbereiche: Einerseits handelt es sich um die Methodenlehre der Statistik, die statistische Verfahren und Techniken zur Analyse von Daten bereitstellt, ohne die Besonderheiten des fachwissenschaftlichen Ursprungs der zu analysierenden Daten zu beachten. Mit der Umsetzung der statistischen Methodik im Rahmen der jeweiligen Fachgebiete (insbesondere Wirtschafts- und Bevölkerungswissenschaften, Medizin, Soziologie, Physik, Psychologie, Rechtswissenschaft, Biologie, technische Wissenschaften usw.) beschäftigen sich andererseits die fachbezogenen Statistiken, wobei es neben der Anpassung der statistischen Methodik an die speziellen fachbezogenen Bedürfnisse vor allem auf die Operationalisierung fachlicher Begriffe für eine statistische Arbeit ankommt.

Statistische Methodenlehre

Unter diesem Sammelbegriff fasst man sowohl die Entwicklung und Bereitstellung statistischer Techniken (Verfahren, Methoden, Prozeduren) als auch die mathematischen Beweisführungen für ihre Richtigkeit zusammen. Ebenfalls zählen die Beschreibung typischer Anwendungsbereiche und die Erläuterung von Anwendungsgrenzen dazu. Seit etwa 1980 ist im Zusammenhang mit der Entwicklung statistischer Auswertungssysteme und geeigneter Software die Zusammenarbeit zwischen Informatikern und Statistikern sehr eng geworden. Man unterscheidet traditionell folgende Teilgebiete der statistischen Methodenlehre:

● *Beschreibende oder deskriptive Statistik*: Hierunter versteht man nicht nur das Erheben, Ordnen, Aufbereiten und Darstellen von Datenmengen in Tabellen und Schaubildern, sondern auch das Berechnen von charakteristischen Kenngrößen und deren Interpretation. Dabei beziehen sich Aussagen und Ergebnisse stets nur auf die untersuchten Daten. Seit den Arbeiten von J. W. TUKEY Ende der 70er Jahre ist zusammen mit der deskriptiven Statistik auch die so genannte explorative Datenanalyse (EDA) zu erwähnen.

● *Wahrscheinlichkeitsrechnung*: Sie ist ein Teilbereich der Mathematik, der als Bindeglied zwischen beschreibender und schließender Statistik dient. Die Untersuchung stochastischer Vorgänge mit Hilfe von Zufallsmodellen und darauf basierenden Zufallsvariablen steht im Mittelpunkt.

● *Schließende, induktive, inferentielle oder analytische Statistik (Stichprobenverfahren)*: Meist findet man die angeführten Bezeichnungen alternativ und gleichwertig nebeneinander. Allen ist gemeinsam, dass aufgrund der deskriptiven

Untersuchung eines Teils der Datenmenge (Stichprobe) von einer Teilmasse Rückschlüsse auf die zugrunde liegenden Gesetzmäßigkeiten in der Gesamtmasse gezogen werden sollen. Regeln aufzustellen für das stichprobenbasierte Schätzen unbekannter Parameter, Testen von Hypothesen und Fällen optimaler Entscheidungen sind die wichtigsten Aufgaben in diesem Bereich der Statistik.

Angewandte Statistiken

Hierunter versteht man die sogenannte *praktische Statistik* für spezielle Fachgebiete. Dies meint nicht nur die Anwendung der statistischen Methoden, sondern auch die Operationalisierung der verwendeten Begriffe. Zu diesem Zweck wird die praktische Statistik sehr tief gegliedert, z. B. die Wirtschaftsstatistik in *betriebliche und amtliche Statistik*, und dort weiter in institutionelle Ressorts (Agrarstatistik, Bankenstatistik, Industriestatistik, Verkehrsstatistik) und funktionelle Ressorts (Erwerbsstatistik, Preisstatistik, Außenhandelsstatistik, Einkommens- und Verbrauchsstatistik, Finanzstatistik, Statistik des produzierenden Gewerbes und volkwirtschaftliche Gesamtrechnung). Im Mittelpunkt steht die umfassende, kontinuierliche und aktuelle Information über wirtschaftliche, soziale und ökologische Zusammenhänge. Wegen der großen Bedeutung wird in den Industrieländern seit Beginn des 19. Jahrhunderts auch die *Bevölkerungsstatistik* in enger Verbindung mit der Wirtschaftsstatistik als Teil der amtlichen Statistik geführt.

0.4 Phasen des statistischen Arbeitens

Der Ablauf des statistischen Arbeitens umfasst sämtliche Phasen einer Studie, ausgehend von den ersten Vorüberlegungen über die eigentliche statistische Datenanalyse bis zur Interpretation der Ergebnisse. Im Einzelnen unterscheidet man folgende fünf Phasen:

● *Vorbereitung und Planung*: Zunächst muss eine Präzisierung der Ziele erfolgen, die mit der Untersuchung verfolgt werden. Hieraus ist eine sachliche, räumliche und zeitliche Abgrenzung des Problems und damit des Datenbedarfs abzuleiten. Insbesondere ist festzulegen, wie viele Objekte bzw. Fälle untersucht werden sollen. Dabei müssen auch die technisch-organisatorischen Abläufe der Untersuchung und ihre Kosten berücksichtigt werden.

● *Datenerfassung*: Hierunter versteht man die Gewinnung des statistischen Datenmaterials durch eine eigene Erhebung (*Primärstatistik*) oder durch den Rückgriff auf vorhandenes, für einen anderen Untersuchungszweck erhobenes

Datenmaterial (*Sekundärstatistik*). Primärstatistiken können genau auf das jeweilige Untersuchungsziel abgestellt werden, sind jedoch i. d. R. auch teurer als Sekundärstatistiken. Bei einer Primärstatistik unterscheidet man weiter zwischen *Voll- und Teilerhebung*. Vollerhebungen sind wegen der größeren Zahl von zu untersuchenden Einheiten kostspieliger und zeitraubender als Teilerhebungen. Demgegenüber sind Vollerhebungen nicht notwendigerweise genauer in den Ergebnissen als Teilerhebungen, was u. a. daran liegt, dass man angesichts der geringeren Anzahl von zu untersuchenden Einheiten in einer Teilerhebung bei der Bearbeitung der einzelnen Einheiten mehr Sorgfalt walten lassen kann. Die Techniken der Teilerhebungen sind vielfältig und werden im Rahmen der ‚Stichprobentheorie' ausführlich besprochen. Die *Erhebung* selbst erfolgt entweder durch Experiment, durch automatisches Erfassen, durch Beobachtung oder durch mündliche bzw. schriftliche Befragung.

● *Datenkontrolle und -aufbereitung*: Zunächst wird eine Kontrolle des Datenmaterials auf sachliche Richtigkeit (Plausibilitätskontrolle), Vollzähligkeit und Vollständigkeit durchgeführt. Das erklärte Ziel ist die Umwandlung des durch die Erhebung gewonnenen Urmaterials zu Aussagen über die zugrunde liegende Datenstruktur. Dazu werden die ungeordneten Daten verschlüsselt, sortiert und eventuell zu bestimmten Gruppen (Klassenbildung) zusammengefasst, um für die Anwendung statistischer Methoden vorbereitet zu sein. Gegebenenfalls sind auch Transformationen der Daten notwendig (z. B. Wechselkursumrechnungen, Veränderung der Skalenform).

● *Datenauswertung und -analyse*: Den Kern des statistischen Arbeitens bildet die Untersuchung des Datenmaterials mit Hilfe geeigneter statistischer Methoden. Hier kommen die Verfahren der deskriptiven und analytischen Statistik zum Einsatz. Die Arbeit in dieser Phase wird meist mit Hilfe von speziellen rechnergestützten Statistik-Programmpaketen durchgeführt. Gegenwärtig gibt es mehr als 200 kommerziell angebotene Programme, z. B. SPSS, SAS, Stata, STATISTICA, MINITAB.[13]

● *Datenpräsentation und Interpretation*: Die Darstellung der Ergebnisse in Tabellen und statistischen Schaubildern wird ebenfalls von rechnergestützten Programmen übernommen und dient als Ausgangspunkt für eine Interpretation der gefundenen Resultate. Vor allem bei der Interpretation sollte der Statistiker auf die Mithilfe von Experten der jeweiligen Fachdisziplin zurückgreifen.

---

[13] Zu einer vergleichenden Übersicht vgl. G. BAMBERG, F. BAUR & M. KRAPP: *Statistik*, Kapitel 20.

!! In allen fünf Phasen des statistischen Arbeitens können Fehler gemacht werden (von einer falschen Einschätzung der Problemlage bis zu fehlerhaften Interpretationen der Resultate).

Teil A

Beschreibende Statistik

Statistik beschäftigt sich, so die in Kapitel 0 gegebene Definition, mit der „zahlenmäßigen Untersuchung von Massenerscheinungen". Eine solche Untersuchung bedingt offenbar, dass Daten in großen Mengen anfallen, die aufgrund ihres Umfangs einer unmittelbaren inhaltlichen Erfassung durch den Menschen nicht mehr zugänglich sind. Deshalb ist es unabdingbar, den Informationsgehalt der Daten in wenigen aussagekräftigen Zahlen und Grafiken zu verdichten: Maßzahlen für die Lage sollen die Größenordnung der erhobenen Werte wiedergeben, Streuungsmaße die Variationsbreite der Werte charakterisieren, Korrelationskoeffizienten den Zusammenhang der Beobachtungswerte für verschiedene Sachverhalte kennzeichnen.

Die sachgerechte Verdichtung der erhobenen Beobachtungswerte erfordert fundiertes Wissen über die Eigenschaften und Anwendungsvoraussetzungen der unterschiedlichen Methoden, welche die beschreibende Statistik zur Bewältigung dieser Aufgabe anbietet. Dieses Wissen stellt die Basis für eine angemessene Interpretation der statistischen Ergebnisse dar.

1 Grundbegriffe der Statistik

1.1 Statistische Massen

Statistische Untersuchungen haben häufig Massenerscheinungen zum Gegenstand, die jedoch sehr unpräzise beschrieben sein können, wie Wirtschaftswachstum, Arbeitslosigkeit oder Umweltverschmutzung. Wie misst oder zählt man z. B. ,Umweltverschmutzung'? Zunächst müssen geeignete statistische Massen definiert werden, die den zu untersuchenden Begriff den statistischen Methoden zugänglich machen. Bei der statistischen Untersuchung von 'Umweltverschmutzung' müssen zähl- oder messbare statistische Massen gefunden werden: Gewässer verschiedener Wassergüteklassen, Schwefeldioxidmengen in der Luft, Investitionen für Lärmschutz, Primärenergieverbräuche der Einwohner. Welche Daten jeweils verwendet werden sollten, ist im Einzelfall zu klären.

Bevor man sich den Methoden zur Untersuchung von Daten zuwendet, ist zu klären, auf welche Weise Daten überhaupt entstehen, d. h. erfassbar und messbar werden. In diesem Zusammenhang sind einige Begriffe zu erläutern:

> ■ **Statistische Einheit**
> Eine statistische Einheit ist ein Einzelobjekt einer statistischen Untersuchung, das Träger der Information(en) ist, für die man sich interessiert (Merkmalsträger).
>
> ■ **Statistische Masse**
> Eine statistische Masse ist die Zusammenfassung aller in Verbindung mit dem Untersuchungsziel interessierenden statistischen Einheiten mit (mindestens) einer übereinstimmenden Eigenschaft, die durch *sachliche*, *räumliche* und *zeitliche Abgrenzung* exakt beschrieben und somit von den in diesem Zusammenhang nicht zu berücksichtigenden statistischen Einheiten deutlich zu unterscheiden sind.

Beispiel 1.1
Bei der statistischen Untersuchung eines Unternehmens kommen als statistische Massen beispielsweise der Personalbestand, der Materialbestand, der Auftragsbestand, aber auch die Gesamtheit der Zahlungsein- oder -ausgänge des Unternehmens in Betracht. Die einzelnen Beschäftigten, Materialien, Aufträge bzw. Zahlungsvorgänge bilden jeweils die einzelnen statistischen Einheiten.

Die Abgrenzung der statistischen Massen muss in zeitlicher, räumlicher und sachlicher Hinsicht erfolgen, sodass für jede statistische Einheit unzweifelhaft ist, ob sie zur fraglichen statistischen Masse gehört oder nicht. Beim Personalbestand ist in zeitlicher Hinsicht ein Zeitpunkt (d. h. ein Stichtag) festzulegen, zu dem die statistische Masse erhoben werden soll. Die räumliche Abgrenzung besteht in der Definition des Unternehmens selbst; für die sachliche Abgrenzung des Unternehmens ist der Begriff ‚Personal' zu definieren: Gehören zum Personal z. B. auch die Teilzeitbeschäftigten, die Unternehmenseigner und die in Erziehungsurlaub befindlichen Personen?

Nach der Art der zeitlichen Abgrenzung lassen sich die statistischen Massen in zwei Grundtypen untergliedern:

● *Bestandsmassen (stock)*: Haben die Einheiten einer statistischen Masse nebeneinander Bestand, so sind sie von Dauer und können zu einem bestimmten Zeitpunkt (Punktmasse) durch eine statistische Erhebung erfasst werden.
In Beispiel 1.1 ist dies beim Personalbestand, Materialbestand und Auftragsbestand der Fall.

● *Bewegungsmassen (flow)*: Ereignisse können dagegen nicht stichzeitmäßig erfasst werden, da sie im Allgemeinen nicht in genügender Anzahl gleichzeitig auftreten. Diese Ereignismassen müssen innerhalb eines längeren Zeitabschnittes durch laufende Registrierung der betreffenden Ereignisse erfasst werden.
In Beispiel 1.1 handelt es sich bei den Zahlungsein- und -ausgängen um Bewegungsmassen. Veränderungen der Bestandsmassen im Zeitablauf ergeben sich ebenfalls aufgrund von Bewegungsmassen, beim Personalbestand beispielsweise handelt es sich dabei um Kündigungen, Neueinstellungen usw.

Zu jeder Bestandsmasse lassen sich Bewegungsmassen angeben, aufgrund derer sich der Bestand der Bestandsmassen im Zeitablauf ändert. Für die Bestandsmasse kann ausgehend von ihrem Anfangsbestand über die zugehörigen Bewegungsmassen mittels *Fortschreibung* der Bestand zum Endzeitpunkt ermittelt werden, auch wenn für diesen Endzeitpunkt keine erneute Erhebung vorliegt:

(1.1) $n_t = n_{t-1} + z_{t-1\,t} - a_{t-1\,t}.$
Dabei bezeichnen n_t den Umfang der Bestandsmasse zum Zeitpunkt t, $z_{t-1\,t}$ den Umfang der Bewegungsmasse der Zugänge zwischen $t-1$ und t und $a_{t-1\,t}$ den Umfang der entsprechenden Bewegungsmasse der Abgänge. Bei der Fortschreibung ist jedoch zu berücksichtigen, dass die Ungenauigkeit der Ergebnisse, die man mittels Fortschreibung erhält, mit dem zeitlichen Abstand zur letzten Erhebung der Bestandsmasse ansteigt, da sich Fehler bei der Erhebung der Bewegungsmassen mit der Fortschreibung der Bestandsmasse kumulieren.

1.2   Statistische Merkmale

Nach der Abgrenzung einer statistischen Masse müssen nun noch die an ihr zu erhebenden Untersuchungstatbestände genau umrissen werden:

■ Merkmal
Die Eigenschaft einer statistischen Einheit (Merkmalsträger), für die man sich im Rahmen der statistischen Untersuchung interessiert, heißt Merkmal. An einer statistischen Masse können mehrere Merkmale gleichzeitig untersucht werden.

■ Merkmalsausprägung
Unter einer Merkmalsausprägung versteht man eine der grundsätzlich möglichen Ausformungen eines Merkmals bei einem Merkmalsträger. Dies betrifft sowohl die verschiedenen Zahlen, die ein quantitatives Merkmal annehmen kann, als auch die unterschiedlichen Kategorien, die bei einem qualitativen Merkmal auftreten können.

■ Beobachtungswert
Die bei der statistischen Untersuchung an einer bestimmten statistischen Einheit (Merkmalsträger) einer statistischen Masse hinsichtlich eines bestimmten Merkmals festgestellte Merkmalsausprägung heißt Beobachtungswert. Beobachtungswerte sind der Ausgangspunkt für sämtliche Anwendungen statistischer Methoden.

Bei einer statistischen Erhebung wird an sämtlichen n statistischen Einheiten einer statistischen Masse ein Merkmal X beobachtet, d. h., an jeder Einheit wird die Ausprägung dieses Merkmals festgestellt. Sind $a_1, a_2, ..., a_k$ die möglichen Ausprägungen des Merkmals X, so wird der i -ten statistischen Einheit ($i = 1, 2, ..., n$) seine Ausprägung a_j als Beobachtungswert x_i zugeordnet:

(1.2) $x_i = a_j(i)$.

Die insgesamt n Beobachtungswerte $x_1, x_2, ..., x_n$ heißen *Urliste*. Die Urliste umfasst i. d. R. so viele Daten in ungeordneter Form, dass die Übersichtlichkeit nicht mehr gewährleistet ist. Eine gewisse Abhilfe kann hier die geordnete Urliste bringen, bei der sämtliche in der Urliste vorkommenden Merkmalsausprägungen der Größe nach sortiert sind:

(1.3) $x_{(1)} \leq x_{(2)} \leq ... \leq x_{(n)}$.

// Selbstverständlich können innerhalb einer statistischen Masse mehrere Merkmale betrachtet werden. Bis einschließlich Kapitel 3 werden allerdings zunächst nur Methoden betrachtet, mit denen jeweils nur ein Merkmal statistisch analysiert werden kann. Die in Kapitel 4 vorgestellten bivariaten Methoden der Korrelations- und Regressionsrechnung beschäftigen sich mit der statistischen Analyse des Zusammenhangs zweier Merkmale. Statistische Methoden zur gemeinsamen Analyse von mehr als zwei Merkmalen (sog. *multivariate Statistik*) können im Rahmen dieser Einführung in die Statistik nicht behandelt werden.[1]

// Man beachte zudem, dass die Abgrenzung der Begriffe Umfang einer statistischen Masse und Beobachtungswert auch vom Betrachtungsstandpunkt der Untersuchung abhängt. So kann z. B. die Mitarbeiterzahl eines Unternehmens den Umfang der statistischen Masse der Mitarbeiter dieses Unternehmens kennzeichnen, zugleich aber auch die Merkmalsausprägung dieses Unternehmens bei einer Erhebung in der statistischen Masse der Unternehmen sein.

Merkmale lassen sich in verschiedene Typen einteilen, u. a. nach den Unterscheidungstatbeständen qualitativ / quantitativ, häufbar / nicht häufbar sowie nach dem Skalenniveau (vgl. Abschnitt 1.3).

● *Qualitative Merkmale* besitzen die Eigenschaft, dass ihre Ausprägungen verbal und nicht durch Zahlen beschrieben sind. Werden diesen Merkmalsausprägungen Zahlen zugeordnet, so kann (ohne Veränderung des Informationsgehaltes) ein qualitatives Merkmal in ein quantitatives überführt werden (sog. *Quantifizierung*), was z. B. bei EDV-gestützten statistischen Auswertungen von Vorteil sein kann. Vielfach ist bei qualitativen Merkmalen mit sehr vielen möglichen Ausprägungen deren *Systematisierung* erforderlich, um sie statistisch auswerten zu können (vgl. Abschnitt 1.4).

● *Quantitative Merkmale* sind solche Merkmale, deren Ausprägungen durch reelle Zahlen dargestellt werden. Sie werden üblicherweise folgendermaßen weiter untergliedert in
  - *diskrete* quantitative Merkmale, die als Merkmalsausprägungen nur abzählbar viele, i. d. R. ganzzahlige Werte besitzen, sowie in
  - *stetige* quantitative Merkmale, die (theoretisch) zwischen zwei Merkmalsausprägungen beliebig viele Zwischenwerte annehmen können, deren

---

[1] Vgl. hierzu z. B. J. HARTUNG & B. ELPELT: *Multivariate Statistik*; K. BACKHAUS: *Multivariate Analysemethoden*.

Anzahl nur durch die technischen Möglichkeiten der Messgenauigkeit oder durch das Erreichen einer zufriedenstellenden Messgenauigkeit praktisch begrenzt wird.

Darüber hinaus kann man bei Merkmalen noch zwischen *häufbaren* und *nicht häufbaren* unterscheiden, je nachdem, ob mehrere Merkmalsausprägungen desselben Merkmals bei einem Merkmalsträger vorkommen können oder nicht. Der Tatbestand der Häufbarkeit eines Merkmals muss bei der statistischen Auswertung besonders beachtet werden.

Beispiel 1.2
Von den in Beispiel 1.1 betrachteten statistischen Massen sei exemplarisch der Personalbestand betrachtet. Mögliche interessierende Merkmale sind das Geschlecht, das Einkommen, die tarifliche Gehaltsgruppe, das Alter, die Kinderzahl oder der ausgeübte Beruf der Beschäftigten. Qualitative Merkmale sind hierbei Geschlecht, Gehaltsgruppe und ausgeübter Beruf, quantitative Merkmale das Alter und das Einkommen.
Geschlecht, Alter, Gehaltsgruppe und Einkommen sind nichthäufbare Merkmale, während der ausgeübte Beruf – sofern zugelassen wird, dass eine Person mehreren Beschäftigungen nachgeht – ein häufbares Merkmal ist.

1.3   Skalierung von Merkmalen

Geht man davon aus, dass – ggf. nach Quantifizierung der qualitativen Merkmals-ausprägungen – quantitative Merkmale vorliegen, so ist es für die Auswahl geeigneter statistischer Methoden wesentlich, welche inhaltlichen Bedeutungen durch diese Merkmalsausprägungen ausgedrückt werden. Messen heißt, dass den Eigenschaften von statistischen Einheiten nach bestimmten Regeln Zahlen zugeordnet werden. Die Messlatte, die diesem Messvorgang zugrunde liegt, nennt man *Skala*.

Man unterscheidet die folgenden Typen von Skalen, die auch als *Skalenniveaus* bezeichnet werden:

Nominalskala

Die Ausprägungen des untersuchten Merkmals werden durch die zugeordneten Zahlen lediglich nach dem Kriterium ‚gleich' oder ‚verschieden' unterschieden. Die zugeordneten Zahlen haben reine Identifizierungsfunktion und sind deshalb auswechselbar, z. B. Kfz-Kennzeichen, Hausnummern, Postleitzahlen. Dieser Skalentyp findet bei Merkmalen Anwendung, deren Ausprägungen keine natürliche Rangfolge bilden. Man unterscheidet alternative nominale Merkmale

(z. B. Geschlecht) und mehrklassige nominale Merkmale (z. B. Augenfarbe, Familienstand). Um mit nominalskalierten Daten statistisch zu arbeiten, können ihnen mittels Verschlüsselung Zahlen zugeordnet werden.

Ordinal- oder Rangskala

Die Ausprägungen des untersuchten Merkmals unterscheiden sich nicht nur, sondern können auch in eine Rangordnung gebracht werden. Vielfach wird diese Rangordnung durch Zahlen zum Ausdruck gebracht, die den Merkmalsausprägungen bei der numerischen Verschlüsselung zugewiesen werden. Die Ordinalskala ist für die Sozial- und Verhaltenswissenschaft von großer Bedeutung, weil dort viele Problemstellungen von einer Größer-kleiner- bzw. Vor-nach-Relation ausgehen (z. B. Intelligenz, sozialer Status, Aggressivität). Ordinalskalen geben jedoch keine Auskunft über den Abstand zwischen je zwei aufeinanderfolgenden Rangplätzen (z. B. Schulzensuren, Medaillenränge), d. h., über den Abstand verschiedener Ausprägungen des Merkmals wird nichts ausgesagt.

Metrische Skala

Eine metrische Skala lässt neben der Verschiedenartigkeit und der Rangfolge der Merkmalsausprägungen auch mess- und quantifizierbare Unterschiede erkennen. Man untergliedert dabei weiter in:

● *Intervall- oder Einheitsskala*: Die Ausprägungen des untersuchten Merkmals können nicht nur in eine Rangordnung gebracht werden, sondern die Abstände zwischen den Merkmalsausprägungen können miteinander verglichen werden. Die Intervallskala besitzt jedoch keinen natürlichen Nullpunkt und keine natürliche Einheit. Man kann den Nullpunkt willkürlich festsetzen und verändern, indem zu jedem Beobachtungswert eine konstante Zahl addiert oder subtrahiert wird (z. B. aus Gründen der rechnerischen Vereinfachung). Bezüglich der Ausprägungen der Merkmale besitzen zwar die Differenzen, aber nicht die Quotienten Aussagekraft. Ein typisches Beispiel ist die Temperaturskala: Auf der Celsius-Skala ist der Skalennullpunkt willkürlich am Gefrierpunkt des Wassers festgemacht, sodass die Aussage, 20 Grad Celsius sei doppelt so warm wie 10 Grad Celsius, nicht sinnvoll ist. Verschiebt man den Nullpunkt stattdessen z. B. auf denjenigen der Fahrenheitskala, d. h. um 32 °C, erhielte man demgegenüber ein Verhältnis von etwa 4:3. Ökonomische Beispiele für diesen Skalentyp sind allerdings eher selten.

● *Ratio- oder Verhältnisskala*: Die Ausprägungen des untersuchten Merkmals besitzen einen natürlichen Nullpunkt. Dadurch wird der Quotient zweier Merkmalsausprägungen unabhängig von der gewählten Maßeinheit. Für die Merkmals-

ausprägungen sind daher sowohl Differenzen als auch Quotienten sinnvoll berechenbar. Beispiele sind Flächen, Gewichte, Temperaturen in Kelvin (natürlicher
Nullpunkt), Entfernungen (unveränderte Entfernungsverhältnisse beim Übergang
z. B. von Kilometer auf Meilen).

● *Absolutskala*: Die Ausprägungen des untersuchten Merkmals besitzen einen
natürlichen Nullpunkt und eine natürliche Einheit. Daher sind Aussagen über
Summen, Differenzen, Produkte und Quotienten von Merkmalsausprägungen
sinnvoll. Dies ist die Skalenform, die den größtmöglichen Informationsgehalt
beinhaltet. Die Merkmalsausprägung basiert auf einem Zählvorgang und stellt
daher meist Stückzahlen oder Häufigkeiten dar.

Beispiel 1.3
Die in Beispiel 1.2 betrachteten Merkmale zur Beschreibung des Personalbestands lassen sich
üblicherweise auf folgenden Skalenniveaus messen:
Nominalskaliert sind das Geschlecht und der ausgeübte Beruf. Ordinalskaliert ist die
Gehaltsgruppe, in die der Beschäftigte eingruppiert ist. Metrisch skaliert sind die Merkmale
Alter, Einkommen und Kinderzahl, wobei die beiden ersten Merkmale verhältnisskaliert sind,
während das letzte auf einer Absolutskala zu messen ist.

Bei der *Festlegung der Skalenart* kommt es darauf an, welche Aussage der
Benutzer als empirisch gerechtfertigt und sinnvoll akzeptiert. Der Anwender
statistischer Methoden muss sich daher fragen, was er mit der Zuordnung von
Merkmalsausprägungen bezweckt und welche Rechenoperationen bzw. welche
Transformationen benötigt werden.

// Die Einsatzmöglichkeiten der einzelnen statistischen Verfahren hängen
ganz wesentlich vom Skalenniveau der Untersuchungseinheiten ab. Die
folgenden Beispiele mögen dies verdeutlichen:
- Nominalskala: Modus, Kontingenzkoeffizient;
- Ordinalskala: Median, Quartile, Rangkorrelationskoeffizient;
- Intervallskala: arithmetisches Mittel, Standardabweichung, Produktmo-
mentkorrelationskoeffizient;
- Ratioskala: geometrisches Mittel, Variationskoeffizient.

1.4   Skalentransformationen und Klassenbildung

Bei der Erfassung und Aufbereitung statistischer Daten sind i. d. R. *Skalentransformationen* erforderlich: Dabei werden die Werte einer Skala in Werte einer
anderen Skala übertragen. Beispielsweise geschieht dies bei der Verschlüsselung

qualitativer Daten zur EDV-mäßigen Auswertung, indem die Werte ‚männlich‘ und ‚weiblich‘ einer Nominalskala zur Messung der Ausprägungen des Merkmals ‚Geschlecht‘ in die Werte ‚0‘ und ‚1‘ transformiert werden. Wichtigste Bedingung ist dabei, dass die Messeigenschaften der Skala erhalten bleiben, da andernfalls eine Veränderung des Informationsgehalts der Daten eintritt. Obwohl die Werte ‚0‘ und ‚1‘ für sich genommen auch Ausprägungen einer Absolutskala sein könnten, würde jede andere als eine nominalskalierte Interpretation dieser Werte diesen einen Informationsgehalt zuerkennen, der in den ursprünglich erhobenen Daten gar nicht vorhanden war.

Welche Skalentransformationen möglich sind, ohne dass Informationsverluste hinzunehmen sind, hängt vom Skalenniveau der Ursprungsskala ab. Hierbei gilt Folgendes:
- Nominalskala: Skalentransformationen müssen umkehrbar eindeutig sein.
- Ordinalskala: Skalentransformationen müssen umkehrbar eindeutig und streng monoton sein.
- Metrische Skala: Hier sind nur lineare Transformationen zulässig, und zwar in Abhängigkeit von der Art der metrischen Skala:
  · Intervallskala: $b_j = \alpha \cdot a_j + \beta$ mit $\alpha > 0$ und β beliebig,
  · Ratioskala: $b_j = \alpha \cdot a_j + \beta$ mit $\alpha > 0$ und $\beta = 0$,
  · Absolutskala: $b_j = \alpha \cdot a_j + \beta$ mit $\alpha = 1$ und $\beta = 0$.

Von der Nominal- bis zur Absolutskala nimmt der in den Merkmalsausprägungen steckende Informationsgehalt zu. Ist man bereit, auf den mit einer Skaleneigenschaft verbundenen Teil des Informationsgehalts zu verzichten, so kann man Daten eines höheren Skalenniveaus auch mit Methoden auswerten, die eigentlich für ein niedrigeres Skalenniveau geeignet sind. Beispielsweise kann der Median (vgl. Abschnitt 3.2) auch für metrisch skalierte Daten benutzt werden. Die Gründe für die Inkaufnahme eines solchen Informationsverlusts können z. B. die Einfachheit der Methoden niedrigeren Skalenniveaus oder die Notwendigkeit sein, bei mehreren Merkmalen ein gemeinsames Skalenniveau zu verwenden.

Eine besondere Art der Skalentransformation stellt die *Klassenbildung* für die Merkmalsausprägungen dar (sog. *Gruppierung der Daten*). Dabei werden jeweils mehrere Ausprägungen des Ursprungsmerkmals zusammengefasst und in eine Ausprägung (eine sogenannte *Klasse*) des transformierten Merkmals überführt. Diese Transformation, bei der i. d. R. zwar das Skalenniveau beibehalten wird, jedoch die Messgenauigkeit auf der verwendeten Skala reduziert wird, ist natürlich ebenfalls mit einem Informationsverlust verbunden.

Die Begründung für dieses Vorgehen ist darin zu sehen, dass – vor allem bei stetigen Merkmalen – die in der Urliste enthaltenen Beobachtungswerte oft alle verschieden sind. Die Ermittlung von absoluten oder relativen Häufigkeiten wäre nicht sinnvoll, da die meisten Merkmalsausprägungen keinmal, einmal oder höchstens zweimal vorkommen. Echte Häufungen der Merkmalsausprägungen lassen sich dann kaum feststellen; eine grafische Darstellung der Verteilung des Merkmals in der statistischen Masse ist praktisch unmöglich.

Bei der Klassenbildung zerlegt man das Gesamtintervall, in dem alle möglichen Merkmalsausprägungen liegen, in Teilintervalle I_k, die (im Fall metrischer Skalierung) eindeutig bestimmt sind durch ihre Klassenmitten a_k^* und Klassenbreiten d_k bzw. durch ihre unteren Klassengrenzen u_k und oberen Klassengrenzen o_k:

$$(1.4) \quad \begin{array}{ll} u_k = a_k^* - \frac{1}{2}d_k, & o_k = a_k^* + \frac{1}{2}d_k; \\[2mm] a_k^* = \frac{1}{2}(u_k + o_k), & d_k = o_k - u_k. \end{array}$$

Wenn nach der Klassenbildung nur noch die klassierten Daten vorliegen, besitzt man keine Informationen mehr über die Verteilung der Beobachtungswerte innerhalb der Klassen. Man unterstellt dann als naheliegende Annahme eine der beiden Arbeitshypothesen, dass alle Beobachtungswerte, die in eine Klasse fallen, sich entweder gleichmäßig über diese Klasse verteilen oder sich auf den Punkt der Klassenmitte konzentrieren.

Bei der Festlegung der Klassengrenzen sollte die Gesamtzahl K der zu bildenden Klassen wesentlich kleiner als n sein, andernfalls würde sich eine Klassenbildung erübrigen. Zudem sollten die Klassen (vor allem im Hinblick auf grafische Darstellungsmöglichkeiten) möglichst gleich breit gewählt werden.

!! Konstante Klassenbreiten führen jedoch immer dann zu Verzerrungen, wenn hierdurch homogen besetzte Intervalle zerschnitten und heterogene Bereiche zusammengefasst werden. Auch wenn in bestimmten Bereichen sehr dünne Klassenbelegungen auftreten, sollten ungleiche Klassenbreiten, d. h. breitere Klassen bei Bereichen mit geringerer Anzahl von Merkmalsausprägungen, verwendet werden. So empfiehlt es sich beispielsweise bei der Klassenbildung für das Jahreseinkommen von Steuerpflichtigen im oberen Einkommensbereich breitere Klassen zu wählen.

Die Klassen werden links geschlossen und rechts offen gewählt, d. h., sie sind von der Form:

$$(1.5) \quad I_k = [a_k^* - \tfrac{1}{2} d_k \, ; \, a_k^* + \tfrac{1}{2} d_k) = [u_k \, ; \, o_k).$$

Diese Regel besagt, dass alle Werte von u_k (inklusive) bis unter o_k, d. h. o_k selbst exklusive, zur Klasse I_k gehören. Auch die Klassen an den unteren und oberen Enden des Gesamtintervalls sollten möglichst nicht offen bleiben, sondern mit sachlogisch vernünftigen Werten geschlossen werden (Problem so genannter *offener Randklassen*). Falls gleiche Klassenbreiten vorliegen, kann meist empfohlen werden, die offenen Randklassen ebenfalls mit entsprechend identischer Klassenbreite zu schließen.

Die Anzahl der zu bildenden Klassen steht im gegenläufigen Verhältnis zum Informationsverlust durch den Übergang zu klassierten Daten, da nach der Klassenbildung keine Aussage mehr darüber möglich ist, wie die Beobachtungswerte innerhalb der Klassen verteilt sind. Eine zu große *Klassenanzahl* führt nicht zu der mit der Klassenbildung bezweckten Informationsverdichtung. Eine zu geringe Anzahl an Klassen verschleiert möglicherweise die charakteristische Struktur der ursprünglichen Verteilung der Merkmalsausprägungen. Sofern die Aufgabenstellung nicht bereits eine feste Anzahl von Klassen vorgibt, fällt diese Entscheidung in den Gestaltungsrahmen des Statistik-Anwenders. Die Klassenbildung ist jedoch stets so vorzunehmen, dass die ursprüngliche Struktur der Daten möglichst wenig verändert wird, d. h. dass der Informationsverlust gering ausfällt. Folgende Faustregeln können einen Anhaltspunkt liefern:
- Die Anzahl der zu bildenden Klassen bei bis zu 100 Beobachtungswerten sollte nicht größer sein als die Quadratwurzel aus der Zahl der Beobachtungswerte.
- Nach STURGES sind bei n Beobachtungswerten bis zu $1 + 3,3 \log(n)$ Klassen zu bilden.
- Nach DIN 55302 (Blatt 1) sind bei 100 Beobachtungswerten mindestens 10, bei 1.000 mindestens 13, bei 10.000 mindestens 16 Klassen zu bilden.

// Bei diesen Regeln wird grundsätzlich davon ausgegangen, dass alle Beobachtungswerte verschieden sind. Wenn nur wenige Merkmalsausprägungen mit großen absoluten Häufigkeiten vorkommen, lassen sich die Regeln in der beschriebenen Weise nicht anwenden!

Eine besondere Form der Klassenbildung ist die Erstellung einer *Systematik*, die bei nominalskalierten Merkmalen angewendet wird, wenn diese eine große (vielfach praktisch unendliche) Anzahl möglicher Merkmalsausprägungen zulassen. Für derartige Merkmale ist nur dann eine statistische Analyse möglich, wenn ähnliche Ausprägungen zusammengefasst werden. Dabei bildet man oft eine hierarchische Struktur, wobei zunächst nur sehr ähnliche Ausprägungen zusammengruppiert und diese auf höheren Stufen weiter zusammengefasst werden.

Derartige Systematiken treten u. a. in der Wirtschaftsstatistik auf, wenn nominalskalierte Merkmale wie die Warenart, der Beruf oder die Branche, in der ein
Unternehmen arbeitet, statistisch zu erfassen sind.

2 Häufigkeiten und ihre Darstellung in Tabellen und Grafiken

2.1 Absolute und relative Häufigkeiten

Die Anzahl der Beobachtungswerte x_i in der Urliste (vom Umfang n), die mit der Merkmalsausprägung a_j übereinstimmen, nennt man *absolute Häufigkeit* von a_j. Sie wird mit $h(a_j)$ bezeichnet. Dabei gilt:

$$(2.1) \quad h(a_1) + h(a_2) + ... + h(a_k) = \sum_{j=1}^{k} h(a_j) = n.$$

Da die absoluten Häufigkeiten stark vom Umfang n der Erhebung abhängen, eignen sie sich nicht zum Vergleich von Erhebungen unterschiedlichen Umfanges. Daher geht man zu einem Häufigkeitsmaß über, das unabhängig vom Umfang n ist, zur *relativen Häufigkeit*:

$$(2.2) \quad f(a_j) = \frac{1}{n} h(a_j) \quad \text{für } j = 1, 2, ..., k.$$

Die relative Häufigkeit $f(a_j)$ gibt den Anteil der Beobachtungswerte an, welche die Merkmalsausprägung a_j aufweisen. $f(a_j)$ nimmt unabhängig von n stets Werte zwischen null und eins an. Die Summe der relativen Häufigkeiten ist stets gleich eins:

$$(2.3) \quad \sum_{j=1}^{k} f(a_j) = 1.$$

Häufig werden die relativen Häufigkeiten mit 100 % multipliziert und als *relativ prozentuale Häufigkeiten* angegeben. Diese nehmen entsprechend Werte zwischen 0 und 100 Prozent an.

Man gewinnt die absoluten und relativen Häufigkeiten am besten durch Anlegen einer Strichliste.

Die Folge der Zahlen $h(a_1), h(a_2), ..., h(a_k)$ nennt man die *absolute Häufigkeitsverteilung* des beobachteten Merkmals. Analog sind die *relative* und die *relativ prozentuale Häufigkeitsverteilung* definiert. Bei ordinalen und metrischen Merkmalen ist es zu empfehlen, zur Ermittlung der Häufigkeitsverteilung die Merkmalsausprägungen $a_1, a_2, ..., a_k$ der Größe nach zu ordnen, wobei mit der kleinsten Merkmalsausprägung begonnen wird.

Bei gruppierten, d. h. in Klassen eingeteilten Daten treten die Klassen $I_1, I_2, ..., I_K$ an die Stelle der Merkmalsausprägungen, so dass nun zur Ermittlung der Häufigkeiten festzustellen ist, wie viele Beobachtungswerte jeweils in die einzelnen Klassen fallen.

Beispiel 2.1

Der Tarifvertrag der Arbeitnehmer der Statistik AG sieht die Tarifgruppen 1 bis 8 vor. Eine Erhebung der Tarifgruppen, des Alters und des Geschlechts der insgesamt 20 Mitarbeiterinnen und Mitarbeiter der EDV-Abteilung des Unternehmens hat folgendes Ergebnis erbracht (angegeben sind jeweils untereinander die Tarifgruppe in Zahlen von 1-8, das Geschlecht, wobei ,m' für männlich und ,w' für weiblich stehen, sowie das Alter in Jahren):

1	2	4	3	2	1	5	2	6	3	2	1	2	7	3	2	1	4	3	2
m	w	m	m	w	m	m	w	m	m	m	w	w	m	m	w	m	m	w	m
21	37	30	35	25	44	52	40	60	33	22	27	35	55	40	22	18	46	44	28

Die Auswertung der Häufigkeiten des Merkmals ,Geschlecht' bringt folgendes Ergebnis:

$$h(,m') = 13, \quad h(,w') = 7; \quad f(,m') = \frac{13}{20} = 0,65, \quad f(,w') = \frac{7}{20} = 0,35.$$

Beim Merkmal ,Tarifgruppe' ergeben sich folgende Häufigkeiten:

$$h(1) = 4, \quad h(2) = 7, \quad h(3) = 4, \quad h(4) = 2, \quad h(5) = 1, \quad h(6) = 1, \quad h(7) = 1, \quad h(8) = 0;$$

$$f(1) = \frac{4}{20} = 0,20, \quad f(2) = \frac{7}{20} = 0,35, \quad f(3) = \frac{4}{20} = 0,20, \quad f(4) = \frac{2}{20} = 0,10,$$

$$f(5) = \frac{1}{20} = 0,05, \quad f(6) = \frac{1}{20} = 0,05, \quad f(7) = \frac{1}{20} = 0,05, \quad f(8) = \frac{0}{20} = 0,00.$$

Für das Merkmal ,Alter' bietet es sich an, wegen der Vielzahl der möglichen Merkmalsausprägungen und der Tatsache, dass bei den meisten der möglichen Merkmalsausprägungen keine Häufungen auftreten, Klassen zu bilden und zu den Klassenhäufigkeiten überzugehen. Die erste Klasse kann sinnvollerweise bei 15 Jahren geöffnet, die letzte Klasse bei der Altersruhegrenze von 65 Jahren geschlossen werden. Man erhält damit im 10-Jahres-Abstand die folgenden äquidistanten Klassen:

$$[15; 25), \quad [25; 35), \quad [35; 45), \quad [45; 55), \quad [55; 65).$$

Hierfür ergeben sich folgende Häufigkeiten:

$$h([15; 25)) = 4, \quad h([25; 35)) = 5, \quad h([35; 45)) = 7, \quad h([45; 55)) = 2, \quad h([55; 65)) = 2;$$

$$f([15; 25)) = \frac{4}{20} = 0,20, \quad f([25; 35)) = \frac{5}{20} = 0,25, \quad f([35; 45)) = \frac{7}{20} = 0,35,$$

$$f([45; 55)) = \frac{2}{20} = 0,10, \quad f([55; 65)) = \frac{2}{20} = 0,10.$$

2.2   Kumulierte Häufigkeiten

Bei Merkmalen, die sich ordnen lassen, werden oft Fragen gestellt, wie viele Beobachtungswerte insgesamt unterhalb oder oberhalb einer bestimmten Merkmalsausprägung liegen. Zu diesem Zweck definiert man absolute und relative *kumulierte Häufigkeiten*. Man bestimmt für jede mögliche Merkmalsausprägung die Anzahl aller Beobachtungswerte, die diese Ausprägung oder einen kleineren Wert annehmen. Die *kumulierte absolute Häufigkeit* $H(a_j)$ ist definiert als:

$$(2.4) \quad H(a_j) = \sum_{i=1}^{j} h(a_i), \quad j=1,2,...,k.$$

Entsprechend berechnet man die *kumulierte relative Häufigkeit* $F(a_j)$ (bzw. mit 100% multipliziert die *kumulierte relativ-prozentuale Häufigkeit*):

$$(2.5) \quad F(a_j) = \sum_{i=1}^{j} f(a_i) = \sum_{i=1}^{j} \frac{1}{n} h(a_i) = \frac{1}{n} H(a_j), \quad j=1,2,...,k.$$

Beispiel 2.2
Da das Merkmal ‚Geschlecht' aus Beispiel 2.1 nicht mindestens ordinales Skalenniveau aufweist, ist die Bildung kumulierter Häufigkeiten hier nicht sinnvoll.
Für das Merkmal ‚Tarifgruppe' ergeben sich folgende kumulierte absolute Häufigkeiten:

$H(1)=4, \ H(2)=11, \ H(3)=15, \ H(4)=17,$
$H(5)=18, \ H(6)=19, \ H(7)=20, \ H(8)=20.$

Für die kumulierten relativen Häufigkeiten ergibt sich entsprechend (nach Division durch die Gesamthäufigkeit 20):

$F(1)=0{,}20, \ F(2)=0{,}55, \ F(3)=0{,}75, \ F(4)=0{,}85,$
$F(5)=0{,}90, \ F(6)=0{,}95, \ F(7)=1{,}00, \ F(8)=1{,}00.$

Für das klassierte Merkmal ‚Alter' sollen nur noch die kumulierten relativen Häufigkeiten betrachtet werden. An den Klassengrenzen ergeben sich folgende Werte:

$F(15)=0{,}00, \ F(25)=0{,}20, \ F(35)=0{,}45,$
$F(45)=0{,}80, \ F(55)=0{,}90, \ F(65)=1{,}00.$

2.3   Quantile von Häufigkeitsverteilungen

Im Falle mindestens ordinalen Skalenniveaus des betrachteten Merkmals, d. h. wenn das Bilden kumulierter Häufigkeitsverteilungen sinnvoll ist, interessiert man sich vielfach auch für die umgekehrte Fragestellung: An welcher Stelle erreicht bzw. überschreitet die kumulierte relative Häufigkeit einen vorgegebenen Wert $\alpha \in (0;1)$? Eine Merkmalsausprägung x_α wird dementsprechend als α-*Punkt* oder α-*Quantil* der Häufigkeitsverteilung bezeichnet, wenn die relative Häufigkeit der Beobachtungswerte, die kleiner oder gleich x_α sind, mindestens α und diejenige der Beobachtungswerte, die größer oder gleich α sind, mindestens $1-\alpha$ beträgt.

Ausgangspunkt der Bestimmung der Quantile ist die so genannte geordnete Urliste $x_{(1)} \le x_{(2)} \le ... \le x_{(n)}$ der Beobachtungswerte. Das zugehörige α-Quantil berechnet sich dann als

$$(2.6) \quad x_\alpha = x_{(k)},$$

dabei ist k die kleinste ganze Zahl größer oder gleich $n\alpha$. Ist der Wert $n\alpha$ ganzzahlig, so erfüllt neben $x_{(k)} = x_{(n\alpha)}$ auch $x_{(k+1)} = x_{(n\alpha+1)}$ die an einen α-Punkt zu stellende Bedingung. Sind diese beiden Werte der geordneten Urliste nicht identisch, so kann man beide Werte als Wertebereich für den α-Punkt angeben. Bei numerischen Merkmalen mit metrischer Skalierung verwendet man stattdessen meist den Durchschnitt dieser beiden Werte, d. h.

$$(2.7) \quad x_\alpha = \frac{1}{2}\,(x_{(n\alpha)} + x_{(n\alpha+1)}), \quad \textbf{falls } n\alpha \textbf{ ganzzahlig.}$$

Wurde für die Ausprägungen eines metrischen Merkmals eine Klassenbildung vorgenommen, so bestimmt man zunächst die Einfallsklasse des α-Punkts, indem man diejenige Klasse sucht, innerhalb derer die kumulierten relativen Häufigkeiten den Wert α erreichen. Für diese Klasse $I_k = [u_k; o_k)$ gilt:

$$(2.8) \quad F(u_k) \le \alpha, \quad F(o_k) > \alpha.$$

Unter der Annahme einer Gleichverteilung innerhalb der Einfallsklasse erhält man mit folgender Formel einen genaueren (sog. feinberechneten) Wert für den α-Punkt:

$$(2.9) \quad x_\alpha^* = u_k + \frac{\alpha - F(u_k)}{F(o_k) - F(u_k)} \cdot (o_k - u_k).$$

Die bedeutendsten α-Punkte sind der Median ($\alpha=0{,}5$) sowie das untere bzw. obere Quartil ($\alpha=0{,}25$ bzw. $\alpha=0{,}75$). Diese finden bei der Berechnung von Maßzahlen zur Beschreibung von Häufigkeitsverteilungen (vgl. Kapitel 3) Verwendung und gehen z. B. in die Konstruktion des sogenannten Boxplots zur grafischen Darstellung von Häufigkeitsverteilungen ein (vgl. Abschnitt 2.5).

Beispiel 2.3

Aufgrund der in Beispiel 2.2 berechneten kumulierten Häufigkeiten sollen für die Merkmale ‚Tarifgruppe' und ‚Alter' die 0,25-, 0,5- und 0,75-Punkte bestimmt werden.

Beim Merkmal ‚Tarifgruppe' ergibt sich:

$$20 \cdot 0,25 = 5, \quad x_{(5)} = x_{(6)} = 2 \quad \rightarrow \quad x_{0,25} = 2;$$
$$20 \cdot 0,5 = 10, \quad x_{(10)} = x_{(11)} = 2 \quad \rightarrow \quad x_{0,5} = 2;$$
$$20 \cdot 0,75 = 15, \quad x_{(15)} = 3, \; x_{(16)} = 4 \quad \rightarrow \quad x_{0,75} = 3 \text{ oder } x_{0,75} = 4.$$

Beim Merkmal ‚Alter' erhält man folgende geordnete Urliste:

18, 21, 22, 22, 25, 27, 28, 30, 33, 35, 35, 37, 40, 40, 44, 44, 46, 52, 55, 60.

Damit ergibt sich für die gesuchten Quantile:

$$x_{(5)} = 25, \; x_{(6)} = 27, \quad \rightarrow \quad x_{0,25} = 26,$$
$$x_{(10)} = x_{(11)} = 35, \quad \rightarrow \quad x_{0,5} = 35,$$
$$x_{(15)} = x_{(16)} = 44, \quad \rightarrow \quad x_{0,75} = 44.$$

Verwendet man beim Merkmal ‚Alter' die Klasseneinteilung gemäß Beispiel 2.1, so ergeben sich aufgrund der kumulierten Klassenhäufigkeiten folgende feinberechnete Quantile:

$$F(25) = 0,20, \; F(35) = 0,45 \quad \rightarrow \quad x_{0,25}^* = 25 + \frac{0,25 - 0,20}{0,45 - 0,20} \cdot (35 - 25) = 27,0;$$

$$F(35) = 0,45, \; F(45) = 0,80 \quad \rightarrow \quad x_{0,5}^* = 35 + \frac{0,5 - 0,45}{0,80 - 0,45} \cdot (45 - 35) = 36,4;$$

$$F(35) = 0,45, \; F(45) = 0,80 \quad \rightarrow \quad x_{0,75}^* = 35 + \frac{0,75 - 0,45}{0,80 - 0,45} \cdot (45 - 35) = 43,6.$$

2.4 Tabellarische Darstellung von Häufigkeiten

Im Anschluss an die Berechnung der Häufigkeiten gilt es, diese in übersichtlicher Form darzustellen. Grundsätzlich sind hierbei zwei Arten zu unterscheiden: die tabellarische und die grafische Darstellung. Der Vorteil der tabellarischen Darstellung liegt in ihrer Übersichtlichkeit und der Möglichkeit, eine Vielzahl von Detailinformationen wiederzugeben. Demgegenüber ist der Vorteil der im nächsten Abschnitt vorgestellten grafischen Darstellung ihre größere Anschaulichkeit bei Verzicht auf detaillierte Informationen.

Die Übersichtlichkeit einer Tabelle ergibt sich aus ihrem klaren Aufbau, der beispielsweise in der DIN 55301 geregelt ist. Jede Tabelle besteht aus einem Text- und einem Zahlenteil. Zum Textteil gehören Überschrift, Tabellenkopf, Vorspalte, Quellenangaben und Fußnoten; zum Zahlenteil gehören Zeilen, Spalten, Tabellenfelder, Summenzeilen und Summenspalten. Durch diesen Aufbau sind

Überschrift			
Ergänzungen zur Überschrift *)	Tabellenkopf		
	Spalte 1	Spalte 2	Summenspalte
Vorspalte	Zeile 1	Tabellenfeld	Tabellenfeld	Zeilensumme
	Zeile 2	Tabellenfeld	Tabellenfeld	Zeilensumme
	Zeile 3	Tabellenfeld	Tabellenfeld	Zeilensumme
	Summenzeile	Spaltensumme	Spaltensumme	Gesamtsumme

*) Fußnote: Quellenangabe; gegebenenfalls weitere Erläuterungen

Abbildung 2.1　Mustertabelle

Tabellen – im Gegensatz zu Grafiken – auch gut zur Darstellung zweidimensionaler Häufigkeiten geeignet, die in Kapitel 4 vorgestellt werden.　Der grundsätzliche Tabellenaufbau lässt sich der *Mustertabelle* in Abbildung 2.1 entnehmen.

Beim Anfertigen von Tabellen ist auf Übersichtlichkeit, leichte Lesbarkeit und unmissverständliche Bezeichnung zu achten.　In der amtlichen Statistik werden zur Bezeichnung besonderer Sachverhalte die in der folgenden Tabelle dargestellten *Symbole für Tabellenfelder* verwendet.　Deren Verwendung ist zwar für die nichtamtliche Statistik nicht vorgeschrieben, kann aber zum Teil sinnvoll sein.

Tabelle 2.1　Besondere Symbole in Tabellen der amtlichen Statistik	
Symbol	Bedeutung des Symbols
0	weniger als die Hälfte von eins in der letzten besetzten Stelle, jedoch mehr als null
–	nichts vorhanden (Zahlenwert genau gleich null)
...	Angabe fällt später an
/	Angabe entfällt, da Zahlenwert nicht sicher genug
.	Zahlenwert unbekannt oder geheimzuhalten
(x)	Aussagewert des eingeklammerten Zahlenwerts eingeschränkt (Wert ist statistisch relativ unsicher)
|	grundsätzliche Änderung innerhalb der Datenreihe, die den zeitlichen Vergleich beeinträchtigt
x_p	Zahlenwert x ist vorläufig
x_r	Zahlenwert x wurde berichtigt
×	Tabellenfeld gesperrt, da gemäß Sachverhalt nicht sinnvoll

Beispiel 2.4

Die in Beispiel 2.1 berechneten absoluten und relativen Häufigkeiten des klassierten Merkmals ‚Alter‘ lassen sich wie folgt tabellarisch darstellen:

Personalerhebung der DV-Abteilung der Statistik AG: Absolute und relative Häufigkeiten des Merkmals ‚Alter‘		
Altersklasse	absolute Häufigkeit	relative Häufigkeit (in %)
15 bis unter 25	4	20
25 bis unter 35	5	25
35 bis unter 45	7	35
45 bis unter 55	2	10
55 bis unter 65	2	10
insgesamt	20	100

2.5 Grafische Darstellung von Häufigkeiten

Die grafische Darstellung statistischer Daten bezeichnet man als *statistisches Schaubild*. Statistische Schaubilder können einfache statistische Ergebnisse klar und einprägsam veranschaulichen. Dennoch ersetzen Schaubilder i. d. R. keine Tabelle, sondern ergänzen sie. Voraussetzung für die Verwendung statistischer Schaubilder ist die Beschränkung auf wenige Daten, die durch geeignete grafische Mittel zu visualisieren sind.

Für die meisten Schaubilder stellt das ebene, rechtwinklige Koordinatensystem einen äußeren Bezugsrahmen dar. Ein derartiges Koordinatensystem ergibt sich, wenn sich zwei Skalen senkrecht schneiden. Der Schnittpunkt der beiden Skalen (Geraden) heißt Koordinatenursprung. Folgende *Faustregeln* basieren z. T. auf der DIN-Norm 461 „Graphische Darstellung in Koordinatensystemen“:

- An den Enden der Achsen des Koordinatensystems sind Pfeilspitzen anzubringen, welche die Ableserichtung betonen. Beide Achsen sind bei den Pfeilen zu beschriften.
- Werden in einem Diagramm mehrere Datenreihen gleichzeitig dargestellt, dann sind die einzelnen Reihen durch Linientypen, Farben, Markierungen an den Beobachtungswerten, Hinweisziffern oder Abkürzungen zu unterscheiden, deren Bedeutungen in einer *Legende* erläutert werden.
- Das Koordinatensystem ist durch einen äußeren Rahmen (z. B. gegenüber dem umgebenden Text) abzugrenzen. Der Rahmen sollte in Form eines in

Leserichtung länglichen Rechtecks mit den Seitenverhältnissen $\sqrt{2}:1$ bis maximal $2:1$ gewählt werden.

Man unterscheidet drei grundsätzliche *Arten statistischer Schaubilder*:

● *Geschäftsgrafik*: Diese soll – vor allem im kaufmännisch-betriebswirtschaftlichen Bereich – optisch schnell und genau über Zahlen und Zahlenverhältnisse informieren. ‚Genau' beinhaltet, dass sich der Konstrukteur auf eindimensionale geometrische Grundformen beschränkt (Linien, Stäbe, gleich breite Rechtecke); ‚schnell' heißt, dass der Konstrukteur einfache und bekannte Darstellungstypen benutzt, wie Stab-, Rechteck-, Kreis-, Balken-, Flächen- und Liniendiagramme. Häufig finden normierte Schaubilder Anwendung, deren Aufbau über längere Zeit unverändert bleibt. Neben den nachfolgend dargestellten Diagrammtypen für Querschnittsdaten (absolute Zahlen und Prozentzahlen, insbesondere absolute und relative Häufigkeiten) gibt es auch Diagrammtypen für Längsschnittdaten (zeitlich geordnete Daten), die im Zusammenhang mit der Zeitreihenanalyse erläutert werden (vgl. Kapitel 5).

● *Präsentationsgrafik*: Hierbei soll durch einen Blickfang die Aufmerksamkeit des Betrachters auf das Diagramm gelenkt werden. Zu diesem Zweck werden sämtliche journalistische Gestaltungsmöglichkeiten (einschließlich dreidimensionaler Darstellungen) angewendet. Präsentationsgrafik wird überwiegend in den Bereichen Werbung und Öffentlichkeitsarbeit (d. h. außerbetrieblich) eingesetzt. Die korrekte geometrische Übertragung der statistischen Grundinformation tritt meist in den Hintergrund, da der Zweck der Grafik allein darin besteht, das Augenmerk des Betrachters auf sich zu ziehen. Hauptsächlich verwendet werden auffällige Fonts, Clip-Art-Objekte, mehrfarbige 3D-Darstellungen, Bildsymbole und Piktogramme.

● *Analysegrafik*: Solche Diagramme werden im technischen, kaufmännisch-betriebswirtschaftlichen und vor allem auch im wissenschaftlichen Bereich mit unterschiedlichen Zielsetzungen benutzt. Frequenzdiagramme und Leistungsprofile sind typische Beispiele. Die Arbeit mit Nomogrammen, Regel- und Kontrollkarten oder logarithmischen Papieren reduziert komplizierte statistische Auswertungsverfahren auf einfache und optisch umsetzbare Techniken. *Qualitätsregelkarten* beispielsweise stellen eine grafische Umsetzung eines Signifikanztests (vgl. Kapitel 21) dar; sie gestatten die wiederholte Anwendung einer gleichartigen Testprozedur, um so die Qualitätslage eines Fertigungsprozesses zu überwachen.

Diagrammformen für Querschnittsdaten

Querschnittsdaten werden meist in der Form einer Geschäfts- oder Präsentationsgrafik dargestellt. Dabei haben alle Daten denselben zeitlichen Bezugszeitpunkt oder -zeitraum, d. h. die zeitliche Komponente rückt entweder in den Hintergrund oder ist weder Anlass noch Bestandteil der Untersuchung. Im Mittelpunkt stehen dann die Häufung, die Gruppierung oder die Strukturierung des Datenmaterials. – Beispiele zu den im Folgenden erläuterten Diagrammformen finden sich in Beispiel 2.5.

● *Stab- oder Säulendiagramm*: Der einfachste und für Querschnittsdaten am weitesten verbreitete Diagrammtyp zur optischen Wiedergabe von Häufigkeiten ist das Abtragen von senkrechten Höhen bzw. Längen ('Stäben') auf einer waagerechten Achse, auf der die Merkmalsausprägungen liegen. Das Stabdiagramm findet hauptsächlich bei nominal oder ordinal skalierten Daten Anwendung (qualitative und diskrete Merkmale). Häufig werden die Stäbe zu Rechtecken oder Säulen verbreitert. Hierdurch ist es möglich, die Rechtecke oder Säulen durch Aufteilung der Gesamthäufigkeit in Untergruppen zu untergliedern (Strukturvergleich). Die absolute Breite der Rechtecke oder Säulen ist für den statistischen Vergleich unerheblich, da alle gleich breit sind. Zur leichteren Möglichkeit der Beschriftung der Merkmalsausprägungen im Diagramm werden häufig die Achsen des Stabdiagramms vertauscht; man spricht dann von einem *waagerechten Stab- oder Säulendiagramm*.

● *Kreisdiagramm*: Dieses ist ebenso wie das ähnlich aufgebaute *Balkendiagramm* besonders beliebt bei der Darstellung der Struktur einer statistischen Masse, d. h. ihrer Aufgliederung in die verschiedenen prozentualen Anteile an der Gesamtmasse, wie sie beispielsweise bei der Darstellung relativer Häufigkeiten entsteht. Da beim Kreisdiagramm nur eine Dimension, nämlich der Kreissektorenwinkel, zur Verfügung steht, beschränken sich die Anwendungsmöglichkeiten auf nominal und ordinal skalierte Merkmale.
Man setzt die Gesamtmasse gleich 100 Prozent. Dies entspricht beim Kreisdiagramm dem gesamten Kreis mit 360 Grad. Jede darzustellende Prozentzahl als Anteil an der Gesamtmasse ist mit 360/100, also mit 3,6 zu multiplizieren. Das Ergebnis liefert den gesuchten Winkel im Kreisdiagramm. Abgesehen davon, dass es dem menschlichen Auge schwerer fällt, nicht rechtwinklige geometrische Formen – wie hier die Kreisausschnitte – miteinander optisch zu vergleichen, ist die Verwendung von Kreisdiagrammen vor allem dann wenig informativ, wenn zu viele Prozentzahlen in einem Kreis gleichzeitig dargestellt werden. Der Betrachter kann dann die Unterschiede in den Winkeln bzw. in den Kreissegmenten nicht mehr wahrnehmen. Bei mehr als 5 bis 6 Prozentzahlangaben sollte stattdessen auf

ein Stabdiagramm zurückgegriffen werden, bei dem die Prozentanteile gegenübergestellt werden.

● *Histogramm*: Liegen Daten stetiger, metrisch skalierter Merkmale vor, verbreitert man üblicherweise die ursprünglichen Stäbe des Stabdiagramms, bis die so entstehenden Rechtecke aneinanderstoßen. Dieses Vorgehen ist folgerichtig, da die gesamte waagrechte Achse nun lückenlos für Merkmalsausprägungen zur Verfügung steht. Diese Darstellung heißt *Rechteck-*, *Flächendiagramm* oder *Histogramm*. Im Gegensatz zum Stab- oder Säulendiagramm kommt es beim Histogramm nicht nur auf die Länge bzw. Höhe der Rechtecke zur Darstellung von Häufigkeiten an, sondern auch auf die Breite der Rechtecke. Dies mag bei gleich breiten Rechtecken auf den ersten Blick nicht auffallen, aber bei einem Histogramm handelt es sich im Grunde um einen zweidimensionalen Vergleich: Betrachtet werden nämlich beim Histogramm i. d. R. gruppierte, d. h. in Klassen eingeteilte Daten. Die unteren (und oberen) Klassengrenzen werden auf der waagerechten Achse abgetragen und bilden die Grenzen der Rechtecke. Die Klassenhäufigkeit wird durch den Flächeninhalt des zugehörigen Rechteckes (Klassenbreite multipliziert mit Klassenhäufigkeit) wiedergegeben. Erst bei ungleichen Klassenbreiten wird diese Besonderheit der flächenbezogenen Häufigkeitsdarstellung deutlich: Im Falle ungleicher Klassenbreiten sind die Rechteckhöhen nicht mehr Maßstab für den Häufigkeitsvergleich, sondern – wie gesagt – die Flächeninhalte. Die Höhe der Rechtecke wird in diesem Fall ermittelt als Quotient aus Klassenhäufigkeit und Klassenbreite. Um den optischen Vergleich von Rechteckflächen zu erleichtern, werden die Flächen oft durch zusätzliche Schraffierung betont.

● *Häufigkeitspolygon*: Aus dem Histogramm entwickelt man das Häufigkeitspolygon: Verbindet man die Mitten der Rechteck-Oberkanten miteinander, so erhält man eine vieleckige Linie, ein ‚Polygon'.[1] Dabei werden von dem Histogramm dreieckige Flächen abgeschnitten und an anderer Stelle gleichgroße dreieckige Flächen wieder angefügt. Wenn man das Häufigkeitspolygon bis zur waagrechten Achse entsprechend verlängert, ist die Summe der abgeschnittenen Flächen identisch mit den hinzugefügten, so dass die Fläche unter dem Häufigkeitspolygon genauso groß wie die Summe der Flächeninhalte aller Rechtecke des Histogramms ist. Das eben Gesagte gilt natürlich nur bei gleichen Klassenbreiten,

---

[1] Im Grunde wird der Begriff des Häufigkeitspolygons nur benötigt, um das Entstehen von empirischen Häufigkeitsverteilungen (vgl. Kapitel 2.4) zu erläutern: Wenn man die Klassenbreite immer kleiner wählt, rücken die Punkte des Polygons so nahe zusammen, dass man einen geglätteten Kurvenzug erkennen kann, die sog. Verteilungskurve. Diese Verteilungskurven (die wohl bekannteste ist die GAUß'sche Normalverteilung) sind wichtige Begriffe der Wahrscheinlichkeitstheorie und der schließenden Statistik.

weswegen das Häufigkeitspolygon auch nur in diesem Fall verwendet werden sollte.

● *Grafische Darstellung kumulierter Häufigkeiten*: Derartige Darstellungen sind für Ungeübte weitaus schwieriger zu interpretieren, was nicht zuletzt daran liegt, dass sich hieran die Grundstrukturen der Verteilung wesentlich schwieriger ablesen lassen. Verwendet werden diese Grafiken daher vor allem dann, wenn der Betrachter unmittelbar daran interessiert ist, bestimmte kumulierte Häufigkeiten abzulesen bzw. für mehrere Verteilungen zu vergleichen. Den Betrachter interessiert die Fragestellung, wie viel Prozent der Beobachtungen einen bestimmten Wert mindestens erreichen.
Die Darstellung erfolgt in diesem Fall in Form eines Liniendiagramms, welche die Form einer Treppe annimmt. An den Sprungstellen ist der Wert der oberen, weiter rechts liegenden Linie maßgeblich, die Senkrechte an der Sprungstelle wird i. d. R. nicht mitgezeichnet. Bei klassierten Daten sollten (gleichmäßige Verteilung der Daten innerhalb der Klassen unterstellend) die Koordinatenpunkte, die den kumulierten Häufigkeiten benachbarter Klassengrenzen entsprechen, gradlinig verbunden werden.

● *Boxplot* (Schachteldiagramm): Dieses Diagramm stellt die Form der Häufigkeitsverteilung unter Verwendung bestimmter Quantile dar. Der Boxplot besteht aus einer Linie, die den Wertebereich der Häufigkeitsverteilung darstellt und vom minimalen bis zum maximalen Wert reicht. Diese Linie wird im Zentrum der Verteilung von einer ‚Box‘ überlagert, die den Bereich vom unteren bis zum oberen Quartil darstellt und die an der Stelle des Medians nochmals durch eine senkrechte Linie unterteilt ist. In der ‚Box‘ liegen somit die ‚mittleren 50 Prozent‘ der Daten.[2] Der Boxplot gibt einen schnellen, groben Überblick über die Form einer Häufigkeitsverteilung und ist – da er im Gegensatz etwa zum Histogramm nur eine Dimension beansprucht – vor allem zum Vergleich verschiedener Häufigkeitsverteilungen geeignet. Die zugehörigen Boxplots werden dann in einer Grafik neben- bzw. untereinander gezeichnet.

---

[2] Neben dieser Grundform gibt es weitere Verfeinerungen des Boxplots, in denen beispielsweise Ausreißer gesondert dargestellt werden. Vgl. z. B. S. HEILER & P. MICHELS: *Deskriptive und explorative Datenanalyse*, S. 129-145.

Häufigkeitsverteilung des Geschlechts

absolute Häufigkeiten

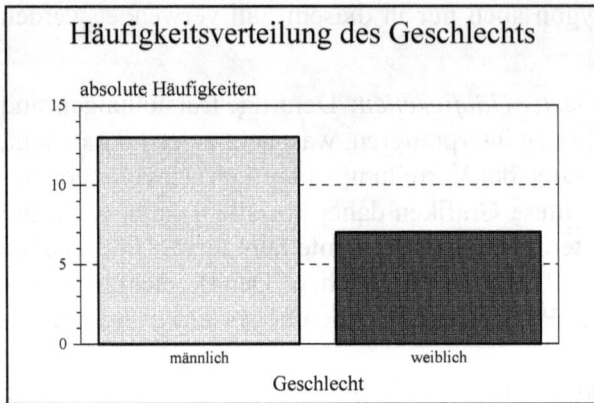

Abbildung 2.2 waagerechtes Stabdiagramm

Häufigkeitsverteilung des Geschlechts

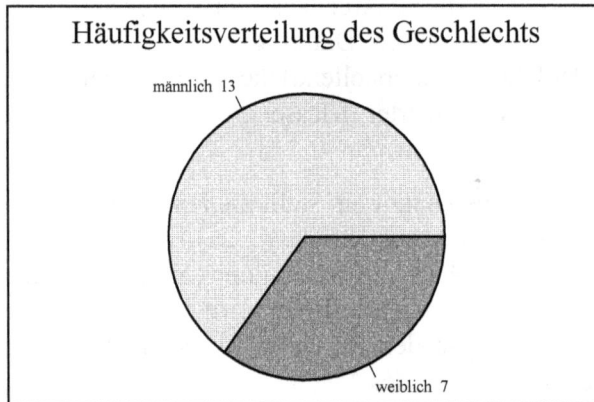

Abbildung 2.3 Kreisdiagramm

Häufigkeitsverteilung der Tarifgruppen

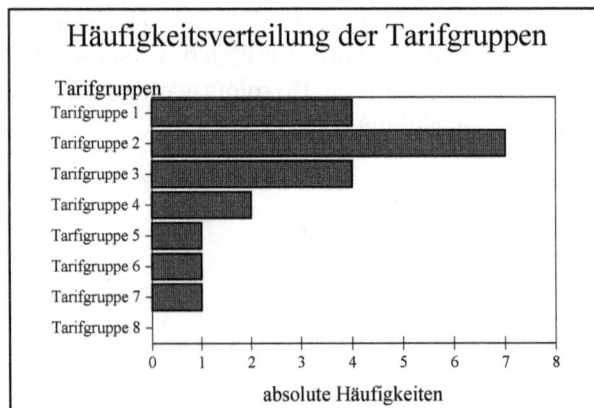

Abbildung 2.4 waagerechtes Stabdiagramm

Beispiel 2.5

Die in Beispiel 2.1 berechneten Häufigkeiten sollen nun grafisch dargestellt werden.

Das Merkmal ‚Geschlecht' ist nominalskaliert, so dass hierfür die Darstellungen in Form eines Stabdiagramms oder eines Kreisdiagramms geeignet sind. Man erhält die in den Abbildungen 2.2 und 2.3 dargestellten Ergebnisse.

Für die Häufigkeitsdarstellung des ordinalskalierten Merkmals ‚Tarifgruppe' bietet sich ein waagerechtes Stabdiagramm an. Dies hat insbesondere den Vorteil, dass dann die Bezeichnungen der Tarifgruppen einfacher einzutragen sind (vgl. Abbildung 2.4).

Die kumulierten Häufigkeiten der Tarifgruppen sollten hier durch unverbundene Punkte dargestellt werden (vgl. Abbildung 2.5). Denn im Gegensatz zu einer Intervallskala sind in diesem Fall zwischen den beobachteten Merkmalsausprägungen der Ordinalskala keine weiteren Ausprägungen denkbar, so dass keine Zwischenwerte existieren, für welche die Angabe einer kumulierten Häufigkeit nicht sinnvoll wäre.

Die Häufigkeiten des metrischen Merkmals ‚Alter' können mit Hilfe eines Histogramms dargestellt werden, wobei die Einteilung der Merkmalswerte in Klassen gleicher Breite, wie sie in Beispiel 2.1 eingeführt wurde, angemessen ist (vgl. Abbildung 2.6). Bei gleichen Klassenbreiten kann für die Ordinate des Histogramms auch auf die Division der Klassenhäufigkeiten durch die Klassenbreite verzichtet werden und stattdessen einfach die Klassenhäufigkeit abgetragen werden.

Für diese äquidistante Klassen einteilung ist alternativ auch die Darstellung in Form eines Häufigkeitspolygons möglich (vgl. Abbildung 2.7).

Die kumulierten Häufigkeiten können aufgrund der Originalbeobachtungen oder der Klasseneinteilung gezeichnet werden. Bei Verwendung der Originalwerte verbindet man die Beobachtungswerte durch waagerechte Linien, da die kumulierten Häufigkeiten zwar für die gesamte Merkmalsachse definiert sind, aber von einem Beobachtungswert bis zum nächsten jeweils nicht ansteigen (vgl. Abbildung 2.8). Verwendet man hingegen klassierte Daten, so sind die Punkte für benachbarte Klassengrenzen geradlinig zu verbinden. Denn hier unterstellt man innerhalb der gebildeten Klassen eine gleichmäßige Verteilung der Beobachtungswerte und damit auch einen gleichmäßigen Anstieg der kumulierten Häufigkeiten (vgl. Abbildung 2.9).

Schließlich soll der Boxplot der Häufigkeitsverteilung des Merkmals ‚Alter' gezeichnet werden (vgl. Abbildung 2.10). Dieser stellt die beiden Quartile sowie den zentralen, den minimalen und den maximalen Wert der Verteilung dar, wobei diese

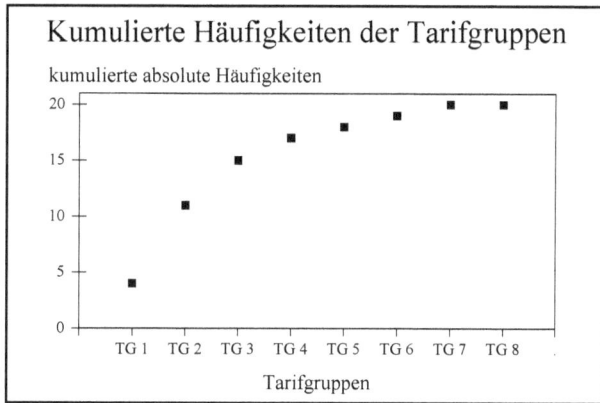

Abbildung 2.5 kumuliertes Häufigkeitsdiagramm für ordinales Skalenniveau

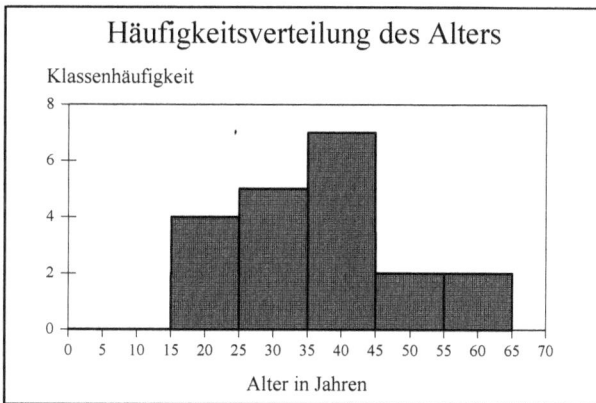

Abbildung 2.6 Histogramm bei Klassen gleicher Breite

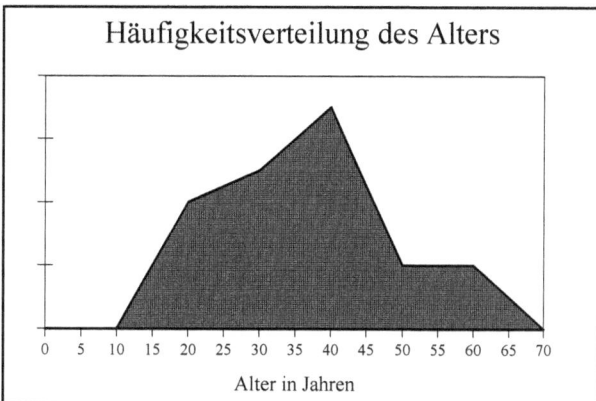

Abbildung 2.7 Häufigkeitspolygon

Größen hier auf Basis der ori-
ginalen Beobachtungswerte berechnet wurden.

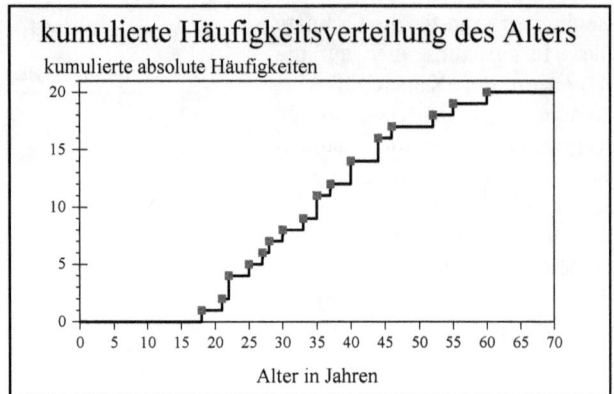

Abbildung 2.8 kumuliertes Häufigkeitsdiagramm auf Basis
der Beobachtungswerte

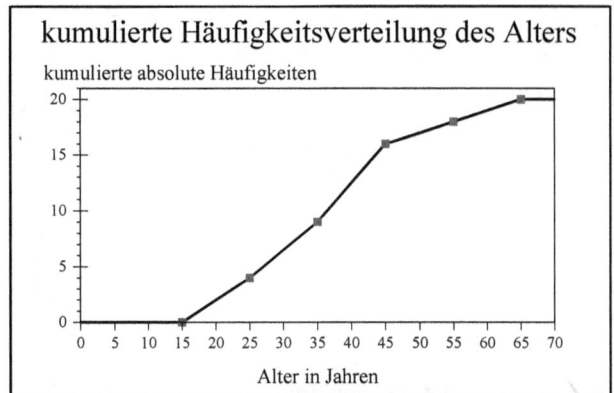

Abbildung 2.9 kumuliertes Häufigkeitsdiagramm auf Basis
der klassierten Daten

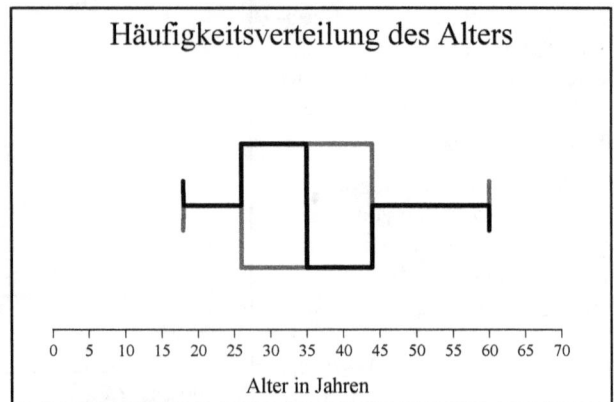

Abbildung 2.10 Boxplot

2.6 Typen von Häufigkeitsverteilungen

Anhand der tabellarischen, besonders aber der grafischen Häufigkeitsdarstellung, lassen sich verschiedene *Grundtypen von Häufigkeitsverteilungen* unterscheiden. Die wichtigsten sind:

● *Eingipflige, symmetrische Verteilung*: Jeweils ungefähr die Hälfte der Daten liegt über bzw. unter dem mittleren Wert, und die meisten Beobachtungswerte liegen in der Mitte, wo sich das Maximum der Verteilung (der ‚Gipfel') befindet (vgl. Abbildung 2.11). Typisches Beispiel hierfür ist die Verteilung des Körpergewichts einer Gruppe von Menschen.

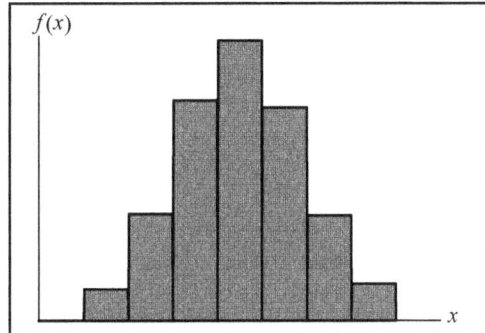

Abbildung 2.11 eingipflige, symmetrische Verteilung

● *Schiefe Verteilung*: Es ist zwar ein Maximum vorhanden, aber es liegt nicht in der Mitte. Die Verteilung ist asymmetrisch im Sinne von schief (engl.: skew): Sie läuft nach rechts weiter aus als nach links oder umgekehrt. Man spricht dann von einer rechtsschiefen oder linksteilen bzw. linksschiefen oder rechtssteilen Verteilung. Beispiel: Die Zahl der Krankheitstage einer Gruppe von Leuten ist häufig eine sog. gespiegelt J-förmige Verteilung, ist also rechtsschief oder linkssteil. Die Abbildung 2.12 zeigt demgegenüber eine linksschiefe oder rechtssteile Verteilung.

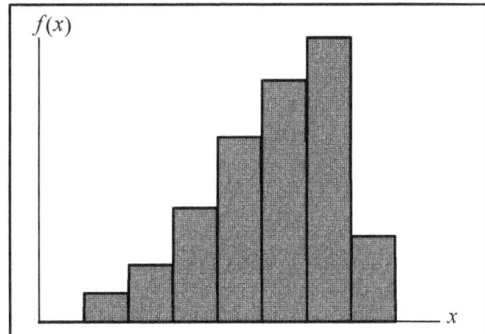

Abbildung 2.12 linksschiefe Verteilung

● *U-förmige Verteilung*: Die meisten Beobachtungswerte liegen weit außen am Rand der Verteilung, und zwar sowohl am linken als auch am rechten Rand der Skala. Der mittlere Bereich der Skala ist verhältnismäßig dünn

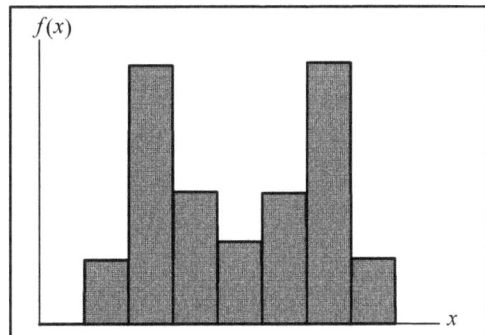

Abbildung 2.13 U-förmige Verteilung

belegt. Die Verteilung ist ziemlich symmetrisch, besitzt jedoch zwei Maxima, d. h., sie ist mehrgipflig (vgl. Abbildung 2.13). Typisches Beispiel: Eine Umfrage, wie viele Ausgaben eines Jahrgangs des Wochenmagazins ‚Der Spiegel‘ eine Person gelesen habe, wurde am häufigsten mit 0, 1, 2, 3 oder mit 49, 50, 51, 52 beantwortet. Die übrigen Zahlen 4 bis 48 kamen wesentlich seltener vor. Hier liegt also eine zweigipflige Häufigkeitsverteilung vor.

● *Gleichverteilung*: Für alle möglichen Merkmalsausprägungen tritt eine ungefähr gleiche Anzahl von Beobachtungswerten auf. Es gibt keine typischen oder weniger typischen (d. h. häufigen) Beobachtungswerte. Es existieren daher auch keine 'Gipfel' (vgl. Abbildung 2.14). Beispiel: Das Auftreten der Zahlen 1, 2, ..., 49 beim Lottospiel sollte kumuliert seit Einführung dieses Glückspiels bis heute eine weitgehend gleichverteilte Häufigkeitsverteilung aufweisen, da davon ausgegangen werden darf, dass alle Zahlen 1 bis 49 in etwa gleich häufig aus der Trommel gezogen worden sind.

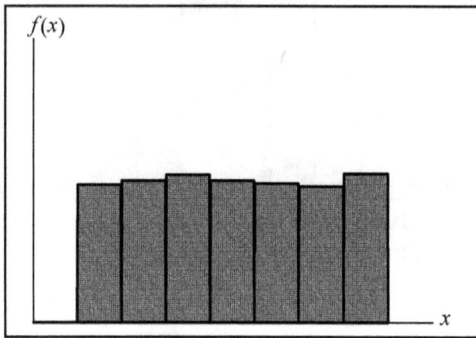

Abbildung 2.14 Gleichverteilung

3 Statistische Maßzahlen für eindimensionale Häufigkeitsverteilungen

3.1 Vorbemerkungen

Tabellen und grafische Darstellungen geben ein anschauliches und übersichtliches Bild und somit einen ersten Überblick über die Datenlage. Für die Gewinnung eindeutiger Aussagen und – vor allem – für einen Vergleich mehrerer statistischer Massen sind diese Techniken jedoch weniger geeignet. Man versucht vielmehr, die Datensituation durch charakteristische Kennzahlen zu beschreiben und diese verdichtete Information zum Vergleich zu benutzen. Diese charakteristischen Kennzahlen heißen *statistische Maßzahlen*.

Es gibt viele verschiedene Maßzahlen, je nachdem, welche Skalierung die untersuchten Daten besitzen und welche Gesichtspunkte der Daten man in den Vordergrund stellen will. Im Mittelpunkt steht meist die Beschreibung der empirischen Häufigkeitsverteilung der statistischen Masse. Zur umfassenden Charakterisierung reicht i. d. R. eine einzige Maßzahl nicht aus, da sie für sehr unterschiedliche Typen von Häufigkeitsverteilungen stehen kann. Will man diese Varianten genauer eingrenzen, muss man mehrere, einander ergänzende Maßzahlen verwenden. Bei einer eindimensionalen Häufigkeitsverteilung sind dies: Mittelwerte, Streuungsmaße und Formmaße wie Schiefe und Wölbung.

Für die im Folgenden betrachteten statistischen Maßzahlen wird deren Berechnung i. d. R. in zweierlei Varianten dargestellt: einerseits ausgehend von den Beobachtungswerten $x_1, ..., x_n$ und andererseits ausgehend von der Häufigkeitsverteilung $h(a_1), ..., h(a_k)$ der möglichen Merkmalsausprägungen.

Bei *gruppierten Daten* liegen dem Anwender statistischer Methoden meist keine Informationen mehr über die einzelnen Beobachtungswerte vor. In diesem Fall lassen sich die Maßzahlen nur näherungsweise berechnen. Man benutzt hierzu die auf den Häufigkeitsverteilungen beruhenden Formelvarianten, wobei die Häufigkeiten der Merkmalsausprägungen $h(a_j)$ durch die Klassenhäufigkeiten $h(I_k)$, $k = 1, ..., K$, zu ersetzen sind und die Merkmalsausprägungen selbst durch die Klassenmitten $a_k^* = \frac{1}{2}(u_k + o_k)$. Die Verwendung der Klassenmitten beruht auf der hilfsweisen Annahme, dass sich die Beobachtungswerte innerhalb der Klassen auf die Klassenmitten konzentrieren. Auf die gesonderte Darstellung dieser Formelvariante wird im Folgenden in der Regel verzichtet. Ein Stern (*) hinter dem Formelsymbol einer statistischen Maßzahl soll kennzeichnen, dass es sich um eine solche näherungsweise Berechnung mit Hilfe von Klassenmitten klassierter Daten handelt. Ein besonderes Problem bilden hierbei mögliche offene Randklassen, für die sich Klassenmitten nur schätzungsweise festlegen lassen. Üblicherweise behält man für offene Randklassen die Klassenbreite bei, die im Datensatz grundsätzlich verwendet wurde.

3.2   Mittelwerte

Die gesamte Urliste der Beobachtungswerte wird durch eine einzige Zahl – einen sogenannten *Lageparameter* oder *Mittelwert* – charakterisiert. Ein Lageparameter ist ein Maß der zentralen Tendenz. Er soll die Gesamtheit der Beobachtungswerte möglichst gut im Rahmen der jeweils verwendeten Skala repräsentieren. Theoretisch bietet sich zunächst jeder beliebige Wert an, wenn er nur im Bereich der beobachteten Ausprägungen liegt. Gleichzeitig ist einsichtig, dass Extremwerte oder Beobachtungswerte in den Randbereichen der Häufigkeitsverteilung den gestellten Anforderungen nicht entsprechen: Sie sind nicht typisch oder repräsentativ für die Lage einer Häufigkeitsverteilung.

Bei den Mittelwerten unterscheidet man zwei Hauptgruppen:
-   lagetypische Mittelwerte wie Modus und Median, für die nur bestimmte, besonders charakteristische Beobachtungswerte Mittelwert-prägend sind;
-   rechnerische Mittelwerte, in die i. d. R. alle Beobachtungswerte einer statistischen Masse eingehen, z. B. arithmetisches, geometrisches und harmonisches Mittel.

Modus oder Modalwert

Der Modus x_{mod} ist diejenige Merkmalsausprägung einer statistischen Masse, welche die größte Beobachtungshäufigkeit aufweist, der ‚häufigste‘ oder ‚dichteste‘ Wert. So besitzen z. B. eingipflige Häufigkeitsverteilungen genau einen Modalwert. Der Modus ist der einzig sinnvolle Lageparameter für nominalskalierte Merkmale, kann aber auch bei ordinaler und kardinaler Skalierung benutzt werden. Man sollte seine Anwendung jedoch grundsätzlich auf den Fall unimodaler, d. h. eingipfliger Verteilungen beschränken, obwohl er im Einzelfall auch bei bimodalen und multimodalen Verteilungen Verwendung finden kann. (Dabei empfiehlt es sich, dann neben dem Hauptmodus als häufigstem Wert auch weitere Nebenmodi anzugeben.) Die Beliebtheit des Modus beruht besonders auf seiner Realitätsnähe (z. B. der Ausdruck ‚normaler

Preis' beschreibt im Allgemeinen den am häufigsten anzutreffenden, d. h. den vorherrschenden Preis).

Bei gruppierten Daten mit gleichen Klassenbreiten benutzt man als Näherungswert für den Modus die Klassenmitte der häufigsten Klasse. Bei unterschiedlicher Klassenbreite ist die modale Klasse nicht zwingend diejenige mit der größten Häufigkeit. Vielmehr muss hierbei die Klassenhäufigkeit auf die Klassenbreite bezogen werden, sodass sich als Modus die Mitte derjenigen Klasse ergibt, die im Histogramm den größten Ordinatenwert aufweist.

Median oder Zentralwert

Der Median $\tilde{x}$ oder auch $x_{0,5}$ ist jener Beobachtungswert, der in der geordneten Urliste der Beobachtungswerte genau in der Mitte liegt. Es handelt sich also um den 0,5-Punkt der Häufigkeitsverteilung. Die Mittenposition bzw. Halbierungseigenschaft dieser Maßzahl versucht das Gefühl der Mitte, z. B. bei einem ‚mittelguten' Schüler, zu berücksichtigen. Diese Formulierung ist bei ungerader Anzahl von Beobachtungswerten eindeutig. Bei geradem n kommen die beiden mittleren Werte in Betracht, da sie die geordnete Urliste in zwei gleiche Teile zerlegen. Meist (bei metrischer Skalierung) verwendet man das arithmetische Mittel dieser beiden Werte, d. h., man addiert die beiden Beobachtungswerte in der Mitte der geordneten Urliste und dividiert das Ergebnis durch 2, um einen praktikablen Median zu erhalten (vgl. Formel (2.7)). Der Median kann nur angewendet werden, wenn das Merkmal zumindest ordinalskaliert ist, da seine Ermittlung eine Aussage über die Rangplätze der einzelnen Beobachtungswerte (geordnete Urliste) verlangt. Er ist somit der wichtigste Lageparameter für ordinalskalierte Merkmale.

Besonders einfach ist der Median grafisch aus der kumulierten relativen Häufigkeitskurve zu bestimmen. Man braucht nur die zugehörige Merkmalsausprägung zu ermitteln, für welche die kumulierte relative Häufigkeit den Wert 0,5 annimmt. Im Übrigen kann zur Berechnung des (feinberechneten) Medians auf die Ausführungen des Abschnitts 2.3 verwiesen werden.

Der Median besitzt folgende *Minimaleigenschaft*: Die Summe der absoluten Abweichungen metrisch skalierter Beobachtungswerte von einem beliebigen Wert m wird dann ein Minimum, wenn man für m den Median wählt. Der Median ist also repräsentativ für die Verteilung eines metrischen Merkmals in dem Sinne, dass vom Median alle übrigen Beobachtungswerte im Durchschnitt am wenigsten absolut abweichen:

$$(3.1) \quad S_a(m) = \sum_{i=1}^{n} |x_i - m| \rightarrow \text{min!} \quad \Leftrightarrow \quad m = \tilde{x}.$$

Beispiel 3.1

Für die Daten des Beispiels 2.1 sollen nun lagetypische Mittelwerte bestimmt werden.

Beim Merkmal ‚Geschlecht' handelt es sich um ein nominalskaliertes Merkmal, so dass hier nur die Bestimmung des Modalwertes sinnvoll ist. Da in Beispiel 2.1 die Häufigkeiten der Merkmalsausprägungen für ‚m' 13 und für ‚w' 7 betragen, ist der Modelwert hier die Ausprägung ‚m', also männlich.

Bei der ‚Tarifgruppe' ist zu untersuchen, für welche Merkmalsausprägung die kumulierte relative Häufigkeit den Wert 0,5 überschreitet. Nach den Berechnungen des Beispiels 2.2 ist $F(1) = 0,20$ und $F(2) = 0,55$, so dass die Schwelle 0,5 bei der Merkmalsausprägung ‚2' überschritten wird. Als Median erhält man also die Tarifgruppe 2.

Für das Merkmal ‚Alter' ergibt sich aufgrund der geordneten Urliste

18 21 22 22 25 27 28 30 33 35 35 37 40 40 44 44 46 52 55 60

als Median der Wert 35, da sowohl der zehntgrößte als auch der elftgrößte Wert gleich 35 sind. Greift man auf die Klassenhäufigkeiten zurück, so ergibt sich wegen $F(35) = 0,45$ und $F(45) = 0,80$ als Einfallsklasse die Klasse $[35; 45)$. Für den feinberechneten Median berechnet man mit Formel (2.9) den Wert

$$x_{0,5} = 35 + \frac{0,5 - 0,45}{0,80 - 0,45} \cdot (45 - 35) = 35 + \frac{0,05}{0,35} \cdot 10 = 36,4.$$

Arithmetisches Mittel oder ‚Durchschnittswert'

Der geläufigste der rechnerischen Mittelwerte ist das arithmetische Mittel. Sind $x_1, x_2, ..., x_n$ die Beobachtungswerte einer statistischen Masse, dann ergibt sich das arithmetische Mittel als

$$(3.2) \quad \bar{x} = \frac{x_1 + x_2 + ... + x_n}{n} = \frac{1}{n} \sum_{i=1}^{n} x_i.$$

Das arithmetische Mittel kann nur dann berechnet werden, wenn es sich um ein quantitatives Merkmal handelt, das metrisch skaliert ist. So ist z. B. die Berechnung von ‚Durchschnittszensuren' statistisch nicht zu vertreten, da bei diesen von lediglich ordinalem Skalenniveau auszugehen ist. Idealerweise sollten die Beobachtungswerte in der geordneten Urliste, aus denen ein arithmetisches Mittel berechnet werden soll, in etwa eine sogenannte arithmetische Reihe bilden, bei der die Abstände zwischen aufeinanderfolgenden Einzelwerten gleich sind (daher der Name ‚arithmetisches Mittel').

Im Gegensatz zu Modus und Median gehen in die Berechnung des arithmetischen Mittels sämtliche Beobachtungswerte ein. Dadurch wird das arithmetische Mittel in vielen Fällen einen Wert annehmen, der als Beobachtungswert in der statistischen Masse nicht vorkommt und der (insbesondere bei absolutskalierten Merkmalen) auch in der Menge der möglichen Merkmalsausprägungen nicht enthalten sein kann.

Beim Vorliegen von ,Ausreißern' in Form von extremen Beobachtungswerten ist die Annahme verletzt, dass die geordnete Urliste einer arithmetischen Reihe gleicht, so dass die Eignung des arithmetischen Mittels als repräsentativer, typischer Verteilungswert stark beeinträchtigt sein kann.

Sind nicht alle Beobachtungswerte unterschiedlich, sodass sich das Arbeiten mit Häufigkeiten lohnt, dann berechnet man das arithmetische Mittel, indem man die einzelnen Merkmalsausprägungen a_j mit ihren jeweiligen absoluten Häufigkeiten $h(a_j)$ multipliziert, die so entstandenen Produkte über alle Merkmalsausprägungen addiert und durch die Summe der absoluten Häufigkeiten dividiert:

$$(3.3) \quad \bar{x} = \frac{\sum_{j=1}^{k} h(a_j) \cdot a_j}{\sum_{j=1}^{k} h(a_j)} = \frac{\sum_{j=1}^{k} h(a_j) \cdot a_j}{n} = \sum_{j=1}^{k} f(a_j) \cdot a_j.$$

Das arithmetische Mittel kann als einfaches oder als gewogenes arithmetisches Mittel berechnet werden. Bei der in (3.3) vorgestellten Berechnung handelt es sich im Grunde bereits um eine Anwendung des gewogenen arithmetischen Mittels: Bei den gruppierten Daten verwendet man die Klassenhäufigkeiten als *Gewichte*. Auch in Fällen, in denen die Gewichte keine Häufigkeiten darstellen, sondern geschätzt oder anderweitig sinnvoll festgelegt werden müssen, spricht man von einem *gewogenen arithmetischen Mittel*. Häufig legt man die Gewichte so fest, dass sie der Formel

$$(3.4) \quad w_1, w_2, ..., w_n \quad \text{mit } 0 \le w_i \text{ und } \sum_{i=1}^{n} w_i = 1$$

genügen. Gibt man allgemein nichtnegative Gewichte vor (deren Summe nicht eins ergeben muss), so erhält man die allgemeine Formel für das gewogene oder gewichtete arithmetische Mittel:

$$(3.5) \quad \bar{x}^w = \sum_{i=1}^{n} w_i \cdot x_i \Big/ \sum_{i=1}^{n} w_i.$$

Das arithmetische Mittel weist einige *mathematische Eigenschaften* auf, die für seine Verwendung in der Statistik von großer Bedeutung sind. Nicht zuletzt deswegen ist das arithmetische Mittel der mit Abstand wichtigste Mittelwert.

● *Ersatzwerteigenschaft*: Wenn man das arithmetische Mittel mit dem Umfang n der statistischen Masse multipliziert, dann erhält man die Summe aller einzelnen Beobachtungswerte, die so genannte *Merkmalssumme T*. Diese Eigenschaft wird in der Praxis häufig benutzt, wenn man die Anzahl der Beobachtungswerte kennt und auch eine Vorstellung von deren Durchschnitt hat, aber die Summe der Einzelwerte nicht kennt und schätzen möchte.

● *Nulleigenschaft*: Die Summe aller Abweichungen der Beobachtungswerte von einem beliebigen Wert m wird dann null, wenn man für m das arithmetische Mittel verwendet. Die positiven und negativen Abweichungen vom arithmetischen Mittel heben sich dann gegenseitig auf. Es gilt:

$$(3.6) \quad \sum_{i=1}^{n} (x_i - m) = \sum_{j=1}^{k} h(a_j)\,(a_j - m) = 0 \quad \Leftrightarrow \quad m = \bar{x}.$$

● *Minimaleigenschaft*: Die Summe der quadratischen Abweichungen der Beobachtungswerte von einem beliebigen Wert m wird dann ein Minimum, wenn man hierfür das arithmetische Mittel verwendet. Es gilt also:

$$(3.7) \quad S_q(m) = \sum_{i=1}^{n} (x_i - m)^2 = \sum_{j=1}^{k} h(a_j)\,(a_j - m)^2 \rightarrow \min! \quad \Leftrightarrow \quad m = \bar{x}.$$

Man beachte die Tatsache, dass hier eine quadratische Funktion zu minimieren ist. Dies führt dazu, dass der Einfluss sehr weit außen liegender Beobachtungswerte (sog. statistischer Ausreißer) auf den Wert des arithmetischen Mittels sehr groß ist – ganz im Gegensatz etwa zum Median, für dessen Wert es keine Rolle spielt, welche konkreten Extremwerte vorliegen.

● *Lineare Transformationseigenschaft*: Transformiert man die Beobachtungswerte x_i gemäß der Vorschrift

$$(3.8) \quad y_i = a + b\,x_i,$$

so transformieren sich die jeweiligen arithmetischen Mittel nach derselben Rechenvorschrift:

$$(3.9) \quad \bar{y} = \frac{1}{n} \sum_{i=1}^{n} y_i = a + b\,\bar{x}.$$

Getrimmter arithmetischer Mittelwert

Bei dieser Variante des arithmetischen Mittels, dem so genannten *getrimmten arithmetischen Mittelwert* (trimmed mean), soll der Einfluss möglicher Ausreißer auf den Mittelwert verringert werden. Die Idee ist einfach: In der geordneten Urliste lässt man die größten und kleinsten Beobachtungswerte (die möglichen Ausreißer) weg und berechnet das arithmetische Mittel nur aus den mittleren Beobachtungen. Vorgehensweise: Der $\alpha\%$-getrimmte Mittelwert lässt $\alpha\%$ der Beobachtungen an beiden Enden der Verteilung unberücksichtigt und berechnet von den verbleibenden $(100-2\alpha)\%$ der Beobachtungen das arithmetische Mittel (mit $\alpha=5$ oder $\alpha=10$). Im Extremfall ($\alpha \to 50$) erhält man übrigens den Median, da schließlich nur noch die (beiden) mittlere(n) Beobachtung(en) übrig bleiben.

Beispiel 3.2
Von den Merkmalen des Beispiels 2.1 ist das arithmetische Mittel nur auf die metrisch skalierte Größe ‚Alter' anwendbar. Aufgrund der Originaldaten erhält man den Mittelwert

$$\bar{x} = \frac{21+37+30+...+44+28}{20} = \frac{714}{20} = 35{,}7.$$

Verwendet man statt der Originalwerte die Klassenhäufigkeiten der in Beispiel 2.1 vorgenommenen Klasseneinteilung, so ergibt sich als Näherungswert

$$\bar{x}^* = \frac{1}{20}\left(4 \cdot \frac{15+25}{2} + 5 \cdot \frac{25+35}{2} + ... + 2 \cdot \frac{55+65}{2}\right) = \frac{730}{20} = 36{,}5.$$

Befürchtet man eine zu große Beeinflussung des arithmetischen Mittels durch Ausreißer, so kann man einen um 10% getrimmten Mittelwert bestimmen. Ausgehend von der geordneten Urliste, die in Beispiel 2.3 bestimmt wurde, ergibt sich aufgrund der verbleibenden 16 mittleren Beobachtungen:

$$\bar{x}^{tr}_{10\%} = \frac{22+22+...+52}{16} = \frac{560}{16} = 35{,}0.$$

Neben dem arithmetischen Mittel und seinen Abwandlungen gibt es noch weitere rechnerische Mittelwerte, insbesondere das geometrische und das harmonische Mittel. Diese Mittelwerte sind jedoch eher in anderen Zusammenhängen als bei der Beschreibung von Querschnittsdaten bedeutsam: Das geometrische Mittel spielt vor allem bei der Beschreibung des mittleren Wachstums von Zeitreihen eine Rolle und wird im Abschnitt 6.2 vorgestellt. Das der Mittelung von Beziehungszahlen dienende harmonische Mittel wird im Abschnitt 6.1 behandelt.

3.3 Streuungsmaße

Der Streuungsbegriff bringt zusätzlich zu den Mittelwerten eine weitere Idee zur Beschreibung einer Häufigkeitsverteilung mit Hilfe von charakteristischen Kenngrößen ins Spiel, nämlich die Frage, ob die Beobachtungswerte sehr nahe bei einem Mittelwert liegen oder ob sie sehr weit auseinanderliegen, d. h. stark streuen. Zwei statistische Massen, deren Mittelwerte identisch sind, können sich unter Umständen beträchtlich darin unterscheiden, dass ihre Beobachtungswerte sehr nahe bei dem betrachteten Mittelwert liegen oder über einen weiten Bereich der Merkmalsskala variieren. In diesem Zusammenhang spricht man auch von einer kleineren oder größeren *Streuung* der Beobachtungswerte um den jeweiligen Mittelwert. Je kleiner die Streuung, desto besser beschreibt ein Mittelwert die zentrale Tendenz einer statistischen Masse. Im Mittelpunkt stehen Streuungsmaße für metrisch skalierte Merkmale und nur diese sollen hier behandelt werden.[1] Für diese unterscheidet man absolute und relative Streuungsmaße.

// Bei der Interpretation von Streuungsmaßen ist zu beachten, dass die Werte unterschiedlicher Streuungsmaße wesentlich schlechter miteinander vergleichbar sind, als das bei den Lagemaßen der Fall ist. Insbesondere ist der Anteil der Beobachtungswerte, die in einem Intervall von der Länge des Wertes des Streuungsmaßes zu erwarten sind, je nach Konstruktion der Maßzahl höchst unterschiedlich. Dieser Anteil beträgt z. B. beim Quartilsabstand 50%, bei der Standardabweichung hängt er jedoch vom Typ der Verteilung ab und liegt für die *Normalverteilung*[2] in Bezug auf die doppelte Standardabweichung bei etwa zwei Drittel.

Quartilsabstand

Der Begriff ‚Quartil‘ ist analog zu dem des Medians definiert: Das 1. (untere) Quartil, das 2. Quartil (entspricht dem Median) bzw. das 3. (obere) Quartil ist jeweils der Punkt auf der Merkmalsskala, unterhalb dessen 25%, 50% bzw. 75% aller Beobachtungswerte liegen.

---

[1] Als Streuungsmaß für nominalskalierte Variablen wird üblicherweise die *Entropie* betrachtet, die ein Maß für die Unähnlichkeit der zu beschreibenden Verteilung mit der Gleichverteilung auf allen möglichen Merkmalsausprägungen darstellt. Dieses und weitere Streuungsmaße – auch für ordinale Skalen – findet man z. B. bei P. v. D. LIPPE: *Deskriptive Statistik*, S. 107 ff.; F. VOGEL: *Beschreibende und schließende Statistik*, S. 23-31.

[2] Die Normalverteilung ist ein theoretischer Verteilungstyp aus der Wahrscheinlichkeitsrechnung. Vgl. Abschnitt 15.2 in Teil C.

Als Quartilsabstand q (‚Hälftespielraum') gilt die Differenz zwischen dem 3. und dem 1. Quartil, also

(3.10) $q = x_{0,75} - x_{0,25}$.

Er gibt die Größe des Bereichs an, in dem die mittlere Hälfte aller Beobachtungswerte liegen.

!! Der Quartilsabstand ist kein geeignetes Streuungsmaß für ordinalskalierte Daten, da zwar die Quartile selbst auch bei ordinalem Skalenniveau bestimmt werden können, die Berechnung ihres Abstands jedoch die Bildung einer Differenz und somit metrisches Skalenniveau erfordert.

Spannweite

Der Streubereich einer Häufigkeitsverteilung ist derjenige Wertebereich, in dem alle Beobachtungswerte einer statistischen Masse liegen. Er ist somit bestimmt durch die Angabe des kleinsten und des größten Beobachtungswertes in der geordneten Urliste. Die Breite des Streubereichs (den Abstand der beiden Extremwerte) nennt man Spannweite R (engl.: range):

(3.11) $R = x_{max} - x_{min}$.

Der Nachteil dieser Maßzahl liegt darin, dass die Daten der Häufigkeitsverteilung nur sehr unvollständig genutzt werden; nur zwei, u. U. sogar atypische Ausreißer, gehen in die Berechnung ein (insofern ist der Quartilsabstand vorzuziehen).

Mittlere absolute Abweichung

Dieses Streuungsmaß – wie auch alle nachfolgend besprochenen Streuungsmaße – verwendet bei seiner Berechnung sämtliche Beobachtungswerte der betrachteten statistischen Masse. Hierbei wird der arithmetische Mittelwert der absoluten Abweichungen der Beobachtungswerte von einem festen Wert **m** ermittelt:

(3.12) $\dfrac{1}{n} S_a(m) = \dfrac{1}{n} \sum\limits_{i=1}^{n} |x_i - m| = \dfrac{1}{n} \sum\limits_{j=1}^{k} |a_j - m| \cdot h(a_j) = \sum\limits_{j=1}^{k} |a_j - m| \cdot f(a_j)$.

Wegen der Minimumeigenschaft des Medians wählt man in (3.12) für **m** meist den Median. Diese mittlere absolute Abweichung vom Median wird i. d. R. mit **d** bezeichnet. Gelegentlich wird auch die sogenannte *durchschnittliche Abweichung* ermittelt, bei der es sich um die mittlere absolute Abweichung vom arithmetischen Mittel handelt. Unter Verwendung der Klassenmitten kann man auch für gruppierte Daten mittlere absolute Abweichungen ermitteln.

Mittlere quadratische Abweichung und Standardabweichung

Für einen gegebenen Wert m ist die mittlere quadratische Abweichung der Beobachtungswerte gegeben durch

$$(3.13) \quad \frac{1}{n} S_q(m) = \frac{1}{n} \sum_{i=1}^{n} (x_i - m)^2 = \frac{1}{n} \sum_{j=1}^{k} (a_j - m)^2 \cdot h(a_j) = \sum_{j=1}^{k} (a_j - m)^2 \cdot f(a_j).$$

Wegen der Minimumeigenschaft des arithmetischen Mittels betrachtet man in aller Regel die mittlere quadratische Abweichung vom arithmetischen Mittel und bezeichnet sie mit s^2. Die positive Quadratwurzel hieraus bezeichnet man als Standardabweichung s:

$$
\begin{aligned}
(3.14) \quad s^2 &= \frac{1}{n} S_q(\bar{x}) = \frac{1}{n} \sum_{i=1}^{n} (x_i - \bar{x})^2 = \frac{1}{n} \sum_{j=1}^{k} (a_j - \bar{x})^2 \cdot h(a_j) \\
&= \sum_{j=1}^{k} (a_j - \bar{x})^2 \cdot f(a_j), \quad s = +\sqrt{s^2}.
\end{aligned}
$$

Bei diesen beiden Maßzahlen handelt es sich um die für metrisch skalierte Merkmale am häufigsten verwendeten Streuungsmaße. Die Bedeutung der Standardabweichung liegt darin, dass man hiermit im Gegensatz zur mittleren quadratischen Abweichung ein Streuungsmaß in der Dimension des Ursprungsmerkmals erhält (und nicht in einer kaum interpretierbaren Dimension wie z. B. in DM^2 oder kg^2). Aufgrund der quadratischen Konstruktionsweise werden größere Abstände zum Mittelwert hier stärker gewichtet als bei der mittleren absoluten Abweichung, wodurch eine größere Abhängigkeit von möglichen Ausreißern entsteht.

Außerdem hat die mittlere quadratische Abweichung folgende Eigenschaften:

● *Verschiebungssatz*: Eine einfache Umrechnung führt zu einer alternativen Formel:

$$
\begin{aligned}
(3.15) \quad s^2 &= \frac{1}{n} \sum_{i=1}^{n} (x_i - \bar{x})^2 = \frac{1}{n} \sum_{i=1}^{n} (x_i^2 - 2x_i \cdot \bar{x} + \bar{x}^2) = \frac{1}{n} \sum_{i=1}^{n} x_i^2 - 2\bar{x}^2 + \bar{x}^2 \\
&= \frac{1}{n} \sum_{i=1}^{n} x_i^2 - \bar{x}^2 = \frac{1}{n} \sum_{j=1}^{k} a_j^2 \cdot h(a_j) - \bar{x}^2 = \overline{x^2} - \bar{x}^2.
\end{aligned}
$$

Das Formelsymbol $\overline{x^2}$ bezeichnet dabei den Mittelwert der quadrierten Beobachtungswerte x_i^2.

● *Lineare Transformation*: Werden die Beobachtungswerte x_i gemäß der Vorschrift (3.8) linear transformiert, so transformieren sich die mittleren quadratischen Abweichungen bzw. die Standardabweichungen folgendermaßen:

(3.16) $s_y^2 = b^2 \cdot s_x^2$ bzw. $s_y = |b| \cdot s_x$.

● *Standardbereiche*: Im Vorgriff auf wahrscheinlichkeitstheoretische Zusammenhänge sei auf eine Tendenz hingewiesen, die auf zahlreiche metrisch skalierte Merkmale anwendbar ist:
- im Intervall $[\bar{x} - s \ ; \ \bar{x} + s]$ liegen etwa zwei Drittel aller Beobachtungswerte;
- im Intervall $[\bar{x} - 2s \ ; \ \bar{x} + 2s]$ liegen ca. 95 % aller Beobachtungswerte;
- im Intervall $[\bar{x} - 3s \ ; \ \bar{x} + 3s]$ liegen praktisch 100 % aller Beobachtungswerte (mehr als 99% der Werte).

!!   In vielen Lehrbüchern und auf vielen Taschenrechnern ist die mittlere quadratische Abweichung mit dem Faktor $\frac{1}{n-1}$ anstelle von $\frac{1}{n}$ vor dem Summenzeichen definiert. Entsprechendes gilt für die Standardabweichung. In der deskriptiven Statistik spielen diese veränderten Formeln keine Rolle; sie sind ausschließlich für Stichprobenuntersuchungen wegen wünschenswerter Schätzeigenschaften von Interesse. Einzelheiten dazu im Rahmen der Stichprobentheorie (Teil C, insbesondere Abschnitt 19.3).

● *Streuungszerlegung*: Oft gliedert sich eine statistische Masse in mehrere Teilmassen (nummeriert mit $g = 1,...,G$, z. B. gliedert sich die Belegschaft eines Unternehmens in männliche und weibliche Mitarbeiter); die Umfänge dieser Teilmassen sind $n_1,...,n_G$. Liegen dann für diese Teilmassen bereits die arithmetischen Mittel $\bar{x}_g$, $g = 1,...,G$, und die Standardabweichungen s_g, $g = 1,...,G$, vor, so können die entsprechenden Maßzahlen der Gesamtmasse wie folgt berechnet werden:

$$(3.17) \quad \bar{x} = \sum_{g=1}^{G} \frac{n_g}{n} \cdot \bar{x}_g.$$

$$(3.18) \quad s^2 = \sum_{g=1}^{G} \frac{n_g}{n} \cdot (\bar{x}_g - \bar{x})^2 + \sum_{g=1}^{G} \frac{n_g}{n} \cdot s_g^2 = \sum_{g=1}^{G} \frac{n_g}{n} \cdot \left((\bar{x}_g - \bar{x})^2 + s_g^2\right).$$

Formel (3.17) entspricht einem mit den Teilmassen-Umfängen gewichteten arithmetischen Mittel. Formel (3.18) wird als *Streuungszerlegungsformel* bezeichnet, weil darin deutlich wird, dass sich die Gesamtstreuung additiv in zwei Teile zerlegen lässt: Einerseits in die *Streuung zwischen den Teilmassen*, die sich in den Abweichungen der unterschiedlichen Mittelwerte ausdrückt, sowie andererseits in die *Streuung innerhalb der Teilmassen*.

Relative Streuungsmaße

Insbesondere für den Vergleich von Streuungen bei mehreren statistischen Massen mit unterschiedlichem Niveau der Mittelwerte sind relative Streuungsmaße wichtig, da bei der Berechnung von Abweichungen die Größenordnungen der Beobachtungswerte verloren gehen. So können z. B. zwei statistische Massen mit recht unterschiedlichen Mittelwerten denselben Wert für die mittlere quadratische Abweichung aufweisen.

Relative Streuungsmaße entstehen als Quotient aus einem absoluten Streuungsmaß und einem hierzu passenden Mittelwert (i. d. R. derjenige Mittelwert, auf den die im Streuungsmaß betrachteten Abweichungen bezogen sind). Da die Größenordnung der Streuung im Vergleich zum Mittelwert nur dann von Interesse ist, wenn der Nullpunkt der Skala vorgegeben ist, sollte ein mindestens verhältnisskaliertes Merkmal vorliegen. Zudem müssen alle Beobachtungswerte positiv sein.

● *Variationskoeffizient*: Hier bildet man den Quotienten aus Standardabweichung und arithmetischem Mittel und bezeichnet diese Größe mit v:

$$(3.19) \quad v = \frac{s}{\bar{x}} \quad \text{bzw.} \quad v = \frac{s}{\bar{x}} \cdot 100\% \ .$$

Der Variationskoeffizient ist dimensionslos oder wird nach Multiplikation mit 100 in Prozent gemessen. Er gibt an, um wie viel Prozent des arithmetischen Mittels die Beobachtungswerte im Durchschnitt um das arithmetische Mittel streuen.

● *Andere relative Streuungsmaße*: Als Alternativen zur Berechnung des Variationskoeffizienten bieten sich folgende Quotientenbildungen an (für die sich jedoch im Gegensatz zum diesem keine feste Bezeichnung eingebürgert hat):

$$(3.20) \quad \frac{q}{x_{0,5}}, \ \frac{d}{x_{0,5}}, \ \frac{d}{\bar{x}}, \ \text{etc.}$$

Beispiel 3.3

Für das Merkmal ‚Alter‘ des Beispiels 2.1 sollen Streuungsmaße errechnet werden, wobei wiederum sowohl die Originalwerte verwendet werden als auch Näherungswerte aufgrund der Klassenhäufigkeiten bestimmt werden.

In Beispiel 2.3 ergaben sich die Werte $x_{0,25} = 26$, $x_{0,75} = 44$ für das erste und dritte Quartil des Merkmals ‚Alter‘. Damit erhält man als Quartilsabstand: $q = 44 - 26 = 18$. Verwendet man statt der Originalwerte die Häufigkeiten der Klasseneinteilung, so errechnet sich mit den hieraus ermittelten Quartilswerten $x_{0,25}^* = 27,0$, $x_{0,75}^* = 43,6$ als Näherungswert für den Quartilsabstand $q^* = 43,6 - 27,0 = 16,6$.

Die Spannweite als Differenz des größten und kleinsten Beobachtungswertes beträgt $R = x_{max} - x_{min} = 60 - 18 = 42$. Bei Verwendung der Klassenhäufigkeiten muss man die Obergrenze der größten und die Untergrenze der kleinsten Klasse mit einer Häufigkeit größer als null verwenden; damit erhält man $R^* = 65 - 15 = 50$.

Für die mittlere absolute Abweichung vom Median bestimmt man aufgrund der geordneten Urliste in Beispiel 2.3 zunächst als Median den Wert 35 und anschließend die absoluten Abweichungen von diesem Wert:

$$17,\ 14,\ 13,\ 13,\ 10,\ 8,\ 7,\ 5,\ 2,\ 0,\ 0,\ 2,\ 5,\ 5,\ 9,\ 9,\ 11,\ 17,\ 20,\ 25.$$

Damit ergibt sich als mittlere absolute Abweichung

$$d = \tfrac{1}{20}\,(17 + 14 + 13 + \ldots + 25) = \tfrac{1}{20} \cdot 192 = 9{,}6.$$

Verwendet man die Klassenhäufigkeiten, so sind die absoluten Abstände auf der Basis der Klassenmitten zu bestimmen. Man erhält unter Verwendung des approximativen Medians:

$$d^* = \tfrac{1}{20}\,\big[|20 - 36{,}4| \cdot 4 + |30 - 36{,}4| \cdot 5 + |40 - 36{,}4| \cdot 7 + |50 - 36{,}4| \cdot 2 + |60 - 36{,}4| \cdot 2\big]$$
$$= \tfrac{1}{20} \cdot 197{,}2 = 9{,}86.$$

Zur Berechnung der mittleren quadratischen Abweichung vom arithmetischen Mittel sind, ausgehend von der Urliste der Beobachtungswerte, die quadrierten Abstände zum Wert $\bar{x} = 35{,}7$ zu bilden. Man erhält für $i = 1, \ldots, 20$ folgende Abweichungen bzw. quadrierte Abweichungen (obere bzw. untere Zeile):

$x_i - \bar{x}$: $-14{,}7$, $1{,}3$, $-5{,}7$, $-0{,}7$, $-10{,}7$, $8{,}3$, $16{,}3$, $4{,}3$, $24{,}3$, $-2{,}7$,
$(x_i - \bar{x})^2$: $216{,}09$, $1{,}69$, $32{,}49$, $0{,}49$, $114{,}49$, $68{,}89$, $265{,}69$, $18{,}49$, $590{,}49$, $7{,}29$,

(Forts.:)
$x_i - \bar{x}$: $-13{,}7$, $-8{,}7$, $-0{,}7$, $19{,}3$, $4{,}3$, $-13{,}7$, $-17{,}7$, $10{,}3$, $8{,}3$, $-7{,}7$,
$(x_i - \bar{x})^2$: $187{,}69$, $75{,}69$, $0{,}49$, $372{,}49$, $18{,}49$, $187{,}69$, $313{,}29$, $106{,}09$, $68{,}89$, $59{,}29$.

Hieraus errechnet man folgende mittlere quadratische Abweichung:

$$s^2 = \tfrac{1}{20}\,\big[216{,}09 + 1{,}69 + 32{,}49 + \ldots + 59{,}29\big] = \tfrac{1}{20} \cdot 2.706{,}2 = 135{,}31.$$

Alternativ kann man auch den Verschiebungssatz benutzen. Dazu ist zunächst die Summe der quadrierten Merkmalswerte zu berechnen, die sich auf

$$\sum_{i=1}^{n} x_i^2 = 21^2 + 37^2 + 30^2 + \ldots + 28^2 = 441 + 1.369 + 900 + \ldots + 784 = 28.196$$

beläuft. Daraus ergibt sich für die mittlere quadratische Abweichung

$$s^2 = \tfrac{1}{20} \cdot 28.196 - 35{,}7^2 = 1.409{,}8 - 1.274{,}49 = 135{,}31.$$

Als Standardabweichung erhält man damit

$$s = \sqrt{135{,}31} = 11{,}6.$$

Näherungsweise können auch die mittlere quadratische Abweichung und die Standardabweichung aufgrund der Häufigkeiten der Klasseneinteilung ermittelt werden. Dabei sind die Abweichungen auf den näherungsweise errechneten Mittelwert $\bar{x}^* = 36,5$ zu beziehen. Es gilt:

$$s^{*2} = \frac{1}{20} \left[(20-36,5)^2 \cdot 4 + (30-36,5)^2 \cdot 5 + (40-36,5)^2 \cdot 7 + (50-36,5)^2 \cdot 2 + (60-36,5)^2 \cdot 2 \right]$$

$$= \frac{1}{20} \cdot 2.855 = 142,75.$$

Alternativ kann auch hier der Verschiebungssatz angewendet werden:

$$s^{*2} = \frac{1}{20} \left[20^2 \cdot 4 + 30^2 \cdot 5 + 40^2 \cdot 7 + 50^2 \cdot 2 + 60^2 \cdot 2 \right] - 36,5^2$$

$$= \frac{1}{20} \cdot 29.500 - 1.332,25 = 1.475 - 1.332,25 = 142,75.$$

Als Näherungswert für die Standardabweichung ergibt sich damit

$$s^* = \sqrt{142,75} = 11,9.$$

Standardisieren von Merkmalen

Gelegentlich verwendet man in statistischen Analysen so genannte *standardisierte Merkmale*, die in Bezug auf ihre Lage und Streuung normiert sind. Dies spielt insbesondere bei der Erkennung von Ausreißern und bei der Analyse des Zusammenhangs mehrerer Merkmale eine Rolle. Zu den Merkmalsausprägungen x_i eines Merkmals mit arithmetischem Mittel $\bar{x}$ und Standardabweichung s errechnen sich die standardisierten Merkmalsausprägungen als

$$(3.21) \quad x_i^s = \frac{x_i - \bar{x}}{s}.$$

Das standardisierte Merkmal hat dann den Mittelwert null und die Standardabweichung eins. Werte, die betragsmäßig größer als zwei bzw. drei sind, sollten bei standardisierten Merkmalen ‚normalerweise‘ nur mit 5 bzw. 1%-iger Häufigkeit auftreten (vgl. Stichwort: Standardbereiche).

Beispiel 3.4
Ausgehend von Beispiel 3.3 können nun die Werte des Merkmals ‚Alter‘ standardisiert werden. Dazu ist zu berechen:

$$x_i^s = \frac{x_i - 35,7}{11,6}.$$

Für die geordnete Urliste ergeben sich damit folgende Werte:

$$-1,53, \; -1,27, \; -1,18, \; -1,18, \; -0,92, \; -0,75, \; -0,66, \; -0,49, \; -0,23, \; -0,06,$$
$$-0,06, \;\; 0,11, \;\;\; 0,37, \;\;\; 0,37, \;\;\; 0,72, \;\;\; 0,72, \;\;\; 0,89, \;\;\; 1,41, \;\;\; 1,66, \;\;\; 2,09.$$

Insbesondere der dem Alter ‚60' entsprechende Wert 2,09 kann damit als Ausreißer in Frage kommen, da er um mehr als zwei Standardabweichungen vom Mittelwert abweicht.

3.4 Formmaße

Mittelwerte und Streuungsmaße beschreiben eindimensionale Häufigkeitsverteilungen für die meisten praktischen Anwendungsfälle ausreichend gut. Dennoch gibt es Verteilungen, die in Mittelwert und Streuungsmaß übereinstimmen, aber erhebliche Unterschiede in ihrer Gestalt aufweisen. Eine weitergehende Charakterisierung der Verteilung kann in diesen Fällen mit Begriffen wie *Symmetrie* und *Schiefe* (rechts- bzw. linksschief) oder *Wölbung* (auch Exzess oder Kurtosis genannt: stark bzw. schwach gewölbt, d. h. spitzer bzw. flacher Verlauf der Verteilung) vorgenommen werden. Die Ermittlung derartiger Maßzahlen kann entweder auf geeigneten Quantilen oder auf höheren Momenten der Verteilung basieren.

Momente

Bei der Berechnung von statistischen Maßzahlen wird häufig auf den Begriff der sog. *Momente* einer Verteilung zurückgegriffen. Das k-te Moment der Verteilung der Beobachtungswerte in Bezug auf a lautet:

$$(3.22) \quad m_k(a) = \frac{1}{n} \sum_{i=1}^{n} (x_i - a)^k.$$

Dabei ist a eine beliebige reelle Zahl und k eine positive ganze Zahl. Dieser Definition ist zu entnehmen, dass das arithmetische Mittel (1. Moment in Bezug auf null) und die mittlere quadratische Abweichung (2. Moment in Bezug auf das arithmetische Mittel) Spezialfälle dieses Momentenbegriffes darstellen. Momente in Bezug auf null bezeichnet man als *gewöhnliche Momente*; Momente in Bezug auf das arithmetische Mittel bezeichnet man als *zentrale Momente*.

Schiefemaße

Schiefemaße beschreiben, wie stark und in welche Richtung die Verteilung von einer symmetrischen Verteilung abweicht. Das auf den Quartilen einer Verteilung basierende Maß

$$(3.23) \quad u_Q = \frac{(x_{0,75} - x_{0,5}) - (x_{0,5} - x_{0,25})}{x_{0,75} - x_{0,25}}$$

beruht auf der Idee, dass bei rechtsschiefen Verteilungen das erste Quartil näher am Median liegen wird als das dritte; die *Quartilsschiefe* u_Q ist in diesem Fall positiv. Die auf dem dritten zentralen Moment basierende *Momentschiefe* u_M ist definiert als:

$$(3.24) \quad u_M = \frac{m_3(\bar{x})}{s^3} = \frac{\sum_{i=1}^{n} (x_i - \bar{x})^3}{n \cdot s^3} = \frac{\sum_{j=1}^{k} (a_j - \bar{x})^3 \cdot h(a_j)}{n \cdot s^3}.$$

Dieses Maß basiert auf der Überlegung, dass in der dritten Potenz größere Abstände vom Mittelwert überproportional gewichtet werden, so dass sich auch hier im Falle einer rechtsschiefen Verteilung ein positives Schiefemaß ergibt. Die Division durch die dritte Potenz der Standardabweichung dient der Normierung, so dass eine lineare Skalentransformation den Wert der Momentschiefe nicht verändert. Der Wertebereich der Momentschiefe ist jedoch – im Gegensatz zur Quartilsschiefe, die stets zwischen –1 und +1 liegt – nicht beschränkt.

Wölbungsmaße

Ein weiteres Unterscheidungsmerkmal für Häufigkeitsverteilungen ist, inwieweit sich die Merkmalswerte in der Mitte oder an den Enden der Verteilung konzentrieren. Zwar wird diese Eigenschaft primär von der Streuung beeinflusst, doch auch nach der Beseitigung dieses Einflusses (etwa durch Standardisierung der Beobachtungswerte) können hier noch beträchtliche Unterschiede bestehen, wie die Abbildung 3.1 zeigt. Als Referenzmaßstab für die Wölbung einer Häufigkeitsverteilung findet die GAUß'sche Glockenkurve Verwendung, die Wahrscheinlichkeitsdichtefunktion der Normalverteilung (vgl. Abschnitt 15.2).

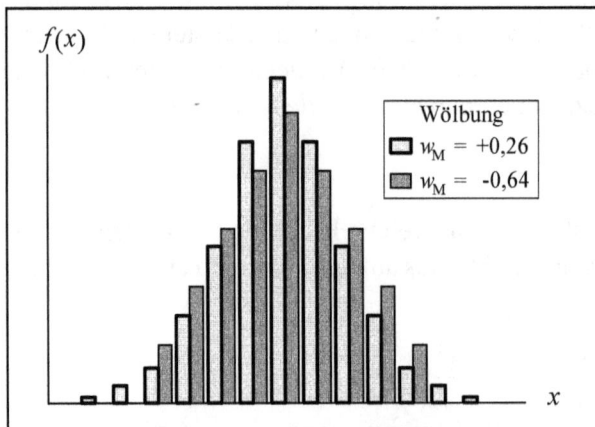

Das am häufigsten verwendete Wölbungsmaß beruht auf dem Quotienten des vierten zentralen Moments und des Quadrats des zweiten zentralen Moments (der mittleren quadratischen Abweichung). Dieser Quotient w_M ist für die GAUß'sche Glockenkurve gleich drei, sodass die in dem Bereich $(-2; +\infty)$ liegende Maßzahl

Abbildung 3.1 Vergleich zweier symmetrischer Verteilungen mit gleicher Streuung, aber unterschiedlicher Wölbung

$$(3.25) \quad w_M = \frac{m_4(\bar{x})}{(m_2(\bar{x}))^2} - 3 = \frac{m_4(\bar{x})}{s^4} - 3 = \frac{\sum_{i=1}^{n}(x_i - \bar{x})^4}{\left(\sum_{i=1}^{n}(x_i - \bar{x})^2\right)^2} - 3$$

$$= \frac{\sum_{j=1}^{k}(a_j - \bar{x})^4 \cdot h(a_j)}{\left(\sum_{j=1}^{k}(a_j - \bar{x})^2 \cdot h(a_j)\right)^2} - 3$$

für flacher als die Normalverteilung verlaufende Verteilungen negativ, für spitzer verlaufende positiv ausfällt.

Ein auf Quantilen beruhendes Wölbungsmaß kann z. B. mit Hilfe des Quotienten von Quartilsabstand und Quintilsabstand gebildet werden, der für die Normalverteilung den Wert eins annimmt. Ein geeignetes Wölbungsmaß ist damit

$$(3.26) \quad w_Q = 1 - \frac{x_{0,75} - x_{0,25}}{x_{0,8} - x_{0,2}},$$

das auf den Bereich $[0;1]$ normiert ist und für die Normalverteilung in etwa $0,2$ beträgt. Für flacher verlaufende Verteilungen, die eine stärkere Besetzung der Verteilungsenden aufweisen, liegen Quartils- und Quintilsabstand enger beieinander, sodass der Wert für w_Q klein ausfällt; bei stärker gewölbten Verteilungen ist w_Q größer als für die Normalverteilung.

Beispiel 3.5

Für unser Beispiel sollen nun Schiefe- und Wölbungsmaße für das Merkmal Alter errechnet werden. Dies soll hier lediglich näherungsweise aufgrund der Klasseneinteilung erfolgen. Die Quartilsschiefe berechnet sich zu

$$u_Q^* = \frac{(43,6 - 36,4) - (36,4 - 27,0)}{43,6 - 27,0} = \frac{-2,2}{16,6} = -0,13 < 0.$$

Die Momentschiefe ist gleich

$$u_M^* = \frac{(20 - 36,5)^3 \cdot 4 + \dots + (60 - 36,5)^3 \cdot 2}{20 \cdot 11,9^3} = \frac{11.835}{33.703} = 0,35 > 0.$$

Die beiden Schiefemaße zeigen hier also kein einheitliches Bild auf. Während die Quartilsschiefe auf eine geringfügige Linksschiefe hinweist, ist die Momentschiefe recht stark von einigen extremen Beobachtungswerten am rechten Rand der Verteilung abhängig. Dies führt dazu, dass nunmehr Rechtsschiefe ausgewiesen wird.

Für das auf Quartilen und Quintilen beruhende Wölbungsmaß müssen zunächst die beiden Quintile berechnet werden, wobei wegen $F(25) = 0,20$, $F(45) = 0,80$ gilt: $x_{0,2} = 25$, $x_{0,8} = 45$. Damit erhält man für das Wölbungsmaß

$$w_Q^* = 1 - \frac{43,6 - 27,0}{45,0 - 25,0} = 0,17 < 0,2.$$

Das auf dem vierten zentralen Moment basierende Wölbungsmaß hat den Wert

$$w_M^* = \frac{(20-36,5)^4 \cdot 4 + \ldots + (60-36,5)^4 \cdot 2}{20 \cdot 11,9^4} - 3$$

$$= \frac{982.846}{401.068} - 3 = 2,45 - 3 = -0,55 < 0.$$

Auch hier ist das Ergebnis nicht einheitlich. Während die Quartils-/Quintilswölbung nur eine geringfügig flacher als eine Normalverteilung ausfallende Verteilung anzeigt, weist die ausreißerabhängige Momentwölbung eine relativ deutlich flacher verlaufende Verteilung aus.

3.5   Grafische Darstellung und statistische Messung der Konzentration

Unter der Merkmalssumme versteht man die Summe der Merkmalswerte aller Untersuchungsobjekte, d. h.

$$(3.27) \quad T = \sum_{i=1}^{n} x_i = \sum_{j=1}^{k} h(a_j) \cdot a_j = n \cdot \bar{x}.$$

Vielfach interessiert man sich dann dafür, wie sich diese Merkmalssumme auf die einzelnen Merkmalsträger aufteilt, d. h. ob sich die Merkmalssumme im wesentlichen auf einige wenige Merkmalsträger konzentriert oder ob sie weitgehend gleichmäßig über alle Merkmalsträger verteilt ist.

Voraussetzungen für derartige Überlegungen zur *Konzentration* eines Merkmals sind folgende:
  - Es muss ein Merkmal vorliegen, für das die Merkmalssumme sinnvoll interpretierbar ist.
  - Damit die Anteile an der Merkmalssumme sinnvoll interpretierbar sind, dürfen nur nichtnegative Merkmalswerte auftreten.
  - Die Nichtnegativitätsbedingung wiederum kann nur sinnvoll überprüft werden, wenn ein natürlicher Nullpunkt vorliegt, das Merkmal also mindestens verhältnisskaliert ist.

Die Ausführungen zeigen, dass beipielsweise für das Merkmal ‚Alter‘ der Mitarbeiter unseres Beispielunternehmens Konzentrationsuntersuchungen nicht sinnvoll sind, da dieses Merkmal zwar nichtnegativ und verhältnisskaliert ist, jedoch die Merkmalssumme keine sinnvolle Interpretation besitzt. (Welche Aussagekraft soll dem ‚Gesamtalter‘ aller Mitarbeiter zukommen?) Demgegenüber enthält Tabelle 3.1 einige Beispiele für Situationen, in denen Fragen nach dem Ausmaß der Konzentration zulässig sind:

Tabelle 3.1 Beispiele für sinnvolle Konzentrations-Fragestellungen		
Merkmal	Statistische Einheiten als Merkmalsträger	Merkmalssumme
landwirtschaftliche Nutzfläche (in ha)	landwirtschaftliche Betriebe	Gesamtfläche für landwirtschaftliche Nutzung
Bruttolohn (in DM)	Arbeitnehmer	Lohnsumme der Arbeitnehmer
Umsätze (in Mio. DM)	Werbeagenturen	Branchenumsatz aller Werbeagenturen

Man unterscheidet *relative* und *absolute Konzentration*. Während bei der relativen Konzentration lediglich die Verteilung der Merkmalssumme innerhalb der statistischen Masse interessiert, spielt bei der absoluten Konzentration zusätzlich auch der Umfang der statistischen Masse eine Rolle.

Relative Konzentration

Um zu überprüfen, ob sich die Merkmalssumme auf einen geringen Anteil der Merkmalsträger konzentriert, ist es zunächst erforderlich, die Beobachtungswerte der Größe nach zu ordnen. Man betrachtet also die geordnete Urliste

$$(3.28) \quad x_{(1)} \leq x_{(2)} \leq ... \leq x_{(n)}.$$

Die Fragestellung nach der relativen Konzentration lässt sich dann durch den Vergleich der kumulierten relativen Häufigkeiten

$$(3.29) \quad F_i = F(x_{(i)}) = \frac{\text{Anzahl der } x_{(j)} \leq x_{(i)}}{n} = \frac{i}{n}, \quad i = 1,...,n,$$

und der kumulierten relativen Anteile an der Merkmalssumme T

$$(3.30) \quad G_i = \frac{\sum_{j=1}^{i} x_{(j)}}{T}, \quad i = 1,...,n.$$

beantworten. Liegt statt der einzelnen Beobachtungswerte eine Häufigkeitsverteilung für die möglichen Merkmalswerte vor, so ist wie folgt zu rechnen:

$$(3.31) \quad F(a_j) = \sum_{i=1}^{j} f(a_j), \quad j = 1,...,k.$$

Man beachte, dass die möglichen Merkmalsausprägungen nach den Ausführungen in Abschnitt 2.1 im Gegensatz zu den Beobachtungswerten bereits ihrer Größe nach geordnet sind. An die Stelle der Werte gemäß (3.30) treten die wie folgt kumulierten Merkmalssummenanteile:

$$(3.32) \quad G(a_j) = \sum_{i=1}^{j} g(a_i) = \frac{\displaystyle\sum_{i=1}^{j} h(a_i) \cdot a_i}{T} = \frac{\displaystyle\sum_{i=1}^{j} f(a_i) \cdot a_i}{\bar{x}}, \quad j = 1, ..., k.$$

Im Rahmen einer Untersuchung zur Einkommenskonzentration in den USA stellte erstmals der Amerikaner LORENZ Anfang des 20. Jahrhunderts die kumulierten Häufigkeiten (3.29) und die kumulierten Merkmalssummen (3.30) in einem Diagramm gegenüber. Die sich hierbei ergebende, unterhalb der Diagonalen verlaufende Kurve bezeichnet man seither als LORENZ-Kurve (vgl. Abbildung 3.2). Je ungleicher die Merkmalssumme auf die statistischen Einheiten verteilt ist, desto weiter entfernt von der Diagonalen verläuft die LORENZ-Kurve. Bei immer stärker werdender Konzentration verläuft sie im Extremfall entlang der Abszisse und steigt immer näher am rechten Eckpunkt schließlich fast senkrecht auf. Im anderen Extremfall, bei einer gleichmäßigen Verteilung der Merkmalssumme auf alle statistischen Einheiten, verläuft die LORENZ-Kurve genau auf der Diagonalen.

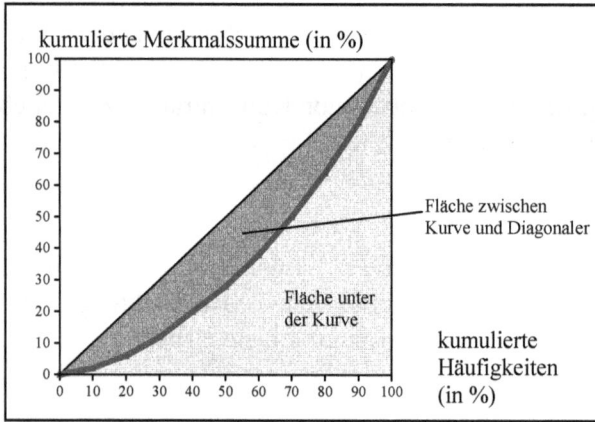

Abbildung 3.2 Die LORENZ-Kurve als grafische Darstellung der relativen Konzentration

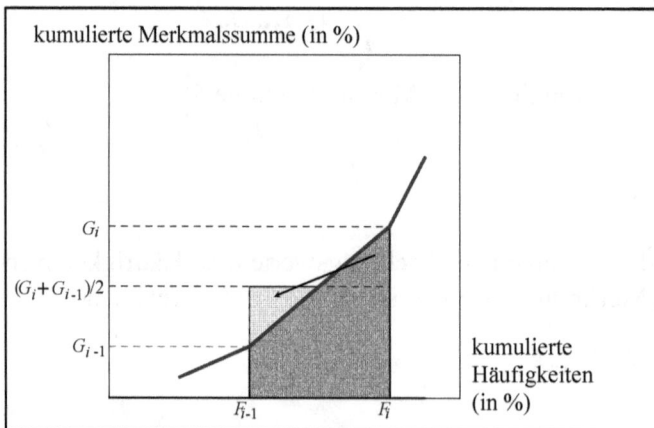

Abbildung 3.3 Trapezfläche unter der LORENZ-Kurve

Aus den obigen Ausführungen folgt, dass als Maß für die relative Konzentration die Fläche zwischen der Lorenzkurve und der Diagonalen dienen kann. Um diese Fläche zu berechnen, betrachtet man zunächst die Fläche unterhalb der LORENZ-Kurve, die sich als Summe von Trapezflächen darstellen lässt (vgl. Abbildung 3.3). Die linke Höhe des Trapezes ist jeweils G_{i-1}, die rechte G_i. Die Breite des Trapezes ergibt sich jeweils als $F_i - F_{i-1}$. Die gesamte Fläche unterhalb der LORENZ-Kurve hat damit den Wert

$$Fl_r = \sum_{i=1}^{n} \frac{1}{2}(G_i + G_{i-1}) \cdot (F_i - F_{i-1}) = \sum_{i=1}^{n} \frac{1}{2}(G_i + G_{i-1}) \cdot \frac{1}{n}$$

$$(3.33) \quad = \sum_{j=1}^{k} \frac{1}{2}\left(G(a_j) + G(a_{j-1})\right) \cdot \left(F(a_j) - F(a_{j-1})\right)$$

$$= \sum_{j=1}^{k} \frac{1}{2}\left(G(a_j) + G(a_{j-1})\right) \cdot f(a_j).$$

Da die Fläche unterhalb der Diagonalen den Wert ½ hat, ist der Flächeninhalt zwischen der Diagonalen und der LORENZ-Kurve gleich $\frac{1}{2} - Fl_r$. Um die Interpretierbarkeit dieses Maßes zu erleichtern, bietet es sich an, das Maß noch auf den Wertebereich $[0; 1]$ zu normieren. Da der maximal mögliche Wert der Fläche zwischen der Diagonalen und der LORENZ-Kurve ½ beträgt,[3] erhält man als Maßzahl für die relative Konzentration folgende Größe:

$$(3.34) \quad c_G = \frac{\frac{1}{2} - Fl_r}{\frac{1}{2}} = 1 - 2Fl_r.$$

Diese Maßzahl c_G bezeichnet man nach einer im Jahre 1910 erschienenen Arbeit von C. GINI auch als GINI-Koeffizient.

● *Konzentration und relative Streuung*: Der Begriff der ‚relativen Konzentration‘ hängt eng mit dem Begriff der ‚relativen Streuung‘ zusammen. So sinkt die Konzentration im Falle einer Verschiebung aller Merkmalswerte um einen positiven Betrag δ, da dann eine gleichmäßigere Verteilung der Merkmalswerte auf die Merkmalsträger entsteht. Ähnliches gilt für den Variationskoeffizienten, da in diesem Fall eine konstante absolute Streuung auf einen größeren Mittelwert zu beziehen ist. Dies lässt sich auch an der Tatsache ablesen, dass der GINI-Koeffizient wie folgt darstellbar ist:

$$(3.35) \quad c_G = \frac{\frac{1}{n^2} \sum_{i=1}^{n} \sum_{j=1}^{n} |x_i - x_j|}{2\bar{x}}.$$

---

[3] Genau genommen ist der maximale Wert nicht ½, sondern $\frac{1}{2} \cdot (n-1)/n$.

Da der Zähler in (3.35) offenbar ein Streuungsmaß darstellt (die so genannte GINI'sche ‚mittlere Differenz'), kann der GINI-Koeffizient auch als relatives Streuungsmaß aufgefasst werden.

● *Konzentration und Schiefe*: Darüber hinaus besteht auch ein Zusammenhang zwischen der Konzentration und der Schiefe. Die anschauliche Vorstellung, dass besonders rechtsschiefe Verteilungen hohe Konzentrationen nach sich ziehen, lässt sich wie folgt begründen: Betrachtet man eine rechtsschiefe Verteilung, die sich im Wertebereich $[x_{min}; x_{max}]$ verteilt, so besitzt die an der Mitte dieses Wertebereichs gespiegelte (dann linksschiefe) Verteilung bei gleicher absoluter Streuung einen größeren Mittelwert und somit auch einen kleineren Variationskoeffizienten bzw. GINI-Koeffizienten (3.35).

Absolute Konzentration

Wenn von der ‚Konzentration' einer statistischen Masse die Rede ist, so spricht man damit vielfach Situationen an, in denen eine Verkleinerung des Umfangs der statistischen Masse festzustellen ist. So kann es z. B. sein, dass sich durch Fusionen oder Insolvenzen eine in etwa konstante Merkmalssumme nun auf weniger statistische Einheiten verteilt. Doch wird ein auf der LORENZ-Kurve basierendes Konzentrationsmaß aufgrund dieses Konzentrationsprozesses nur dann ansteigen, wenn sich der Anteil der Merkmalssumme, der auf die ausgefallenen statistischen Einheiten entfallen war, nun vor allem auf die Einheiten mit den größeren Merkmalswerten verteilt, d. h. wenn beispielsweise bei ohnehin schon großen Betrieben eine größere Fusionsneigung vorliegt als bei kleineren.

In solchen Fällen, in denen die Anzahl der statistischen Einheiten zurückgeht, spricht man daher davon, dass eine *absolute Konzentration* vorliegt. Statt mit der LORENZ-Kurve versucht man diese Konzentrationsphänomene in einer *absoluten Konzentrationskurve* darzustellen (vgl. Abbildung 3.4). Anstelle der relativen

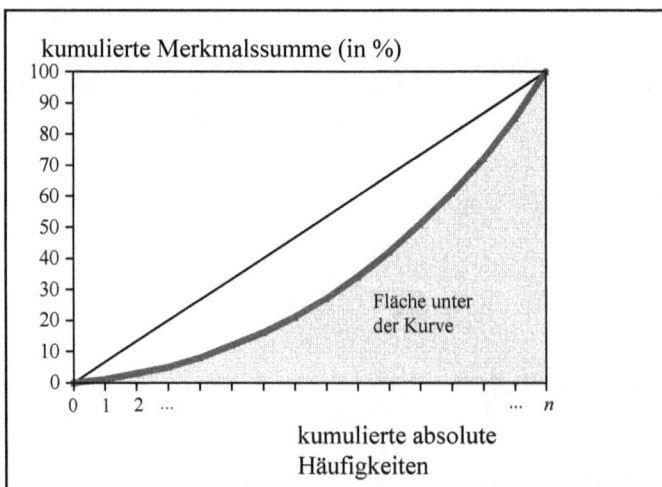

Abbildung 3.4 Die absolute Konzentrationskurve

kumulierten Häufigkeiten werden hierbei auf der Abszisse die absoluten kumulierten Häufigkeiten abgetragen; die Ordinate bleibt gegenüber der LORENZ-Kurve unverändert. Die absolute Konzentrationskurve stellt also dar, auf *wie viele* Merkmalsträger sich ein bestimmter Anteil der Merkmalssumme verteilt.

Die Konzentration nimmt nun zu, wenn die Fläche unterhalb der absoluten Konzentrationskurve abnimmt, sei es, dass bei gleichbleibender Anzahl an Merkmalsträgern die Kurve weiter unten verläuft (Zunahme relativer Konzentration) oder dass aufgrund des Ausscheidens statistischer Einheiten die Länge der Abszisse abnimmt (Zunahme absoluter Konzentration). Dieser Flächeninhalt Fl_a ist mindestens gleich ½ und höchstens gleich $\frac{1}{2}n$. Als Maß für die Konzentration verwendet der sogenannte ROSENBLUTH-Index c_R den halben Kehrwert dieser Fläche, d. h.

$$(3.36) \quad c_R = \frac{1}{2\,Fl_a},$$

der einen Wertebereich von $\frac{1}{n} \leq c_R \leq 1$ aufweist.

Zur Berechnung der Fläche Fl_a ergeben sich gegenüber derjenigen unter der LORENZ-Kurve dadurch Vereinfachungen, dass die Breite der zu addierenden Trapezflächen jeweils eins beträgt. Man erhält:

$$(3.37) \quad \begin{aligned} Fl_a &= \sum_{i=1}^{n} \tfrac{1}{2}(G_i + G_{i-1}) \cdot 1 = \sum_{i=1}^{n} G_i - \tfrac{1}{2} \\ &= \sum_{j=1}^{k} \tfrac{1}{2}\big(G(a_j) + G(a_{j-1})\big) \cdot h(a_j) = Fl_r \cdot n. \end{aligned}$$

Dabei ist berücksichtigt, dass $G_0 = 0$ und $G_n = 1$ gilt. Setzt man (3.37) in (3.36) ein, so ergibt sich:

$$(3.38) \quad c_R = \frac{1}{2 \cdot Fl_a} = \frac{1}{2\sum_{i=1}^{n} G_i - 1}.$$

Beispiel 3.6

Für das Beispiel des Unternehmens Statistik AG soll eine Analyse der Konzentration der Bruttolöhne der Arbeitnehmer der EDV-Abteilung durchgeführt werden. Dabei wird unterstellt, dass der Lohnbetrag nur von der jeweiligen Lohngruppe abhängt, nicht aber von weiteren personenbezogenen Merkmalen wie z. B. Alter, Familienstand, Betriebszugehörigkeit. Es gilt folgende Zuordnung:

Lohngruppe 1: 2.000 Euro   Lohngruppe 2: 2.500 Euro   Lohngruppe 3: 3.000 Euro
Lohngruppe 4: 3.500 Euro   Lohngruppe 5: 4.000 Euro   Lohngruppe 6: 5.000 Euro
Lohngruppe 7: 6.000 Euro   Lohngruppe 8: 8.000 Euro

Damit erhält man folgende (kumulierte) absolute und relative Häufigkeiten:

a_j	$h(a_j)$	$H(a_j)$	$f(a_j)$	$F(a_j)$
2.000	4	4	0,20	0,20
2.500	7	11	0,35	0,55
3.000	4	15	0,20	0,75
3.500	2	17	0,10	0,85
4.000	1	18	0,05	0,90
5.000	1	19	0,05	0,95
6.000	1	20	0,05	1,00
8.000	0	20	0,00	1,00

Die kumulierten Merkmalssummenanteile berechnen sich dann wie folgt:

a_j	$h(a_j)$	$a_j \cdot h(a_j)$	$g(a_j)$	$G(a_j)$
2.000	4	8.000	0,134	0,134
2.500	7	17.500	0,294	0,428
3.000	4	12.000	0,202	0,630
3.500	2	7.000	0,118	0,748
4.000	1	4.000	0,067	0,815
5.000	1	5.000	0,084	0,899
6.000	1	6.000	0,101	1,000
8.000	0	0	0,000	1,000
Summe	20	59.500	1,000	×

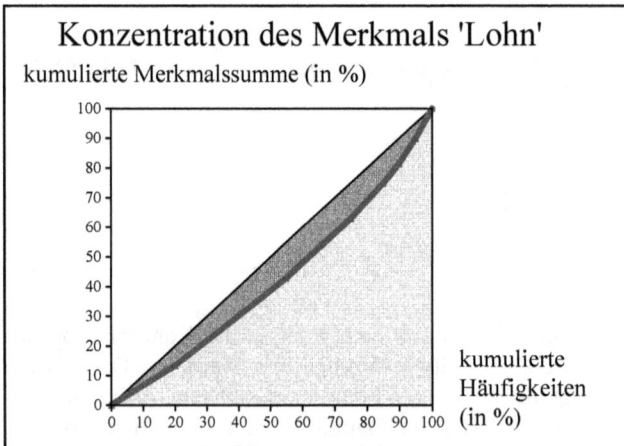

Konzentration des Merkmals 'Lohn'
kumulierte Merkmalssumme (in %)

kumulierte Häufigkeiten (in %)

Aus den Angaben für $F(a_j)$ und $G(a_j)$ lässt sich dann die LORENZ-Kurve, aus denjenigen für $H(a_j)$ und $G(a_j)$ die absolute Konzentrationskurve ermitteln. Die LORENZ-Kurve ist in Abbildung 3.5 dargestellt.

Der Berechnung des GINI-Koeffizienten für das Merkmal ‚Lohn' dient die folgende Tabelle [mit der Bezeichnung $Fl_j = \frac{1}{2}\left(G(a_j) + G(a_{j-1})\right) \cdot f(a_j)$]:

Abbildung 3.5 LORENZ-Kurve zur Darstellung der relativen Konzentration des Merkmals 'Lohn'

a_j	$f(a_j)$	$G(a_j)$	$G(a_{j-1})$	Fl_j
2.000	0,20	0,134	0,000	0,0134
2.500	0,35	0,428	0,134	0,0984
3.000	0,20	0,630	0,428	0,1058
3.500	0,10	0,748	0,630	0,0689
4.000	0,05	0,815	0,748	0,0391
5.000	0,05	0,899	0,815	0,0429
6.000	0,05	1,000	0,899	0,0475
8.000	0,00	1,000	1,000	0,0000
Summe	1,00	×	×	0,4160

Damit ergibt sich für den Wert des GINI-Koeffizienten als relatives Konzentrationsmaß

$$c_G = 1 - 2 \cdot 0{,}4160 = 0{,}168.$$

Die Summe Fl_a der Trapezflächen unter der absoluten Konzentrationskurve beträgt gemäß Formel (3.37):

$$Fl_a = Fl_r \cdot n = 0{,}4160 \cdot 20 = 8{,}32.$$

Damit erhält man für den ROSENBLUTH-Index als absolutes Konzentrationsmaß:

$$c_R = \frac{1}{2 \cdot 8{,}32} = 0{,}060.$$

4 Beschreibung zweidimensionaler Häufigkeitsverteilungen

4.1 Zur Bedeutung mehrdimensionaler Häufigkeiten

In vielen statistischen Untersuchungen werden bei den statistischen Einheiten nicht nur ein Merkmal, sondern gleichzeitig mehrere Merkmale erfasst. Dies ist z. B. beim Mikrozensus der Fall, bei dem jedem Befragten ein umfangreicher Fragebogen zur Beantwortung vorgelegt wird. Gewiss kann man die bisher behandelten deskriptiven Methoden für eindimensionale Merkmale jeweils separat auf die einzelnen Merkmale nacheinander anwenden, jedoch wird man so die typischen Fragestellungen bei mehrdimensionalen Merkmalen nicht erfassen. Sie betreffen nämlich die *einseitigen oder wechselseitigen Abhängigkeiten* zwischen den verschiedenen Merkmalen. Dabei interessiert insbesondere:
- Wie stark ist der Zusammenhang bzw. die Abhängigkeit?
- Lässt sich der Zusammenhang in einer bestimmten Form darstellen?

Erhebt man nicht nur ein Merkmal, sondern m Merkmale, dann spricht man von einem mehrdimensionalen Merkmal und erhält für jede der n statistischen Einheiten ein m-Tupel an Beobachtungswerten. Im Rahmen dieses einführenden Lehrbuchs beschränken sich die Untersuchungen im Wesentlichen auf zweidimensionale Merkmale. Merkmale höherer Dimension lassen sich mit Hilfe der Methoden der multivariaten statistischen Analyse behandeln.[1]

4.2 Zweidimensionale und bedingte Häufigkeitsverteilungen

Betrachtet man die Merkmale X mit den Merkmalsausprägungen a_j, $j=1,2,...,k$, und Y mit den Merkmalsausprägungen b_l, $l=1,2,...,m$, die an denselben n statistischen Einheiten erhoben werden, dann ergeben sich als Ergebnis der Erhebung die Beobachtungswertepaare

$$(4.1) \quad (x_i, y_i) = \left(a_j(i), b_l(i)\right), \quad \text{für } i=1,2,...,n.$$

[1] Vgl. z. B. J. HARTUNG & B. ELPELT: *Multivariate Statistik*; K. BACKHAUS, B. ERICHSON, W. PLINKE & R. WEIBER: *Multivariate Analysemethoden*.

Die Gesamtheit aller auftretenden Kombinationen von Merkmalsausprägungen und den dazugehörigen absoluten Häufigkeiten heißt *zweidimensionale absolute Häufigkeitsverteilung*. Man spricht auch von gemeinsamer absoluter Häufigkeitsverteilung bzw. von den gemeinsamen absoluten Häufigkeiten $h_{jl} = h(a_j, b_l)$. Die tabellarische Darstellung der zweidimensionalen Häufigkeitsverteilung heißt *zweidimensionale Häufigkeitstabelle* und hat allgemein folgende Form:

	b_1	b_2	...	b_m	Σ
a_1	h_{11}	h_{12}	...	h_{1m}	$h_{1\bullet}$
a_2	h_{21}	h_{22}	...	h_{2m}	$h_{2\bullet}$
$\vdots$	$\vdots$	$\vdots$		$\vdots$	$\vdots$
a_k	h_{k1}	h_{k2}	...	h_{km}	$h_{k\bullet}$
Σ	$h_{\bullet 1}$	$h_{\bullet 2}$	...	$h_{\bullet m}$	$h_{\bullet\bullet} = n$

Dabei bezeichnet man $h_{j\bullet} = h_{j1} + h_{j2} + ... + h_{jm}$ als *Randhäufigkeit* der Merkmalsausprägung a_j des Merkmals X; entsprechend ist $h_{\bullet l} = h_{1l} + h_{2l} + ... + h_{kl}$ die Randhäufigkeit der Merkmalsausprägung b_l des Merkmals Y. Diese Randhäufigkeiten sind stets identisch mit den jeweiligen eindimensionalen absoluten Häufigkeiten der Ausprägungen des Merkmals X bzw. Y. Der ,Punkt' $\bullet$ beschreibt dasjenige Merkmal, das durch Summieren eliminiert wurde. Es gilt:

$$(4.2) \quad \sum_{j=1}^{k} \sum_{l=1}^{m} h_{jl} = \sum_{j=1}^{k} h_{j\bullet} = \sum_{l=1}^{m} h_{\bullet l} = n.$$

In Abhängigkeit vom Skalenniveau der betrachteten Merkmale heißt die Häufigkeitstabelle zweier nominal skalierter Merkmale auch *Kontingenztabelle*, diejenige zweier ordinal oder metrisch skalierter Merkmale *Korrelationstabelle*.

Von den absoluten sind die *relativen gemeinsamen Häufigkeiten* $f_{jl} = f(a_j, b_l)$ zu unterscheiden. Diese sowie die daraus abgeleiteten *relativen Randhäufigkeiten* $f_{j\bullet}$, $f_{\bullet l}$ erhält man analog zum eindimensionalen Fall nach Division durch n:

$$(4.3) \quad f_{jl} = h_{jl}/n, \quad f_{j\bullet} = h_{j\bullet}/n, \quad f_{\bullet l} = h_{\bullet l}/n.$$

Entsprechend zu (4.2) gilt auch hier:

$$(4.4) \quad \sum_{j=1}^{k} \sum_{l=1}^{m} f_{jl} = \sum_{j=1}^{k} f_{j\bullet} = \sum_{l=1}^{m} f_{\bullet l} = 1.$$

Von besonderer Bedeutung für die Interpretation mehrdimensionaler Daten sind die *bedingten relativen Häufigkeitsverteilungen*. Dabei ist $f(a_j \mid b_l)$ die relative

Häufigkeit, mit der die Ausprägung a_j des Merkmals X bei denjenigen Merkmalsträgern auftritt, die bzgl. des zweiten Merkmals Y die Ausprägung b_l aufweisen; Entsprechendes gilt auch für $f(b_l \mid a_j)$. Zwischen den bedingten Häufigkeiten, den gemeinsamen Häufigkeiten und den (als positiv vorausgesetzten) Randhäufigkeiten besteht folgender Zusammenhang:

$$(4.5) \quad f(a_j \mid b_l) = \frac{h_{jl}}{h_{\bullet l}} = \frac{f_{jl}}{f_{\bullet l}} \quad \text{bzw.} \quad f(b_l \mid a_j) = \frac{h_{jl}}{h_{j \bullet}} = \frac{f_{jl}}{f_{j \bullet}}.$$

Variiert man die bedingenden Merkmalsausprägungen b_l bzw. a_j, so ergeben sich jeweils unterschiedliche bedingte relative Häufigkeitsverteilungen $f(a_1 \mid b_l), \ldots, f(a_k \mid b_l)$, $l = 1, \ldots, m$, bzw. $f(b_1 \mid a_j), \ldots, f(b_m \mid a_j)$, $j = 1, \ldots, k$. Wenn alle diese bedingten relativen Häufigkeitsverteilungen übereinstimmen, d. h., wenn gilt:

$$
\begin{aligned}
&f(a_j \mid b_1) = f(a_j \mid b_2) = \ldots = f(a_j \mid b_m) \quad \text{für alle } j = 1, \ldots, k \\
(4.6) \quad &\text{oder} \\
&f(b_l \mid a_1) = f(b_l \mid a_2) = \ldots = f(b_l \mid a_k) \quad \text{für alle } l = 1, \ldots, m,
\end{aligned}
$$

dann nennt man die Merkmale X und Y *statistisch* (oder *empirisch*) *unabhängig*. Die bedingten Häufigkeitsverteilungen stimmen in diesem Fall mit den jeweiligen Randverteilungen überein. Die gesamte Information über die gemeinsame Verteilung unabhängiger Merkmale ist dann bereits in den Randverteilungen enthalten, so dass gilt:

$$(4.7) \quad h_{jl} = \frac{h_{j \bullet} \cdot h_{\bullet l}}{n} \quad \text{und} \quad f_{jl} = f_{j \bullet} \cdot f_{\bullet l}.$$

Die Merkmale beeinflussen sich in diesem Fall nicht gegenseitig. Andernfalls besteht zwischen den Merkmalen offensichtlich eine gewisse Interdependenz, deren Richtung und Stärke mit Hilfe sogenannter *Korrelationskoeffizienten* quantifiziert wird (vgl. Abschnitt 4.4).

Wie für eindimensionale Verteilungen kann man auch für die bedingten Häufigkeitsverteilungen statistische Maßzahlen zu deren Beschreibung verwenden. So lassen sich *bedingte Mittelwerte, bedingte Streuungsmaße* sowie *bedingte Formmaße* berechnen, deren Vergleich über die verschiedenen Werte des bedingenden Merkmals erste Aufschlüsse über die Abhängigkeitsstruktur der betrachteten Merkmale geben kann.

Beispiel 4.1

Für die Daten des Beispiels 2.1 soll nun die gemeinsame Verteilung der Merkmale Alter und Tarifgruppe untersucht werden. Das Merkmal Alter wird dabei wiederum in fünf Altersklassen unterteilt, so dass hier an die Stelle der möglichen Alterswerte a_j die Intervalle $I_k = [u_k; o_k)$, $k = 1, ..., K$, treten. Dabei ergibt sich die folgende gemeinsame absolute Häufigkeitsverteilung (einschließlich der Randhäufigkeiten):

gemeinsame absolute Häufigkeiten $h(I_k, b_l)$									
Alters-	Lohngruppe b_l								
klasse I_k	1	2	3	4	5	6	7	8	Σ
15 b. u. 25	2	2	0	0	0	0	0	0	4
25 b. u. 35	1	2	1	1	0	0	0	0	5
35 b. u. 45	1	3	3	0	0	0	0	0	7
45 b. u. 55	0	0	0	1	1	0	0	0	2
55 b. u. 65	0	0	0	0	0	1	1	0	2
Σ	4	7	4	2	1	1	1	0	20

Die gemeinsamen relativen Häufigkeiten erhält man hieraus, indem man alle Häufigkeitswerte in obiger Tabelle durch $n = 20$ dividiert.

Die bedingten relativen Häufigkeitsverteilungen sollen hier in Abhängigkeit von der Zugehörigkeit zu einer bestimmten Altersklasse untersucht werden. Dazu ist in der obigen Tabelle der gemeinsame Häufigkeitswert jeweils durch die Zeilensumme (also die Randhäufigkeit der jeweiligen Bedingung) zu dividieren:

bedingte relative Häufigkeiten $h(b_l | I_k)$									
Alters-	Lohngruppe b_l								
klasse I_k	1	2	3	4	5	6	7	8	Σ
15 b. u. 25	0,50	0,50	0	0	0	0	0	0	1,00
25 b. u. 25	0,20	0,40	0,20	0,20	0	0	0	0	1,00
35 b. u. 45	0,14	0,43	0,43	0	0	0	0	0	1,00
45 b. u. 55	0	0	0	0,50	0,50	0	0	0	1,00
55 b. u. 65	0	0	0	0	0	0,50	0,50	0	1,00

Die sehr unterschiedlichen bedingten Verteilungen weisen bereits auf eine recht starke Abhängigkeit zwischen den beiden Merkmalen hin. Diese Tatsache lässt sich weiter verdeutlichen, indem man die bedingten Mediane für diese bedingten Verteilungen ermittelt:

bedingter Median der Lohngruppe in Abhängigkeit von der Altersklasse I_k					
Altersklasse	15 b. u. 25	25 b. u. 35	35 b. u. 45	45 b. u. 55	55 b. u. 65
bedingter Median	1 – 2	2	2	4 – 5	6 – 7

4.3　Grafische Darstellung zweidimensionaler Häufigkeiten

Ebenso wie im eindimensionalen Fall ist auch bei der Darstellung zweidimensionaler Häufigkeitsverteilungen das Skalenniveau der dargestellten
Merkmale zu beachten. Dabei tritt im Vergleich zum eindimensionalen Fall die
zusätzliche Schwierigkeit auf, dass beide Merkmale unterschiedlich skaliert sein
können, so dass die Grafik den jeweils unterschiedlichen Anforderungen beider
Merkmale gerecht werden muss.

Die Hauptschwierigkeit ist jedoch die Tatsache, dass die Häufigkeitsdarstellung
zweier Merkmale eigentlich eine dritte Dimension benötigt, damit sich die beiden
Merkmalsachsen und die Häufigkeitsachse zugleich darstellen lassen. *Dreidimensionalen Darstellungen* in der Ebene (des Zeichenpapiers) ist jedoch stets mit
Vorsicht zu begegnen, da diese eine perspektivische Darstellung erfordern.
Zumeist lässt sich jedoch die Perspektive in das Schaubild nur so unzureichend
integrieren, dass ein zweifelsfreies Ablesen der Häufigkeiten in der Grafik
Schwierigkeiten bereitet. Hinzukommt, dass durch die Perspektive einige Häufigkeiten eventuell gar nicht mehr ablesbar sind, da sie durch Darstellungen
anderer Häufigkeiten verdeckt werden.

Als Empfehlung lässt sich aus diesen Ausführungen ableiten, dass auf
dreidimensionale Schaubilder möglichst verzichtet werden sollte. Allerdings wird
sich dies bei der Darstellung zweidimensionaler Häufigkeitsverteilungen nicht
immer realisieren lassen, ohne dass an anderer Stelle Abstriche hinsichtlich einer
leichten Interpretierbarkeit zu machen sind. Als Ausweichstrategien zur
Vermeidung einer dreidimensionalen Darstellung sollten jedoch folgende
Möglichkeiten in Betracht gezogen werden:
  - Eventuell lassen sich die Häufigkeiten statt durch die dritte Dimension
    besser durch *Schraffuren* oder unterschiedliche *Farbgebung* darstellen.
    Hierbei ist jedoch problematisch, dass zwar perspektivische Verzerrungen
    entfallen, dafür aber die an sich metrische Skala der Häufigkeitswerte durch
    eine ordinal abgestufte Skala ersetzt werden muss.
  - In vielen Fällen bietet es sich auch an, die Darstellung bezüglich eines
    Merkmals, das nur wenige Ausprägungen aufweist, in einzelne Darstel-

lungen zu untergliedern. Diese Vorgehensweise entspricht dem *grafischen Vergleich bedingter Verteilungen*, so dass die Abhängigkeit der beiden Merkmale anhand der Unterschiedlichkeit der bedingten Verteilungen zu beurteilen ist.

Grafische Darstellung zweier nominaler oder ordinaler Merkmale

Zieht man eine perspektivische Darstellung in Erwägung, so wird man hier die waagerechte Ebene zur Darstellung der Ausprägungen der beiden Merkmale verwenden. Das *dreidimensionale Säulendiagramm* (vgl. Abbildung 4.1) weist dann über den Koordinatenpunkten, welche die möglichen Kombinationen der Merkmalsausprägungen repräsentieren, jeweils eine senkrechte Säule auf. Die Anordnung der Merkmalsausprägungen und die Perspektive der Darstellung sollten so gewählt werden, dass die ‚Tiefe‘ des Diagramms nicht zu groß ausfällt, um das Ausmaß der perspektivischen Verzerrungen in einem vertretbaren Rahmen zu halten, und dass möglichst alle Säulen sichtbar sind, d. h. nicht durch andere, in der perspektivischen Darstellung weiter vorn liegende verdeckt werden. Für ordinale Merkmale ist natürlich in jedem Fall auch die Reihenfolge der Merkmalsausprägungen auf der Ordinalskala zu beachten.

Grafische Darstellung zweier metrischer Merkmale

Soweit die Beobachtungsdaten noch in unklassierter Form vorliegen, kann man meist auf eine dreidimensionale Darstellung verzichten und das sogenannte *Streudiagramm* (Englisch: *Scatterplot*) verwenden. Hierbei wird durch die beiden metrischen Merkmalsskalen ein Koordinatensystem aufgespannt, in dem die einzelnen Beobachtungswertpaare (x_i, y_i) jeweils durch ein Symbol (z. B. einen Punkt oder ein kleines Kreuz) dargestellt sind (vgl. Abbildung 4.2). Das Streudiagramm ist immer dann eine angemessene Darstellungsform, wenn bei den Beobachtungswertpaaren kaum Häufungen auftreten. Soweit jedoch durch einen großen Umfang der betrachteten statistischen Masse oder aufgrund einer relativ geringen Messgenauigkeit durch Rundung auf den beiden metrischen Skalen viele Häufungen bei den Kombinationen der Beobachtungswertpaare auftreten, kommen die zugehörigen Symbole im Streudiagramm übereinander zu liegen, so-dass ihre Anzahl nicht mehr zu erkennen ist. In diesem Fall stößt die Verwendung des Streudiagramms an ihre Grenzen.[2]

---

[2] Gelegentlich wird empfohlen, durch so genanntes ‚Zittern‘ dem Übereinanderliegen der Symbole zu begegnen. Dabei werden die Merkmalswerte um kleine, zufällig ermittelte Beträge verschoben, um so das Übereinanderliegen der Symbole zu verhindern. Andere Empfehlungen gehen dahin, die auftreten-den Häufungen durch die Veränderung der Symbole bzw. Symbolgrößen geeignet zu repräsentieren.

Treten zu viele Häufungen auf, so wird i. d. R. der Übergang zu klassierten Daten erforderlich sein. Teilt man beide metrischen Skalen in Klassen ein, so ergeben sich für die möglichen Klassenkombinationen Häufigkeitswerte, die in einem *dreidimensionalen Histogramm* dargestellt werden können (vgl. Abbildung 4.3). Den Häufigkeiten entsprechen nunmehr die Volumina, die unter dem ‚Gebirge' liegen, das durch das Histogramm gebildet wird. Im Unterschied zur ‚Flächen-treue' beim gewöhnlichen Histogramm ist nunmehr ‚Volumentreue' einzuhalten. Für den Fall unterschiedlicher Klassenbreiten auf mindestens einer der beiden Skalen bedeutet dies, dass die 'Volumentreue' dadurch herzustellen ist, dass die Häufigkeiten der Klassenkombinationen zur Grundfläche, die durch diese beiden Klassen gebildet wird, in Beziehung zu setzen ist (d. h. zum Produkt der beiden betreffenden Klassenbreiten). Auch hier ist durch die geeignete Wahl der Perspektive so weit wie möglich dafür zu sorgen, dass die Tiefe der perspektivischen Darstellung gering bleibt und dass keine Teile des Histogramms verdeckt werden.

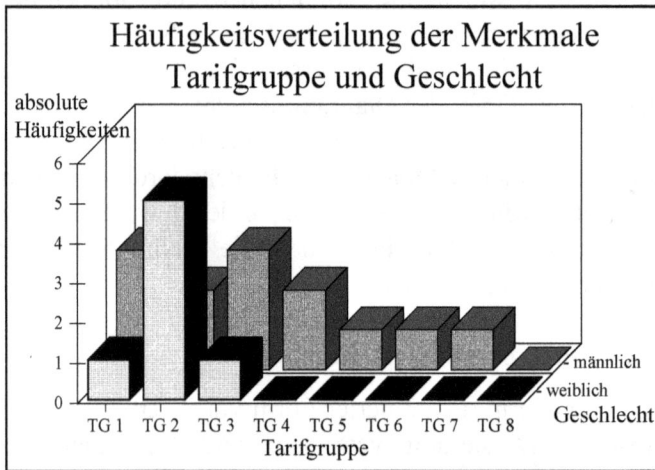

Abbildung 4.1 dreidimensionales Säulendiagramm

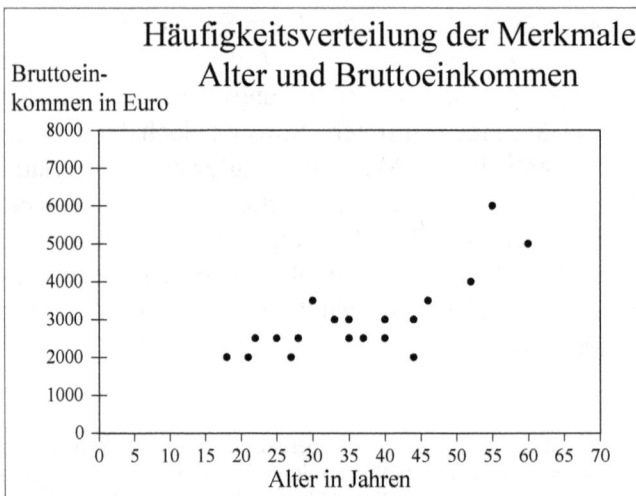

Abbildung 4.2 Streudiagramm metrisch skalierter Merkmale

Beispiel 4.2

Die oben vorgestellten Darstellungen zweidimensionalen Datenmaterials sollen nun anhand der Daten des Beispiels 2.1 vorgestellt werden. Die Merkmale Geschlecht und Tarifgruppe sind nominal- bzw. ordinalskaliert, so-dass hierfür die Verwendung eines dreimensionalen Säulendiagramms in Frage kommt. Dieses Diagramm ist in Abbildung 4.1 dargestellt.

Wandelt man die Tarifgruppen, wie in Beispiel 3.6 zur Berechnung der LORENZ-Kurve, in entsprechende Bruttolohnwerte um, so erhält man ein metrisch skaliertes Merkmal. Will man dessen Verteilung der Verteilung des Merkmals Alter ent-

Häufigkeitsverteilung der Merkmale Alter und Bruttoeinkommen

Abbildung 4.3 dreidimensionales Histogramm

gegenstellen, so kann hierfür entweder ein Streudiagramm (vgl. Abbildung 4.2) oder ein dreidimensionales Histogramm (vgl. Abbildung 4.3) verwendet werden. Diese Abbildung zeigt, dass einige der Häufigkeiten im dreidimensionalen Histogramm durch die hintereinander liegenden Quader nicht sichtbar dargestellt werden.

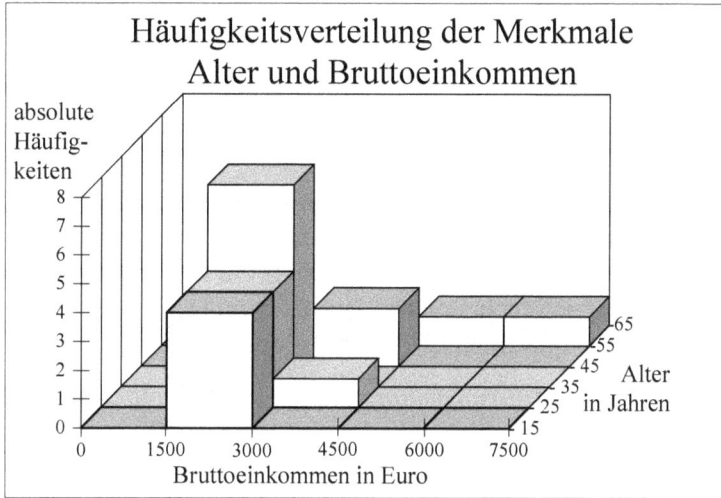

4.4 Korrelationsanalyse

Will man die Abhängigkeiten zweier Merkmale eingehender untersuchen, so bedient man sich hierzu der sogenannten *Korrelationsrechnung* oder *Korrelationsanalyse*. Dabei untersucht man die Stärke und – soweit es sich nicht um nominale Merkmale handelt – die Richtung des vorliegenden Zusammenhanges. Aus dem soeben Gesagten deutet sich schon an, dass für Korrelationsmaße ähnlich wie für Lage- oder Streuungsmaße das Skalenniveau der untersuchten Merkmale eine entscheidende Rolle spielt. So betrachtet man in Abhängigkeit vom vorliegenden Skalenniveau

- für nominal skalierte Merkmale so genannte *Kontingenzmaße* (weiter unten wird der Kontingenzkoeffizient von PEARSON vorgestellt),
- für ordinal skalierte Merkmale so genannte *Rangkorrelationsmaße* (weiter unten wird der Rangkorrelationskoeffizient von SPEARMAN vorgestellt) und
- für metrisch skalierte Merkmale die *Korrelationsmaße im engeren Sinne* (weiter unten werden die Korrelationskoeffizienten von FECHNER und BRAVAIS-PEARSON vorgestellt).

Unter der *Richtung des Zusammenhangs* – dies ist allerdings nur für zumindest ordinal skalierte Merkmale sinnvoll – versteht man die Antwort auf folgende Frage: Hat die Veränderung des bedingenden Merkmals in Richtung der Skalenachse für die bedingten Verteilungen des anderen Merkmals tendenziell ebenfalls eine Verschiebung der Lage in Richtung der Skalenachse (positive Korrelation) oder entgegen der Skalenachse (negative Korrelation) zur Folge? So sind die Datenpunkte in einem Streudiagramm bei einem positiven Zusammenhang vorwiegend von links unten nach rechts oben angeordnet, bei einem negativen von links oben nach rechts unten. Besitzen die Daten weder die eine noch die andere Tendenz, so spricht man von fehlender Korrelation.

Die *Stärke des Zusammenhangs* bringt demgegenüber zum Ausdruck, wie deutlich sich die unterschiedlichen bedingten Verteilungen unterscheiden. Lässt sich aus der Angabe der Bedingung recht eindeutig auf den Wert der anderen Variablen schließen, so spricht man von einem starken Zusammenhang. In einem Streudiagramm würden die Datenpunkte dann einem eindeutigen Verlauf folgen, bei einem linearen Zusammenhang würden sie sich recht eng um eine Gerade anordnen. Je enger die Punkte dann um diese Gerade liegen, desto stärker fällt der Zusammenhang aus.

Es ist üblich, eine Korrelation mittels Korrelationskoeffizienten zu beschreiben, die jeweils nur Werte im Intervall $[-1; +1]$ annehmen können. Positive Werte deuten auf einen positiven Zusammenhang hin, negative auf einen negativen. Plus bzw. minus eins stellt den Fall extrem positiver bzw. negativer Korrelation dar; null deutet auf das Fehlen eines Zusammenhanges hin. Als Faustregel gilt: 0,8 bis 1,0 bedeutet starke, 0,5 bis 0,8 mittlere und 0,3 bis 0,5 schwache Korrelation. Bei Werten unter 0,3 spricht man i. d. R. von fehlender Korrelation.

!!   Korrelationsanalysen untersuchen den *formalen* Zusammenhang zweier Merkmale; über eine kausale Beziehung zwischen den Merkmalen kann ein Korrelationskoeffizient keine Aussage machen. In manchen Fällen ergeben sich rechnerisch hohe Korrelationen, obwohl ein direkter Zusammenhang sachlogisch ausgeschlossen werden kann. Eine solche *Scheinkorrelation* wäre z. B. die Feststellung eines positiven korrelativen Zusammenhanges zwischen der Anzahl der Störche und der Anzahl der Geburten in einem Land. Eine Scheinkorrelation entsteht zumeist dadurch, dass beide Merkmale von weiteren Merkmalen beeinflusst werden, hier beispielsweise von dem Grad der Industrialisierung der Gesellschaft.

Von der Scheinkorrelation zu unterscheiden ist die sogenannte *Nonsens-Korrelation*. Hiervon spricht man, wenn ein Korrelationskoeffizient einen Zusammenhang ausweist, obwohl sich hierfür überhaupt keine inhaltliche

Erklärung finden lässt, das Zustandekommen des Korrelationswertes also als rein zufällig angesehen werden muss.

Korrelationskoeffizient von FECHNER

Dieser Korrelationskoeffizient setzt für beide Merkmale metrisches Skalenniveau voraus. Zu seiner Berechnung wird das Koordinatensystem, in dem die Beobachtungswertpaare (x_i, y_i) abgetragen werden, durch Markierung der beiden arithmetischen Mittel $\bar{x}$ und $\bar{y}$ in vier Quadranten unterteilt. Der Koeffizient beruht dann auf den Häufigkeiten, die für diese vier Quadranten festgestellt werden. In zwei der vier Quadranten stimmen die Vorzeichen der Abweichungen $x_i - \bar{x}$ und $y_i - \bar{y}$ von ihrem jeweiligen arithmetischen Mittel überein; die auf diese beiden Quadranten entfallende absolute Häufigkeit sei mit $\ddot{u}$ bezeichnet. Demgegenüber bezeichnet man mit $n - \ddot{u}$ die absolute Häufigkeit der beiden übrigen Quadranten, in denen die Vorzeichen der beiden Abweichungen nicht übereinstimmen. Dann berechnet sich der Korrelationskoeffizient von FECHNER als:

$$(4.8) \quad r_F = \frac{\ddot{u} - (n - \ddot{u})}{\ddot{u} + (n - \ddot{u})} = \frac{2\ddot{u} - n}{n}.$$

// Fälle, in denen eine oder beide der Abweichungen den Wert Null annehmen, werden grundsätzlich als Übereinstimmung gezählt. Der Korrelationskoeffizient von FECHNER ist leicht zu berechnen, jedoch in seiner Aussage nicht sehr bedeutungsvoll, da nur die Vorzeichen der Abweichungen und nicht die Abweichungen selbst in die Berechnung eingehen.

Korrelationskoeffizient von BRAVAIS-PEARSON

Der Korrelationskoeffizient von BRAVAIS-PEARSON (auch als Produktmoment-Korrelationskoeffizient bezeichnet) basiert auf demselben Grundgedanken wie derjenige von FECHNER, berücksichtigt jedoch nicht nur die Vorzeichen der Abweichungen, sondern auch die Abweichungen selbst. BRAVAIS und PEARSON berechnen die Summe der Produkte der Abweichungen für alle $i = 1, 2, ..., n$.

$$(4.9) \quad \sum_{i=1}^{n} (x_i - \bar{x}) \cdot (y_i - \bar{y}).$$

In dieser Größe kommen sowohl die Richtung als auch die Stärke der Korrelation zum Ausdruck. Das hieraus zu bestimmende mittlere Abweichungsprodukt

$$(4.10) \quad s_{XY} = \frac{1}{n} \sum_{i=1}^{n} (x_i - \bar{x}) \cdot (y_i - \bar{y}) = \frac{1}{n} \sum_{j=1}^{k} \sum_{l=1}^{m} (a_j - \bar{x}) \cdot (b_l - \bar{y}) \cdot h(a_j, b_l)$$

bezeichnet man auch als *empirische Kovarianz* bzw. *mittlere Produktabweichung* der beiden metrischen Merkmale.

Um aus der empirischen Kovarianz einen Korrelationskoeffizienten zu machen, muss sie auf den Bereich von -1 bis $+1$ normiert werden. Hierzu benutzt man die sogenannte CAUCHY-SCHWARZ'sche Ungleichung, die besagt, dass stets gilt:

$$(4.11) \quad \Big(\sum_{i=1}^{n} a_i \cdot b_i\Big)^2 \le \Big(\sum_{i=1}^{n} a_i^2\Big) \cdot \Big(\sum_{i=1}^{n} b_i^2\Big) \quad \text{bzw.} \quad \sum_{i=1}^{n} a_i \cdot b_i \le \sqrt{\Big(\sum_{i=1}^{n} a_i^2\Big) \cdot \Big(\sum_{i=1}^{n} b_i^2\Big)}.$$

Einen auf den Wertebereich $[-1; +1]$ normierten Korrelationskoeffizienten erhält man daher, indem man die Kovarianz durch das Produkt der Standardabweichungen der beiden Merkmale dividiert. Für den so definierten Korrelationskoeffizienten von BRAVAIS-PEARSON, der Stärke und Richtung des linearen Zusammenhangs anzeigt, ergibt sich:

$$(4.12) \quad
\begin{aligned}
r_{BP} &= \frac{s_{XY}}{s_X \cdot s_Y} = \frac{\displaystyle\sum_{i=1}^{n} (x_i - \bar{x}) \cdot (y_i - \bar{y})}{\sqrt{\displaystyle\sum_{i=1}^{n} (x_i - \bar{x})^2 \sum_{i=1}^{n} (y_i - \bar{y})^2}} \\[2em]
&= \frac{\displaystyle\sum_{j=1}^{k} \sum_{l=1}^{m} (a_j - \bar{x}) \cdot (b_l - \bar{y}) \cdot h(a_j, b_l)}{\sqrt{\displaystyle\sum_{j=1}^{k} (a_j - \bar{x})^2 \cdot h(a_j) \cdot \sum_{l=1}^{m} (b_l - \bar{y})^2 \cdot h(b_l)}}.
\end{aligned}$$

// Da die Abweichungen von den Merkmalsmittelwerten linear in die im Zähler stehenden Momentenprodukte eingehen, können durch den BRAVAIS-PEARSON'schen Korrelationskoeffizienten *nur lineare Zusammenhänge* zwischen metrischen Variablen gemessen werden, d. h. solche Zusammenhänge, in denen sich der Beziehung zwischen den Variablen durch eine in die Punktwolke eingezeichnete Gerade zum Ausdruck bringen lässt. Andersartige Zusammenhänge, etwa quadratischer, exponentieller oder hyperbolischer Art, werden hingegen durch den Korrelationskoeffizienten nur unzureichend bzw. verfälschend erfasst. Im ungünstigsten Fall kann das dazu führen, dass der berechnete Koeffizient überhaupt keine Abhängigkeit mehr anzeigt. Abhilfe kann gegebenenfalls geschaffen werden, indem die Korrelation für geeignet transformierte Variablen bestimmt wird oder ein Korrelationskoeffizienten für geringeres Skalenniveau (Rangkorrelationskoeffizient oder Kontingenzkoeffizient) verwendet wird.

Im Folgenden sei noch auf einige weitere Sachverhalte hingewiesen, die in Zusammenhang mit der empirischen Kovarianz bzw. dem BRAVAIS-PEARSON'schen Korrelationskoeffizienten stehen:

● *Verschiebungssatz*: Ähnlich wie für die mittlere quadratische Abweichung besteht auch für die mittlere Produktabweichung eine Berechnungsvariante, die auf die jeweilige Berechnung der Abweichungen und Abweichungsprodukte verzichtet:

$$r_{BP} = \frac{s_{XY}}{s_X \cdot s_Y} = \frac{\overline{xy} - \overline{x} \cdot \overline{y}}{\sqrt{(\overline{x^2} - \overline{x}^2) \cdot (\overline{y^2} - \overline{y}^2)}},$$

(4.13)
$$\text{wobei } \overline{xy} = \frac{1}{n}\sum_{i=1}^{n} x_i \cdot y_i = \frac{1}{n}\sum_{j=1}^{k}\sum_{l=1}^{m} h(a_j, b_l) \cdot a_j \cdot b_l,$$

$$\overline{x^2} = \frac{1}{n}\sum_{i=1}^{n} x_i^2 = \frac{1}{n}\sum_{j=1}^{k} h(a_j) \cdot a_j^2,$$

$$\overline{y^2} = \frac{1}{n}\sum_{i=1}^{n} y_i^2 = \frac{1}{n}\sum_{l=1}^{m} h(b_l) \cdot b_l^2.$$

● *Korrelation standardisierter Variablen*: Liegen zwei standardisierte Merkmale X^s und Y^s vor, für die bekanntlich $s_{X^s} = 1$ und $s_{Y^s} = 1$ gelten, so berechnet sich der BRAVAIS-PEARSON'sche Korrelationskoeffizient als

(4.14) $r_{BP\,X^sY^s} = \frac{1}{n}\sum_{i=1}^{n} x_i^s \cdot y_i^s.$

● *Korrelation linearer Transformationen*: Werden die beiden Merkmale X und Y linear transformiert in die Merkmale U und V mit

(4.15) $u_i = a + b \cdot x_i, \quad v_i = c + d \cdot y_i,$

so ergeben sich die Werte für die Kovarianzen bzw. Korrelationskoeffizienten der transformierten Variablen wie folgt:

(4.16) $s_{UV} = b \cdot d \cdot s_{XY}, \quad r_{BP\,UV} = \begin{cases} r_{BP\,XY}, & \text{falls } b \cdot d > 0, \\ -r_{BP\,XY}, & \text{falls } b \cdot d < 0. \end{cases}$

● *Mittlere quadratische Abweichung der Summe zweier Merkmale*: Neben ihrer Verwendung im Zähler des Korrelationskoeffizienten liegt die Bedeutung der empirischen Kovarianz vor allem darin, dass sie in die Berechnung der mittleren quadratischen Abweichung einer Summe $Z = X + Y$ zweier metrischer Merkmale eingeht:

(4.17) $\quad s_Z^2 = s_X^2 + s_Y^2 + 2 \cdot s_{XY}.$

● *Arithmetisches Mittel eines Produktes zweier Merkmale*: Eine weitere Bedeutung hat die empirische Kovarianz für die Berechnung des arithmetischen Mittelwerts des Produkts zweier metrischer Merkmale. Löst man den Zähler der Formel (4.13) nach diesem Mittelwert auf, so erkennt man, dass gilt:

(4.18) $\quad \overline{xy} = \overline{x} \cdot \overline{y} + s_{XY}.$

Ob der Mittelwert des Produktes größer oder kleiner ist als das Produkt der Mittelwerte, hängt somit davon ab, ob die beiden Merkmale eine positive oder negative Korrelation aufweisen.

Beispiel 4.3

Für das bislang betrachtete Beispielunternehmen soll nun der Zusammenhang zwischen den metrischen Variablen Alter ($=X$) und Bruttolohn ($=Y$) betrachtet werden, die bereits in Beispiel 4.2 in einem Streudiagramm bzw. einem dreidimensionalen Histogramm dargestellt wurden.

Zur Berechnung der Korrelationskoeffizienten nach FECHNER und BRAVAIS-PEARSON dient nun das folgende Berechnungsschema:

i	x_i	y_i	$x_i - \overline{x}$	$y_i - \overline{y}$	$(x_i - \overline{x})^2$	$(y_i - \overline{y})^2$	$(x_i - \overline{x})(y_i - \overline{y})$
1	21	2.000	-14,7	-975	216,09	950.625	14.332,5
2	37	2.500	1,3	-475	1,69	225.625	-617,5
3	30	3.500	-5,7	525	32,49	275.625	-2.992,5
4	35	3.000	-0,7	25	0,49	625	-17,5
5	25	2.500	-10,7	-475	114,49	225.625	5.082,5
6	44	2.000	8,3	-975	68,89	950.625	-8.092,5
7	52	4.000	16,3	1025	265,69	1.050.625	16.707,5
8	40	2.500	4,3	-475	18,49	225.625	-2.042,5
9	60	5.000	24,3	2025	590,49	4.100.625	49.207,5
10	33	3.000	-2,7	25	7,29	625	-67,5
11	22	2.500	-13,7	-475	187,69	225.625	6.507,5
12	27	2.000	-8,7	-975	75,69	950.625	8.482,5
13	35	2.500	-0,7	-475	0,49	225.625	332,5
14	55	6.000	19,3	3025	372,49	9.150.625	58.382,5
15	40	3.000	4,3	25	18,49	625	107,5
16	22	2.500	-13,7	-475	187,69	225.625	6.507,5
17	18	2.000	-17,7	-975	313,29	950.625	17.257,5
18	46	3.500	10,3	525	106,09	275.625	5.407,5
19	44	3.000	8,3	25	68,89	625	207,5
20	28	2.500	-7,7	-475	59,29	225.625	3.657,5
Σ	714	59.500	0	0	2.706,20	20.237.500	178.350,0
Mittelw.	35,7	2.975					

Die in den Korrelationskoeffizienten nach FECHNER eingehende Größe $\ddot{u}$ ergibt sich aus der Anzahl der positiven Vorzeichen in der letzten Spalte der vorstehenden Tabelle: $\ddot{u} = 14$. Damit erhält man

$$r_F = \frac{14 - (20-14)}{14 + (20-14)} = \frac{8}{20} = +0,4.$$

Der BRAVAIS-PEARSON'sche Korrelationskoeffizient errechnet sich aus den Summenwerten der drei letzten Spalten der Tabelle:

$$r_{BP} = \frac{178.350,0}{\sqrt{2.706,20 \cdot 20.237.500}} = \frac{178.350,0}{234.022,9} = 0,762.$$

Beide Ergebnisse zeigen somit einen positiven Zusammenhang beider Merkmale an. Höheres Alter (und damit zunehmende Berufserfahrung) geht offenbar tendenziell mit einem höheren Bruttoeinkommen der Arbeitnehmer einher. Allerdings ist aufgrund des FECHNER'schen Korrelationskoeffizienten nur von einer schwach positiven Korrelation auszugehen, während der Koeffizient nach BRAVAIS-PEARSON eine mittlere positive Korrelation anzeigt.

Rangkorrelationskoeffizient von SPEARMAN

Für zwei ordinalskalierte Merkmale sind die Beträge der Abweichungen von den arithmetischen Mitteln willkürliche Größen; nicht einmal die Berechnung der arithmetischen Mittel selbst ist legitim. Der Rangkorrelationskoeffizient von SPEARMAN basiert daher statt auf den direkten Merkmalsausprägungen auf den zugeordneten Rangnummern. Der kleinste Beobachtungswert der x-Werte erhält die Rangnummer 1, der zweitkleinste die Rangnummer 2, usw. Genauso verfährt man bei den y-Werten. Die Rangbildung erfolgt also jeweils in der Reihenfolge wie bei der Bildung der geordneten Urliste[3]:

(4.19) $\begin{aligned} R(x_i) &= r, \quad \text{falls} \quad x_i = x_{(r)}, \\ R(y_i) &= s, \quad \text{falls} \quad y_i = y_{(s)}, \end{aligned}$ für $i = 1, ..., n$.

//   Falls mehrere statistische Einheiten dieselbe Merkmalsausprägung aufweisen, ist für diese der Median der hierauf entfallenden Rangnummern zu vergeben. Tritt beispielsweise der kleinste Merkmalswert viermal auf, so ist an die entsprechenden Merkmalsträger der Median der Zahlen von 1 bis 4, also die Rangnummer 2,5 zu vergeben.

---

[3] Häufig findet man in der Literatur auch die umgekehrte Reihenfolge bei der Rangbildung: Der größte Wert erhält die Rangnummer 1 und schließlich der kleinste die Rangnummer n. Da so für beide Merkmale die Reihenfolge der Rangnummern umgekehrt wird, hat dies keinen Einfluss auf den Wert des Rangkorrelationskoeffizienten. Für die hier gewählte Vorgehensweise spricht, dass sich die Rangnummern unmittelbar aus der Reihenfolge in der geordneten Urliste bzw. aus den kumulierten absoluten Häufigkeiten ergeben.

Der Rangkorrelationskoeffizient von SPEARMAN ist der auf die Rangnummern angewandte Korrelationskoeffizient von BRAVAIS-PEARSON und somit wie dieser auf den Wertebereich $[-1\,;+1]$ normiert:

$$(4.20) \quad r_{Sp} = \frac{\sum_{i=1}^{n} \left(R(x_i) - \frac{n+1}{2}\right)\left(R(y_i) - \frac{n+1}{2}\right)}{\sqrt{\sum_{i=1}^{n} \left(R(x_i) - \frac{n+1}{2}\right)^2 \cdot \sum_{i=1}^{n} \left(R(y_i) - \frac{n+1}{2}\right)^2}}.$$

Dabei ist verwendet, dass der Mittelwert der Rangzahlen von 1 bis n gleich $\frac{n+1}{2}$ ist. Da zudem der Nenner nur vom Stichprobenumfang n abhängt, lässt sich unter Verwendung des Verschiebungssatzes für (4.20) folgende vereinfachte Formel herleiten:[4]

$$(4.21) \quad r_{Sp} = 1 - 6 \cdot \frac{\sum_{i=1}^{n} \left(R(x_i) - R(y_i)\right)^2}{(n-1)\cdot n \cdot (n+1)}.$$

// So wie der BRAVAIS-PEARSON'sche Korrelationskoeffizient nur lineare Beziehungen messen kann, kann der SPEARMAN'sche Rangkorrelationskoeffizient nur Stärke und Richtung *monotoner Zusammenhänge* zwischen zwei Merkmalen messen, d. h. solche, in denen durchgängig ein positiver bzw. negativer Zusammenhang festzustellen ist.

Bei der praktischen Anwendung des SPEARMAN'schen Rangkorrelationskoeffizienten auf ordinal skalierte Merkmale enthalten die beiden Skalenachsen meist nur wenige unterschiedliche Merkmalsausprägungen, deren Anzahl durch die Zahl der Beobachtungswerte oft um ein Vielfaches überschritten wird. In diesen Fällen wird man die Berechnung des Korrelationskoeffizienten auf den gemeinsamen Häufigkeiten $h(a_j, b_l)$ aufbauen. Die mittleren Rangziffern der Merkmalsausprägungen lassen sich dann aus den kumulierten Häufigkeiten der beiden Randverteilungen wie folgt bestimmen:

---

[4] Streng genommen gilt diese Formel nur, wenn für beide Merkmale alle Beobachtungswerte verschieden sind, so dass keine mittleren Ränge vergeben werden müssen. Die durch die mittleren Ränge entstehenden Ungenauigkeiten können jedoch i. d. R. vernachlässigt werden.

$$(4.22) \quad \begin{aligned} R(a_j) &= \frac{[H(a_{j-1})+1] + H(a_j)}{2} \quad \text{für } j=1,...,k, \\ R(b_l) &= \frac{[H(b_{l-1})+1] + H(b_l)}{2} \quad \text{für } l=1,...,m. \end{aligned}$$

Die Berechnung des Korrelationskoeffizienten erfolgt dann nach folgender Formel (entsprechend (4.20) bzw. (4.21)):

$$(4.23) \quad \begin{aligned} r_{\text{Sp}} &= \frac{\displaystyle\sum_{j=1}^{k}\sum_{l=1}^{m} \left(R(a_j)-\frac{n+1}{2}\right) \cdot \left(R(b_l)-\frac{n+1}{2}\right) \cdot h(a_j,b_l)}{\sqrt{\displaystyle\sum_{j=1}^{k}\left(R(a_j)-\frac{n+1}{2}\right)^2 \cdot h(a_j) \cdot \sum_{l=1}^{m}\left(R(b_l)-\frac{n+1}{2}\right)^2 \cdot h(b_l)}} \\ &\approx 1 - \frac{6 \cdot \displaystyle\sum_{j=1}^{k}\sum_{l=1}^{m}(R(a_j)-R(b_l))^2 \cdot h(a_j,b_l)}{(n-1)\cdot n\cdot(n+1)}. \end{aligned}$$

Beispiel 4.4

Nun soll für das Beispielunternehmen eine Rangkorrelation zwischen dem ordinalen Merkmal Lohngruppe und dem metrisch skalierten Merkmal Alter bestimmt werden.

Für die Lohngruppe ergeben sich anhand der Formel (4.22) und den kumulierten absoluten Häufigkeiten gemäß Beispiel 2.2 für die Merkmalsausprägungen ‚1'-‚8' folgende zu vergebende mittlere Rangnummern:

$$R(1) = \tfrac{1}{2}[(0+1)+4] = 2{,}5; \quad R(2) = \tfrac{1}{2}[(4+1)+11] = 8; \quad R(3) = \tfrac{1}{2}[(11+1)+15] = 13{,}5;$$

$$R(4) = \tfrac{1}{2}[(15+1)+17] = 16{,}5; \quad R(5) = \tfrac{1}{2}[(17+1)+18] = 18; \quad R(6) = \tfrac{1}{2}[(18+1)+19] = 19;$$

$$R(7) = \tfrac{1}{2}[(19+1)+20] = 20; \quad R(8) = \tfrac{1}{2}[(20+1)+20] = 20{,}5.$$

Die Rangnummern des Merkmals Alter, bei dem gleiche Merkmalsausprägungen x_i nur in wenigen Fällen auftreten, werden unmittelbar in der nachfolgenden Arbeitstabelle zur Berechnung der quadrierten Rangdifferenzen vergeben, wobei die Beobachtungen in der Tabelle der Reihenfolge des Alters entsprechend angeordnet erscheinen:

i	x_i	$R(x_i)$	y_i	$R(y_i)$	$\lvert R(x_i)-R(y_i)\rvert$	$[R(x_i)-R(y_i)]^2$
17	18	1	1	2,5	1,5	2,25
1	21	2	1	2,5	0,5	0,25
11	22	3,5	2	8	4,5	20,25
16	22	3,5	2	8	4,5	20,25
5	25	5	2	8	3	9
12	27	6	1	2,5	3,5	12,25
20	28	7	2	8	1	1
3	30	8	4	16,5	8,5	72,25
10	33	9	3	13,5	4,5	20,25
4	35	10,5	3	13,5	3	9
13	35	10,5	2	8	2,5	6,25
2	37	12	2	8	4	16
8	40	13,5	2	8	5,5	30,25
15	40	13,5	3	13,5	0	0
6	44	15,5	1	2,5	13	169
19	44	15,5	3	13,5	2	4
18	46	17	4	16,5	0,5	0,25
7	52	18	5	18	0	0
14	55	19	7	20	1	1
9	60	20	6	19	1	1
					Summe:	394,5

Damit ergibt sich für den Rangkorrelationskoeffizienten folgender Wert:

$$r_{Sp} = 1 - \frac{6 \cdot 394,5}{19 \cdot 20 \cdot 21} = 1 - \frac{2.367}{7.980} = 1 - 0,297 = 0,703.$$

Es liegt also eine mittlere positive Rangkorrelation zwischen der Lohngruppe und dem Alter vor.

Der Kontingenzkoeffizient nach PEARSON

Liegen zwei nominalskalierte Merkmale vor, so kann man lediglich die Stärke, aber nicht die Richtung des Zusammenhangs messen. Bei den Berechnungen eines Maßes für den statistischen Zusammenhang ist von der Kontingenztabelle auszugehen. Diese enthält die absoluten Häufigkeiten $h_{jl} = h(a_j, b_l)$ der verschiedenen Kombinationen der Merkmalsausprägungen der beiden Merkmale. Die den Beobachtungen zu entnehmenden Häufigkeiten sind dazu mit denjenigen Häufigkeiten zu vergleichen, die unter der Annahme der Unabhängigkeit beider Merkmale aufgrund der Randverteilungen zu erwarten wären:

$$(4.24) \quad h_{jl}^u = \frac{h_{j\bullet} \cdot h_{\bullet l}}{n} \quad \text{für } j = 1, \ldots, k, \ l = 1, \ldots, m.$$

Je stärker die beobachteten Häufigkeiten h_{jl} und die gemäß (4.24) erwarteten Häufigkeiten h_{jl}^u voneinander abweichen, desto größer ist die wechselseitige Abhängigkeit der beiden Merkmale. Für den Kontingenzkoeffizienten nach PEARSON werden hierzu die quadratischen Abweichungen beider Häufigkeiten betrachtet, jeweils durch die erwartete Häufigkeit dividiert und schließlich über alle Kombinationen der Merkmalsausprägungen aufsummiert:

$$(4.25) \quad \chi^2 = \sum_{j=1}^{k} \sum_{l=1}^{m} \chi_{jl}^2 = \sum_{j=1}^{k} \sum_{l=1}^{m} \frac{(h_{jl} - h_{jl}^u)^2}{h_{jl}^u}.$$

Diese χ^2-Größe[5] summiert also die relativen quadratischen Abweichungen zwischen h_{jl} und h_{jl}^u, d. h., wachsendes χ^2 ist ein Indiz für einen zunehmenden Grad an Interdependenz zwischen den beiden Merkmalen.

Offenbar nimmt die χ^2-Größe bei Unabhängigkeit den Wert null an. Allerdings kann sie unbegrenzt hohe Werte annehmen, so dass erst durch die Transformation in den Kontingenzkoeffizienten

$$(4.26) \quad k_P = \sqrt{\frac{\chi^2}{n + \chi^2}}$$

eine Maßzahl entsteht, die auf den Wertebereich zwischen null und eins beschränkt ist. Jedoch liegt der tatsächlich mögliche Maximalwert von k_P, der von der Größe der Kontingenztabelle (Zeilenzahl k und Spaltenzahl m) abhängt, stets unterhalb des Wertes eins:

$$(4.27) \quad k_P \leq k_{max} = \sqrt{\frac{\min\{k,m\} - 1}{\min\{k,m\}}} < 1.$$

Dividiert man den Kontingenzkoeffizienten k_P durch k_{max}, so erhält man den normierten PEARSON'schen Kontingenzkoeffizienten k_P^{norm}, der das gewünschte Normierungsintervall zwischen null und eins vollständig ausschöpft:

$$(4.28) \quad k_P^{norm} = \frac{k_P}{k_{max}} = k_P \cdot \sqrt{\frac{\min\{k,m\}}{\min\{k,m\} - 1}}.$$

!! Es bedeutet $k_P^{norm} = 1$, dass (mindestens in einer Richtung) aus der Kenntnis der Ausprägung eines Merkmals absolut sicher auf die Ausprägung des anderen Merkmals geschlossen werden kann. $k_P^{norm} = 0$ bedeutet, dass sich

---

[5] Sprich: „Chi-Quadrat".

für alle möglichen Merkmalskombinationen die gemeinsame relative Häufigkeit aus dem Produkt der relativen Randhäufigkeiten ergibt.

// Der Wert des Kontingenzkoeffizienten wird auch von den Randverteilungen der beiden Merkmale beeinflusst. Er erreicht sein Maximum unter sonst gleicher Abhängigkeitsstruktur für den Fall, dass für beide Randverteilungen eine Gleichverteilung vorliegt.

Beispiel 4.5

Für die EDV-Abteilung des Beispielunternehmens soll nun die Frage geklärt werden, ob es einen Zusammenhang zwischen dem Geschlecht und der Lohngruppe gibt. Da das Geschlecht ein nominalskaliertes Merkmal ist, kann diese Frage mit dem PEARSON'schen Kontingenzkoeffizienten beantwortet werden. Die hierfür benötigten Randverteilungen wurden bereits in Beispiel 2.1 bestimmt. Die Lohngruppe ‚8' muss nicht weiter betrachtet werden, da hierfür die Randhäufigkeit null beträgt. Für die verbleibenden $2 \cdot 7 = 14$ Kombinationen der Merkmalsausprägungen gibt die nachfolgende Tabelle die Berechnung der zugehörigen χ_{jk}^2-Werte wieder:

a_j	b_l	$h_{j\bullet}$	$h_{\bullet l}$	h_{jl}	$h_{jl}^u = h_{j\bullet} \cdot h_{\bullet l}/n$	$\chi_{jl}^2 = (h_{jl} - h_{jl}^u)^2 / h_{jl}^u$
m	1	13	4	3	2,60	0,062
m	2	13	7	2	4,55	1,429
m	3	13	4	3	2,60	0,062
m	4	13	2	2	1,30	0,377
m	5	13	1	1	0,65	0,188
m	6	13	1	1	0,65	0,188
m	7	13	1	1	0,65	0,188
w	1	7	4	1	1,40	0,114
w	2	7	7	5	2,45	2,654
w	3	7	4	1	1,40	0,114
w	4	7	2	0	0,70	0,700
w	5	7	1	0	0,35	0,350
w	6	7	1	0	0,35	0,350
w	7	7	1	0	0,35	0,350
					Summe:	7,126

Damit ergibt sich der Wert des Kontingenzkoeffizienten zu

$$k_P = \sqrt{\frac{7,126}{20+7,126}} = \sqrt{0,263} = 0,513.$$

Der bei der Zeilenzahl $k=2$ und der Spaltenzahl $m=7$ (ohne die nicht auftretende Lohngruppe ‚8') maximal mögliche Wert des Kontingenzkoeffizienten beträgt

$$k_{max} = \sqrt{\frac{\min\{2,7\} - 1}{\min\{2,7\}}} = \sqrt{\frac{2 - 1}{2}} = \sqrt{\frac{1}{2}} = 0,707.$$

Für den normierten PEARSON'schen Kontingenzkoeffizienten erhält man damit den Wert

$$k_P^{norm} = \frac{0,513}{0,707} = 0,726.$$

Zwischen dem Geschlecht und der Zugehörigkeit zu den unterschiedlichen Lohngruppen liegt somit ein mittlerer Zusammenhang vor.

4.5 Regressionsanalyse

Die Regressionstheorie schließt an die Überlegungen zur Korrelationstheorie an und fragt unter der Vorgabe einer *Abhängigkeitsstruktur* zweier metrisch skalierter Merkmale[6] nach der *Art ihres Zusammenhanges*. Unter der Abhängigkeitsstruktur ist die Festlegung dieser funktionalen Beziehung bezüglich der Frage zu verstehen, welches der beiden betrachteten Merkmale als abhängig und welches als unabhängig zu bezeichnen ist. Diese Frage nach der Richtung des Einflusses kann nicht anhand der statistischen Analyse der zweidimensionalen Beobachtungswerte beantwortet werden, sondern ist vor Beginn der statistischen Untersuchung aufgrund sachlogischer Überlegungen von Experten des jeweiligen Fachgebietes zu klären. Das als unabhängig angesehene Merkmal wird i. d. R. mit X bezeichnet und in grafischen Darstellungen des Zusammenhangs auf der Abszisse abgetragen; entsprechend ist das als abhängig angesehene Merkmal Y auf der Ordinate abzutragen.

Ist die Abhängigkeitsstruktur geklärt, so soll die Art des Zusammenhangs beider Merkmale durch die Untersuchung der mathematisch-funktionalen Beziehung zwischen den Beobachtungswertreihen näher bestimmt werden. Unter einer mathematischen Funktion versteht man, dass eine abhängige Größe von einer zweiten unabhängigen Größe in solcher Weise abhängig ist, dass zu jedem Wert der unabhängigen Größe ein bestimmter Wert der abhängigen Größe gehört. Die Regressionsfunktion für eine *Regression von Y auf X* wird somit in der folgenden Form geschrieben:

(4.29) $y_i = f(x_i)$ für alle $i=1,...,n$.

---

[6] Sollte das unabhängige Merkmal nicht metrisch skaliert sein, so lässt sich die Regressionstheorie auf diesen Fall weitgehend übertragen, sofern die Implikationen beachtet werden, die sich hier für die Interpretation der Ergebnisse ergeben. Ist hingegen das abhängige Merkmal nicht metrisch skaliert, so sind andere Analysemethoden anzuwenden, beispielsweise die so genannte *logistische Regressionsanalyse*. Vgl. hierzu z. B. J. HARTUNG & B. ELPELT: *Multivariate Statistik*, S. 132 ff.

Welche mathematische Funktion nähert nun die Lage aller Beobachtungswertpaare am besten an? Meist ist es nicht sinnvoll – vielfach nicht einmal möglich[7] –
eine Funktion zu verwenden, die sämtliche Punkte exakt erfasst. Man begnügt
sich daher mit der Berechnung einer möglichst einfachen Funktion, die alle
Punkte gut in ihrer generellen Tendenz wiedergibt. Zumeist handelt es sich dabei
um eine lineare Funktion, wobei u_i für jeden Merkmalswert x_i die Abweichungen
zwischen den tatsächlichen Beobachtungswerten y_i und den entsprechenden Y-
Werten auf der Geraden bezeichnet:

(4.30) $y_i = a + b \cdot x_i + u_i$ **für alle** $i = 1, 2, ..., n$.

Im Mittelpunkt der Regressionsanalyse steht das Bemühen, die *Regressionsparameter* a und b numerisch so zu bestimmen, dass die Abweichungen u_i, die so
genannten *Residuen*, nicht zu groß werden. Meist wird hierzu das bereits zu
Beginn des 19. Jahrhunderts von C. F. GAUß entwickelte *Prinzip der kleinsten
Quadrate* verwendet. Dabei wird die Gerade derart durch die Punktwolke gelegt,
dass die Summe der quadrierten senkrechten Abstände sämtlicher Punkte von der
Geraden möglichst klein bleibt, d. h., es ist die Summe der Residuenquadrate zu
minimieren:

(4.31) $Q(a,b) = \sum_{i=1}^{n} u_i^2 = \sum_{i=1}^{n} (y_i - a - b \cdot x_i)^2 \rightarrow \min!$

Um die am besten angepasste lineare Regressionsfunktion $f(x) = a + b \cdot x$ zu
ermitteln, ist die Quadratsumme in (4.31) bezüglich möglicher Parameterwerte a
und b zu minimieren. Dies geschieht durch Nullsetzen der partiellen Ableitungen
nach a und b; das so ermittelte lineare Gleichungssystem (die sog. Normal-
gleichungen) besitzt genau dann eine eindeutige Lösung $(\hat{a}, \hat{b})$, wenn nicht alle x_i
miteinander übereinstimmen. Diese Voraussetzung gewährleistet auch (auf Grund
der zweiten partiellen Ableitungen), dass es sich bei der Lösung $Q(\hat{a}, \hat{b})$ um eine
Minimalstelle von $Q(a,b)$ handelt.

Die sich aus dem Normalgleichungssystem ergebende Lösung des Minimierungs-
problems (4.31) für den Regressionsparameter b berechnet sich wie folgt:

---

[7] Möglich ist dies, solange für jeden Beobachtungswert des Merkmals X keine verschiedenen
zugehörigen Y-Werte vorliegen. In diesem Fall erfordert die exakte Anpassung der Funktion an alle
Beobachtungswerte i. d. R. eine von n Parametern abhängige Funktion, was dem Wunsch nach einem
möglichst einfachen mathematischen Zusammenhang bereits für kleine statistische Massen widerspricht.

$$(4.32) \quad \hat{b} = \frac{\sum_{i=1}^{n} (x_i - \bar{x}) \cdot (v_i - \bar{y})}{\sum_{i=1}^{n} (x_i - \bar{x})^2} = \frac{s_{XY}}{s_X^2}.$$

Unter Verwendung von $\hat{b}$ ergibt sich für den Regressionsparameter a die Lösung:

$$(4.33) \quad \hat{a} = \bar{y} - \hat{b} \cdot \bar{x}.$$

Hieraus lässt sich ersehen, dass die beiden arithmetischen Mittel einen Punkt auf der Geraden darstellen.

Die lineare Regressionsfunktion wird mathematisch exakt berechnet, sodass die Kenntnis des funktionalen Zusammenhanges zu weiterführenden Untersuchungen benutzt werden kann:

- Bei Vorgabe eines Wertes x_i des unabhängigen Merkmals kann man den gemäß der Regressionsgeraden zugehörigen Wert des abhängigen Merkmals ablesen:

$$(4.34) \quad \hat{y}_i = \hat{a} + \hat{b} \cdot x_i.$$

- Die Werte $\hat{u}_i = y_i - \hat{y}_i$ sind die zu der Optimallösung gehörenden Residuen, welche die unter allen möglichen Residuenwerten die minimale mittlere quadratische Abweichung aufweisen.

- Darüber hinaus kann man auch Prognosen für die Werte der abhängigen Größe erstellen, die für noch nicht beobachtete Werte x der unabhängigen Größe zu erwarten sind:

$$(4.35) \quad \hat{y}(x) = \hat{a} + \hat{b} \cdot x.$$

Zuverlässige Prognosen lassen sich auf diese Weise allerdings nur gewinnen, sofern die Werte der unabhängigen Variablen nicht zu weit außerhalb des Bereichs der bisherigen x-Werte liegen.

- Schließlich lässt sich feststellen, wie sich die abhängige Größe verändern würde, wenn sich die unabhängige Größe um eine Einheit verändert.

!!   Nach dem Prinzip der kleinsten Quadrate kann immer eine Gerade ermittelt werden; auch in Fällen, in denen die Anpassung einer linearen Funktion an die betrachtete Punktwolke eigentlich nicht sinnvoll ist, da kein linearer Zusammenhang besteht!

!!   Formal lässt sich auch stets die sogenannte *Umkehrregression* berechnen, bei der die Rollen von abhängiger und unabhängiger Variablen vertauscht sind; hierbei ergibt sich das gleiche Bestimmtheitsmaß (s. u.). Die Frage, welches Merkmal das abhängige ist (und ob überhaupt eine kausale

Beziehung vorliegt), lässt sich somit nur durch Überlegungen außerhalb der statistischen Analyse klären.

● *Bestimmtheitsmaß*: Da – wie oben bereits erwähnt – das Prinzip der kleinsten Quadrate stets eine Regressionsfunktion ermittelt, muss über ein Qualitätskriterium nachgedacht werden, das angibt, in welchen Fällen die Anpassung der Punktwolke durch eine Gerade zufriedenstellend gelungen ist. Man benutzt zu diesem Zweck ein maßstabsunabhängiges und auf das Intervall [0;1] normiertes Maß, das Bestimmtheitsmaß R^2 (auch als *Determinationskoeffizient* bezeichnet):

$$(4.36) \quad R^2 = \frac{\sum_{i=1}^{n} (\hat{y}_i - \bar{y})^2}{\sum_{i=1}^{n} (y_i - \bar{y})^2} = 1 - \frac{\sum_{i=1}^{n} \hat{u}_i^2}{\sum_{i=1}^{n} (y_i - \bar{y})^2} = r_{BP}^2.$$

Das Bestimmtheitsmaß weist folgende Eigenschaften auf:
- Das Bestimmtheitsmaß R^2 gibt an, wie groß der Anteil der durch die Regressionsgerade erklärten quadratischen Abweichungen des abhängigen Merkmals an der Gesamtsumme der quadratischen Abweichungen ist.
- Es gilt $R^2 = 0$, wenn die beiden Merkmale unkorreliert sind.
- Es gilt $R^2 = 1$, wenn alle Beobachtungswertpaare exakt auf einer Geraden mit positivem oder negativem Anstieg liegen.
- Je größer R^2, desto stärker werden die tatsächlichen y-Werte durch die theoretisch mittels der Regressionsfunktion ermittelten $\hat{y}$-Werte determiniert. Dies bedeutet, je größer das Bestimmtheitsmaß ausfällt, desto enger liegen die Beobachtungswerte um die ermittelte Regressionsgerade.
- Bei der Interpretation des Bestimmtheitsmaßes ist zu beachten, dass es sich hierbei im Gegensatz zu den Korrelationskoeffizienten des Abschnitts 4.4 um eine quadrierte Maßzahl handelt. Demnach kann die Regressionsgerade im Fall $R^2 \geq 0{,}8^2 \approx 0{,}65$ als gut erklärt gelten, wenn man davon ausgeht, dass dies mit dem Vorliegen eines starken korrelativen Zusammenhangs einhergeht.

● *Linearisierung nichtlinearer Regressionsfunktionen*: Zahlreiche ökonomische Beziehungen zeigen deutlich eine nichtlineare Abhängigkeit, z. B. Konsumfunktion mit Sättigungsgrenze, COBB-DOUGLAS-Produktionsfunktion, exponentielle Wachstumsfunktion, Liquiditätspräferenzfunktion, Nutzen-Indifferenzkurven, usw. In vielen Fällen kann man solche nichtlineare Funktionen durch geeignete Variablentransformation in lineare verwandeln, z. B.:

(4.37)
- Potenzfunktion: $y = a \cdot x^b \iff y' = a' + b \cdot x'$
  mit $y' = \ln y$, $x' = \ln x$, $a' = \ln a$;
- Exponentialfunktion: $y = a \cdot e^{bx} \iff y' = a' + b \cdot x$
  mit $y' = \ln y$, $a' = \ln a$;
- hyperbolische Funktion: $y = a + b/x \iff y = a + b \cdot x'$
  mit $x' = 1/x$.

Allein die Potenzfunktion hat je nach Parameterwerten ein sehr unterschiedliches Aussehen, so dass durch die oben angegebenen Transformationen eine Vielzahl von Funktionsverläufen dargestellt werden kann.

Beispiel 4.6
Aufbauend auf der in Beispiel 4.3 festgestellten Korrelation zwischen den Merkmalen Alter und Bruttolohn soll nun eine funktionale Regressionsbeziehung festgelegt werden, wobei das Alter als vorgegebenes (unabhängiges) Merkmal X und das Bruttoeinkommen als hiervon abhängiges Merkmal Y angesehen wird. Nach Formel (4.32) ergibt sich aus den Berechnungen in Beispiel 4.3 unmittelbar

$$\hat{b} = \frac{s_{XY}}{s_X^2} = \frac{178.350}{2.706,20} = 65,90.$$

Mit (4.33) erhält man dann für den Achsenabschnitt

$$\hat{a} = \bar{y} - \hat{b} \cdot \bar{x} = 2.975 - 65,90 \cdot 35,7 = 622,37.$$

Für das Bestimmtheitsmaß ergibt sich schließlich

$$R^2 = r_{BP}^2 = 0,762^2 = 0,581.$$

Die Regressionsgerade ist in der Abbildung 4.4 in die Punktwolke der Beobachtungswertpaare eingetragen. Je Altersjahr steigt somit das Bruttoeinkommen durchschnittlich um knapp 66 Euro an. Der Achsenabschnitt selbst ist nicht interpretierbar, da für Neugeborene noch keine Erwerbstätigkeit vorliegt. Man könnte aber beispielsweise das Bruttoeinkommen an der unteren Grenze der ersten Klasse der Klasseneinteilung, d. h. für 15 Jahre, berechnen:

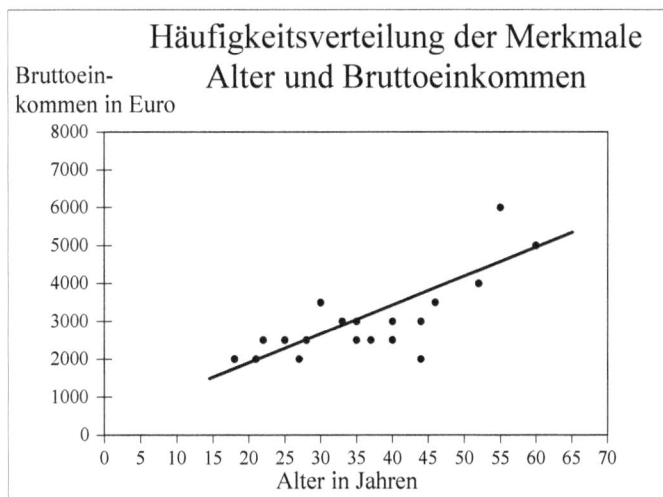

Abbildung 4.4 Streudiagramm mit Regressionsgerade

$$\hat{y}(15) = 622{,}37 + 65{,}90 \cdot 15 = 1.610{,}87.$$

Man könnte dem Ergebnis also entnehmen, dass gemäß der Regressionsfunktion die Bruttolöhne beim Berufseinstiegsalter bei 1.600 Euro liegen und dass danach die bereits erwähnte jährliche Steigerung um etwa 66 Euro einsetzt. Der Erklärungsgehalt der Regressionsgeraden für das abhängige Merkmal ist aufgrund des Wertes für das Bestimmtheitsmaß von 0,581 als nicht besonders gut einzustufen. Dies vermag kaum zu verwundern angesichts der Tatsache, dass neben dem Alter sicherlich zahlreiche weitere Bestimmungsgründe wie etwa die Art der Ausbildung, die im Unternehmen besetzte Position oder die Dauer der Zugehörigkeit zum Unternehmen für die Höhe des Bruttolohnes eine Rolle spielen werden. Diese Bestimmungsgründe mit einzubeziehen, bedingt jedoch die Durchführung einer multiplen Regressionsanalyse, welche im Rahmen dieses einführenden Textes nicht behandelt wird.

5 Zeitreihenanalyse

5.1 Zum Begriff der Zeitreihe und ihrer Komponenten

Während bei den bislang betrachteten *statistischen Querschnittanalysen* die Beobachtungswerte verschiedener statistischer Einheiten einer statistischen Masse zu einem gegebenen Zeitpunkt (oder -intervall) erhoben wurden, ist die Aufgabenstellung in der Zeitreihenanalyse eine andere: Diese betrachtet im Rahmen einer *statistischen Längsschnittanalyse* die Beobachtungswerte einer statistischen Einheit zu verschiedenen, äquidistanten Zeitpunkten oder -intervallen. Unter einer *Zeitreihe* versteht man daher die zeitlich geordnete Abfolge von Beobachtungswerten eines Merkmals, die äquidistanten Zeitpunkten oder Zeitintervallen zugeordnet sind. Meist werden die Beobachtungswerte in ihrer zeitlichen Reihenfolge nummeriert:

(5.1) x_t mit $t = 1, 2, ..., n$.

Grafische Darstellung von Längsschnittdaten

Liegen bei Zeitreihendaten mehr als etwa fünf Beobachtungswerte (also Zeitpunkte oder Zeiträume) vor, so kann man davon ausgehen, dass im Schaubild primär die Entwicklung der Zeitreihe im Zeitablauf veranschaulicht werden soll. Der geeignete Diagrammtyp hierfür ist ein *Zeitreihen- oder Liniendiagramm* (s. Abbildung 5.1), bei dem die Abszisse die zu erfassenden Zeitpunk-

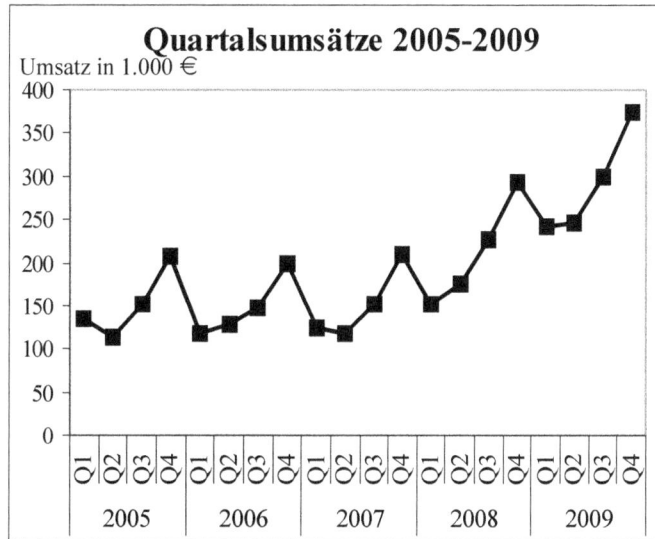

Abbildung 5.1 Zeitreihendiagramm (hier dargestellt für die Daten des Beispiels 5.1)

te darstellt. Die Beobachtungswerte der Zeitreihe trägt man auf der Ordinate ab; die so entstehenden Koordinatenpunkte werden zur Verdeutlichung der Veränderung der Beobachtungswerte miteinander verbunden.

Liegen hingegen weniger als etwa fünf im Zeitablauf aufeinanderfolgende Beobachtungswerte vor, dann kann davon ausgegangen werden, dass i. d. R. noch nicht die zeitliche Entwicklung bzw. die Veränderung im Zeitablauf im Mittelpunkt steht. Es werden dann vielmehr die Größenverhältnisse von Beobachtungswerten zu verschiedenen Zeitpunkten miteinander verglichen. Man sollte hier noch nicht von einer Zeitreihe sprechen und ein Stabdiagramm bei Zeitpunkten bzw. ein Rechteckdiagramm bei Zeiträumen zur Darstellung verwenden.

Zeitreihenkomponenten

Die entscheidende Besonderheit von Zeitreihendaten ist, dass hier nicht nur die Beobachtungswerte selbst, sondern auch ihre zeitliche Reihenfolge von Bedeutung ist. Die Veränderung der Beobachtungswerte im Zeitablauf heißt *Bewegung* der Zeitreihe. Damit besteht die Aufgabenstellung der Zeitreihenanalyse in der Untersuchung solcher Zeitreihen-Bewegungen und in der Suche nach entsprechenden Gesetzmäßigkeiten (z. B. für die Prognose zukünftiger Bewegungen der Zeitreihe).

Zu diesem Zweck klassifiziert man die Zeitreihenbewegungen in vier charakteristische Haupttypen:

■ **Trend**
Hierbei handelt es sich um die sehr langfristige Entwicklungstendenz einer Zeitreihe. Der Trend beschreibt die allgemeine Richtung, in welcher sich die Zeitreihe während eines i. d. R. mehrere Jahrzehnte andauernden Zeitintervalls zu bewegen scheint.

■ **Zyklus**
Diese Komponente beschreibt langfristige zyklische, d. h. wellenförmige Oszillationen oder Schwingungen um den Trend. Diese Zyklen können periodisch oder nicht periodisch sein, je nachdem, ob sie sich nach einer gewissen Zeit (identisch) wiederholen. In der Ökonomie werden nur Bewegungen zyklisch genannt, die sich nach Zeitintervallen von mehr als einem Jahr wiederholen (z. B. Konjunkturzyklus in einem Zeitraum von vier bis sechs Jahren: Prosperität, Rezession, Depression, Recovery).

■ **Saison**

Diese ebenfalls wellenförmigen Bewegungen sind jahreszeitlich bedingt und nicht – wie beim Zyklus – auf mehrjährige Zeiträume bezogen. Die Saison zeigt identische (oder fast identische) Muster, denen eine Zeitreihe während entsprechender Monate in aufeinanderfolgenden Jahren zu folgen scheint. Man spricht dann von einer konstanten *Saisonfigur*. Denkbar sind neben auf das Jahr bezogenen Bewegungen auch saisonähnliche Periodizitäten über kürzere Zeitintervalle wie Woche, Tag oder Stunde.

■ **Rest**

Alle unregelmäßigen oder zufälligen Bewegungen, die nicht zu einer der drei anderen Komponenten gehören, fasst man in der Restkomponente zusammen. Hierbei handelt es sich um sporadische Zeitreihenbewegungen, die durch Ereignisse wie Katastrophen, Streiks oder Wahlen verursacht werden. Oft werden in dieser Zeitreihenkomponente sehr viele untergeordnete Einflüsse zusammengefasst, die in ihrer Wirkung (zumindest innerhalb der deskriptiven Statistik) unerklärt bleiben.

Zeitreihenzerlegung

Da Zeitreihen i. d. R. alle oder zumindest mehrere dieser Bewegungsarten gleichzeitig aufweisen, besteht eine der Hauptaufgaben der Zeitreihenanalyse darin, die Zeitreihe in ihre Komponenten aufzugliedern und deren charakteristische Eigenschaften zu beschreiben. Stellt man sich beispielsweise die Bewegungen der einzelnen Komponenten als additiv miteinander verknüpft vor, so lässt sich die Gesamtbewegung der Zeitreihe darstellen als

$$(5.2) \quad x_t = T_t + Z_t + S_t + R_t, \quad \text{für } t=1,2,...,n,$$

wobei T_t den Trendwert, Z_t den Wert der zyklischen Komponente, S_t den Wert der Saisonkomponente und R_t den Rest zum Zeitpunkt t bezeichnet. Darüber hinaus haben sich weitere Bezeichnungen eingebürgert, z. B. gilt die Summe $T_t + Z_t$ als *glatte Komponente*.

5.2 Methoden der Komponentenbestimmung

Für jede der vier Komponenten gibt es spezielle Methoden zu ihrer Ermittlung, wobei die langfristigsten Komponenten zuerst zu bestimmen sind. Nach der Bestimmung von Trend, Zyklus, Saison und Rest lassen sich bestimmte Komponenten aus der Zeitreihe herausrechnen: So kann man von den Zeitreihenwerten

die Trendwerte abziehen und erhält so die *trendbereinigte Reihe*, die nur noch die
übrigen drei Komponenten enthält. Von besonderer Bedeutung ist die *Saisonbereinigung*, für die von der Zeitreihe die Saisonkomponente abzuziehen ist, da
man so den Verlauf der Reihe ohne den störenden, weil i. d. R. sehr stabilen und
damit wenig interessanten Verlauf der überlagernden Saisonkomponente erkennen
kann.

Trendbestimmung

Grafisch wird der Trend T_t durch eine monoton steigende oder fallende Kurve
dargestellt; im einfachsten Fall durch eine lineare Funktion. Dann bieten sich zur
Bestimmung dieser Geraden $T_t = a + b \cdot t$ u. a. die Methode der Reihenhälften und
die Methode der kleinsten Quadrate an.

● *Methode der Reihenhälften*: Nach der Methode der Reihenhälften wird die
gesamte Zeitreihe in zwei Hälften aufgespalten, jeweils ein arithmetisches Mittel
der Reihenhälften berechnet und dem mittleren Zeitpunkt der Reihenhälfte
zugewiesen. Bei ungerader Anzahl von Zeitpunkten wird der mittlere Zeitpunkt
in die Berechnung dieser Mittelwerte nicht miteinbezogen. Auf diese Weise erhält man zwei Koordinatenpunkte $(t_l, \bar{x}_l)$, $(t_r, \bar{x}_r)$, durch die mittels der so
genannten Zwei-Punkte-Formel eine Gerade gelegt wird:

$$(5.3) \qquad \frac{\hat{x}_t - \bar{x}_l}{t - t_l} = \frac{\bar{x}_r - \bar{x}_l}{t_r - t_l} \quad \Rightarrow \quad T_t = \hat{x}_t = \bar{x}_l - t_l \cdot \frac{\bar{x}_r - \bar{x}_l}{t_r - t_l} + t \cdot \frac{\bar{x}_r - \bar{x}_l}{t_r - t_l}.$$

● *Methode der kleinsten Quadrate*: Diese kann entsprechend der Regressionsanalyse angewendet werden, indem die Beobachtungsvariable x_t die Rolle der
abhängigen Variablen und die Zeitvariable t diejenige der unabhängigen Variablen übernimmt. Man erhält dann (vgl. (4.32) und (4.33)):

$$T_t = \hat{x}_t = \hat{a} + \hat{b} \cdot t \qquad \text{für} \quad t = 1, 2, \ldots, n$$

$$(5.4) \qquad \text{mit} \quad \hat{b} = \frac{n \cdot \sum_{t=1}^{n} t \cdot x_t - \sum_{t=1}^{n} t \cdot \sum_{t=1}^{n} x_t}{n \cdot \sum_{t=1}^{n} t^2 - \left(\sum_{t=1}^{n} t \right)^2}$$

$$\text{und} \quad \hat{a} = \frac{1}{n} \sum_{t=1}^{n} x_t - \hat{b} \cdot \frac{1}{n} \sum_{t=1}^{n} t.$$

Beispiel 5.1

Die ‚Statistik AG' hat in den Jahren 2005 bis 2009 folgende Quartalsumsätze gehabt (in 1.000 Euro):

Jahr	2005	2006	2007	2008	2009
1. Quartal	135	118	123	152	241
2. Quartal	113	129	117	175	246
3. Quartal	152	148	152	227	300
4. Quartal	208	200	210	293	375

Mit der Methode der Reihenhälften ergibt sich (Aufteilung der Reihe in jeweils 10 Zeitpunkte):

$$\bar{t}_l = \tfrac{1}{10}\cdot(1+\ldots+10) = 5{,}5, \quad \bar{x}_l = \tfrac{1}{10}\cdot(135+113+\ldots+246) = \tfrac{1}{10}\cdot 1.443 = 144{,}3,$$

$$\bar{t}_r = \tfrac{1}{10}\cdot(11+\ldots+20) = 15{,}5, \quad \bar{x}_r = \tfrac{1}{10}\cdot(152+210+\ldots+375) = \tfrac{1}{10}\cdot 2371 = 237{,}1.$$

Die Anwendung der Formel (5.3) ergibt folgende Trendgerade:

$$T_t = 144{,}3 - 5{,}5\cdot\frac{237{,}1-144{,}3}{15{,}5-5{,}5} + t\cdot\frac{237{,}1-144{,}3}{15{,}5-5{,}5} = 93{,}3 + 9{,}3\cdot t.$$

Wendet man stattdessen die aufwändigere Methode der kleinsten Quadrate an, so sind die folgenden Summen zu berechnen:

$$\sum_{t=1}^{20} t = \frac{20\cdot(20+1)}{2} = 210, \quad \sum_{t=1}^{20} t^2 = \frac{20\cdot(20+1)(2\cdot20+1)}{6} = 2.870,$$

$$\sum_{t=1}^{20} x_t = 135+113+\ldots+375 = 3.814, \quad \sum_{t=1}^{20} t\cdot x_t = 1\cdot135+2\cdot113+\ldots+20\cdot375 = 46.362.$$

Damit erhält man folgende Parameter der Trendgeraden

$$\hat{b} = \frac{20\cdot46.362 - 210\cdot3.814}{20\cdot2.870 - 210^2} = \frac{126.300}{13.300} = 9{,}5,$$

$$\hat{a} = \frac{3.814}{20} - 9{,}5\cdot\frac{210}{20} = 91{,}0.$$

Die Trendgerade $T_t = 91{,}0 + 9{,}5\cdot t$ ist also im Wesentlichen die gleiche wie die mit der Methode der Reihenhälften ermittelte.

Bestimmung der glatten Komponente

Die zyklische Komponente wird i. d. R. nicht direkt ermittelt, sondern indirekt aus der glatten Komponente, indem hiervon die zuvor ermittelten Trendfunktionswerte abgezogen werden.

● *Methode der gleitenden Durchschnitte*: Um die glatte Komponente zu berechnen, bietet es sich an, durch die Berechnung des arithmetischen Mittels über k benachbarte Zeitreihenwerte jeweils einen geglätteten Wert zu erzeugen und diesen dem mittleren der k Zeitpunkte bzw. Zeitintervalle zuzuordnen. Dies ist jedoch nur für ungerades k ohne weiteres möglich:

(5.5) $\tilde{x}_t^{(k)} = \frac{1}{k} \cdot \left(x_{t-\frac{1}{2}(k-1)} + ... + x_t + ... + x_{t+\frac{1}{2}(k-1)} \right)$ für $t = \frac{1}{2}(k+1), ..., n - \frac{1}{2}(k+1)$.

Für die $\frac{1}{2}(k-1)$ Zeitreihenwerte am Anfang und am Ende der Zeitreihe ist die Berechnung eines gleitenden Durchschnitts nicht möglich, da die hierfür erforderlichen Beobachtungswerte fehlen. Dies ist insbesondere für den aktuellen Rand der Reihe als besonderer Nachteil dieser Methode zu werten.

In vielen Fällen ist man jedoch gezwungen, die Ordnung k des gleitenden Durchschnitts als gerade Zahl zu wählen. In diesem Fall läge der Mittelwert der k berücksichtigten Zeitpunkte nicht auf einem Zeitpunkt, sondern genau zwischen zwei Zeitpunkten. Man behilft sich in diesem Fall meist so, dass man dann $k+1$ Zeitreihenwerte heranzieht, dabei jedoch den ersten und letzten nur mit halbem Gewicht. Dann erhält man statt (5.5) folgende Formel:

(5.6)
$$\tilde{x}_t^{(k)} = \frac{1}{k} \cdot \left(\frac{1}{2} x_{t-\frac{k}{2}} + x_{t-\frac{k}{2}+1} + ... + x_t + ... + x_{t+\frac{k}{2}-1} + \frac{1}{2} x_{t+\frac{k}{2}} \right)$$
$$\text{für } t = \frac{k}{2}+1, ..., n - \frac{k}{2}.$$

Die Eignung der Methode der gleitenden Durchschnitte zur Ermittlung der glatten Komponente hängt von der Wahl der Ordnung k ab. Die Ordnung sollte dabei der Länge des saisonalen Zyklus entsprechen, bei Monatsdaten also $k = 12$ und bei Quartalsdaten $k = 4$. Auf diese Weise gelingt es, die Saisoneinflüsse aus der Reihe herauszumitteln. Wählt man hingegen die Ordnung wesentlich größer, so werden zunehmend auch längerfristige Schwingungen geglättet, so dass sich das Verfahren dann auch zur Ermittlung nichtlinearer Trendbewegungen eignet (allerdings ohne eine explizite funktionale Form für den Trend zu liefern).

Beispiel 5.2

Für die Daten des Beispiels 5.1 soll nunmehr die zyklische Komponente bestimmt werden. Verwendet man zunächst die Methode der gleitenden Durchschnitte, so berechnen sich die folgenden gleitenden 4-er-Durchschnitte als Werte für die glatte Komponente $G_t = T_t + Z_t$:

Jahr	2005	2006	2007	2008	2009
1. Qu.	×	151,3	147,5	181,6	260,9
2. Qu.	×	149,8	149,3	201,4	280,3
3. Qu.	149,9	149,4	154,1	222,9	×
4. Qu.	149,8	148,5	165,0	242,9	×

Für die weitere Bestimmung der zyklischen Komponente werden die Trendwerte benutzt, die in Beispiel 5.1 mit der Methode der kleinsten Quadrate ermittelt wurden, d. h.

$T_t = 91,0 + 9,5 \cdot t$.

Zieht man diese Trendwerte von der glatten Komponente ab, erhält man folgende Werte:

Jahr	2005		2006		2007		2008		2009	
	T_t	Z_t	T_t	Z_t	T_t	Z_t	T_t	Z_t	T_t	Z_t
1. Qu.	100,5	×	138,5	12,8	176,5	-29,0	214,5	-32,9	252,5	8,4
2. Qu.	110,0	×	148,0	1,8	186,0	-36,7	224,0	-22,6	262,0	18,3
3. Qu.	119,5	30,4	157,5	-8,1	195,5	-41,4	233,5	-10,6	271,5	×
4. Qu.	129,0	20,8	167,0	-18,5	205,0	-40,0	243,0	-0,1	281,0	×

Man erkennt, dass die zyklische Komponente zunächst abnimmt und ab etwa der Mitte des Beobachtungszeitraums wieder ansteigende Werte verzeichnet.

Saisonbestimmung und -bereinigung

Es gibt vielfältige Verfahren der Saisonbereinigung, die unterschiedliche Annahmen über das Verhalten der Saisonkomponente zu Grunde legen.[1] Im einfachsten Fall ist vorauszusetzen, dass eine konstante, normierte Saisonfigur vorliegt und sich die Restkomponente im Mittel kompensiert. Ausgangspunkte der Berechnung sind die Werte der glatten Komponente G_t, die mit Hilfe einer geeigneten Methode (i. d. R. gleitende Jahresdurchschnitte) ermittelt wurden.

Wegen $x_t = G_t + S_t + R_t$ erhält man die ‚Saison-Rest-Komponente‘, $S_t + R_t$, indem man von den Zeitreihenwerten die Werte der glatten Komponente abzieht. Übrig bleiben damit Werte, die sich annahmegemäß aus einem saisontypischen, über die Jahre konstanten Saisonbeitrag sowie einem unregelmäßigen, sich über die Jahre hinweg ausmittelnden Restbeitrag zusammensetzen. Geht man davon aus, dass ein Jahr jeweils aus s Saisonwerten besteht, so lassen sich die Zeitreihenwerte des Beobachtungsintervalls $t = 1, ..., n$ wie folgt umbenennen:

(5.7) $\quad x_t = x_{ij} \quad$ mit $i = 1, ..., \frac{n}{s}, \; j = 1, ..., s$.

Dabei ist angenommen, dass als Datengrundlage $\frac{n}{s}$ komplette Jahrgänge zur Verfügung stehen. Die nur von j abhängige Saisonkomponente ergibt sich nun, indem die Restkomponente durch Berechnen der saisonspezifischen Mittelwerte der Saison-Rest-Komponente über die einzelnen Jahre ausgeschaltet wird:

(5.8) $\quad x_{ij} - G_{ij} = S_j + R_{ij} \quad$ mit $\; S_j = \frac{s}{n} \sum_{i=1}^{n/s} x_{ij} - G_{ij}$.

---

[1] Das hier besprochene Verfahren der Saisonbereinigung kann lediglich als Einstieg in die Problematik angesehen werden. Das z. B. heute von der Deutschen Bundesbank zur Saisonbereinigung benutzte Verfahren (Variante X-11 des Census II-Verfahrens) ist rechentechnisch sehr aufwendig. Andere Saisonbereinigungsverfahren sind das ‚Berliner Verfahren‘ oder sog. filtertheoretisch fundierte Techniken. Zu einem Überblick vgl. W. STIER: *Verfahren zur Analyse saisonaler Schwankungen in ökonomischen Zeitreihen.*

Da sich die Saisonfigur im Jahresmittel nicht bemerkbar machen soll (sog. Normierung, d. h. $S_1 + ... + S_s = 0$), sind die so ermittelten Saisonwerte ggf. noch geeignet zu korrigieren:

$$(5.9) \quad S_j^* = S_j - \frac{1}{s}\sum_{k=1}^{s} S_k, \quad \text{für } j = 1, ..., s.$$

Die Werte der saisonbereinigten Zeitreihe ergeben sich dann, indem von den ursprünglichen Zeitreihenwerten die für den jeweiligen Monat ermittelten Werte der Saisonfigur abgezogen werden.

Beispiel 5.3

Für die Umsatzwerte des Beispiels 5.1 soll nun eine Saisonbereinigung durchgeführt werden. Dazu werden für die glatte Komponente die in Beispiel 5.2 berechneten gleitenden 4-er-Durchschnitte verwendet. Zieht man diese Werte von den Zeitreihenwerten ab, so erhält man folgende Werte der Saison-Rest-Komponente $S_j + R_{ij} = x_{ij} - G_{ij}$:

Jahr	2005	2006	2007	2008	2009	Durchsch nitt
1. Qu.	×	−33,3	−24,5	−29,6	−19,9	−26,8
2. Qu.	×	−20,8	−32,3	−26,4	−34,3	−28,5
3. Qu.	2,1	−1,4	−2,1	4,1	×	0,7
4. Qu.	58,2	51,5	45,0	50,1	×	51,2

Wegen $s_1 + s_2 + s_3 + s_4 = -26,8 - 28,4 + 0,7 + 51,2 = -3,4$ sollte die Saisonfigur um den Wert $-(-3,4/4) = 0,9$ nach oben verändert werden, so dass sich folgende korrigierte Saisonfigur ergibt:

$$s_1 = -26,8 + 0,9 = -25,9, \quad s_2 = -28,4 + 0,9 = -27,5,$$
$$s_3 = 0,7 + 0,9 = 1,6, \quad s_4 = 51,2 + 0,9 = 52,1.$$

Zieht man diese Saisonfigur jeweils von den ursprünglichen Zeitreihenwerten ab, so ergibt sich folgende saisonbereinigte Reihe:

Jahr	2005	2006	2007	2008	2009
1. Qu.	160,9	143,9	148,9	177,9	266,9
2. Qu.	140,5	156,5	144,5	202,5	273,5
3. Qu.	150,4	146,4	150,4	225,4	298,4
4. Qu.	155,9	147,9	157,9	240,9	322,9

5.3 Einfache Prognosetechniken

Unter *Prognose* versteht man die Vorhersage eines Vorganges oder eines Zustandes, hier insbesondere eines oder mehrerer zeitlich verschiedener zukünftiger Zeitreihenwerte. Je nach Art des Prognosevorgangs unterscheidet man nach der

- *Art der resultierenden Prognoseaussage*
  - *qualitative Prognosen*: Vorhersage von Richtungsänderungen oder Niveauverschiebungen ohne konkrete numerische Angaben und
  - *quantitative Prognosen*: Vorhersage von Werten oder Wertebereichen ökonomischer Größen;

- *Rolle des Einflusses weiterer Variablen*
  - *unbedingte Prognosen*: autonome Entwicklung der Prognosegröße im Zeitablauf, nur von der Zeit als Einflussgröße abhängend, und
  - *bedingte Prognosen*: Berücksichtigung von Einflüssen anderer Größen im Prognoseansatz, d. h., die Vorhersage der Einflussgrößen ist Bedingung für die eigentliche Prognose;

- *Methodik des Prognoseansatzes*
  - *naive Prognosetechniken*: rechentechnisch sehr einfache, jedoch methodisch problematische Vorhersageverfahren und
  - *zeitreihenanalytische Prognosetechniken*: nach Aufdeckung von Gesetzmäßigkeiten mittels Zeitreihenanalyse wird ein quantitatives (mathematisches) Modell formuliert (z. B. Trendextrapolation, exponentielle Glättung).

Zeitreihenanalytische Prognosetechniken

Exemplarisch seien die folgenden Prognosetechniken vorgestellt:

- *Trendprognose mittels Trendextrapolation*: Die Prognose des Trends kann durch Verlängerung der Trendfunktion über den aktuellen Rand des Beobachtungszeitraums hinaus erfolgen. Es gilt also:

(5.10) $\quad \hat{T}_t = \hat{a} + \hat{b} \cdot t \quad$ für $\ t = n+1, n+2, \dots$

- *Sinusförmige Fortschreibung der zyklischen Komponente*: Ein einfacher Ansatz zur Prognose der zyklischen Komponente beruht darauf, diese durch eine sinusförmige Funktion anzunähern. Hierzu verwendet man eine Sinusfunktion, die durch den letzten Extremwert und die letzte Nullstelle der mittels Glättung bestimmten zyklischen Komponente verläuft.

Bezeichnet t_0 den Zeitpunkt der letzten Nullstelle und t_m den Zeitpunkt des letzten Extremwerts (Maximal- oder Minimalstelle) der zyklischen Komponente, so ergibt sich als Prognose der zyklischen Komponente

$$(5.11) \quad \hat{Z}_t = Z_{t_m} \cdot \sin\left(\frac{\pi}{2} \cdot \frac{t-t_0}{t_m-t_0}\right) \quad \text{für } t > n.$$

Diese Prognosefunktion liefert brauchbare Prognosen für die zyklische Komponente, so lange man von einer in Amplitude und Periodizität konstanten sinusförmigen Schwingung ausgehen kann.

● *Fortschreibung der Saisonfigur*: Liegt eine konstante Saisonfigur vor, so kann deren Prognose einfach durch die entsprechende Fortschreibung der Saisonfigur für die folgenden Jahre erfolgen:

$$(5.12) \quad \hat{S}_{ij} = S_j \quad \text{für alle } i > \frac{n}{s}.$$

● *Prognose des Rests durch Nullsetzen*: Da sich in der Restkomponente lediglich unregelmäßige, unvorhersehbare Ereignisse niederschlagen, sollte diese stets durch den Prognosewert null fortgeführt werden. Die Restkomponente muss daher bei der Ermittlung von Prognosewerten nicht berücksichtigt werden.

Beispiel 5.4

Aufbauend auf den Ergebnissen in den Beispielen 5.2 und 5.3 soll die Zeitreihe nun komponentenweise für das Jahr 2010 prognostiziert werden ($t = 21, ..., 24$). Die Prognose beruht auf der Trendbestimmung mit der Methode der kleinsten Quadrate, der exponentiellen Glättung der glatten Komponente und der Saisonbestimmung des Beispiels 5.3.

Zur Prognose der zyklischen Komponente ist festzustellen, dass die letzte Nullstelle im vierten Quartal 2008 liegt ($t_0 = 16$ mit $Z_{16} = -0,1$) und der letzte Extremwert im dritten Quartal 2007 auftrat ($t_m = 11$ mit $Z_{11} = -41,4$). Als Prognoseformel für die zyklische Komponente ergibt sich damit

$$\hat{Z}_t = -41,4 \cdot \sin\left(\frac{\pi}{2} \cdot \frac{t-16}{11-16}\right) \quad \text{für } t > 18.$$

Die Prognose des Gesamtwerts der Zeitreihe ergibt sich dann als Summe der Einzelprognosen. Man erhält folgende Ergebnisse:

Reihe	Formel	$t=21$	$t=22$	$t=23$	$t=24$
Trend	$\hat{T}_t = 91,0 + t \cdot 9,5$	290,5	300,0	309,5	319,0
Zyklus	$\hat{Z}_t = -41,4 \cdot \sin\left(\frac{\pi}{2} \cdot \frac{t-16}{11-16}\right)$	41,4	39,4	33,5	24,3
glatte Komp.	$\hat{G}_t = \hat{T}_t + \hat{Z}_t$	331,4	339,4	343,0	343,3

Reihe	Formel	$t=21$	$t=22$	$t=23$	$t=24$
Saison	$\hat{S}_t = \hat{S}_{ij} = S_j$	$-25{,}9$	$-27{,}5$	$1{,}6$	$52{,}1$
Rest	$\hat{R}_t = 0$	0	0	0	0
Gesamtwert	$\hat{x}_t = \hat{T}_t + \hat{Z}_t + \hat{S}_t + \hat{R}_t$	$306{,}0$	$311{,}9$	$344{,}6$	$395{,}4$

6 Maßzahlen des statistischen Vergleichs

6.1 Verhältniszahlen

Vielfach ist es von Interesse, einen *sachlichen* oder *räumlichen Vergleich* zweier oder mehrerer Merkmalssummen durchzuführen. Zum Vergleich von Merkmalssummen dienen *Verhältniszahlen* (engl.: *ratios*), die dadurch entstehen, dass Quotienten oder Prozentwerte (wobei der Quotient mit 100% multipliziert wird) gebildet werden. Je nach Fragestellung kann es sich dabei entweder um ein Merkmal handeln, dessen Merkmalssumme an verschiedenen statistischen Massen betrachtet wird (insbesondere an einer statistischen Masse und ihren Teilmassen, sog. *Gliederungszahlen*). Oder es handelt sich um mehrere (i. d. R. zwei) Merkmale, deren Merkmalssummen für dieselbe statistische Masse betrachtet werden (*Beziehungszahlen*).

Materiell informieren Verhältniszahlen über die Struktur oder Strukturveränderungen von statistischen Massen. Ihre Berechnung ist einfach, aber die Auswahl und die Zuordnung sinnvoller statistischer Massen bzw. Merkmale setzt fundierte sachlogische Kenntnisse des Anwendungsgebietes voraus.

Gliederungszahlen

Mit Hilfe von Gliederungszahlen (auch: Anteilsziffern oder Quoten) wird eine Merkmalssumme strukturiert, indem verschiedene Teilmassen auf eine übergeordnete Gesamtmasse bezogen werden. Ein typisches Beispiel ist die räumliche Gliederung einer statistischen Masse, wenn etwa das auf die einzelnen Bundesländer entfallende Bruttosozialprodukt zu dessen Gesamtwert ins Verhältnis gesetzt wird. Bezüglich einer sachlichen Gliederung seien beispielhaft genannt: die 'Erwerbsquote' als Quotient aus der Zahl der erwerbstätigen Personen und der Gesamtzahl der Erwerbspersonen, der 'Eigenkapitalanteil' als Quotient aus Eigenkapital und Gesamtkapital, die 'Ausschussquote' als Quotient aus der Anzahl von fehlerhaften Stücken und der Gesamtproduktion. Auch die relativen Häufigkeiten von Merkmalsausprägungen lassen sich als Gliederungszahlen interpretieren.

Gliederungszahlen setzen gleichartige Größen, die im Verhältnis der Unterordnung stehen, zueinander in Beziehung. Daher haben sie keine Maßeinheit, allenfalls (bei entsprechender Multiplikation mit 100, 1.000 usw.) Prozent, Promille usw. Die grafische Darstellung ist mit Hilfe eines Kreis- oder Balkendiagramms möglich. Zerfällt die Gesamtmasse in G Teilmassen, so gilt für die Gliederungszahlen bezüglich der Merkmalssumme T_X des Merkmals X:

$$(6.1) \quad Q_{Xg} = \frac{T_{Xg}}{T_X} \quad \text{für } g = 1, ..., G; \quad \sum_{g=1}^{G} Q_{Xg} = 1.$$

Beziehungszahlen

Bei Beziehungszahlen oder Raten werden zwei verschiedene Merkmalssummenwerte einer statistischen Masse zueinander in Beziehung gesetzt, und zwar im Verhältnis der Nebenordnung: Die Merkmalssumme T_X des Merkmals X zu derjenigen T_Y des Merkmals Y. Beziehungszahlen haben stets eine Maßeinheit, und zwar im Sinne von Maßeinheiten des Merkmals X pro Maßeinheit des Merkmals Y.

Insbesondere ist auch der Fall denkbar, dass die statistische Masse den Umfang eins hat; in diesem Fall erfolgt also eine Berechnung für eine statistische Einheit (z. B. die ‚Rentabilität' eines Unternehmens als Quotient aus dem Gewinn einer Zeitperiode und dem eingesetzten Kapital). Eine Beziehungszahl als Quotient zweier Merkmalssummen kann als Kennzahl für die mittleren Verhältnisse in Bezug auf die Werte der Beziehungszahlen aller statistischen Einheiten angesehen werden (beispielsweise die mittlere Rentabilität aller Unternehmen einer bestimmten Branche oder Volkswirtschaft). Weitere Beispiele: ‚Pro-Kopf-Einkommen' als Quotient aus Haushaltseinkommen und Haushaltsgröße, ‚Produktivität' als Quotient aus der produzierten Menge und den geleisteten Arbeitsstunden.

Mittelung von Beziehungszahlen

Liegen für gegebene Teilmassen (oder die einzelnen statistischen Einheiten) einer statistischen Masse die Werte einer bestimmten Beziehungszahl vor, so ist vielfach die Beziehungszahl der Gesamtmasse von Interesse. Sind von den Beziehungszahlen die absoluten Zähler- und Nennerwerte bekannt, so kann die Beziehungszahl $R_{X/Y}$ für die Gesamtmasse durch einfaches Aufsummieren der Zähler- und Nennerwerte T_{Xg} bzw. T_{Yg} gebildet werden:

$$(6.2) \quad R_{X/Y} = \frac{T_X}{T_Y} = \frac{\sum_{g=1}^{G} T_{Xg}}{\sum_{g=1}^{G} T_{Yg}}.$$

Sind hingegen die Quotientenwerte $R_{X/Yg}$ der einzelnen Beziehungszahlen gegeben, so müssen zur Berechnung einer für die Gesamtmasse typischen Beziehungszahl entweder die absoluten Zählerwerte T_{Xg} oder die absoluten Nennerwerte T_{Yg} bekannt sein. Je nachdem, ob Nenner- oder Zählerwerte vorliegen, muss zur Berechnung von $R_{X/Y}$ entweder das arithmetische oder das harmonische Mittel verwendet werden:

● *Mittelung mit dem arithmetischen Mittel*: Sind die absoluten Nennerwerte T_{Yg} bekannt, so ergibt sich die Beziehungszahl der Gesamtmasse als gewogenes arithmetisches Mittel der einzelnen Beziehungszahlen $R_{X/Yg}$, wobei zur Gewichtung die Nennerwerte verwendet werden:

$$(6.3) \quad R_{X/Y} = \frac{\sum\limits_{g=1}^{G} T_{Yg} \cdot R_{X/Yg}}{\sum\limits_{g=1}^{G} T_{Yg}} = \sum_{g=1}^{G} \frac{T_{Yg}}{T_Y} \cdot R_{X/Yg}.$$

● *Mittelung mit dem harmonischen Mittel*: Liegen demgegenüber die Zählerwerte der Beziehungszahlen vor, so ist das arithmetische Mittel nicht anwendbar. Anzuwenden ist stattdessen das *gewogene harmonische Mittel*, das allgemein wie folgt definiert ist:

$$(6.4) \quad \bar{x}_H^w = \frac{\sum\limits_{i=1}^{n} w_i}{\sum\limits_{i=1}^{n} w_i \cdot \frac{1}{x_i}} = \frac{1}{\sum\limits_{i=1}^{n} \frac{w_i}{w} \cdot \frac{1}{x_i}} \quad \text{mit } w = \sum_{i=1}^{n} w_i.$$

Das gewogene harmonische Mittel ist also der Kehrwert des gewogenen arithmetischen Mittels der Kehrwerte der Beobachtungswerte; es sollte nur für verhältnisskalierte, positive Merkmale benutzt werden. Angewendet auf den hier vorliegenden Fall der Mittelung von Beziehungszahlen bei vorliegenden Zählerwerten T_{Xg} ergibt sich:

$$(6.5) \quad R_{X/Y} = \frac{\sum\limits_{g=1}^{G} T_{Xg}}{\sum\limits_{g=1}^{G} T_{Xg} \cdot \frac{1}{R_{X/Yg}}} = \frac{1}{\sum\limits_{g=1}^{G} \frac{T_{Xg}}{T_X} \cdot \frac{1}{R_{X/Yg}}}.$$

Standardisierte Beziehungszahlen

Beim Vergleich gleichartiger Beziehungszahlen für verschiedene statistische Massen (dabei kann es sich auch um einen zeitlichen Vergleich für dieselbe statistische Masse handeln) besteht das Problem, dass die zu vergleichenden Beziehungszahlen wesentlich durch die Zusammensetzung der statistischen Massen hinsichtlich eines weiteren (häufig nominalen) Strukturmerkmals beeinflusst sein können (sog. Struktureffekt). So kann z. B. die (mittlere) Unternehmensrentabilität eines bestimmten Erhebungsgebiets wesentlich dadurch beeinflusst sein, wie der Kapitaleinsatz dieser statistischen Masse hinsichtlich verschiedener Rechtsformen oder Unternehmensgrößenklassen strukturiert ist.

Um einen von diesen möglichen Struktureinflüssen bereinigten Vergleich der Beziehungszahlen zu ermöglichen, wird bezüglich des Nennermerkmals Y für alle betrachteten Massen eine standardisierte Aufteilung der Merkmalsumme auf die verschiedenen Kategorien des Strukturmerkmals unterstellt, d. h., es werden hierfür hypothetische Standard-Gliederungszahlen Q_{Yg}^s festgelegt. Als Standard dienen dabei meist die als typisch empfundenen Gliederungszahlen einer der statistischen Massen. Für jede der Kategorien wird dann eine spezifische Beziehungszahl $R_{X/Yg}$ als Quotient der Merkmalsummen S_{Yg} und S_{Xg} innerhalb der Kategorien berechnet. Die standardisierte Beziehungszahl $R_{X/Y}^s$ ergibt sich dann aus der Gewichtung der spezifischen Beziehungszahlen mit den standardisierten Gliederungszahlen:

$$(6.6) \quad R_{X/Y}^s = \sum_{g=1}^{G} Q_{Yg}^s \cdot R_{X/Yg} = \sum_{g=1}^{G} Q_{Yg}^s \cdot \frac{T_{Xg}}{T_{Yg}}.$$

Falls die hypothetische Struktur mit der tatsächlichen übereinstimmt (d. h. falls $Q_{Yg}^s = Q_{Yg}$ gilt), so sind standardisierte Beziehungszahl und gewöhnliche Beziehungszahl identisch:

$$(6.7) \quad Q_{Yg}^s = Q_{Yg} = \frac{T_{Yg}}{T_Y} \quad \Rightarrow \quad R_{X/Yg} = \sum_{g=1}^{G} \frac{T_{Yg}}{T_Y} \cdot \frac{T_{Xg}}{T_{Yg}} = \frac{T_X}{T_Y} = R_{X/Y}.$$

Beispiel 6.1
Für die DV-Abteilung der Statistik AG ergibt sich für das gemäß Beispiel 3.6 definierte Merkmal ‚Bruttolohn' (Merkmal X) eine Lohnsumme von 59.500 Euro. Beträgt demgegenüber die Lohnsumme des gesamten Unternehmens 660.000 Euro, so ergibt sich als Lohnquote der DV-Abteilung:

$$Q_{XDV} = \frac{T_{XDV}}{T_X} = \frac{59.500}{660.000} = 0,090 = 9,0\%.$$

Als Beziehungszahl soll hier jeweils der Pro-Kopf-Bruttolohn der Beschäftigten betrachtet werden. Nennermerkmal Y ist also hier die Beschäftigtenzahl, die für die DV-Abteilung 20 und für das gesamte Unternehmen 220 beträgt. Es ergeben sich folgende Quotienten:

$$R_{X/Y\,DV} = \frac{59.500}{20} = 2.975, \quad R_{X/Y\,StatAG} = \frac{660.000}{220} = 3.000.$$

Betrachtet man die fünf in Beispiel 2.1 festgelegten Altersklassen, so ergibt sich für die EDV-Abteilung folgendes Bild:

g (Alterskl.)	1 ≙[15;25)	2 ≙[25;35)	3 ≙[35;45)	4 ≙[45;55)	5 ≙[55;65)	EDV-Abt.
$T_{Xg\,DV}$	9.000	13.500	18.500	7.500	11.000	59.500
$T_{Yg\,DV}$	4	5	7	2	2	20
$R_{X/Yg\,DV}$	2.250	2.700	2.643	3.750	5.500	2.975

Dabei lässt sich die Beziehungszahl für die gesamte Abteilung auch als mit den Nenneranteilen gewogenes arithmetisches Mittel der altersspezifischen Beziehungszahlen berechnen:

$$R_{X/Yg\,DV} = \frac{4}{20}\cdot 2.250 + \frac{5}{20}\cdot 2.700 + \frac{7}{20}\cdot 2.643 + \frac{2}{20}\cdot 3.750 + \frac{2}{20}\cdot 5.500 = 2.975.$$

Für das Gesamtunternehmen seien für die einzelnen Altersklassen nur die Pro-Kopf-Löhne und die Lohnsummen bekannt, nicht aber die Beschäftigtenzahlen:

g (Alterskl.)	1 ≙[15;25)	2 ≙[25;35)	3 ≙[35;45)	4 ≙[45;55)	5 ≙[55;65)	StatAG
$T_{Xg\,StatAG}$	68.000	111.000	170.000	157.000	154.000	660.000
$R_{X/Yg\,StatAG}$	2.120	2.540	2.600	3.520	4.500	3.000

Dann ergibt sich der Pro-Kopf-Lohn der Gesamtbelegschaft als mit den Lohnsummenanteilen gewogenes harmonisches Mittel der altersspezifischen Pro-Kopf-Löhne:

$R_{X/Yg\,StatAG}$

$$= \frac{1}{\dfrac{68.000}{660.000}\cdot\dfrac{1}{2.120} + \dfrac{111.000}{660.000}\cdot\dfrac{1}{2.540} + \dfrac{170.000}{660.000}\cdot\dfrac{1}{2.600} + \dfrac{157.000}{660.000}\cdot\dfrac{1}{3.520} + \dfrac{154.000}{660.000}\cdot\dfrac{1}{4.500}}$$

$$= \frac{1}{0,000.3333} = 3.000.$$

Die altersspezifischen Pro-Kopf-Einkommen sind für alle Altersklassen in der EDV-Abteilung höher als im gesamten Unternehmen. Es zeigt sich, dass dennoch der Pro-Kopf-Lohn in der EDV-Abteilung etwas kleiner ausfällt als im Gesamtunternehmen. Aufgrund des in Beispiel 4.2 festgestellten positiven Zusammenhangs zwischen Alter und Bruttolohn kann jedoch vermutet werden, dass dies auf den im Vergleich zum Gesamtunternehmen geringeren Altersdurchschnitt der Mitarbeiter dieser Abteilung zurückzuführen ist. Unterstellt man nämlich für die Gesamtunternehmung die gleiche Altersstruktur wie in der EDV-Abteilung, so ergibt sich ein standardisierter Pro-Kopf-Lohn von

$$R^{s}_{X/Y\,\text{StatAG}} = \frac{4}{20}\cdot 2.120 + \frac{5}{20}\cdot 2.540 + \frac{7}{20}\cdot 2.600 + \frac{2}{20}\cdot 3.520 + \frac{2}{20}\cdot 4.500 = 2.771.$$

Bereinigt um den Einfluss der unterschiedlichen Altersstruktur erhält man somit für die DV-Abteilung ein um mehr als 200 Euro höheres durchschnittliches Bruttoeinkommen als für das Gesamtunternehmen.

6.2 Veränderungszahlen

Im Gegensatz zu den Beziehungszahlen dienen die Veränderungszahlen dem zeitlichen Vergleich von Beobachtungswerten. Sie stehen daher in engem Zusammenhang mit der Zeitreihenanalyse. Da jede statistische Masse auch als statistische Einheit einer übergeordneten statistischen Masse aufgefasst werden kann, können die Veränderungszahlen gleichermaßen auch auf Merkmalssummenwerte statistischer Massen angewendet werden. Bei unterjährig erhobenen Zeitreihen muss gegebenenfalls auch auf diese Besonderheit geachtet werden und die Berechnungsvorschrift der Veränderungszahlen geeignet modifiziert werden.

Messzahlen

Bei *Messzahlen* oder *Messziffern* werden gleichartige Beobachtungswerte, die zueinander im Verhältnis der Nebenordnung stehen, zueinander in Beziehung gesetzt. Gleichartig bedeutet hier, dass die betreffenden statistischen Einheiten sich nur zeitlich oder räumlich unterscheiden. Messzahlen werden meist als Prozentzahlen angegeben. Hauptanwendungsgebiet von Messzahlen sind zeitlich geordnete Daten (Zeitreihen): Der gleiche Tatbestand wird für aufeinanderfolgende Zeitpunkte (-räume) mit einem Basiswert x_0 zum Basiszeitpunkt $t=0$ verglichen. Die Zeitreihe der Beobachtungswerte x_t geht dann in eine Messzahlenreihe x_{0t} über:

$$(6.8) \quad x_{0t} = \frac{x_t}{x_0} \qquad \text{für Berichtszeitpunkte } t = 1, 2, ..., n \text{ und Basiszeitpunkt } 0.$$

Die Wahl des Basiszeitpunkts (-raumes) ist für die Aussage der Messzahlen von wesentlicher Bedeutung. Die Gefahr der Manipulation ist hier sehr groß, da beim Übergang zu Messzahlen, die dimensionslos oder Angaben in Prozent sind, die ursprüngliche Maßeinheit und Größenordnung verloren gehen. Im Zusammenhang mit Messzahlen sind folgende Operationen bedeutsam:

● *Umbasierung*: Als Umbasierung einer Messzahlenreihe $x_{01}, x_{02}, ..., x_{0t}$ mit der Basisperiode 0 auf eine neue Basisperiode s bezeichnet man die Ermittlung der Zeitreihe

$$(6.9) \quad x_{st} = \frac{x_{0t}}{x_{0s}} \quad \text{für } t = 1, 2, ..., n.$$

Die Umbasierung ändert den Informationsgehalt einer Messzahlenreihe nicht. Insbesondere wird deutlich, dass der Basiszeitpunkt einer Messzahlenreihe nicht immer der erste der Zeitpunkte sein muss, sondern ein beliebiger, fester Zeitpunkt sein kann.

● *Verknüpfung zweier Messzahlenreihen*: Zwei auf verschiedenen Basisperioden beruhende kurze Messzahlenreihen für den gleichen Tatbestand kann man miteinander zu einer langen Reihe verknüpfen, sobald sich die beiden Reihen in mindestens einer Zeitperiode r überlappen. Hierzu benutzt man die einfache Technik des Dreisatzes. Angenommen die erste Messzahlenreihe liegt für $t = 1, 2, ..., n$ zur Basis 0 vor und eine zweite Messzahlenreihe für $t = s, s+1, ..., m$ zur Basis s. Falls $s \le n$ gilt, kann man folgendermaßen vorgehen, um die beiden Reihen zu einer Messzahlenreihe zu verknüpfen:

$$\text{– auf die gemeinsame Basis 0:} \quad x_{0t} = x_{st} \cdot \frac{x_{sn}}{x_{0n}} \quad \text{für } t = n+1, n+2, ..., m;$$

(6.10)

$$\text{– auf die gemeinsame Basis } s: \quad x_{st} = x_{0t} \cdot \frac{1}{x_{0s}} \quad \text{für } t = 0, 1, ..., s-1.$$

Diese Verknüpfung lässt sich auch näherungsweise verwenden, wenn durch den Übergang zu anderen Modalitäten die Gleichartigkeit des Tatbestands strenggenommen nicht mehr gilt. Ein Beispiel hierfür ist die Messzahlenreihe des Benzinpreises, wenn die erste Messzahlenreihe noch für verbleites Benzin vorliegt, die zweite hingegen für das später eingeführte unverbleite Benzin.

Wachstumsfaktoren

Messzahlen auf einer gleitenden Basisperiode heißen *Wachstumsfaktoren* oder *Gliedzahlen*:

$$(6.11) \quad x_{t-1\,t} = \frac{x_t}{x_{t-1}} \quad \text{für } t = 1, 2, ..., n.$$

Bei Zeitreihen für Jahreswerte ist grundsätzlich der jeweilige Vorjahreswert x_{t-1} die Basisperiode für den Zeitreihenwert x_t, d. h., Gliedzahlen beschreiben fortlaufend das relative Wachstum von einem Zeitreihenwert auf den folgenden Zeitreihenwert. Der Wachstumsfaktor ist also der Faktor, mit dem der Vorjahreswert zu multiplizieren ist, um den aktuellen Jahreswert zu erhalten. Für Monatswerte kommen als Basisperiode für die Gliedzahlen der Vorjahresmonatswert oder (in der amtlichen Statistik der Bundesrepublik Deutschland allerdings seltener) der Vormonatswert in Frage. Entsprechendes gilt für Vierteljahreswerte.

● *Verkettung*: Der Zusammenhang zwischen Messzahlen und Wachstumsfaktoren lässt sich bei Bezug auf den jeweils vorhergehenden Wert durch folgende Verkettung darstellen:

$$(6.12) \quad x_{0t} = \frac{x_t}{x_0} = \frac{x_1}{x_0} \cdot \frac{x_2}{x_1} \cdot \ldots \cdot \frac{x_t}{x_{t-1}} = x_{01} \cdot x_{12} \cdot \ldots \cdot x_{t-1\,t}.$$

Aus der Verkettung von Wachstumsfaktoren lässt sich umgekehrt eine Messzahlenreihe gewinnen. Auch hier gilt wie bei der Verknüpfung von Messzahlenreihen, dass sich eine näherungsweise gültige Messzahlenreihe ergibt, wenn im Zeitablauf die Vergleichbarkeit der Wachstumsfaktoren nur eingeschränkt gegeben ist.

● *Mittelung von Wachstumsfaktoren*: Liegt eine längere Zeitreihe vor, so ist man i. d. R. daran interessiert, für diese einen für das gesamte Zeitintervall typischen mittleren Wachstumsfaktor anzugeben, der das mittlere Anwachsen der Zeitreihe pro Zeiteinheit beschreibt. Da die Wachstumsfaktoren multiplikativ miteinander verknüpft sind, ist die Anwendung des für eine arithmetische Reihe geeigneten arithmetischen Mittels hier nicht zweckmäßig. Hingegen bildet eine Zeitreihe mit konstanten Wachstumsfaktoren eine sog. geometrische Reihe, was zur Mittelung unterschiedlicher Wachstumsfaktoren die Verwendung des *geometrischen Mittels* nahelegt. Dieses ist allgemein definiert als

$$(6.13) \quad \bar{x}_G = \left(x_1 \cdot x_2 \cdot \ldots \cdot x_n \right)^{1/n}.$$

Das geometrische Mittel sollte nur für verhältnisskalierte, positive Merkmale berechnet werden. Angewendet auf den Fall der Wachstumsfaktoren einer Zeitreihe ergibt sich:

$$(6.14) \quad \bar{x}_{0t} = \sqrt[t]{x_{01} \cdot x_{12} \cdot \ldots \cdot x_{t-1\,t}} = \sqrt[t]{\frac{x_1}{x_0} \cdot \frac{x_2}{x_1} \cdot \ldots \cdot \frac{x_t}{x_{t-1}}} = \sqrt[t]{\frac{x_t}{x_0}} = \sqrt[t]{x_{0t}}.$$

Differenzenbildung

Die *erste Differenz* bei Zeitreihen beschreibt den absoluten Zuwachs in der Berichtsperiode gegenüber der Vorperiode. Mit der Berechnung der ersten Differenzen von Zeitreihenwerten ist ein absoluter Vergleich der zeitlichen Entwicklung möglich, wobei die Dimension der Ausgangswerte erhalten bleibt. Bei Zeitreihen lautet die Definition der ersten Differenzen für Jahreswerte:

(6.15) $\Delta x_t = x_t - x_{t-1}$ für $t = 1, 2, ..., n$.

Bei Monatswerten bzw. Quartalswerten können die ersten Differenzen – entsprechend dem Vorgehen bei den Gliedzahlen – in Bezug auf den Vorjahresmonat oder auf den Vormonat bzw. in Bezug auf das entsprechende Quartal des Vorjahres oder auf das Vorquartal gebildet werden.

Wachstumsraten

Die Wachstumsrate beschreibt bei einer Zeitreihe den relativen Zuwachs in Prozent des Wertes der Vorperiode. Sie ermöglicht eine schnelle Information über die Zunahme und Abnahme in Prozent und damit über das Wachstum in Prozent. Wachstumsraten, die in der Wirtschaftsstatistik einen weiten Anwendungsbereich finden, stellen eine Kombination von ersten Differenzen und Gliedzahlen in einem Ausdruck dar. Für die Zeitreihe x_t lauten die Wachstumsraten:

$$(6.16) \quad w_{t-1\,t} = \frac{x_t - x_{t-1}}{x_{t-1}} = \frac{\Delta x_t}{x_{t-1}} = x_{t-1\,t} - 1 \,.$$

Bei Quartals- bzw. Monatsdaten können die Wachstumsraten wiederum statt auf den unmittelbar vorhergehenden Wert auch auf den zum gleichen Quartal bzw. Monat gehörenden Wert des Vorjahres bezogen werden. Meist werden die Wachstumsraten mit 100 % multipliziert und in Prozent angegeben. Gleichung (6.16) zeigt deutlich, dass ein enger Zusammenhang zwischen den Wachstumsfaktoren und den Wachstumsraten besteht.

● *Mittelung von Wachstumsraten*: Bei einer Zeitreihe ist häufig die im Mittel realisierte Wachstumsrate je Zeiteinheit von Interesse. Hierbei muss auf die zugehörigen Wachstumsfaktoren zurückgegriffen werden, die gemäß (6.14) geometrisch zu mitteln sind. Der hieraus bestimmte mittlere Wachstumsfaktor kann dann wieder nach (6.16) in eine mittlere Wachstumsrate umgerechnet werden. Es gilt also:

$$(6.17) \quad \begin{aligned} \bar{w}_{0t} &= \bar{x}_{0t} - 1 = \sqrt[t]{x_{01} \cdot x_{12} \cdot \ ... \ \cdot x_{t-1\,t}} - 1 \\ &= \sqrt[t]{(w_{01}+1) \cdot (w_{12}+1) \cdot \ ... \ \cdot (w_{t-1\,t}+1)} - 1 \,. \end{aligned}$$

Beispiel 6.2
Für die in Beispiel 5.1 vorgestellte Zeitreihe der Umsätze der ‚Statistik AG' sollen nun Veränderungszahlen berechnet werden. Dazu werden die Gesamtumsätze pro Jahr betrachtet, für die sich folgende Werte berechnen (in 1.000 Euro):

Jahr	2005	2006	2007	2008	2009
Jahresumsatz	608	595	602	847	1.162

Hieraus errechnen sich die folgenden Messzahlen (Angaben in Prozent, 2005 = 100%):

Jahr	2005	2006	2007	2008	2009
Jahresumsatz	100,0	97,9	99,0	139,3	191,1

Die Wachstumsfaktoren dieser Zeitreihenwerte im Vergleich zum Vorjahreswert betragen:

Jahr	2005	2006	2007	2008	2009
Jahresumsatz	×	0,979	1,012	1,407	1,372

Mit dem geometrischen Mittel ergibt sich als mittlerer Wachstumsfaktor:

$$\bar{x}_{04} = \sqrt[4]{0{,}979 \cdot 1{,}012 \cdot 1{,}407 \cdot 1{,}372} = \sqrt[4]{1{,}913} = 1{,}176.$$

Die ersten Differenzen der Zeitreihenwerte zum jeweiligen Vorjahreswert lauten:

Jahr	2005	2006	2007	2008	2009
Jahresumsatz	×	− 13	7	245	315

Dividiert man noch durch die Vorjahreswerte, so ergeben sich als Wachstumsraten (Angaben in Prozent):

Jahr	2005	2006	2007	2008	2009
Jahresumsatz	×	−2,1	1,2	40,7	37,2

Die mittlere Wachstumsrate ergibt sich dann über das geometrische Mittel der zugehörigen Wachstumsfaktoren (= 1,176) zu 17,6%. Dieses Ergebnis ist so zu interpretieren, dass – ausgehend vom Umsatz 608 im Jahre 2005 – vier Jahre lang ein Wachstum von im Mittel 17,6% nötig ist, um im Jahre 2009 den Umsatz 1.162 zu erreichen.

6.3 Indexzahlen

Während im angelsächsischen Raum bereits einzelne Messzahlen ‚indices‘ oder ‚indexes‘ genannt werden, ist die Bezeichnung ‚Index‘ im deutschsprachigen Raum gewöhnlich nur Kombinationen von mehreren Messzahlen, z. B. deren gewogenem Durchschnitt, vorbehalten. Indexzahlen, die in erster Linie ein Instrument des zeitlichen statistischen Vergleichs sind, beschreiben die zeitliche Entwicklung ‚komplexer‘ statistischer Phänomene, wie etwa des Preisniveaus in einer Volkswirtschaft oder des mengenmäßigen Absatzes in einem Industriezweig.

Hauptanwendungsgebiet der Indizes sind Phänomene, in denen die wertmäßige Veränderung eines Aggregats verschiedenartiger Güter in eine Mengen- und eine Preisänderungs-Komponente zerlegt werden soll.[1] Während eine Preismesszahl nur die Preisveränderung eines einzelnen Gutes beschreibt, soll der Preisindex Auskunft über die Preisveränderung vieler Güter geben, ohne von mengenmäßigen Veränderungen abzuhängen. Für einen Mengenindex gilt dies entsprechend umgekehrt. Ebenso wie Messzahlen werden auch Indizes meist als Prozentwert angegeben.

In Anbetracht der Tatsache, dass es i. d. R. um die Beschreibung einer preisniveaumäßigen bzw. mengenmäßigen Veränderung eines Aggregats im Zeitablauf geht, beruht die im Folgenden verwendete Formeldarstellung auf einem Aggregat (Warenkorb) von n Gütern, die zu den Berichtszeitpunkten $t = 1, 2, ..., m$ die Preise p_{it} und die Mengen q_{it} (für $i = 1, 2, ..., n$) aufweisen. Entsprechend gelten zum Basiszeitpunkt die Preise und Mengen p_{i0}, q_{i0}, $i = 1, ..., n$. Damit errechnet sich der Gesamtwert des Warenkorbs zum Berichtszeitpunkt t als

$$(6.18) \quad U_t = \sum_{i=1}^{n} p_{it} \cdot q_{it} = \sum_{i=1}^{n} u_{it} \quad , \; t = 1, 2, ..., m.$$

Die Größe u_{it} bezeichnet dabei den geldmäßig bewerteten Umsatz des i-ten Gutes zum Berichtszeitpunkt t. Entsprechend gilt zum Basiszeitpunkt

$$(6.19) \quad U_0 = \sum_{i=1}^{n} p_{i0} \cdot q_{i0} = \sum_{i=1}^{n} u_{i0}.$$

Preisindizes

Ein Preisindex zur Beschreibung der durchschnittlichen Preisentwicklung der in dem Aggregat enthaltenen Güter ist somit ein geeignet gewichteter Mittelwert der Preismesszahlen $p_{i0t} = p_{it} / p_{i0}$. In den Arbeiten von E. LASPEYRES (1871) und H. PAASCHE (1874) wurden erstmals Gewichtungen und zu verwendende Mittelwertformeln vorgeschlagen. E. LASPEYRES orientiert die Preisentwicklung am Warenkorb der Basisperiode, H. PAASCHE am Warenkorb der Berichtsperiode.

● *Preisindex von LASPEYRES*: Beim von E. LASPEYRES entwickelten Preisindex orientiert sich die Gewichtung der Güter an deren wertmäßigem Anteil im Warenkorb der Basisperiode. Da die Preise der Basisperiode im Nenner stehen, wird zur

---

[1] Denkbar sind prinzipiell auch andere Anwendungsfälle. So lässt sich beispielsweise das Produktionsergebnis der Beschäftigten eines Betriebs in eine arbeitszeit- und eine leistungsbedingte Komponente zerlegen.

Mittelung der Preismesszahlen ein mit den Umsatzanteilen der Basisperiode gewichtetes arithmetisches Mittel verwendet (vgl. auch (6.3)):

$$(6.20) \quad P_{0t}^{L} = \sum_{i=1}^{n} \frac{u_{i0}}{U_0} \cdot \frac{p_{it}}{p_{i0}}.$$

Aus dieser *Mittelwertformel* entsteht durch Ausklammern des Warenkorbwerts U_0 zur Basisperiode und Kürzen mit p_{i0} die sogenannte *Aggregatformel* des LASPEYRES-Index:

$$(6.21) \quad P_{0t}^{L} = \frac{1}{U_0} \cdot \sum_{i=1}^{n} p_{i0} \cdot q_{i0} \cdot \frac{p_{it}}{p_{i0}} = \frac{1}{\sum_{i=1}^{n} p_{i0} \cdot q_{i0}} \cdot \sum_{i=1}^{n} q_{i0} \cdot p_{it} = \frac{\sum_{i=1}^{n} p_{it} \cdot q_{i0}}{\sum_{i=1}^{n} p_{i0} \cdot q_{i0}}.$$

Der Preisindex von LASPEYRES gibt somit an, wie sich das Preisniveau ändert, wenn das in der Basisperiode gültige Verbrauchsschema unverändert auch in der Berichtsperiode Gültigkeit hätte.

● *Preisindex von PAASCHE*: Im Gegensatz zum LASPEYRES-Index beruht der von H. PAASCHE entwickelte Preisindex auf der Gewichtung der Preismesszahlen mit den Umsatzanteilen der Berichtperiode t. Da die Preise der Berichtsperiode im Zähler stehen, wird hier das gewogene harmonische Mittel der Preismesszahlen verwendet (vgl. auch (6.5)):

$$(6.22) \quad P_{0t}^{P} = \frac{1}{\sum_{i=1}^{n} \frac{u_{it}}{U_t} \cdot \frac{p_{i0}}{p_{it}}}.$$

In dieser *Mittelwertformel* kann nun der Warenkorb-Gesamtwert U_t ausgeklammert und mit p_{it} gekürzt werden, sodass die *Aggregatformel* des PAASCHE-Index entsteht:

$$(6.23) \quad P_{0t}^{P} = \frac{1}{\frac{1}{U_t} \cdot \sum_{i=1}^{n} p_{it} \cdot q_{it} \cdot \frac{p_{i0}}{p_{it}}} = \frac{U_t}{\sum_{i=1}^{n} q_{it} \cdot p_{i0}} = \frac{\sum_{i=1}^{n} p_{it} \cdot q_{it}}{\sum_{i=1}^{n} p_{i0} \cdot q_{it}}.$$

Der Preisindex von PAASCHE gibt somit an, wie sich das Preisniveau ändert, wenn das in der Berichtsperiode gültige Verbrauchsschema unverändert auch in der Basisperiode Gültigkeit gehabt hätte.

● *Vergleich von PAASCHE- und LASPEYRES-Index*: Der LASPEYRES-Index eignet sich für die Erstellung längerer Zeitreihen aus folgenden Gründen besser als der PAASCHE-Index:

- Das Gewichtungsschema bleibt konstant. Insofern spiegeln die Indexzahlen die Auswirkung der reinen Preisveränderung wider. Die Vergleichbarkeit der einzelnen Index-Werte ist deshalb eher als beim PAASCHE-Index gewährleistet.
- Die Preise sind einfacher zu erheben als die Verbrauchsgewohnheiten.
- Bei neuen Gütern (z. B. Video-Recorder, CD-Player), die im Warenkorb der Basisperiode noch nicht vorhanden waren, existiert kein Preis p_{i0}, sodass der PAASCHE-Index erst durch Zuhilfenahme spezieller Kunstgriffe berechenbar wird.

● *Weitere Preisindizes*: Neben den beiden erwähnten Indizes gibt es eine Vielzahl weiterer Indexformeln; zu den wichtigsten gehören:

- Der *FISHER'sche Idealindex*, dieser ist das geometrische Mittel aus dem LASPEYRES- und dem PAASCHE-Index;
- Der *Preisindex von LOWE*, dem konstante gemittelte Gewichte zugrunde liegen, so dass dieser sowohl von der Basis- als auch von der Berichtsperiode unabhängig ist;
- Der *MARSHALL-EDGEWORTH-Index*, dessen Gewichte sich aus dem arithmetischen Mittel der Verbrauchsmengen in der Basis- und der Berichtsperiode ergeben;
- *Kettenindizes*, die durch die Verkettung von Indizes in Bezug auf das jeweilige Vorjahr als jährlich wechselnde Basisperiode entstehen.

Mengenindizes

Vertauscht man bei den Indizes die Rollen der Preise und Mengen, so erhält man die entsprechenden Mengenindizes.

● *Mengenindex nach LASPEYRES*: Hier ergibt sich für die Mittelwert- bzw. Aggregatformel

$$(6.24)\quad Q_{0t}^{L} = \sum_{i=1}^{n} \frac{u_{i0}}{U_0} \cdot \frac{q_{it}}{q_{i0}} = \frac{\sum\limits_{i=1}^{n} p_{i0} \cdot q_{it}}{\sum\limits_{i=1}^{n} p_{i0} \cdot q_{i0}}.$$

● *Mengenindex nach* PAASCHE: Mittelwert- bzw. Aggregatformel lauten hier:

$$(6.25) \quad Q_{0t}^{P} = \frac{1}{\displaystyle\sum_{i=1}^{n} \frac{u_{it}}{U_t} \cdot \frac{q_{i0}}{q_{it}}} = \frac{\displaystyle\sum_{i=1}^{n} p_{it} \cdot q_{it}}{\displaystyle\sum_{i=1}^{n} p_{it} \cdot q_{i0}}.$$

,Wertindizes' und Deflationierung

Ein ‚Wertindex' – im Sinne der getroffenen Abgrenzung der Begriffe Mess- und Indexzahl ist dies eigentlich eine Wert- oder Umsatzmesszahl – ist eine Größe, in der sowohl die Veränderungen der Preise als auch der Mengen enthalten sind:

$$(6.26) \quad U_{0t} = \frac{U_t}{U_0} = \frac{\displaystyle\sum_{i=1}^{n} u_{it}}{\displaystyle\sum_{i=1}^{n} u_{i0}} = \frac{\displaystyle\sum_{i=1}^{n} p_{it} \cdot q_{it}}{\displaystyle\sum_{i=1}^{n} p_{i0} \cdot q_{i0}}.$$

Zwischen dem ‚Wertindex' und den Preis- und Mengenindizes gelten folgende Beziehungen:

$$(6.27) \quad U_{0t} = P_{0t}^{L} \cdot Q_{0t}^{P} = P_{0t}^{P} \cdot Q_{0t}^{L}.$$

Aus diesen Beziehungen lassen sich Möglichkeiten der *Preisbereinigung* (*Deflationierung*) von Aggregaten ableiten (vgl. Abschnitt 10.2): Dividiert man den ‚Wertindex' durch einen Preisindex nach LASPEYRES, so erhält man einen Mengenindex nach PAASCHE (und umgekehrt). Formel (6.27) erlaubt zudem, den PAASCHE-Mengenindex indirekt über den leichter zu ermittelnden LASPEYRES-Preisindex aus dem meist ohnehin verfügbaren ‚Wertindex' zu berechnen.

Beispiel 6.3

Die ‚Statistik AG' bietet ihren Kunden dreierlei statistische Dienstleistungen an: Erhebungs-planungen (A), Datenerhebungen (B) und Datenauswertungen (C). Für die Jahre 2005 ($t=0$) und 2010 ($t=5$) liegen folgende Daten vor (in 1000 Euro):

2005:	Produkt	Preis	Umsatz
	A	12,1	182
	B	9,2	230
	C	4,9	196
	Summe	×	608

2010:	Produkt	Preis	Umsatz
	A	12,6	442
	B	9,8	390
	C	6,6	330
	Summe	×	1.162

Als Preisindex nach LASPEYRES erhält man

$$P_{05}^L = \frac{182}{608} \cdot \frac{12,6}{12,1} + \frac{230}{608} \cdot \frac{9,8}{9,2} + \frac{196}{608} \cdot \frac{6,6}{4,9}$$
$$= 0,299 \cdot 1,041 + 0,378 \cdot 1,065 + 0,322 \cdot 1,347 = 1,148.$$

Der Preisindex nach PAASCHE errechnet sich als

$$P_{05}^P = \left(\frac{442}{1.162} \cdot \frac{12,1}{12,6} + \frac{390}{1.162} \cdot \frac{9,2}{9,8} + \frac{330}{1.162} \cdot \frac{4,9}{6,6} \right)^{-1}$$
$$= (0,380 \cdot 0,960 + 0,336 \cdot 0,939 + 0,284 \cdot 0,742)^{-1} = 0,891^{-1} = 1,122.$$

Der ‚Wertindex‘ beträgt

$$U_{05} = \frac{U_5}{U_0} = \frac{1.162}{608} = 1,911,$$

so dass sich für den Mengenindex nach LASPEYRES

$$Q_{05}^L = \frac{U_{05}}{P_{05}^P} = \frac{1,911}{1,122} = 1,703$$

ergibt und für denjenigen nach PAASCHE

$$Q_{05}^P = \frac{U_{05}}{P_{05}^L} = \frac{1,911}{1,148} = 1,665.$$

Teil B

Wahrscheinlichkeitsrechnung

Viele ökonomische Phänomene sind dadurch gekennzeichnet, dass sie sich im Voraus nur sehr unsicher vorhersagen lassen. Hierzu zählen beispielsweise die zukünftige Entwicklung von Wertpapierkursen, der Umsatzzahlen von Produkten oder die Qualitätseigenschaften produzierter Güter. Derartige Vorgänge, bei denen sich der Ausgang nicht sicher vorhersagen lässt, werden als Zufallsvorgänge bezeichnet. Indem man einzelnen möglichen Ausgängen Zahlen zuordnet, die beschreiben, wie ‚wahrscheinlich' das Eintreten dieser Ausgänge ist, wird die in den Zufallsvorgängen steckende Unsicherheit quantifizierbar und damit kalkulierbar.

Die Wahrscheinlichkeitsrechung stellt somit Methoden bereit, mit denen das in der Unsicherheit von Zufallsvorgängen steckende Risiko behandelt werden kann. Die Ergebnisse, die diese Methoden liefern, können dann der Unterstützung von Entscheidungen in derartigen Risikosituationen dienen.

Die Methoden der Wahrscheinlichkeitsrechung setzen allerdings voraus, dass verlässliche Informationen über die Eigenschaften der betrachteten Zufallsvorgänge vorliegen. Dies ist in der Praxis jedoch häufig nicht der Fall, weshalb versucht wird, mit Hilfe von Stichproben empirische Informationen über die Zufallsvorgänge zu beschaffen. Das Ziehen dieser Stichproben stellt selbst wieder einen Zufallsvorgang dar, sodass neben die Entscheidungsvorbereitung als zweites wichtiges Anwendungsgebiet der Wahrscheinlichkeitsrechnung die Stichprobentheorie tritt, die in Teil C dieses Buches behandelt wird.

7 Wahrscheinlichkeiten

7.1 Zufallsereignisse

Bei der Analyse ökonomischer Phänomene sind häufig Situationen anzutreffen, in denen der Betrachter sich hinsichtlich der zukünftigen Entwicklung des Betrachtungsgegenstands nicht sicher ist. In diesem Fall wird er mehrere mögliche Fortentwicklungen in Betracht ziehen. Ein derartiges Geschehen, für das ungewiss ist, welche von verschiedenen möglichen Folgesituationen eintreten wird, nennt man einen *Zufallsvorgang*. Dabei können der Grad der Ungewissheit und damit die Eigenschaften des Zufallsvorgangs selbst durchaus subjektiver Natur sein, da sie durch den Informationsstand des Betrachters bedingt werden.

■ **Grundmenge und Elementarereignisse:**

  Die möglichen, sich gegenseitig ausschließenden Folgesituationen eines Zufallsvorgangs heißen Elementarereignisse ω; die Menge Ω aller Elementarereignisse wird als Grundmenge des Zufallsvorgangs bezeichnet.

■ **Realisation:**

  Dasjenige Elementarereignis, das im Rahmen des Zufallsvorgangs schließlich tatsächlich eingetreten ist, wird Ergebnis oder Realisation des Zufallsvorgangs genannt.

■ **Ereignis:**

  Eine Teilmenge A von Ω, die mehrere Elementarereignisse umfasst, die in einem gewissen Sinne vergleichbare Eigenschaften besitzen, wird als (zufälliges) Ereignis bezeichnet. Zählt die Realisation eines Zufallsvorgangs zu den im Ereignis A enthaltenen Elementarereignissen, so spricht man davon, dass dieses Ereignis eingetreten ist.

■ **Ereignisring:**

  Die Gesamtheit aller an dem betrachteten Zufallsvorgang interessierenden Ereignisse bezeichnet man als Ereignisring. Dabei sind Ereignisringe Mengenringe in dem Sinne, dass jeweils zu den im Ereignisring enthaltenen Mengen auch deren Komplemente (in Bezug auf Ω), Durchschnitte und Vereinigungen in dem Ereignisring enthalten sind.

Für die Ereignisse $A, A_1, A_2, ..., B$ eines Ereignisringes zu Ω hat sich eine Reihe von Sprech- und Formelschreibweisen eingebürgert, die in Tabelle 7.1 zusammengefasst sind.

Tabelle 7.1 Zusammenfassung von Sprech- und formelmäßigen Schreibweisen bei der Bildung von Ereignissen[1]

Beschreibung des zugrunde liegenden Sachverhalts	verwendete Sprechweise	formelmäßige Schreibweise
A tritt sicher ein	A ist *sicheres* Ereignis	$A = \Omega$
A tritt sicher nicht ein	A ist *unmögliches* Ereignis	$A = \emptyset$
wenn A eintritt, tritt auch B ein	A ist *Teilereignis* von B	$A \subset B$
A tritt genau dann ein, wenn B eintritt	A und B sind *äquivalente* Ereignisse	$A = B$
wenn A eintritt, tritt B nicht ein	A und B sind *disjunkte* Ereignisse	$A \cap B = \emptyset$
A tritt genau dann ein, wenn B nicht eintritt	A und B sind *komplementäre* Ereignisse	$A = \overline{B}$
A tritt genau dann ein, wenn mindestens ein A_i eintritt	A ist *Vereinigung* der A_i	$A = \bigcup_i A_i$
A tritt genau dann ein, wenn alle der A_i eintreten	A ist *Durchschnitt* der A_i	$A = \bigcap_i A_i$

7.2 Die klassische Definition der Wahrscheinlichkeit

Geistige Väter des klassischen Wahrscheinlichkeitsbegriffs sind BLAISE PASCAL (1623-1662), JAKOB BERNOULLI (1654-1705) und vor allem PIERRE SIMON DE LAPLACE (1749-1827), der folgende Annahmen getroffen hat:
- die Menge der Elementarereignisse ist endlich,
- alle Elementarereignisse sind *gleich möglich*, d. h., jedes besitzt dieselbe Chance, realisiert zu werden.

---

[1] In Anlehnung an G. BAMBERG & F. BAUR: *Statistik*, S. 79.

Die Menge Ω der Elementarereignisse kann nun in zwei komplementäre Teilmengen aufgegliedert werden: Die erste Menge A umfasst diejenigen Elementarereignisse, deren Realisierung im Rahmen des betrachteten Zufallsvorgangs als ‚günstig' im Sinne der Fragestellung bezeichnet werden kann; die zweite Teilmenge $\overline{A}$ umfasst diejenigen Elementarereignisse, deren Realisierung das Nichteintreten des betrachteten zufälligen Ereignisses darstellt. Die Wahrscheinlichkeit für das Eintreten des Zufallsereignisses A wird als das Verhältnis der Anzahl der in A enthaltenen (‚günstigen') Elementarereignisse zur Anzahl der insgesamt möglichen Elementarereignisse definiert:

$$(7.1) \quad W_{\text{klass}}(A) = \frac{z(A)}{z(\Omega)},$$

wobei der Operator $z(\cdot)$ die Anzahl der in einer Menge enthaltenen Elemente bezeichnet. Jedem Elementarereignis wird damit als Wahrscheinlichkeit eine Zahl zwischen null und eins zugeordnet.

Zur Bestimmung klassischer Wahrscheinlichkeiten – wie auch im nachfolgend beispielhaft dargestellten Urnenmodell – wird zumeist auf Resultate der *Kombinatorik* zurückgegriffen, mit deren Hilfe sich die Anzahl der Elementarereignisse, die in A **bzw.** Ω fallen, bestimmen lässt.

Urnenmodell

Die Fragestellungen der klassischen Wahrscheinlichkeitsrechnung lassen sich häufig auf das so genannte *Urnenmodell* zurückführen, bei dem die Möglichkeiten der Entnahme von Kugeln oder Losen aus einer Urne die gleichwahrscheinlichen Ausgänge eines mehrfach wiederholten Zufallsvorgangs repräsentieren. Hierbei stellen K Kugeln im Sinne des betrachteten Zufallsvorgangs günstige Ergebnisse dar (d. h., sie repräsentieren sog. *Merkmalsträger*, die eine bestimmte interessierende Eigenschaft aufweisen), die verbleibenden $N-K$ Kugeln die übrigen Möglichkeiten, wobei N die Anzahl der insgesamt möglichen Ausgänge in jeder Wiederholung des Zufallsvorgangs bezeichnet. – Eine Übersicht über die im folgenden erläuterten Formeln des Urnenmodells enthält Tabelle 7.2.

Dieser Urne werden nun nacheinander n Kugeln entnommen, alle entnommenen Kugeln gemeinsam bilden das jeweils realisierte Elementarereignis dieses Zufallsvorgangs. Wird für diese Kugeln festgehalten, in welcher *Reihenfolge* sie der Urne entnommen wurden, so handelt es sich bei den *Elementarereignissen* um so genannte *Variationen* der möglichen Ausgänge der Einzelentnahmen. Dabei spricht man von Variationen *mit* bzw. *ohne Wiederholungen*, je nachdem ob die entnommenen Kugeln vor dem folgenden Zug in die Urne zurückgelegt werden oder nicht. Liegt der Fall der Entnahme ohne Zurücklegen vor, berechnet sich die Gesamtzahl der möglichen Elementarereignisse wie folgt:

(7.2) $z(\Omega) = N \cdot (N-1) \cdot \ldots \cdot (N-n+1)$.

Dieser Formel liegt die Überlegung zugrunde, dass für den ersten Zug N Kugeln zur Verfügung stehen, für den zweiten jedoch nur noch $N-1$ Kugeln usw.

Interessiert man sich bei den einzelnen entnommenen Kugeln nur dafür, ob sie jeweils zu den Merkmalsträgern zählen oder nicht, so kann man dies formal dadurch wiedergeben, dass für jede der Entnahmen eine Funktion gebildet wird, die den Wert ‚I' annimmt, wenn die betreffende Kugel zu den Merkmalsträgern gehört, und sonst den Wert ‚O'. Die im Rahmen dieses Zufallsvorgangs betrachteten *Ereignisse* A_i lassen sich also durch eine Folge $e(\omega) = (e(\omega_1), \ldots, e(\omega_n))$ mit $e(\omega_j) \in \{I, O\}$ charakterisieren; dabei repräsentiert ein ‚I', dass im betreffenden Zug ein Merkmalsträger gezogen wurde, ein ‚O', dass ein Nicht-Merkmalsträger gezogen wurde (vgl. linke Spalte in Tabelle 7.2). Die Anzahl der insgesamt in dieser Folge auftretenden Merkmalsträger bzw. ‚I' sei mit k bezeichnet. Dann berechnet sich die Anzahl der zu A_i gehörenden Elementarereignisse als

(7.3) $z(A_i) = K \cdot (K-1) \cdot \ldots \cdot (K-k+1) \cdot (N-K) \cdot (N-K-1) \cdot \ldots \cdot (N-K-n+k+1)$.

Für die Wahrscheinlichkeit des Ereignisses A_i ergibt sich damit

(7.4)
$$
\begin{aligned}
W(A_i) &= \frac{z(A_i)}{z(\Omega)} \\
&= \frac{K \cdot (K-1) \cdot \ldots \cdot (K-k+1) \cdot (N-K) \cdot (N-K-1) \cdot \ldots \cdot (N-K-n+k+1)}{N \cdot (N-1) \cdot \ldots \cdot (N-n+1)} \\
&= \frac{\frac{K!}{(K-k)!} \cdot \frac{(N-K)!}{(N-K-n+k)!}}{\frac{N!}{(N-n)!}}.
\end{aligned}
$$

Werden die Kugeln hingegen mit Zurücklegen entnommen, so erhöht sich die Anzahl der möglichen Elementarereignisse auf

(7.5) $z(\Omega) = N^n$,

da nun für jeden Zug die volle Anzahl von N Kugeln zur Auswahl zur Verfügung steht. Für die Anzahl der günstigen Elementarereignisse erhält man

(7.6) $z(A_i) = K^k \cdot (N-K)^{(n-k)}$,

sodass die Wahrscheinlichkeit für das Ereignis A_i nunmehr

$$(7.7) \quad W(A_i) = \frac{z(A_i)}{z(\Omega)} = \frac{K^k \cdot (N-K)^{(n-k)}}{N^n} = \left(\frac{K}{N}\right)^k \cdot \left(1-\frac{K}{N}\right)^{n-k}$$

beträgt.

Vernachlässigt man bei der Definition der interessierenden Ereignisse die Reihenfolge der einzelnen Züge, so ergeben sich *Ereignisse* B_k, die lediglich durch die Anzahl k der insgesamt gezogenen Merkmalsträger charakterisiert werden (vgl. rechte Spalte in Tabelle 7.2). Dabei sind in einem Ereignis B_k jeweils $\frac{n!}{k! \cdot (n-k)!} = \binom{n}{k}$ der zuvor betrachteten Ereignisse A_i zusammenzufassen, die sich nur durch die Reihenfolge unterscheiden, in der die Merkmalsträger bei der Entnahme auftraten. Betrachtet man als Elementarereignisse weiterhin die Variationen, so müssen die Wahrscheinlichkeiten aus (7.4) und (7.7) lediglich mit diesem Binomialkoeffizienten $\binom{n}{k}$ multipliziert werden. Im Fall ohne Zurücklegen ergibt sich daher

$$(7.8) \quad W(B_k) = \frac{z(B_k)}{z(\Omega)} = \binom{n}{k} \cdot \frac{\dfrac{K!}{(K-k)!} \cdot \dfrac{(N-K)!}{(N-K-n+k)!}}{\dfrac{N!}{(N-n)!}} = \frac{\binom{K}{k} \cdot \binom{N-K}{n-k}}{\binom{N}{n}}$$

und für den Fall mit Zurücklegen

$$(7.9) \quad W(B_k) = \frac{z(B_k)}{z(\Omega)} = \frac{\binom{n}{k} \cdot K^k \cdot (N-K)^{(n-k)}}{N^n} = \binom{n}{k} \cdot \left(\frac{K}{N}\right)^k \cdot \left(1-\frac{K}{N}\right)^{n-k}.$$

Das Ergebnis der Formel (7.8) kann man auch erhalten, indem man bei der Definition der Elementarereignisse von vornherein die Beachtung der Reihenfolge außer Acht lässt (also praktisch alle n Kugeln auf einmal entnimmt). Bei den Elementarereignissen handelt es sich dann um *Kombinationen* ohne Wiederholung, die der Urne entnommen werden. Bei dieser Definition der Elementarereignisse gilt

$$(7.10) \quad z(\Omega) = \binom{N}{n}, \quad z(B_k) = \binom{K}{k} \cdot \binom{N-K}{n-k},$$

sodass sich für die Wahrscheinlichkeit von B_k unmittelbar das gleiche Ergebnis wie in (7.8) ergibt. Klar ist, dass sich mit dieser Definition der Elementarereignisse die Wahrscheinlichkeiten der Ereignisse A_i (vgl. (7.4)), bei denen die Reihenfolge der Züge eine Rolle spielt, nicht bestimmen lassen.

Tabelle 7.2 Übersicht zum Urnenmodell

Inhalt der Urne: N Kugeln, davon K Merkmalsträger und $N-K$ Nicht-Merkmalsträger
Ergebnis der Entnahme: n Kugeln, davon k Merkmalsträger und $n-k$ Nicht-Merkmalsträger

Elementarereignis des Urnenmodell-Typs (Art der Entnahme aus der Urne)	betrachtetes Ereignis A_i: unter den n Kugeln sind k Merkmalsträger und $n-k$ Nicht-Merkmalsträger in **bestimmter** Anordnung	betrachtetes Ereignis B_k: unter den n Kugeln sind k Merkmalsträger und $n-k$ Nicht-Merkmalsträger in **beliebiger** Anordnung
Variation mit Wiederholung (Ziehen mit Zurücklegen, mit Beachtung der Reihenfolge)	$(7.7)\ W(A_i) = \dfrac{K^k \cdot (N-K)^{n-k}}{N^n}$	$(7.9)\ W(B_k) = \dfrac{\binom{n}{k} \cdot K^k \cdot (N-K)^{n-k}}{N^n}$
Kombination mit Wiederholung (Ziehen mit Zurücklegen, ohne Beachtung der Reihenfolge)	Die Fragestellung ist nicht beantwortbar! (Um die Wahrscheinlichkeit eines Ereignisses zu betrachten, bei dem die Reihenfolge eine Rolle spielt, müssen als Elementarereignisse Variationen betrachtet werden.)	Die Fragestellung ist nicht mit der klassischen Warscheinlichkeitsdefinition lösbar, da die Elementarereignisse hier nicht als gleich wahrscheinlich angenommen werden können. Die gesuchte Wahrscheinlichkeit kann aus Formel (7.9) übernommen werden, in der als Elementarereignisse Variationen betrachtet werden.
Variation ohne Wiederholung (Ziehen ohne Zurücklegen, mit Beachtung der Reihenfolge)	$(7.4)\ W(A_i) = \dfrac{\frac{K!}{(K-k)!} \cdot \frac{(N-K)!}{(N-K-n+k)!}}{\frac{N!}{(N-n)!}}$	$(7.8)\ W(B_k) = \dfrac{\binom{n}{k} \cdot \frac{K!}{(K-k)!} \cdot \frac{(N-K)!}{(N-K-n+k)!}}{\frac{N!}{(N-n)!}}$
Kombination ohne Wiederholung (Ziehen ohne Zurücklegen, ohne Beachtung der Reihenfolge)	Die Fragestellung ist nicht beantwortbar! (Um die Wahrscheinlichkeit eines Ereignisses zu betrachten, bei dem die Reihenfolge eine Rolle spielt, müssen als Elementarereignisse Variationen betrachtet werden.)	$(7.10)\ W(B_k) = \dfrac{\binom{K}{k} \cdot \binom{N-K}{n-k}}{\binom{N}{n}}$ (Durch geeignetes Zusammenfassen der Fakultäten in (7.8) ergibt sich, dass die (7.8) und (7.10) das gleiche Resultat liefern.)

Demgegenüber erweist sich der Versuch, auch das Ergebnis der Formel (7.9) mit Hilfe von Kombinationen als Elementarereignisse zu bestimmen, als nicht erfolgreich. Zwar lässt sich auch für diesen Fall

$$(7.11) \quad z(\Omega) = \binom{N+n-1}{n}, \quad z(B_k) = \binom{K+k-1}{k} \cdot \binom{N-K+n-k-1}{n-k}$$

berechnen, doch ergibt die Division dieser beiden Werte nicht das Ergebnis aus (7.9). Die Begründung hierfür liegt darin, dass beim Ziehen mit Zurücklegen die Kombinationen als Elementarereignisse nicht gleichwahrscheinlich sind, die klassische Wahrscheinlichkeitsdefinition somit nicht anwendbar ist.[2] Bei der kombinatorischen Behandlung des Ziehens mit Zurücklegen muss also stets auf das Urnenmodell mit Beachtung der Reihenfolge zurückgegriffen werden (d. h. auf Variationen als Elementarereignisse).

Beispiel 7.1

Die ‚Statistik AG‘ will aus ihrem Personalbestand eine Stichprobe entnehmen. Es ist bekannt, dass von den insgesamt 220 Beschäftigten 120 männlichen und 100 weiblichen Geschlechts sind. Die ‚Statistik AG‘ beabsichtigt, anhand von elf zufällig ausgewählten Belegschaftsmitgliedern mit einer Befragung zu überprüfen, ob eine von ihr geplante Einführung eines ‚Cafeteria-Systems‘ der Mitarbeiter-Motivation dienlich ist.

Legt man der zufälligen Entnahme der Belegschaftsmitglieder ein Urnenmodell zugrunde (indem man sich zumindest gedanklich ein Gefäß mit 220 entsprechend gekennzeichneten Losen vorstellt), so kann man sich für das Ereignis interessieren, dass die Stichprobe genau das Geschlechterverhältnis in der Gesamtbelegschaft repräsentiert, in der Stichprobe also sechs Männer und fünf Frauen sind. Betrachtet man zunächst das Ereignis, dass diese in einer vorgegebenen Reihenfolge auftreten, also etwa zunächst sechs Männer und danach fünf Frauen, so entspricht dies der Kodierung (I,I,I,I,I,I,O,O,O,O,O). Es gilt also:

$$N = 220, \; K = 120, \; n = 11, \; k = 6.$$

Entnimmt man die zu befragenden Personen der Urne ohne Zurücklegen, so beträgt die Wahrscheinlichkeit für dieses Ereignis nach (7.4)

---

[2] Dies liegt letztlich daran, dass hier ja die gleichzeitige Entnahme der Kugeln gar nicht möglich ist. Der einfachste Fall, an dem man sich die nicht gegebene Gleichwahrscheinlichkeit klar machen kann, ist der zweifache Münzwurf, der einem Urnenmodell mit $N=2, K=1, n=2$ entspricht. In diesem Fall gibt es vier verschiedene Elementarereignisse, wenn die Reihenfolge beachtet wird, nämlich die vier Variationen $(I,I),(I,O),(O,I),(O,O)$, wobei ‚I‘ für einen Zahlwurf und ‚O‘ für einen Kopfwurf steht. Diese sind als gleich wahrscheinlich einzustufen. Demgegenüber sind die drei möglichen Kombinationen, nämlich $2I$ $(k=2)$, $1I,1O$ $(k=1)$, $2O$ $(k=0)$ nicht gleichwahrscheinlich, da der Kombination für $k=1$ zwei Variationen entsprechen, den beiden anderen jedoch jeweils nur eine. Damit hat diese Kombination die Wahrscheinlichkeit 0,5, die beiden anderen hingegen die Wahrscheinlichkeit 0,25.

$$W\big((\mathrm{I,I,I,I,I,I,O,O,O,O,O})\big) \;=\; \frac{\dfrac{120!}{(120-6)!} \cdot \dfrac{(220-120)!}{(220-120-11+6)!}}{\dfrac{220!}{(220-11)!}}$$

$$=\; \frac{120\cdot119\cdot118\cdot117\cdot116\cdot115 \;\cdot\; 100\cdot99\cdot98\cdot97\cdot96}{220\cdot219\cdot218\cdot217\cdot216\cdot215\cdot214\cdot213\cdot212\cdot211\cdot210} \;=\; 0{,}000.524.$$

Werden die entnommenen Lose hingegen in die Urne zurückgelegt, so ergibt sich nach (7.7)

$$W\big((\mathrm{I,I,I,I,I,I,O,O,O,O,O})\big) \;=\; \left(\frac{120}{220}\right)^{6} \cdot \left(1 - \frac{120}{220}\right)^{11-6} \;=\; 0{,}000.511.$$

Interessiert man sich nun nur noch für das Ereignis, dass sechs Männer und fünf Frauen ausgewählt werden (ohne dass die Auswahlreihenfolge eine Rolle spielt), so sind die zuvor ermittelten Wahrscheinlichkeiten wegen (7.8) bzw. (7.9) mit

$$\binom{11}{6} \;=\; \frac{11!}{6!\cdot(11-6)!} \;=\; \frac{11\cdot10\cdot9\cdot8\cdot7}{5\cdot4\cdot3\cdot2\cdot1} \;=\; 462$$

zu multiplizieren, so dass sich für den Fall ohne Zurücklegen als Wahrscheinlichkeit

$$W(6\times\mathrm{I}, 5\times\mathrm{O}) \;=\; 462\cdot0{,}000.524 \;=\; 0{,}242$$

und für den Fall mit Zurücklegen

$$W(6\times\mathrm{I}, 5\times\mathrm{O}) \;=\; 462\cdot0{,}000.511 \;=\; 0{,}236$$

ergibt.

Kritik am klassischen Wahrscheinlichkeitsbegriff

Zunächst ist festzustellen, dass es sich bei der DE LAPLACE'schen Definition nicht um eine echte explizite Definition handelt. Denn der zu definierende Begriff der ‚Wahrscheinlichkeit' wird unter der Verwendung des Begriffs der ‚Gleichwahrscheinlichkeit' eingeführt. Zudem sind Zufallsvorgänge mit endlich vielen gleich wahrscheinlichen Elementarereignissen in der Praxis relativ selten anzutreffen, sodass eine Erweiterung der Definition angebracht ist.

7.3 Die Häufigkeitsdefinition der Wahrscheinlichkeit

Der deutsche Mathematiker RICHARD VON MISES (1883-1953) hat um 1930 den Begriff der ‚*statistischen Wahrscheinlichkeit*' geprägt, der auf einem Zusammenhang zwischen relativen Häufigkeiten und Wahrscheinlichkeiten beruht. VON MISES ist von zwei speziellen Annahmen über das Zufallsexperiment ausgegangen:
- Das Zufallsexperiment ist beliebig oft wiederholbar.
- Die einzelnen Realisationen sind stochastisch voneinander unabhängig.

Für ein zu betrachtendes Ereignis *A* wird nun die bei der statistischen Beobachtung des wiederholt ausgeführten Experiments aufgetretene relative Häufigkeit untersucht. Dabei wird man feststellen, dass sich diese relative Häufigkeit mit zunehmender Beobachtungsanzahl um einen bestimmten Wert herum zu stabilisieren scheint. Dies gibt Anlass dazu, als Wahrscheinlichkeit denjenigen Grenzwert

zu definieren, dem diese relative Häufigkeit bei beliebig vergrößerter Beob-
achtungszahl zustrebt. Ist n die Anzahl der Wiederholungen und $h_n(A)$ die dabei
aufgetretene absolute Häufigkeit des Eintretens des Ereignisses A, so gilt

$$(7.12) \quad W_{\text{stat}}(A) = \lim_{n \to \infty} \frac{h_n(A)}{n} = \lim_{n \to \infty} f_n(A).$$

Kritik am statistischen Wahrscheinlichkeitsbegriff

Relative Häufigkeiten konvergieren durchaus nicht im üblichen mathematischen
Sinne: Es lässt sich kein n angeben, von dem ab die relativen Häufigkeiten stets
nur noch innerhalb einer vorher festgelegten Bandbreite von ihrem Grenzwert, der
zu bestimmenden Wahrscheinlichkeit, abweichen. Es handelt sich vielmehr um
einen ‚Wahrscheinlichkeits-Limes‘, dessen Verwendung in der Definition wiederum auf eine Zirkeldefinition hinausläuft.

Hinzu kommt, dass es in der Praxis unmöglich ist, ein Zufallsexperiment unendlich oft durchzuführen. Damit ist es ebenso unmöglich, auf diese Weise eine
statistische Wahrscheinlichkeit zu ermitteln; die VON MISES'sche Definition ist
insofern nicht operational.

Problematisch an der Häufigkeitsdefinition ist, dass sie nicht unterscheidet zwischen den Fragen, was Wahrscheinlichkeit ist, und wie Wahrscheinlichkeit zu
messen ist. Trennt man diese Fragenkomplexe voneinander, so würde diese
Definition in ihrer Anwendung auf solche Zufallsvorgänge beschränkt, die sich
zumindest theoretisch beliebig oft wiederholen lassen. Diese Situation trifft aber
lediglich für Zufallsvorgänge im Rahmen von kontrollierten, reproduzierbaren
Experimenten zu.

Relative Häufigkeiten und die Messung von Wahrscheinlichkeiten

Stellt man die Frage nach einer für alle Anwendungsfälle geeigneten Wahrscheinlichkeitsdefinition für einen Moment zurück, so eignet sich das Verfahren
durchaus zur Ermittlung von Näherungswerten für unbekannte Wahrscheinlichkeiten. Man spricht daher auch von *empirischen Wahrscheinlichkeiten*: Als Maß-
größe wird das Verhältnis der Anzahl der Realisationen zur Anzahl der durch-
geführten Versuche benutzt. Die Rechtfertigung hierfür lässt sich als Folgerung
aus der nachfolgend vorgestellten axiomatischen Wahrscheinlichkeitsdefinition im
so genannten ‚Gesetz der großen Zahl‘ sehen (vgl. hierzu Abschnitt 10.1).

7.4   Die axiomatische Definition der Wahrscheinlichkeit

Heute liegt der Wahrscheinlichkeitsrechnung fast ausnahmslos eine abstrakte, axiomatische Definition der Wahrscheinlichkeit zugrunde, die auf Grundlage der Mengenlehre vom russischen Mathematiker ANDREJ NIKOLAJEWITSCH KOLMOGO-ROFF (1903-1987) im Jahre 1933 entwickelt wurde. Ein *Axiom* ist ein Grundsatz streng begrifflicher Art, der keiner Ableitung bedarf und keiner Widerlegung ausgesetzt ist, daher auch nicht beweisbar ist. Dabei werden zufällige Ereignisse als Mengen aufgefasst und die Wahrscheinlichkeit eines zufälligen Ereignisses als Maß auf diesen Mengen definiert. Es wird gedanklich getrennt zwischen der Frage, wie Wahrscheinlichkeit gemessen werden kann, und der Frage, wie der Wahrscheinlichkeitsbegriff zu definieren ist. Die Antwort auf die erste Frage kann sich dann erst ergeben, wenn die zweite zufriedenstellend geklärt ist. Die Festlegung der Axiome sollte zudem so getroffen werden, dass sich hieraus keine Widersprüche zur Wahrscheinlichkeitsdefinition nach DE LAPLACE oder VON MISES ergeben.

Die im Rahmen eines Zufallsvorgangs interessierenden Ereignisse sind im Ereignisring $ER(\Omega)$ zusammengefasst. Eine Maßvorschrift $W(A)$, welche die Wahrscheinlichkeit des Eintretens eines Ereignisses A misst, ordnet jedem Ereignis eine nicht negative reelle Zahl zu. Dabei wird dem sicheren Ereignis der Wert $W(\Omega) = 1$ zugeordnet und darüber hinaus gefordert, dass die Wahrscheinlichkeit für das Eintreten einer Vereinigung von endlich oder abzählbar unendlich vielen paarweise disjunkten Ereignissen sich durch Addition der einzelnen Wahrscheinlichkeiten errechnet. Hieraus ergibt sich folgende Definition:

■ **Wahrscheinlichkeitsfunktional**

Eine Abbildung W: $ER(\Omega) \rightarrow \mathbf{R}$ heißt *Wahrscheinlichkeitsfunktional* auf dem Ereignisring $ER(\Omega)$, wenn folgende drei Axiome erfüllt sind:

(7.13) $W(A) \geq 0$ für alle $A \in ER(\Omega)$ (*Nichtnegativitätsbedingung*),

(7.14) $W(\Omega) = 1$ (*Normierungsbedingung*),

(7.15) $W(A_1 \cup A_2 \cup ...) = W(A_1) + W(A_2) + ...$ für endlich oder abzählbar unendlich viele paarweise disjunkte Ereignisse (d. h. für diese gilt: $A_i \cap A_j = \emptyset$ für $i \neq j$)   (*Volladditivitätsbedingung*).

■ **Wahrscheinlichkeit, Wahrscheinlichkeitsfeld**

Die einer Menge A aus dem Ereignisring $ER(\Omega)$ zugeordnete reelle Zahl heißt die *Wahrscheinlichkeit* von Ereignis A. Das Tripel $(\Omega, ER(\Omega), W)$ nennt man *Wahrscheinlichkeitsfeld*.

Der Benutzer dieser Definition ist völlig frei, den Ereignissen des Ereignisrings beliebige Wahrscheinlichkeitswerte zuzuordnen, solange diese Werte den drei Axiomen (7.13)-(7.15) genügen. Insbesondere gestattet die Definition auch, diese Werte anhand der Anzahl der in den Ereignissen enthaltenen Mengen oder anhand von experimentell beobachteten relativen Häufigkeiten des Eintritts festzulegen, d. h., sie enthält die Wahrscheinlichkeitsdefinitionen von DE LAPLACE und von VON MISES als Spezialfälle. Im Gegensatz zu diesen ist sie jedoch nicht zirkulär.

Beispiel 7.2

Die ‚Statistik AG' beabsichtigt die Einstellung eines neuen Geschäftsführers. Die Qualität einer eingehenden Bewerbung auf die Stelle wird als Zufallsvorgang angesehen. Als wesentliche Informationen werden einerseits die Gehaltsvorstellungen des betreffenden Bewerbers, andererseits seine Eignung für die Stelle herangezogen, wobei die Kenntnisse, die der Bewerber aus Berufsausbildung und -erfahrung mitbringt, sowie sein Persönlichkeitsprofil von Bedeutung sind. Die Elementarereignisse des Zufallsvorgangs bestehen damit jeweils aus einer Gehaltsforderung g (in TDM / Jahr) sowie einer Information über das Eignungsprofil e. Hierbei sind wegen zweier herangezogener Kriterien insgesamt vier Realisierungsmöglichkeiten zu unterscheiden, die wie folgt kodiert werden können:

n: beide Kriterien nicht erfüllt, k: Kenntnis-Kriterium erfüllt,

p: Persönlichkeitsprofil-Kriterium erfüllt, b: beide Kriterien erfüllt.

Es gilt also:

$$\Omega = \left\{(g,e) \mid 0<g<\infty, e \in \{n,k,p,b\}\right\}.$$

Um die weitere Analyse zu vereinfachen, werden die folgenden Ereignisse als vorrangig interessierende Ereignisse festgelegt: Das Ereignis G enthält alle Elementarereignisse, für welche die Gehaltsforderung nicht die vom Unternehmen festgelegte Obergrenze von 100 TDM übersteigt, d. h., es gilt: $G = \{(g,e) \mid g \leq 100\}$. Das Ereignis E enthält alle Elementarereignisse, für welche beide Eignungsprofile erfüllt sind, also: $E = \{(g,e) \mid e=b\}$. Im Folgenden ist dann nur noch der kleinstmögliche Ereignisring zu betrachten, der diese beiden Ereignisse enthält. Dieser besteht aus folgenden 16 Mengen:

$$\Omega,\ E,\ G,\ \overline{\Omega}=\emptyset,\ \overline{E},\ \overline{G},\ E \cap G,\ \overline{E} \cap G,\ E \cap \overline{G},\ \overline{E} \cap \overline{G},$$

$$\overline{E \cap G}=\overline{E} \cup \overline{G},\ \overline{\overline{E} \cap G}=E \cup \overline{G},\ \overline{E \cap \overline{G}}=\overline{E} \cup G,\ \overline{\overline{E} \cap \overline{G}}=E \cup G,$$

$$(E \cap G) \cup (\overline{E} \cap \overline{G}),\ (E \cap \overline{G}) \cup (\overline{E} \cap G).$$

Alle im Zusammenhang mit den vorrangig interessierenden Ereignissen stehenden Wahrscheinlichkeiten ergeben sich dann daraus, dass für diese 16 Mengen ein Wahrscheinlichkeitsfunktional festgelegt wird (vgl. Beispiel 7.3).

Wahrscheinlichkeits-Interpretationen

Welche Interpretation einer Wahrscheinlichkeit zuteil werden kann, hängt davon ab, auf welche Weise der Benutzer zu den Wahrscheinlichkeitswerten gelangt ist. Hierbei unterscheidet man objektive und subjektive Wahrscheinlichkeiten.

Objektive Wahrscheinlichkeiten liegen dann vor, wenn der Anwender sich bei ihrer Festlegung von intersubjektiv nachprüfbaren Kriterien leiten lässt. Genauer spricht man von *objektiven a-priori-Wahrscheinlichkeiten*, wenn sich die Wahrscheinlichkeit ohne Versuche bzw. Erhebungen allein aufgrund von logischen (deduktiven) Überlegungen ergeben. Hierzu zählt auch das von DE LAPLACE formulierte ‚Prinzip vom unzureichenden Grund‘ (man besitzt keinen zureichenden Grund, einem Ereignis eine größere Chance zuzumessen als den anderen), anhand dessen sich die Wahrscheinlichkeit als Verhältnis der Anzahl der für das Ereignis günstigen Fälle zur Gesamtzahl der gleichmöglichen Fälle bestimmen lässt. Die Interpretation der Wahrscheinlichkeit geschieht in Form einer ‚Chance‘ im Sinne von Erfolgsaussichten eines Glücksspiels.

Demgegenüber spricht man von *objektiven a-posteriori-Wahrscheinlichkeiten*, wenn die Wahrscheinlichkeitswerte aufgrund empirischer Beobachtung festgelegt werden. Hier ist die Wiederholbarkeit des Experiments Voraussetzung und die Interpretation der Wahrscheinlichkeit als Häufigkeits-Grenzwert zutreffend.

Darüber hinaus lässt die Axiomatik auch zu, *subjektive Wahrscheinlichkeiten* festzulegen. Dies geschieht vor allem bei Zufallsvorgängen, bei denen es nicht möglich ist, gleichmögliche Elementarereignisse zu formulieren, und kein empirischer Befund vorliegt. Hierbei beruht der Wert einer Wahrscheinlichkeit nur auf der sachkundigen Einschätzung des zugrunde liegenden Zufallsvorgangs. Je nach der Qualität der zugrunde gelegten Einschätzung bekommt die Wahrscheinlichkeit die Interpretation einer mehr oder weniger zutreffenden Mutmaßlichkeit.

7.5 Folgerungen aus den Axiomen

Sämtliche weiteren Resultate der Wahrscheinlichkeitsrechnung, wie sie in den weiteren Kapiteln des Teils B dieses Buches vorgestellt werden, sind Folgerungen aus den drei Axiomen (7.13)-(7.15), wobei weitere Begriffsbildungen, insbesondere diejenige des zentralen Begriffs der ‚Zufallsvariable‘ verwendet werden. Gegenstand dieses Abschnittes sind demgegenüber diejenigen Folgerungen, die sich unmittelbar aus den Axiomen der Wahrscheinlichkeitsrechnung ergeben.

Im Folgenden seien alle Mengen A_i, B_j Ereignisse des Ereignisrings $ER(\Omega)$. Dann gilt:

(7.16)
- (a) $W(\overline{A}) = 1 - W(A)$,
- (b) $W(\emptyset) = 0$,
- (c) $W(A_1) \leq W(A_2)$, falls $A_1 \subseteq A_2$,
- (d) $W(A) \leq 1$,
- (e) $W(A \cup B) = W(A) + W(B) - W(A \cap B)$,
- (f) $W(A_1 \cup A_2 \cup A_3) = W(A_1) + W(A_2) + W(A_3)$
$$- W(A_1 \cap A_2) - W(A_1 \cap A_3) - W(A_2 \cap A_3)$$
$$+ W(A_1 \cap A_2 \cap A_3).$$

Dabei ergibt sich Regel (7.16)(f) durch zweimalige Anwendung der Regel (7.16)(e). Auf analoge Weise lassen sich auch für die Vereinigung von mehr als drei Ereignissen entsprechende Berechnungsformeln aufstellen.

Eine *Zerlegung* $B_1, B_2, \dots$ der Grundmenge Ω liegt dann vor, wenn die Durchschnitte dieser Mengen leer sind und ihre Vereinigung gleich Ω ist. In diesem Fall ergibt sich die Wahrscheinlichkeit eines Ereignisses A als Summe der Wahrscheinlichkeiten der Durchschnitte von A mit den Ereignissen B_1, B_2, usw. Es gilt also:

(7.17) $W(A) = \sum_i W(A \cap B_i)$, falls $B_i \cap B_j = \emptyset$ für $i \neq j$, $B_1 \cup B_2 \cup .. = \Omega$.

!! Aus $W(A) = 0$ folgt noch nicht, dass A unmöglich ist, d. h., A entspricht nicht unbedingt der leeren Menge $\emptyset$.

Beispiel 7.3

Für die Ereignisse des Ereignisrings sollen nun Wahrscheinlichkeiten festgelegt werden, sodass ein Wahrscheinlichkeitsfunktional entsteht. Diese Werte können allerdings nicht völlig willkürlich festgelegt werden, sondern sie müssen im Einklang mit den Axiomen (7.13)-(7.15) sowie den daraus abgeleiteten Rechenregeln (7.16)-(7.17) stehen. Hieraus ergibt sich, dass bereits wenige frei wählbare Festsetzungen alle Wahrscheinlichkeiten des gesamten Wahrscheinlichkeitsfunktionals festlegen.

So könnte die Unternehmensleitung aufgrund von Erfahrungswerten früherer, vergleichbarer Stellenausschreibungen Folgendes für realistisch halten: 22 % der eingehenden Bewerbungen überschreiten mit ihrer Gehaltsforderung die Grenze von 100 TDM. 65 % der Bewerber erweisen sich aufgrund ihrer Kenntnisse oder ihres Persönlichkeitsprofils als ungeeignet. Diejenigen Bewerber, die sowohl zu hohe Gehaltsforderungen haben als auch ungeeignet sind, machen 10 % aller Bewerber aus.

Diesen Angaben sind die folgenden Wahrscheinlichkeiten zu entnehmen:

$W(\overline{G}) = 0{,}22$, $W(\overline{E}) = 0{,}65$, $W(\overline{E} \cap \overline{G}) = 0{,}10$.

Aufgrund der Rechenregeln lassen sich für die Wahrscheinlichkeiten der übrigen 13 Ereignisse des in Beispiel 7.2 betrachteten Ereignisrings folgende Werte errechnen:

$W(\Omega) = 1, \quad W(\emptyset) = 0,$

$W(G) = 1 - W(\overline{G}) = 1 - 0,22 = 0,78, \quad W(E) = 1 - W(\overline{E}) = 1 - 0,65 = 0,35,$

$W(E \cap \overline{G}) = W(\overline{G}) - W(\overline{E} \cap \overline{G}) = 0,22 - 0,10 = 0,12,$

$W(\overline{E} \cap G) = W(E) - W(\overline{E} \cap \overline{G}) = 0,65 - 0,10 = 0,55,$

$W(E \cap G) = W(E) - W(E \cap \overline{G}) = 0,35 - 0,12 = 0,23,$

$W(\overline{E} \cup \overline{G}) = 1 - W(E \cap G) = 1 - 0,23 = 0,77,$

$W(\overline{E} \cup G) = 1 - W(E \cap \overline{G}) = 1 - 0,12 = 0,88,$

$W(E \cup \overline{G}) = 1 - W(\overline{E} \cap G) = 1 - 0,55 = 0,45,$

$W(E \cup G) = 1 - W(\overline{E} \cap \overline{G}) = 1 - 0,10 = 0,90,$

$W(E \cap G) \cup (\overline{E} \cap \overline{G}) = 0,23 + 0,10 = 0,33,$

$W(\overline{E} \cap G) \cup (E \cap \overline{G}) = 0,55 + 0,12 = 0,67.$

7.6 Abhängigkeit von Ereignissen und bedingte Wahrscheinlichkeiten

Werden im Rahmen eines Zufallsvorgangs zwei oder mehrere Ereignisse zugleich betrachtet, so interessiert man sich zumeist dafür, ob zwischen dem Eintreten dieser Ereignisse irgendwelche Zusammenhänge existieren oder nicht. Hat man beispielsweise die Kenntnis (oder trifft eine entsprechende Annahme), dass sich eines der Ereignisse realisiert hat (oder realisieren wird), so stellt sich die Frage, ob sich hieraus zusätzliche Informationen über die Eintrittswahrscheinlichkeiten der übrigen Ereignisse ableiten lassen. So wäre es denkbar, dass zwei Ereignisse fast immer zugleich eintreten, sodass aus dem Eintreten des einen Ereignisses in diesem Fall recht sicher auf das Eintreten des zweiten geschlossen werden kann.

Bedingte Wahrscheinlichkeiten

Mit dem Ereignis A sei ein Ereignis aus dem Ereignisring zu Ω bezeichnet, dessen Eintrittswahrscheinlichkeit größer als null ist: $W(A) > 0$. Dann bezeichnet man als *bedingte Wahrscheinlichkeit* des Ereignisses B unter der Bedingung A folgenden Quotienten:

$$(7.18) \quad W(B|A) = \frac{W(A \cap B)}{W(A)}.$$

Durch die Tatsache bzw. Unterstellung, dass sich ein Elementarereignis aus dem Ereignis A realisiert (hat), wird das bisherige (a priori) angenommene Wahrscheinlichkeitsfunktional in ein modifiziertes (a posteriori-) Wahrscheinlichkeitsfunktional überführt. Stellt $W(\cdot)$ ein Wahrscheinlichkeitsfunktional auf $ER(\Omega)$ dar, so stellt nämlich auch das gemäß (7.18) definierte Funktional $W(\cdot|A)$ ein Wahrscheinlichkeitsfunktional auf $ER(\Omega)$ dar, d. h. auch diese bedingten Wahrscheinlichkeiten erfüllen die drei KOLMOGOROFF'schen Axiome. Wie bereits erwähnt ist hierfür lediglich vorauszusetzen, dass $A \in ER(\Omega)$ und $W(A) > 0$ ist.

Aus (7.18) folgt unmittelbar der (allgemeine) *Multiplikationssatz für Wahrscheinlichkeiten*, der zur Konstruktion so genannter *Ereignisbäume* Verwendung findet:

(7.19) $W(A \cap B) = W(A) \cdot W(B \mid A)$.

Verallgemeinert man (7.18) und (7.19) auf mehr als zwei Ereignisse, so gilt

$$
(7.20) \quad
\begin{aligned}
W(A_2 \cap ... \cap A_n \mid A_1) &= \frac{W(A_1 \cap A_2 \cap ... \cap A_n)}{W(A_1)} \\
\Rightarrow \quad W(A_1 \cap A_2 \cap ... \cap A_n) &= W(A_1) \cdot W(A_2 \cap ... \cap A_n \mid A_1).
\end{aligned}
$$

Wiederholtes Anwenden von (7.20) liefert schließlich

$$
(7.21) \quad
\begin{aligned}
W(A_1 \cap A_2 \cap ... \cap A_n) \\
&= W(A_1) \cdot W(A_2 \cap ... A_n \mid A_1) \\
&= W(A_1) \cdot W(A_2 \mid A_1) \cdot W(A_3 \cdot ... \cdot A_n \mid A_1 \cap A_2) \\
&\;\;\vdots \\
&= W(A_1) \cdot W(A_2 \mid A_1) \cdot W(A_3 \mid A_1 \cap A_2) \cdot ... \cdot W(A_n \mid A_1 \cap A_2 \cap ... \cap A_{n-1}).
\end{aligned}
$$

Satz von der totalen Wahrscheinlichkeit und Theorem von BAYES

● *Satz der totalen Wahrscheinlichkeit*: Wenn $A_1, ..., A_n$ eine Zerlegung von Ω darstellt und wenn $W(A_i) > 0$ für alle i gilt, so folgt aus (7.17) in Verbindung mit (7.19):

(7.22) $W(B) = \displaystyle\sum_{i=1}^{n} W(B \mid A_i) \cdot W(A_i)$ für alle $B \in ER(\Omega)$.

● *Theorem von BAYES*: Für den Fall, dass beim Satz von der totalen Wahrscheinlichkeit auch noch $W(B) > 0$ gilt, hat der englische Mathematiker THOMAS BAYES (1702-1761) folgende nach ihm benannte Formel entwickelt:

(7.23) $W(A_k \mid B) = \dfrac{W(B \mid A_k) \cdot W(A_k)}{\displaystyle\sum_{i=1}^{n} W(B \mid A_i) \cdot W(A_i)}$.

Diese Formel entsteht aus der Definition (7.18) der bedingten Wahrscheinlichkeit, wenn im Zähler (7.19) und im Nenner (7.22) eingesetzt wird. Sie ermöglicht es, die durch B bedingten Wahrscheinlichkeiten der Ereignisse $A_1,...,A_n$ aus den Wahrscheinlichkeiten für B zu berechnen, wenn dieses Ereignis durch die Ereignisse A_i bedingt ist. Die Richtung der Bedingung kehrt sich also bei dieser Formel um.

Die Formel von BAYES findet in folgender Situation Anwendung:
- Eine Menge von sich gegenseitig ausschließenden Zuständen A_k wird als möglich erachtet.
- Über die Chancen der einzelnen Zustände, wahr zu sein, bestehen Vermutungen, welche sich in Gestalt eines a-priori-Wahrscheinlichkeitsfunktionals beschreiben lassen.
- Man realisiert einen Zufallsvorgang, wobei für mögliche Ergebnisse B dieses Zufallsvorgangs die bedingten Wahrscheinlichkeiten $W(B|A_k)$ bestimmbar seien.
- Für das tatsächlich eingetretene Ereignis A berechnet man dann gemäß dem BAYES'schen Theorem die bedingten Wahrscheinlichkeiten $W(A_k|B)$. Man bezeichnet sie als *a-posteriori-Wahrscheinlichkeiten* und interpretiert sie als ‚Verbesserung' gegenüber den a priori-Wahrscheinlichkeiten. Damit ist gemeint, dass durch das Eintreten des Ereignisses **B** eine zusätzliche Information verfügbar ist, aufgrund derer sich die Unsicherheit in Bezug auf die Wahrscheinlichkeiten, mit denen die Ereignisse A_k eintreten werden, verringert.

Unabhängigkeit und Abhängigkeit von Ereignissen

Eine Verringerung der Unsicherheit stellt sich für die a-posteriori-Wahrscheinlichkeiten des Theorems von BAYES nur dann nicht ein, wenn zwischen dem als Zusatzinformation eingetretenen Ereignis und den interessierenden Ereignissen kein Zusammenhang besteht. In diesem Fall sind die durch die Zusatzinformation bedingten a-posteriori-Wahrscheinlichkeiten und die a-priori-Wahrscheinlichkeiten identisch, d. h., es gilt

$$(7.24) \quad W(B) = W(B|A) = \frac{W(A \cap B)}{W(A)}.$$

Löst man (7.24) nach $W(A \cap B)$ auf, so erhält man die folgende Definition paarweiser Unabhängigkeit, die auch für den Fall gilt, dass eines der Ereignisse die Wahrscheinlichkeit null hat:

● *Paarweise Unabhängigkeit*: Ist $(\Omega, ER(\Omega), W)$ ein Wahrscheinlichkeitsfeld, dann heißen zwei Ereignisse $A, B \in ER(\Omega)$ *(paarweise) unabhängig*, wenn gilt:

(7.25) $W(A \cap B) = W(A) \cdot W(B)$.

Andernfalls heißen die Ereignisse *(paarweise) abhängig*.

● *Gemeinsame Unabhängigkeit*: Werden im allgemeinen Fall mehr als zwei Ereignisse $A_1, A_2, ..., A_n \in ER(\Omega)$ betrachtet, so bezeichnet man diese als *gemeinsam unabhängig*, wenn die folgende Bedingung erfüllt ist:

(7.26)
$$W(A_{i_1} \cap ... \cap A_{i_k}) = W(A_{i_1}) \cdot ... \cdot W(A_{i_k})$$
$$\text{für alle } \{i_1, ..., i_k\} \subset \{1, ..., n\}.$$

Andernfalls heißen die Ereignisse *gemeinsam abhängig*.

// Die gemeinsame Unabhängigkeit ist also nicht nur an die Bedingung ge-knüpft, dass sich die Wahrscheinlichkeit des Durchschnitts aller n Er-eignisse als Produkt der Einzelwahrscheinlichkeiten ergibt, sondern dies muss darüber hinaus auch für jede Teilauswahl der betrachteten Ereignisse der Fall sein.

// Zwischen paarweiser und gemeinsamer Unabhängigkeit ist zu unterschei-den. So folgt die paarweise aus der gemeinsamen Unabhängigkeit, denn bei der gemeinsamen Unabhängigkeitsprüfung werden u. a. auch die paar-weisen Unabhängigkeiten geprüft. Umgekehrt folgt aber aus der paar-weisen Unabhängigkeit noch nicht die gemeinsame. Liegt allerdings paarweise Abhängigkeit vor, so impliziert diese bereits die gemeinsame Abhängigkeit.

Die sich aus der gemeinsamen Unabhängigkeit ergebende Multiplikationsmöglich-keit für Wahrscheinlichkeiten wird auch als *Multiplikationssatz für unabhängige Ereignisse* bezeichnet.

Wenn vom Sachverhalt her klar ist, dass eine bestimmte Gruppe von Ereignissen unabhängig ist, so erleichtert dies die Konstruktion des zugehörigen Wahrschein-lichkeitsfunktionals bedeutend, da jetzt nur noch für die einzelnen Ereignisse Wahrscheinlichkeiten festgelegt werden müssen, nicht jedoch für deren Ver-einigungen oder Durchschnitte. In vielen Anwendungsfällen ist der Anwender der Wahrscheinlichkeitsrechnung daher daran interessiert, die Unabhängigkeit von Ereignissen nachzuweisen, wobei man sich häufig vereinfachend mit dem Nach-weis paarweiser Unabhängigkeit gemäß (7.25) begnügt. Vielfach unterstellt man die Unabhängigkeit auch ohne weitere Nachprüfung, wenn diese vom Sachverhalt her klar (oder zumindest als Annahme plausibel) ist.

Beispiel 7.4

Ausgehend von dem Wahrscheinlichkeitsfunktional des Beispiels 7.3 soll die Frage geklärt werden, ob die Wahrscheinlichkeit, dass ein Bewerber eine Gehaltsforderung von höchstens 100 TDM stellt, davon abhängt, ob diejenige Person für die ausgeschriebene Stelle geeignet ist oder nicht. Man erhält:

$$W(G\,|\,E) = \frac{W(E \cap G)}{W(E)} = \frac{0{,}23}{0{,}35} = 0{,}657, \quad W(G\,|\,\overline{E}) = \frac{W(\overline{E} \cap G)}{W(\overline{E})} = \frac{0{,}55}{0{,}65} = 0{,}846.$$

Diese Werte stimmen nicht mit $W(G) = 0{,}78$ überein. Die Ereignisse G und E bzw. G und $\overline{E}$ sind also abhängig. Die Wahrscheinlichkeit des Überschreitens der Gehaltsgrenze wird somit wesentlich von der Eignung des Bewerbers beeinflusst.

Will man wissen, mit welcher Wahrscheinlichkeit ein Bewerber mit einer akzeptablen Gehaltsforderung geeignet ist, so bietet sich hierfür die Verwendung der BAYES'schen Formel an:

$$W(E\,|\,G) = \frac{W(G\,|\,E) \cdot W(E)}{W(G\,|\,E) \cdot W(E) + W(G\,|\,\overline{E}) \cdot W(\overline{E})} = \frac{0{,}657 \cdot 0{,}35}{0{,}657 \cdot 0{,}35 + 0{,}846 \cdot 0{,}65} = 0{,}295.$$

8 Zufallsvariablen und Verteilungen

8.1 Begriff der Zufallsvariablen

Wahrscheinlichkeitsfelder mit den auf der Basis von Mengen operierenden Wahrscheinlichkeitsfunktionalen sind mathematisch schwierig zu handhabende Objekte, insbesondere dann, wenn die Anzahl der möglichen Realisationen groß, möglicherweise abzählbar unendlich oder sogar überabzählbar unendlich ist. Die Betrachtung der Potenzmenge von Ω als Ereignisraum ist damit wenig praktikabel oder sogar unmöglich. Die Beschränkung des Ereignisraums auf eine überschaubare Menge von interessierenden Ereignissen ist aber vielfach von der sachlichen Anwendung her nicht möglich.

Aus diesem Dilemma hat sich der folgende Ausweg als gangbar erwiesen: Das zu betrachtende Wahrscheinlichkeitsfeld wird in ein Wahrscheinlichkeitsfeld transformiert, das auf den reellen Zahlen definiert ist. Dieses transformierte Wahrscheinlichkeitsfeld lässt sich dann durch eine einzige reelle Funktion vollständig beschreiben, sodass ein Arbeiten mit Mengenfunktionalen nicht mehr erforderlich ist.

Dieses Vorgehen eignet sich insbesondere für solche Zufallsvorgänge, deren Realisationen ohnehin schon auf einer metrischen Skala zu messen sind. Diese Skala lässt sich dann problemlos auf die reelle Achse transformieren. Unter Umständen wird auch nur ein bestimmter, besonders interessierender Aspekt eines Zufallsvorgangs der Transformation auf die reellen Zahlen unterworfen. Beispielsweise bestehen die Ergebnisse des Zufallsvorgangs ‚Beteiligung am Lotto 6 aus 49‘ sowohl aus einer Information über die ‚Zahl der Richtigen‘, d. h. über die Gewinnklasse, der der Lottoschein zugelost wurde, als auch über den der jeweiligen Gewinnklasse zugewiesenen Gewinnbetrag. Bei der Transformation in die reellen Zahlen könnte man sich dann darauf beschränken, lediglich die Informationen über den Gewinnbetrag abzubilden. Darüber hinaus kann es aber auch sinnvoll sein, nicht metrisch skalierte Informationen (wie diejenigen über die Gewinnklasse oder darüber, ob überhaupt ein Gewinn erzielt wurde), auf die reelle Zahlenachse abzubilden. Bei der Interpretation des Abbildungsergebnisses ist dann natürlich das geringere (ordinale oder nominale) Skalenniveau der Abbildungsergebnisse zu berücksichtigen.

Im Einzelnen wird an dieser Stelle Folgendes definiert:

■ **Zufallsvariable:**

Gegeben sei ein Wahrscheinlichkeitsfeld $(\Omega, ER(\Omega), W)$. Dann heißt eine reellwertige Funktion $X: \Omega \rightarrow \mathbf{R}$, die jedem Elementarereignis eine reelle Zahl zuordnet, eine Zufallsvariable, wenn gilt:

(8.1) $\quad I_x^{(X)} = \{\omega \in \Omega \mid X(\omega) \leq x\} \in ER(\Omega) \quad$ für alle $x \in \mathbf{R}$.

■ **Wahrscheinlichkeiten für Zufallsvariablen:**

Die Wahrscheinlichkeiten für bestimmte als Teilmengen von $\mathbf{R}$ gebildete reellwertige Ereignisse berechnen sich mit Hilfe der Festlegung

(8.2) $\quad W(X \leq x) = W(I_x^{(X)}) = W(\{\omega \in \Omega \mid X(\omega) \leq x\})$.

■ **Verteilung:**

Durch die Abbildungsvorschrift der Zufallsvariablen entsteht ein neues, reellwertiges Wahrscheinlichkeitsfeld $(\mathbf{R}, ER(\mathbf{R}), W)$. Der dabei betrachtete Ereignisring ist der kleinstmögliche, der alle halboffenen Intervalle der Form $(-\infty; x]$ enthält. Ein solches reellwertiges Wahrscheinlichkeitsfeld wird auch als (Wahrscheinlichkeits-)Verteilung bezeichnet.

■ **Verteilungsfunktion:**

Da alle Verteilungen die gleiche Grundmenge und den gleichen Ereignisring haben und da sich alle Wahrscheinlichkeiten einer Zufallsvariablen aus den Wahrscheinlichkeiten der Mengen $I_x^{(X)}$ ableiten, kann die Verteilung einer Zufallsvariablen vollständig durch eine reellwertige Funktion $F_X: \mathbf{R} \rightarrow [0;1]$ beschrieben werden, für die gilt:

(8.3) $\quad F_X(x) = W(I_x^{(X)}) = W(\{\omega \in \Omega \mid X(\omega) \leq x\})$.

Diese die Verteilung einer Zufallsvariablen charakterisierende Funktion wird als Verteilungsfunktion der Zufallsvariablen bezeichnet.

Als Vorteile des Arbeitens mit Verteilungen im Vergleich zu gewöhnlichen Wahrscheinlichkeitsfeldern seien an dieser Stelle genannt:

- Statt eines Wahrscheinlichkeitsfunktionals muss lediglich die Verteilungsfunktion, eine gewöhnliche reellwertige Funktion, festgelegt werden.
- Vielfach wird das Urbild der Zufallsvariablen überhaupt nicht mehr explizit betrachtet. Dies bedeutet, dass man sich in der Praxis konkrete Überlegungen zum zugrunde liegenden Wahrscheinlichkeitsfeld erspart und nur noch Annahmen über die aus dieser Abbildungsvorschrift resultierende

Zufallsvariable trifft. Dabei wird i. d. R. auf unterschiedliche, in der Praxis bewährte Verteilungstypen (wie z. B. die Normalverteilung) zurückgegriffen (vgl. Abschnitt 8.2).

Für die praktische Arbeit mit Zufallsvariablen ist die folgende Unterscheidung wichtig:
- Eine Zufallsvariable, die endlich oder höchstens abzählbar unendlich viele Werte $x_1, x_2, ...$ annehmen kann, heißt *diskret*. Sie könnte beispielsweise die Anzahl von Maschinenausfällen in einem bestimmten Zeitraum beschreiben.
- Eine Zufallsvariable, die jeden beliebigen Zahlenwert eines vorgegebenen endlichen oder unendlichen Intervalls der reellen Zahlengeraden annehmen kann, heißt *stetig*. Diese könnte (optimale Messgenauigkeit vorausgesetzt) z. B. Bearbeitungszeiten, Reißfestigkeit von Stoffen oder Verbrauchsmengen beschreiben. Auch monetäre Größen werden häufig durch stetige Zufallsvariablen beschrieben, wobei davon abgesehen wird, dass eigentlich nur Merkmalsausprägungen in Vielfachen der Einheit Pfennig bzw. Cent angenommen werden können, das betrachtete Merkmal also nur ‚quasi stetig' ist.
- Darüber hinaus sind theoretisch auch Mischformen dieser beiden Grundformen denkbar.

Eigenschaften von Verteilungsfunktionen

Aus der Definition der Verteilungsfunktion ergeben sich die folgenden Eigenschaften:
- Da mit wachsendem x die Menge I_x nur größer, nicht aber kleiner werden kann, ist $F_X(x)$ eine monoton nicht fallende Funktion von x.
- Es gilt:

$$(8.4) \quad 0 = F_X(-\infty) = \lim_{z \to -\infty} F_X(z) \le F_X(x) \le \lim_{z \to +\infty} F_X(z) = F_X(+\infty) = 1.$$

- $F_X(x)$ ist rechtsseitig stetig und linksseitig konvergent, d. h., es gilt:

$$(8.5) \quad \lim_{z \searrow x} F_X(z) = F_X(x), \quad \lim_{z \nearrow x} F_X(z) \le F_X(x).$$

- Für stetige Zufallsvariablen ist auch die Verteilungsfunktion eine stetige Funktion.
- Für diskrete Zufallsvariablen ist die Verteilungsfunktion eine stückweise konstante Funktion (Treppenfunktion), deren Niveau-Sprungstellen an den

höchstens abzählbar unendlich vielen Werten liegen, welche die Zufallsvariable annehmen kann.

Hauptsatz der Verteilung

Der für Zufallsvariablen betrachtete Ereignisring $ER(\mathbb{R})$ ist kleiner als die Potenzmenge (d. h. die Menge aller Teilmengen) der reellen Zahlen. Er ist aber für praktische Zwecke völlig ausreichend, da er aufgrund der an einen Ereignisring zu stellenden Anforderungen nicht nur alle geschlossenen Halbintervalle, sondern allgemein alle offenen oder geschlossenen Intervalle und Halbintervalle enthält, d. h. alle Teilmengen der reellen Zahlen der Formen

$$(8.6) \quad \begin{array}{l} (-\infty;x], \ (-\infty;x), \ [x;+\infty), \ (x;+\infty); \\ [x_1;x_2], \ [x_1;x_2), \ (x_1;x_2], \ (x_1;x_2), \quad \text{wobei } x_1 \le x_2. \end{array}$$

Hierzu zählen offensichtlich auch die Einpunktmengen $\{x\} = [x;x]$, zudem alle Vereinigungen der bisher erwähnten Mengen.

Bei der Berechnung von Wahrscheinlichkeiten aus der Verteilungsfunktion gilt folgende Grundregel (*Hauptsatz der Verteilung*):

$$(8.7) \quad W(a < X \le b) = W((a;b]) = F_X(b) - F_X(a).$$

Für die übrigen in (8.6) angegebenen Intervallformen gilt entsprechend:

$$(8.8) \quad \begin{array}{l} W(a < X < b) = W((a;b)) = \lim_{z \nearrow b} F_X(z) - F_X(a), \\[2mm] W(a \le X \le b) = W([a;b]) = F_X(b) - \lim_{z \nearrow a} F_X(z), \\[2mm] W(a \le X < b) = W([a;b)) = \lim_{z \nearrow b} F_X(z) - \lim_{z \nearrow a} F_X(z). \end{array}$$

α-Punkt bzw. α-Fraktil

Jede reelle Zahl x_α, für die gilt, dass die Verteilungsfunktion einer Zufallsvariablen an dieser Stelle den Wert α besitzt, heißt α-*Punkt* bzw. α-*Fraktil* der Zufallsvariablen bzw. ihrer Verteilungsfunktion:

$$(8.9) \quad x_\alpha \text{ ist } \alpha\text{-Punkt von } X \iff F_X(x_\alpha) = \alpha.$$

// Zu einem gegebenen α muss nicht stets ein x_α existieren; falls es existiert, muss es nicht unbedingt eindeutig sein.

Wahrscheinlichkeitsfunktion

Bei einer diskreten Zufallsvariablen werden die endlich oder höchstens abzählbar unendlich vielen Realisationsmöglichkeiten jeweils mit einer positiven Wahrscheinlichkeit angenommen. Eine durch die Wahrscheinlichkeiten $w_i = W(X=x_i)$ definierte Abbildung f_X: $\mathbb{R} \to [0;1]$ der Menge aller Realisationsmöglichkeiten einer diskreten Zufallsvariablen in das Intervall der reellen Zahlen zwischen null und eins heißt *Wahrscheinlichkeitsfunktion* der diskreten Verteilung.

!!   Die Wahrscheinlichkeitsfunktion ist für alle reellen Zahlen definiert. Stellt aber x keine Realisationsmöglichkeit von X dar, so ist $f_X(x) = W(X=x) = 0$. Es gilt also:

$$(8.10) \quad f_X(x) = \begin{cases} W(X=x_i) = w_i & \text{falls } x=x_i, \\ \\ 0 & \text{sonst.} \end{cases}$$

Für die zugehörige Verteilungsfunktion ergibt sich

$$(8.11) \quad F_X(x) = W(X \le x) = \sum_{i \mid x_i \le x} w_i.$$

Dichtefunktion

Bei stetigen Zufallsvariablen ist jede der überabzählbar vielen reellen Zahlen aus einem Intervall eine Realisationsmöglichkeit, d. h., die Wahrscheinlichkeit, dass eine stetige Zufallsvariable einen bestimmten, vorgegebenen Wert x annimmt, ist gleich null (was nicht bedeutet, dass das Ereignis $X=x$ unmöglich ist). Diese auf den ersten Blick verwirrende Aussage wird verständlich, wenn man sich klar macht, dass irgendeine der Realisationen x zwangsläufig angenommen werden muss, jedoch im üblichen Sprachgebrauch meist nicht zwischen einer reellen Zahl x selbst und einem je nach Messgenauigkeit mehr oder weniger kleinen Intervall um x unterschieden wird (damit wäre dann eigentlich eine diskrete Zufallsvariable gegeben). In ein noch so kleines Intervall fällt eine stetige Zufallsvariable aber bereits mit positiver Wahrscheinlichkeit, sofern der Verteilungsfunktionswert an der rechten Intervallgrenze größer als an der linken ist, d. h. die Verteilungsfunktion innerhalb dieses Intervalls nicht konstant ist. Daher lässt sich die Verteilung einer stetigen Zufallsvariablen auch nicht durch eine Wahrscheinlichkeitsfunktion beschreiben, sondern durch eine *Dichtefunktion* $f_X(x)$ (auch *Wahrscheinlichkeitsdichte* genannt), welche die Stärke des Anstiegs der Verteilungsfunktion an der Stelle x beschreibt. Ist F_X in x differenzierbar, so gilt:

$$(8.12) \quad F_X'(x) = \frac{\partial\, F_X(x)}{\partial\, x} = f_X(x),$$

d. h., $f_X(x)$ ist die Ableitung von F_X an der Stelle x. Hieraus lässt sich weiter folgern:

$$(8.13) \quad F_X(x) = \int_{-\infty}^{x} f_X(z)\, \mathrm{d}z \quad \text{und} \quad \int_{-\infty}^{+\infty} f_X(z)\, \mathrm{d}z = F_X(+\infty) = 1.$$

Für die Wahrscheinlichkeit des Ereignisses $a < X \le b$ ergibt sich

$$(8.14) \quad W(a < X \le b) = \int_{a}^{b} f_X(z)\, \mathrm{d}z = F_X(b) - F_X(a),$$

wobei für stetige Verteilungen stets gilt:

$$(8.15) \quad W(a < X \le b) = W(a \le X \le b) = W(a < X < b) = W(a \le X < b).$$

Die Verteilungsfunktion F_X einer stetigen Zufallsvariablen ist eine stetige Funktion; Sprünge wie im diskreten Fall sind ausgeschlossen. Sie muss jedoch nicht überall differenzierbar sein; an einer nicht differenzierbaren ‚Knickstelle' x_0 ist der Anstieg der Verteilungsfunktion F_X linksseitig von x_0 von demjenigen rechtsseitig von x_0 verschieden. Die Dichtefunktion weist dann an dieser Stelle eine Sprungstelle auf.

Beispiel 8.1

Da die Statistik AG eine groß angelegte Marketing-Maßnahme plant, mit der potenzielle Kunden auf die Dienstleistungsangebote des Unternehmens aufmerksam gemacht werden sollen, interessiert es sich für die Häufigkeit und Höhe des bei einem zufällig herausgegriffenen Nachfrager anfallenden Auftragsvolumens. Aufgrund von Erfahrungswerten geht die Geschäftsleitung davon aus, dass sich ihr Nachfragermarkt durch die beiden folgenden Zufallsvariablen darstellen lässt: Die erste Zufallsvariable beschreibt die Häufigkeit, mit der die Kunden der Statistik AG pro Jahr eine der angebotenen Dienstleistungen nachfragen; die zweite beschreibt die Verteilung der Höhe des jeweils zu vergebenden Auftragsvolumens. In Bezug auf die Nachfragehäufigkeit geht aus den Erfahrungen hervor, dass 70 % der Kunden lediglich einmal jährlich als Nachfrager auftreten, 20 % zweimal jährlich und lediglich 10 % dreimal jährlich. Das von einem Kunden zu vergebende Auftragsvolumen liegt zwischen 0 und 10.000 Euro. Die Wahrscheinlichkeit, dass ein Auftragsvolumen einer bestimmten Größenordnung anfällt, ist zunächst groß und dann linear abfallend, bis schließlich oberhalb des Maximalwertes von 10.000 Euro keine Wahrscheinlichkeitsmasse mehr auftritt.

Aus den obigen Ausführungen ergibt sich, dass sich die Nachfragehäufigkeit der Kunden durch eine diskrete Zufallsvariable X darstellen lässt. Die Wahrscheinlichkeitsfunktion dieser Zufallsvariablen lautet

Wahrscheinlichkeitsfunktion
der Auftragshäufigkeit

$f_X(x)$

Verteilungsfunktion
der Auftragshäufigkeit

$F_X(x)$

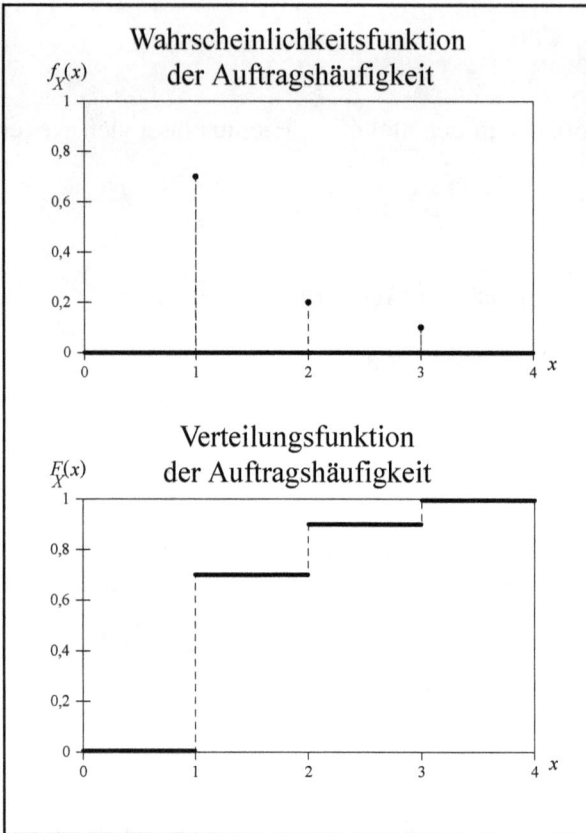

Abbildung 8.1 Wahrscheinlichkeits- und Verteilungsfunktion der diskreten Zufallsvariablen ‚Auftragshäufigkeit'

$$f_X(x) = \begin{cases} 0{,}7 & \text{für } x=1, \\ 0{,}2 & \text{für } x=2, \\ 0{,}1 & \text{für } x=3, \\ 0 & \text{sonst.} \end{cases}$$

Hieraus ergibt sich folgender Verlauf der Verteilungsfunktion:

$$F_X(x) = \begin{cases} 0 & \text{für } x<1, \\ 0{,}7 & \text{für } 1 \leq x <2, \\ 0{,}9 & \text{für } 2 \leq x <3, \\ 1 & \text{für } 3 \leq x. \end{cases}$$

Abbildung 8.1 zeigt die Wahrscheinlichkeits- und Verteilungsfunktion dieser Zufallsvariablen.

Bei dem Merkmal Auftragsvolumen handelt es sich um eine stetige Zufallsvariable Y, deren Realisationsmöglichkeiten die einzelnen Auftragswerte in 1.000 Euro darstellen. Den Erfahrungen ist folgender Verlauf der Dichtefunktion zu entnehmen:

$$f_Y(y) = \begin{cases} c - \dfrac{c}{10} \cdot y & \text{für } 0 \leq y \leq 10, \\ 0 & \text{sonst.} \end{cases}$$

Der Flächeninhalt des Dreiecks unter dieser Dichtefunktion beträgt

$$\int f_Y(y) \; dy = \tfrac{1}{2} \cdot c \cdot 10 = 5c.$$

Hieraus ergibt sich, da die Fläche unter der Dichtefunktion den Wert eins annehmen muss,

$$f_Y(y) = \begin{cases} 0{,}2 - 0{,}02 \cdot y & \text{für } 0 \leq y \leq 10, \\ 0 & \text{sonst.} \end{cases}$$

Zur Bestimmung der Verteilungsfunktion sei zunächst das Integral der Dichtefunktion dort betrachtet, wo diese von null verschieden ist. Hier gilt:

$$\int_{-\infty}^{y} f_Y(z) \; dz = \int_{0}^{y} (0{,}2 - 0{,}02 \cdot z) \; dz = \left[0{,}2 \cdot z - 0{,}01 \cdot z^2 \right]_{0}^{y} = 0{,}2 \cdot y - 0{,}01 \cdot y^2.$$

Für die Verteilungsfunktion dieser Zufallsvariablen ergibt sich

$$F_Y(y) = \begin{cases} 0 & \text{für } y<0, \\ 0{,}2 \cdot y - 0{,}01 \cdot y^2 & \text{für } 0 \leq y \leq 10, \\ 1 & \text{für } 10 < y. \end{cases}$$

Die Dichte- und Verteilungsfunktion dieser Zufallsvariablen sind in Abbildung 8.2 dargestellt.

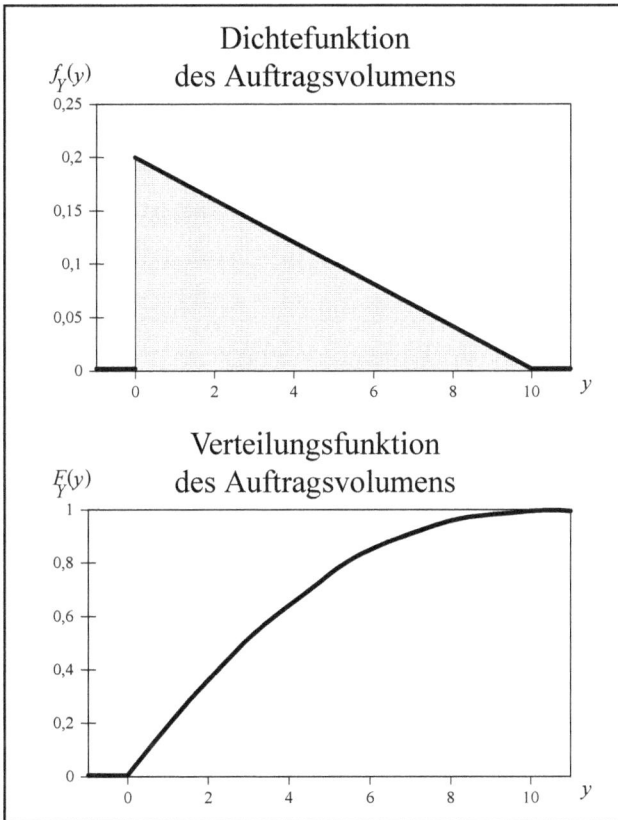

Abbildung 8.2 Dichte- und Verteilungsfunktion der stetigen
Zufallsvariablen ‚Auftragsvolumen‘

8.2 Wichtige Verteilungstypen

In der praktischen Arbeit haben sich einige Typen von Wahrscheinlichkeitsverteilungen bewährt, die für unterschiedliche Anwendungsbereiche verwendet werden.
I. d. R. legt sich der Benutzer dabei von vornherein auf einen geeigneten Verteilungstyp fest, ohne dies noch detailliert aus dem betrachteten Zufallsvorgang
heraus zu begründen, und behält diese *Verteilungsannahme* so lange bei, bis sich
in der Praxis gezeigt hat, dass die getroffene Verteilungsannahme zur Beschreibung des Zufallsvorgangs nicht ausreicht. In diesem Fall wird man dann versu-
chen, die Verteilungsannahme durch eine aufwändigere zu ersetzen.

Die Verteilungstypen werden jeweils durch einen oder mehrere *Verteilungspara-meter* definiert, die in gewissem Rahmen gestatten, die konkreten Umstände des betrachteten Anwendungsfalles zu berücksichtigen. Wichtige diskrete Ver-teilungstypen sind die *Binomialverteilung*, die *hypergeometrische Verteilung* und die *Poisson-Verteilung*. Wichtige stetige Verteilungen sind die *Gleichverteilung*, die *Exponentialverteilung* und die *Normalverteilung*.

Binomialverteilung

Die Binomialverteilung beschreibt die wiederholte Durchführung eines dichoto-men Zufallsvorgangs. Der Verteilungsparameter *n* bezeichnet die Anzahl der Wiederholungen, die als jeweils voneinander unabhängig durchführbar unterstellt werden. Hierbei wird jeweils nur darauf geachtet, ob ein bestimmtes Ereignis *A* eintritt oder nicht. Die Wahrscheinlichkeit, dass bei den einzelnen Wiederho-lungen dieses Ereignis eintritt, beträgt jeweils $W(A) = \pi$.

Die *i* -te Durchführung dieses Zufallsvorgangs lässt sich durch die Zufallsvariable

$$(8.16) \quad X_i = \begin{cases} 1, & \text{falls } A \text{ bei der } i\text{-ten Durchführung eintritt,} \\ 0, & \text{falls } A \text{ bei der } i\text{-ten Durchführung nicht eintritt,} \end{cases}$$

beschreiben. Die Anzahl der Durchführungen, bei denen **A** eintritt, ist eine Zufallsvariable mit dem Wertebereich $\{0, 1, ..., n\}$. Sie lässt sich in der Form $X = \sum_{i=1}^{n} X_i$ darstellen. Ist x eine Zahl aus dem Wertebereich von x und ist ferner $(x_1, x_2, ..., x_n)$ ein n-Tupel, in dem die einzelnen Werte x_i nur 0 oder 1 sein können und genau **x** der Werte x_i gleich 1 sind (d. h. $\sum_{i=1}^{n} x_i = x$ gilt), so folgt aus der o. a. Definition

$$(8.17) \quad \begin{aligned} W(X_1=x_1, X_2=x_2, ..., X_n=x_n) &= W(X_1=x_1) \cdot W(X_2=x_2) \cdot ... \cdot W(X_n=x_n) \\ &= \pi^x \cdot (1-\pi)^{n-x}. \end{aligned}$$

Insgesamt gibt es für $0 \le x \le n$ genau $\frac{n!}{x! \cdot (n-x)!} = \binom{n}{x}$ Möglichkeiten, x ‚Einsen' und $n-x$ ‚Nullen' anzuordnen. Daher ergibt sich für die Wahrscheinlichkeit des Ereignisses $X=x$:

$$(8.18) \quad W(X=x) = \binom{n}{x} \cdot \pi^x \cdot (1-\pi)^{n-x}.$$

Eine binomialverteilte Zufallsvariable X mit den Parametern n und π besitzt also die Wahrscheinlichkeitsfunktion

$$(8.19) \quad f_X(x) = w_x = \begin{cases} \binom{n}{x} \cdot \pi^x \cdot (1-\pi)^{n-x} & \text{für } x \in \{0,1,2,...,n\}, \\ 0 & \text{sonst.} \end{cases}$$

Die Wahrscheinlichkeits- und die Verteilungsfunktion der Binomialverteilung zeigt für den Wert $n=10$ sowie für die Werte $\pi = 0{,}2; 0{,}5; 0{,}8$ die Abbildung 8.3. Um anzugeben, dass die Zufallsvariable X einer Binomialverteilung mit den Parametern n und π genügt, schreibt man kurz $X \sim B(n; \pi)$. Die einzelnen Summanden X_i, die in die Binomialverteilung eingehen, sind unabhängig voneinander $B(1; \pi)$-verteilt; eine derartige Zufallsvariable bezeichnet man auch als *Indikatorvariable, BERNOULLI-Variable, dichotome Zufallsvariable, binäre Zufallsvariable* oder *Dummy*.

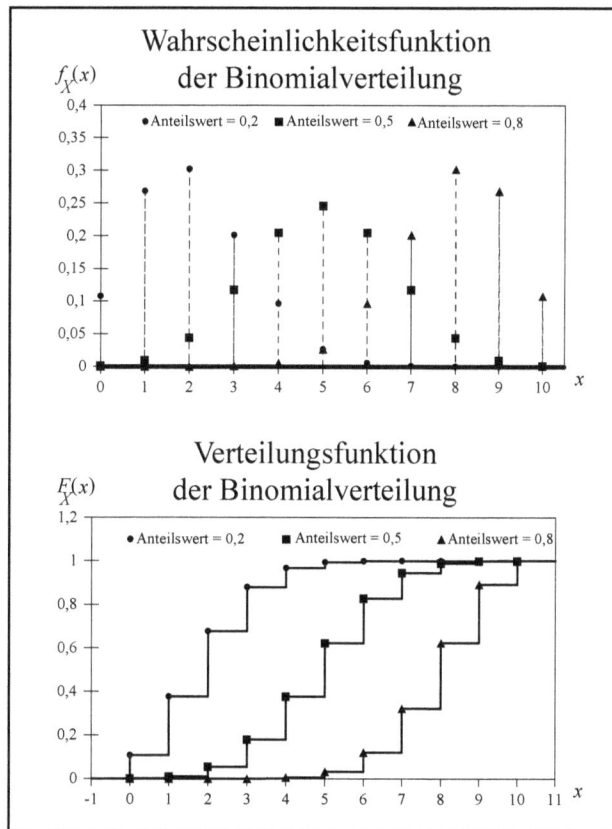

Abbildung 8.3 Verteilungs- und Wahrscheinlichkeitsfunktion der Binomialverteilung für die Parameterwerte $n = 10$ und $\pi = 0{,}2; 0{,}5; 0{,}8$

Mit Hilfe der Binomialverteilung lässt sich das in Abschnitt 7.2 vorgestellte Urnenmodell darstellen, falls die Kugeln der Urne mit Zurücklegen entnommen werden und es auf die Beachtung der Reihenfolge nicht ankommt (vgl. Formel (7.9)). Dem Quotienten $\frac{K}{N}$ entspricht bei der Binomialverteilung der Parameter π; die Binomialverteilung geht aber insofern über das Urnenmodell hinaus, als der Parameter π nicht der Quotient zweier ganzer Zahlen zu sein braucht, sondern eine beliebige reelle Zahl zwischen null und eins sein kann.

Werte der Verteilungsfunktion der $B(n; \pi)$-Verteilung findet man für verschiedene n und verschiedene $\pi \in (0; 0{,}5]$ im Tabellenanhang. Für den Fall, dass $\pi > 0{,}5$ ist, lässt sich diese Tabelle mit Hilfe folgender Überlegung nutzen: Man betrachtet statt der Binomialverteilung $X \sim B(n; \pi)$ die Zufallsvariable $Y = n - X \sim B(n; 1 - \pi)$, deren Parameter $1 - \pi < 0{,}5$ ist und die statt der ‚erfolgreichen Zufallsvorgänge‘ die ‚Misserfolge‘ zählt. Um die zu berechnende Wahrscheinlichkeit zu bestimmen, muss dann das betrachtete Ereignis statt durch die Anzahl der Erfolge durch die

Anzahl der Misserfolge ausgedrückt werden (so ist z. B. $X \le c$ dasselbe wie $n-X \ge n-c$).

Beispiel 8.2

Die ‚Statistik AG' hat drei Stellen für Sachbearbeiter zur Durchführung von Marktforschungs-studien ausgeschrieben. Nach Durchsicht der eingegangenen Bewerbungsunterlagen geht der Personalleiter bei insgesamt zehn Bewerbern davon aus, dass sie für die ausgeschriebene Stelle geeignet sein dürften. Allerdings weiß er aus Erfahrung, dass sein erster Eindruck gelegentlich trügt und nur in 80 % der Fälle ein solcher Bewerber nach dem Vorstellungsgespräch tatsächlich geeignet scheint (und die Stelle anzutreten bereit ist).

Der Personalleiter stellt sich nun die Frage, mit welcher Wahrscheinlichkeit er in der Lage sein wird, die drei freien Positionen zu besetzen. Die Anzahl X der tatsächlich geeigneten Personen stellt eine binomialverteilte Zufallsvariable dar mit den Parametern $n=10$ und $\pi=0,8$ (vgl. Ab-bildung 8.3). Allerdings ist diese in den Tabellen zur Binomialverteilung nicht enthalten, sodass für die Berechnung auf $Y=n-X$, die Anzahl der ungeeigneten Bewerber, ausgewichen werden sollte. Diese ist binomialverteilt mit den Parametern $n=10$ und $\pi=0,2$. Damit gilt:

$$W(X \ge 3) = W(10-X \le 10-3) = W(Y \le 7) = F_{B(10;0,2)}(7) = 0,9999.$$

Er kann also fast sicher sein, die Stellen mit geeigneten Bewerbern besetzen zu können.

Hypergeometrische Verteilung

Die hypergeometrische Verteilung beschreibt das Urnenmodell für den Fall, dass der Urne die Objekte ohne Zurücklegen entnommen werden und es weiterhin auf die Reihenfolge der Entnahmen nicht ankommt. Nach den Ausführungen des Abschnitts 7.2 ergibt sich dann für die Wahrscheinlichkeit, einer Urne mit N Kugeln, von denen K eine bestimmte Eigenschaft besitzen, bei einer Entnahme von n Kugeln ohne Zurücklegen genau x Kugeln mit der betrachteten Eigenschaft zu entnehmen (vgl. (7.8) mit $x=k$),

$$(8.20) \quad W(X=x) = \frac{\binom{K}{x} \cdot \binom{N-K}{n-x}}{\binom{N}{n}},$$

sofern x mindestens gleich $\max\{0, n-(N-K)\}$ und höchstens gleich $\min\{n, K\}$ ist. Dabei ist berücksichtigt, dass die Zufallsvariable X, welche die Anzahl der entnommenen Kugeln mit der betrachteten Eigenschaft beschreibt,

- größer oder gleich null ist,
- höchstens gleich n ist, da der Urne nur so viele Objekte entnommen wer-den,
- höchstens gleich K ist, da nur so viele Objekte die betrachtete Eigenschaft besitzen, und
- mindestens gleich $n-(N-K)$ ist, da nur $N-K$ Objekte die betrachtete Eigen-schaft nicht besitzen.

Für die Wahrscheinlichkeitsfunktion einer hypergeometrisch verteilten Zufallsvariablen X mit den Parametern n, N, K gilt damit:

$$(8.21) \quad f_X(x) = w_x = \begin{cases} \dfrac{\binom{K}{x}\binom{N-K}{n-x}}{\binom{N}{n}} & \text{für } x \in \{\max\{0, n-(N-K)\}, ..., \min\{n, K\}\}, \\[2mm] 0 & \text{sonst.} \end{cases}$$

Man schreibt kurz $X \sim H(n, N, K)$.

Die Anwendung der hypergeometrischen Verteilung beschränkt sich auf diejenigen Fälle, in denen das Urnenmodell mit Ziehen ohne Zurücklegen adäquat ist, in denen also einer endlichen Menge von Objekten eine Anzahl von Objekten entnommen wird, an denen ein dichotomes Merkmal untersucht wird.

Poisson-Verteilung

Eine diskrete Zufallsvariable X mit der Wahrscheinlichkeitsfunktion

$$(8.22) \quad f_X(x) = w_x = \begin{cases} \dfrac{\mu^x}{x!} \, e^{-\mu} & \text{für } x = 0, 1, 2, ... \\[2mm] 0 & \text{sonst.} \end{cases}$$

heißt Poisson-verteilt mit dem Intensitätsparameter μ, kurz: $X \sim P(\mu)$. Dabei ist $\mu > 0$ und e die EULER'sche Zahl ($=2,71828...$). Die zugehörige Verteilungsfunktion der $P(\mu)$-Verteilung ist im Tabellenanhang für gängige Werte $\mu \leq 10$ tabelliert; eine grafische Darstellung der Wahrscheinlichkeits- und Verteilungsfunktion zeigt Abbildung 8.4.

Im Gegensatz zur Binomial- und hypergeometrischen Verteilung kommt die Poisson-Verteilung nicht unmittelbar ‚in der Natur‘ vor. Sie dient zur Beschreibung der Verteilung der Häufigkeit (oder der *Intensität*) des Auftretens ‚seltener‘ Ereignisse innerhalb eines vorgegebenen Zeitabschnitts, etwa der Anzahl der Eisenbahnunfälle in einem bestimmten Gebiet pro Jahr oder der Anzahl der eintreffenden Kunden an einem Schalter pro Minute. Sie greift nicht wie die Binomial- oder hypergeometrische Verteilung auf die konkrete Vorstellung eines dem Urnenmodell entsprechenden Zufallsmodells zurück, sondern man begnügt sich damit, dass sich die Poissonverteilung in der Praxis als geeignet erwiesen hat, um derartige Zufallsvorgänge zu beschreiben.

Wahrscheinlichkeitsfunktion der Poissonverteilung

Verteilungsfunktion der Poissonverteilung

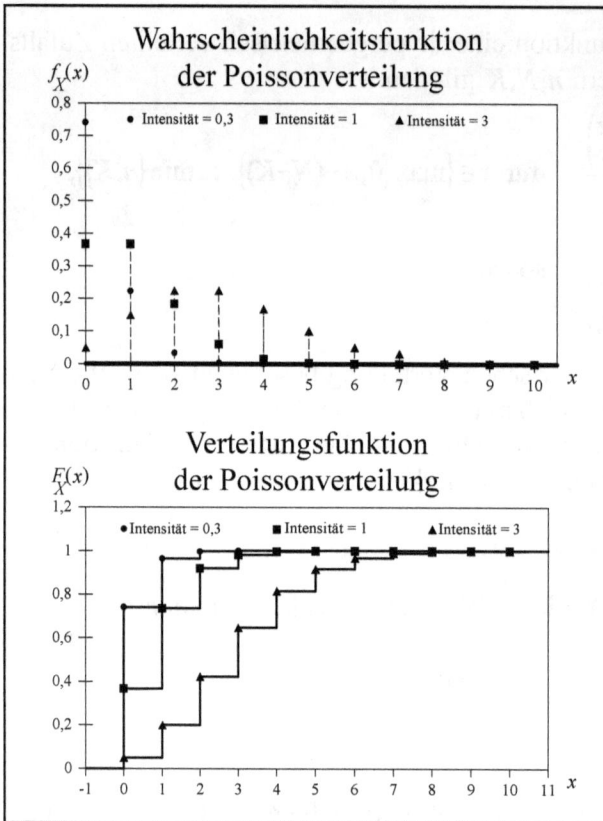

Abbildung 8.4 Wahrscheinlichkeits- und Verteilungsfunktion der Poissonverteilung für die Intensitätsparameter $\mu = 0,3; 1; 3$

Beispiel 8.3

Die ‚Statistik AG' erwägt die Einführung eines neuen Software-Produkts ‚Super-STAT'. Diese Software ist in der Lage, aufwändige statistische Berechnungen durchzuführen, welche die bisherigen Software-Lösungen nicht leisten können. Das Unternehmen geht davon aus, dass Aufgabenstellungen, zu denen die Software ‚Super-STAT' zwingend erforderlich ist, durchschnittlich einmal im Jahr anfallen. Unterstellt man, dass es sich hierbei um eine poisson-verteilte Zufallsvariable X handelt, so errechnet sich (vgl. Tabelle im Anhang) beispielsweise, dass mit einer Wahrscheinlichkeit von 0,3679 die Software überhaupt nicht benötigt würde:

$$W(X=0) = W(X \le 0)$$
$$= F_{P(1)}(0) = 0,3679.$$

Alternativ kann das Unternehmen die Rechenleistung auch wie bisher fremdbeziehen. Eine Kalkulation hat ergeben, dass dies solange günstiger ist, wie diese Aufgabenstellungen nicht häufiger als dreimal jährlich anfallen. Für die Wahrscheinlichkeit, dass X mindestens eins, höchstens aber drei beträgt, gilt:

$$W(1 \le X \le 3) = W(0 < X \le 3) = W(X \le 3) - W(X \le 0) = F_{P(1)}(3) - F_{P(1)}(0)$$
$$= 0,9810 - 0,3679 = 0,6131.$$

Rechteck- oder Gleichverteilung

Sind **a** und **b** reelle Zahlen mit $\mathbf{a} < \mathbf{b}$, so heißt die stetige Zufallsvariable X mit der Dichtefunktion

$$(8.23) \quad f_X(x) = \begin{cases} \dfrac{1}{b-a} & \text{für } a \le x \le b, \\[2mm] 0 & \text{sonst,} \end{cases}$$

gleich- oder rechteckverteilt im (oder: auf dem) Intervall $[a;b]$. Man schreibt kurz $X \sim R(a,b)$. Für die zugehörige Verteilungsfunktion ergibt sich

$$(8.24) \quad F_X(x) = \begin{cases} 0 & \text{falls } x<a, \\ \frac{x-a}{b-a} & \text{falls } a \leq x \leq b, \\ 1 & \text{falls } x>b. \end{cases}$$

Die Dichte und die Verteilungsfunktion der Rechteckverteilung zeigt die Abbildung 8.5.

Die Rechteckverteilung lässt sich dem Prinzip des unzureichenden Grundes folgend immer dann anwenden, wenn von einer Zufallsvariablen lediglich bekannt ist, dass sie die Grenzen des Intervalls $[a;b]$ nicht überschreitet, ansonsten aber über das Verteilungsverhalten innerhalb dieses Intervalls nichts bekannt ist. Dies kann darin begründet sein, dass weitergehende Informationen sich kaum ermitteln lassen oder aus Gründen der Vereinfachung nicht berücksichtigt werden sollen. Typische Anwendungsfälle sind z. B. zufallsabhängige Renditen oder Absatzmengen – wobei Anwender die Intervallgrenzen oft auf der Basis subjektiver Einschätzungen festlegen.

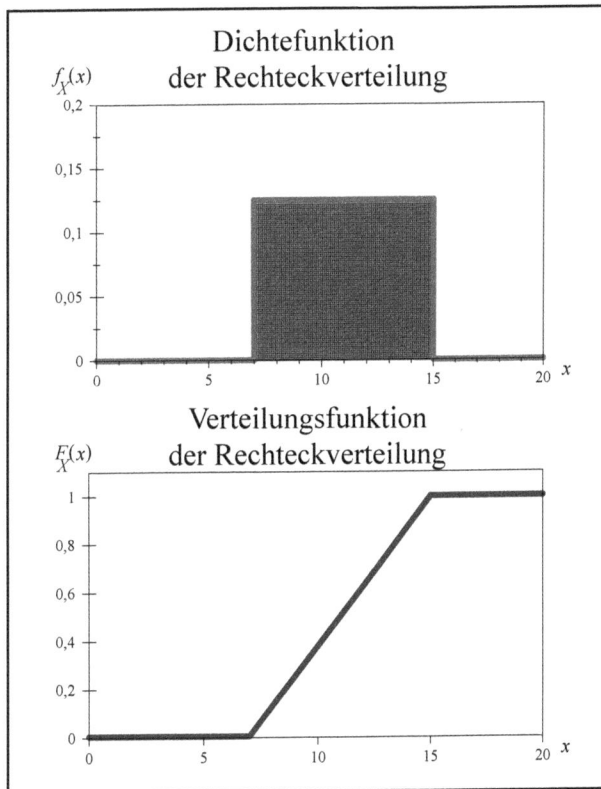

Abbildung 8.5 Dichte- und Verteilungsfunktion der Rechteckverteilung für die Parameterwerte a=7, b=15

Beispiel 8.4

Die ‚Statistik AG' hat einen Auftrag für ein größeres Projekt angenommen. Die Geschäftsleitung geht davon aus, dass die für den Auftrag erforderliche Bearbeitungszeit mindestens 7 Wochen und maximal 15 Wochen betragen wird; zwischen diesen beiden Zeiten wird die Verteilung des Zeitbedarfs als (stetig) gleichverteilt angesehen (vgl. Abbildung 8.5). Der

Auftraggeber besteht allerdings darauf, dass das Projekt in höchstens drei Monaten (also 13 Wochen) abgeschlossen sein soll; andernfalls soll eine Konventionalstrafe fällig werden. Die ‚Statistik AG‘ als Auftragnehmer steht damit vor der Alternative, entweder durch zusätzliches Personal eine zügigere Bearbeitung des Auftrags zu gewährleisten, oder eventuell die Konventionalstrafe in Kauf zu nehmen. Die Wahrscheinlichkeit dafür, dass ohne zusätzliches Personal die Konventionalstrafe fällig wird, berechnet sich wie folgt:

$$W(X{>}13) \ = \ 1 \ - \ W(X{\le}13) \ = \ 1 \ - \ F_{R(7;15)}(13) \ = \ 1 \ - \ \frac{13-7}{15-7} \ = \ 1 \ - \ \frac{6}{8} \ = \ 0{,}25 \ .$$

Exponentialverteilung

Eine stetige Zufallsvariable mit der Dichtefunktion

$$(8.25) \quad f_X(x) \ = \ \begin{cases} \lambda \cdot e^{-\lambda x} & \text{für } x{\ge}0, \\[2mm] 0 & \text{sonst,} \end{cases}$$

heißt exponentialverteilt mit Parameter λ, kurz: $X \sim \text{Exp}(\lambda)$. Dabei ist $\lambda{>}0$ und e die EULER'sche Zahl. Ihre Verteilungsfunktion hat die Form

$$(8.26) \quad F_X(x) \ = \ \begin{cases} 0 & \text{falls } x{<}0, \\[2mm] 1-e^{-\lambda x} & \text{falls } x{\ge}0. \end{cases}$$

Die Dichte- und die Verteilungsfunktion der Exponentialverteilung zeigt Abbildung 8.6.

Die Exponentialverteilung wird häufig für Zufallsvariablen unterstellt, die bei der Messung von Zeitspannen auftreten. So beschreibt sie z. B. in Warteschlangenmodellen die Zeitabstände zwischen dem Eintreffen zweier Kunden oder in der Instandhaltungsplanung die Lebensdauer von Bauteilen. Die Exponentialverteilung wird auch als ‚Lebensdauerverteilung ohne Gedächtnis‘ bezeichnet, da für sie gilt:

$$(8.27) \quad W(X{>}c{+}x \,|\, X{\ge}c) \ = \ W(X{>}x).$$

Die Verteilung der ferneren Lebensdauer x eines Bauteils, welches das Alter c bereits erreicht hat, hängt von diesem bereits erreichten Alter nicht ab und entspricht der Wahrscheinlichkeit eines neuen Bauteils, eine Gesamtlebensdauer von x zu erreichen. Die Exponentialverteilung ‚merkt sich‘ also die vergangene Warte- oder Lebenszeit nicht.

Während $F_X(x)$ den Anteil derjenigen bezeichnet, die ein bestimmtes Alter x nicht erreichen, gibt $1{-}F_X(x)$ den Anteil derjenigen an, die das Alter x mindestens erreichen. Der Quotient

$$(8.28) \quad \frac{f_X(x)}{1 - F_X(x)} \ = \ \frac{\lambda \cdot e^{-\lambda x}}{e^{-\lambda x}} \ = \ \lambda \quad (\text{für } x{>}0)$$

entspricht der Abnahme des Anteils der noch funktionierenden Bauteile im Alter x bezogen auf diesen Anteil noch funktionierender Bauteile im Alter x; er kann daher als *Ausfallrate* interpretiert werden. Diese Ausfallrate ist also bei der Exponentialverteilung für alle $x>0$ identisch und gleich dem Parameterwert λ.

Beispiel 8.5

Die ‚Statistik AG' plant die Anschaffung eines leistungsfähigen Computers, dessen Lebensdauer laut Herstellerangabe als exponentialverteilt angesehen werden kann. Nach einem Jahr, so der Hersteller, seien 96 % der Geräte noch funktionstüchtig. Fällt das Gerät während des ersten Jahres aus, tritt die Herstellergarantie in Kraft, für später auftretende Ausfälle übernimmt der Hersteller keine Verantwortung.

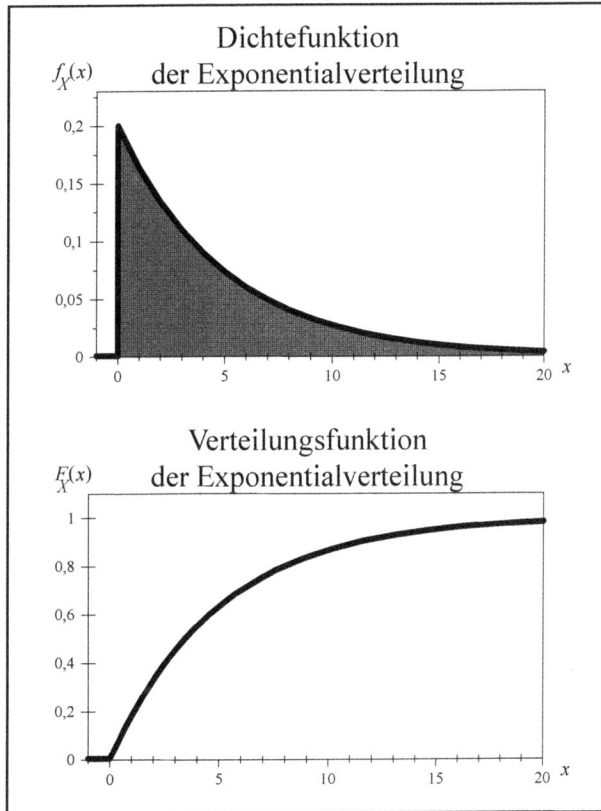

Abbildung 8.6 Dichte- und Verteilungsfunktion der Exponentialverteilung für den Parameterwert $\lambda=0{,}2$

Glaubt man diesen Angaben des Herstellers, so lässt sich diesen entnehmen, dass gilt:

$$0{,}96 = 1 - F_{Exp(\lambda)}(1) = e^{-\lambda \cdot 1} \;\Leftrightarrow\; -\lambda = \ln 0{,}96 = -0{,}0408 \;\Leftrightarrow\; \lambda = 0{,}0408 .$$

Da von einer schnellen technischen Alterung des Gerätes auszugehen ist, ist die Verwendung des Gerätes voraussichtlich auf fünf Jahre beschränkt. Die ‚Statistik AG' interessiert nun die Frage, mit welcher Wahrscheinlichkeit das Gerät später als nach einem Jahr, aber noch innerhalb der ersten fünf Jahre ausfällt. Hierfür berechnet sich

$$W(1<X\leq5) = F_{Exp(0{,}0408)}(5) - F_{Exp(0{,}0408)}(1) = [1-e^{-0{,}0408 \cdot 5}] - [1-e^{-0{,}0408 \cdot 1}]$$
$$= [1-0{,}8155] - [1-0{,}9600] = 0{,}1445 .$$

Normalverteilung

Eine stetige Zufallsvariable mit der Dichtefunktion

$$(8.29) \quad f_X(x) = \frac{1}{\sigma \sqrt{2\pi}} \cdot e^{-\frac{1}{2}\left(\frac{x-\mu}{\sigma}\right)^2},$$

wobei die Parameter μ und $\sigma > 0$ reelle Zahlen sind und π die LUDOLPH'sche Kreiszahl darstellt (=3,1415...), heißt *normalverteilt*, kurz: $X \sim N(\mu;\sigma)$. Die Normalverteilung wird nach CARL FRIEDRICH GAUß (1777-1855) auch als GAUß'sche Glockenkurve bezeichnet. Die Dichte- und Verteilungsfunktion (letztere besitzt allerdings keine geschlossene Formeldarstellung) sind in Abbildung 8.7 wiedergegeben.

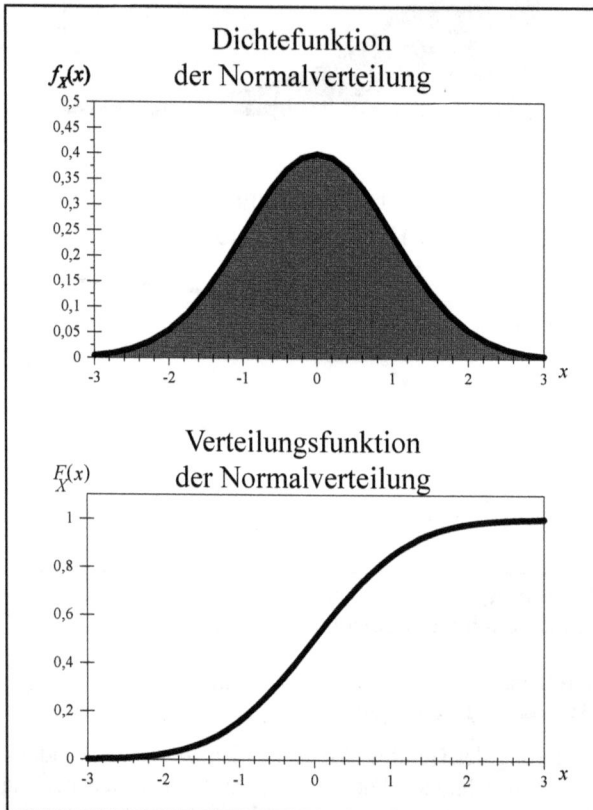

Nach GAUß kann die Normalverteilung vor allem zur Beschreibung von Messfehlern verwendet werden; darüber hinaus ist sie auch geeignet zur Beschreibung von Abweichungen von Sollgrößen im Rahmen von Produktionsprozessen oder von biologischen Phänomenen wie der Körpergröße von Menschen. Auch ökonomische Größen wie etwa Renditen oder Zinssätze können unter Umständen (approximativ) einer Normalverteilung genügen. Allerdings sind ökonomische Größen wie etwa das Einkommen von Personen oder der Umsatz von Unternehmen gewöhnlich nicht unimodal symmetrisch, sondern rechtsschief verteilt, was der Annahme, sie seien normalverteilt, widerspricht. Gelegentlich hilft dann die Annahme weiter, nicht die Größe selbst, sondern ihr Logarithmus sei normalverteilt; man spricht dann auch von einer *logarithmischen Normalverteilung* oder kurz einer *Log-Normalverteilung*.

Abbildung 8.7 Dichte- und Verteilungsfunktion der Normalverteilung für die Parameterwerte $\mu = 0$, $\sigma = 1$ (sog. Standardnormalverteilung)

Ihre zentrale Bedeutung bekommt die Normalverteilung allerdings aus der Gültigkeit des *zentralen Grenzwertsatzes*, aus dem sich ihre zahlreichen Anwendungsmöglichkeiten in der Stichprobentheorie ergeben (vgl. Abschnitt 10.1).

● *Eigenschaften der Normalverteilung*: Die Dichtefunktion ist symmetrisch zu μ, d. h., es gilt $f_X(\mu-x) = f_X(x-\mu)$ für alle $x \in \mathbf{R}$. Sie besitzt ein globales Maximum im Punkt $x=\mu$ sowie zwei Wendepunkte an den Stellen $\mu-\sigma$ und $\mu+\sigma$. Demnach ist μ als Parameter für die Lage der Verteilung und σ als Parameter für das Streuungsverhalten der Verteilung zu interpretieren.

● *Reproduktionseigenschaft*: Die Normalverteilungseigenschaft bleibt auch für lineare Funktionen normalverteilter Zufallsvariablen erhalten. So gilt:

$$(8.30) \quad Y \sim N(a+b\mu_X; |b|\sigma_X), \quad \text{falls } Y = a+bX \text{ (mit } b \neq 0) \text{ und } X \sim N(\mu_X; \sigma_X).$$

Die Summe unabhängiger normalverteilter Zufallsvariablen ist normalverteilt:

$$(8.31) \quad Y = \sum_{i=1}^{n} X_i \sim N(\mu_Y; \sigma_Y) \quad \text{mit } \mu_Y = \sum_{i=1}^{n} \mu_{X_i} \text{ und } \sigma_Y = \sqrt{\sum_{i=1}^{n} \sigma_{X_i}^2},$$
$$\text{falls } X_i \sim N(\mu_{X_i}; \sigma_{X_i}).$$

Aufgrund von (8.30) und (8.31) besitzt die Normalverteilung eine Reproduktionseigenschaft bezüglich der Bildung von Linearkombinationen. Dies gilt auch für den Fall abhängiger Normalverteilungen. Die Parameter der Linearkombination können dann mit den Formeln aus Abschnitt 9.3 berechnet werden.

● *Standardisieren*: Da die Verteilungsfunktion der Normalverteilung keine geschlossene formelmäßige Darstellung besitzt, ist man auf ihre Tabellierung angewiesen. Dazu ist es von Vorteil, dass sich aufgrund von (8.30) die Berechnung der Wahrscheinlichkeiten von Ereignissen, die bezüglich einer beliebigen normalverteilten Zufallsvariablen gebildet werden, stets auf eine solche mit den Parametern $\mu=0$ und $\sigma=1$ zurückführen lässt. Diese ‚Grundform' der Normalverteilung wird als *Standardnormalverteilung* bezeichnet. Eine Tabelle ihrer Verteilungsfunktionswerte findet sich im Anhang. Ist nämlich die Zufallsvariable X gemäß $N(\mu;\sigma)$ verteilt, so ist die standardisierte Zufallsvariable

$$(8.32) \quad X_s = \frac{X - \mu}{\sigma} \sim N(0;1),$$

also standardnormalverteilt. Insofern kann die Verteilungsfunktion der $N(\mu;\sigma)$-verteilten Zufallsvariablen X folgendermaßen durch die Verteilungsfunktion F_{X_s} der Standardnormalverteilung ausgedrückt werden:

$$(8.33) \quad F_X(x) = W(X \leq x) = W\left(\frac{X-\mu}{\sigma} \leq \frac{x-\mu}{\sigma}\right) = W\left(X_s \leq \frac{x-\mu}{\sigma}\right) = F_{X_s}\left(\frac{x-\mu}{\sigma}\right).$$

Bei der Tabellierung der Verteilungsfunktion der Standardnormalverteilung macht man sich zusätzlich noch die Tatsache ihrer Symmetrie um den Wert null zunutze:

(8.34) $F_{X_s}(x) = 1 - F_{X_s}(-x)$,

sodass es ausreicht, x-Werte größer als null zu tabellieren.

● $k\sigma$-*Bereiche*: Misst man für eine normalverteilte Zufallsvariable die Abweichungen von μ in Vielfachen von σ, so ergeben sich Intervalle des Typs

(8.35) $[\mu - k \cdot \sigma; \mu + k \cdot \sigma]$,

die man als $k\sigma$-Bereiche der Normalverteilung bezeichnet. Für die wichtigsten Spezialfälle $k = 1, 2, 3$ erhält man die Wahrscheinlichkeiten

$$\begin{array}{lll} & k{=}1{:} & W(\mu - \sigma \leq X \leq \mu + \sigma) = 0{,}6827, \\ (8.36) & k{=}2{:} & W(\mu - 2\sigma \leq X \leq \mu + 2\sigma) = 0{,}9545, \\ & k{=}3{:} & W(\mu - 3\sigma \leq X \leq \mu + 3\sigma) = 0{,}9973. \end{array}$$

Eine Wahrscheinlichkeitsmasse von etwas mehr als zwei Drittel liegt also in einem Bereich, der um höchstens σ vom Lageparameter μ abweicht. Gut 95 % der Wahrscheinlichkeitsmasse werden von dem Intervall abgedeckt, das um das Doppelte von σ von μ abweicht, d. h., größere Abweichungen von μ als 2σ kommen in weniger als 5 % der Fälle vor. Abweichungen um mehr als das Dreifache des Streuungsparameters σ treten sogar in weit weniger als einem Prozent der Fälle auf.

Beispiel 8.6

Die ‚Statistik AG' plant die Anlage eines größeren Geldbetrages in einem Investmentfonds, wobei sie davon ausgeht, dass die Rendite X dieser Anlageform normalverteilt ist. Als am wahrscheinlichsten wird eine Rendite von 6% angesehen, mit einer Wahrscheinlichkeit von 0,5 wird die Rendite zwischen 4 und 8 % vermutet. Das Unternehmen interessiert vor allem die Frage, mit welcher Wahrscheinlichkeit eine negative Rendite zu erwarten ist.

Hierzu sind zunächst die beiden Parameter der Normalverteilung zu bestimmen. An der Stelle μ liegt das Maximum der Dichtefunktion; wegen der Eigenschaften der Normalverteilungsdichte gilt also $\mu = 6$. Um den Parameter σ zu bestimmen, muss die Information ausgewertet werden, dass gilt:

$0{,}5 = W(4 \leq X \leq 8)$.

Damit gilt

$W(X < 4 \text{ oder } X > 8) = 1 - 0{,}5 = 0{,}5$

und wegen der Symmetrieeigenschaft der Normalverteilungsdichte um den Parameter μ (hier gleich 6)

$W(X < 4) = W(X > 8) = \frac{1}{2} \cdot 0{,}5 = 0{,}25$.

Damit ergibt sich

$W(X \leq 8) = 0{,}75$.

An dieser Stelle kann die Zufallsvariable nun standardisiert werden:

$0{,}75 = W\left(\frac{X - \mu}{\sigma} \leq \frac{8 - \mu}{\sigma}\right) = W\left(X_s \leq \frac{2}{\sigma}\right)$.

Für den 0,75-Punkt der Standardnormalverteilung erhält man den Wert 0,675. Es gilt also:

$$0,675 = F_{N(0;1)}^{-1}(0,75) = \frac{2}{\sigma}.$$

Dabei bezeichnet F^{-1} die Umkehrfunktion der Verteilungsfunktion, also diejenige Funktion, die zu vorgegebenen α-Werten den zugehörigen α-Punkt angibt. Die Umkehrfunktion ist allerdings meist nicht tabelliert, sodass man darauf angewiesen ist, diesen Wert durch ‚Rückwärtsablesen' der Normalverteilungstabelle zu ermitteln (geeignet interpoliert). Schließlich ergibt sich

$$\sigma = \frac{2}{0,675} = 2,96.$$

Bei der Rendite des Fonds handelt es sich also um eine $N(6;2,96)$-Verteilung.

Die Wahrscheinlichkeit, dass diese Rendite negativ wird, lässt sich mittels Standardisierung wie folgt auf die Wahrscheinlichkeit einer Standardnormalverteilung zurückführen:

$$W(X<0) = W\left(\frac{X-\mu}{\sigma}<\frac{0-\mu}{\sigma}\right) = W\left(X_s<\frac{0-6}{2,96}\right) = W(X_s<-2,03).$$

Aufgrund der Symmetrie der Standardnormalverteilung um null lässt sich folgendermaßen weiterrechnen:

$$W(X_s<-2,03) = W(X_s>2,03) = 1 - W(X_s\leq2,03)$$
$$= 1 - F_{N(0;1)}(2,03) = 1 - 0,979 = 0,021.$$

8.3   Verteilungen mehrdimensionaler Zufallsvariablen

Ähnlich wie in der deskriptiven Statistik ist auch für Zufallsvariablen häufig ihr gemeinsames Verhalten von Interesse. Fasst man n Zufallsvariablen zu einem Vektor $X=(X_1,X_2,...,X_n)$ zusammen, so entsteht nicht wie im eindimensionalen Fall eine Abbildung, die jedem Elementarereignis eine reelle Zahl zuordnet, sondern eine solche Abbildung, bei welcher einem Elementarereignis zugleich mehrere reelle Zahlen zugeordnet werden. Es entsteht eine Abbildung $X: \Omega \to \mathbf{R}^n$, bei der analog zu (8.1) – nunmehr komponentenweise – zu fordern ist:

$$(8.37) \quad I_x^X = I_{(x_1,x_2,...,x_n)}^{(X_1,X_2,...,X_n)} = \left\{\omega\in\Omega \mid X_1(\omega)\leq x_1, X_2(\omega)\leq x_2,...,X_n(\omega)\leq x_n\right\} \in \mathrm{ER}(\Omega).$$

Ist diese Forderung erfüllt, so spricht man von einer *n-dimensionalen Zufallsvariablen* oder von einem *Zufallsvektor*. Dabei ist (8.37) immer dann erfüllt, wenn die einzelnen X_i Zufallsvariablen sind (für diese also die Bedingung (8.1) erfüllt ist), da gilt:

$$I_{x_i}^{X_i} = \left\{\omega\in\Omega \mid X_i(\omega)\leq x_i\right\} \in \mathrm{ER}(\Omega) \quad \text{für } i=1,2,...,n$$

(8.38)

$$\Rightarrow \quad I_x^X = \bigcap_{i=1}^{n} I_{x_i}^{X_i} \in \mathrm{ER}(\Omega).$$

Durch einen Zufallsvektor X lässt sich sowohl die simultane Betrachtung von n Eigenschaften (Merkmalen) eines Zufallsvorgangs beschreiben als auch ein

Zufallsgeschehen, das aus n verschiedenen Teilvorgängen besteht. Dies kann z. B. die n-fache Durchführung eines wiederholbaren Zufallsvorgangs sein (sofern die einzelnen Teilvorgänge durch reelle Zahlen charakterisierbar sind).

Gemeinsame Verteilungsfunktion, gemeinsame Wahrscheinlichkeits- bzw. Dichtefunktion

Wie im eindimensionalen Fall verzichtet man auch hier i. d. R. auf die explizite Betrachtung des der Zufallsvariablen zugrunde liegenden Wahrscheinlichkeitsfelds. Man begnügt sich dann damit, Annahmen über das gemeinsame Verteilungsverhalten der den Zufallsvektor bildenden Zufallsvariablen zu treffen. Wie im univariaten Fall wird dieses durch die gemeinsame Verteilungsfunktion oder durch die gemeinsame Wahrscheinlichkeits- bzw. Dichtefunktion beschrieben.

● *Gemeinsame Verteilungsfunktion*: Für einen Zufallsvektor $X = (X_1, X_2, ..., X_n)$ heißt die Funktion $F_X: \mathbf{R}^n \to [0;1]$, die jedem n-Tupel $x = (x_1, x_2, ..., x_n)$ die Wahrscheinlichkeit

$$(8.39) \quad F_X(x) = W(I_x^X) = W(X_1 \leq x_1,\ X_2 \leq x_2,\ ...,\ X_n \leq x_n)$$

zuordnet, *gemeinsame Verteilungsfunktion* der Zufallsvariablen $X_1, X_2, ..., X_n$. Sie gibt also an, mit welcher Wahrscheinlichkeit der Zufallsvektor gleichzeitig komponentenweise die Schranken des Vektors x nicht überschreitet.

● *Gemeinsame Wahrscheinlichkeitsfunktion*: Eine n-dimensionale Zufallsvariable $(X_1, X_2, ..., X_n)$ heißt *diskret*, wenn sie nur endlich oder abzählbar unendlich viele Werte (n-Tupel) annehmen kann. Eine durch die Wahrscheinlichkeiten $w_x = W(X = x)$ definierte Funktion $f_X: \mathbf{R}^n \to [0;1]$, die jedem n-Tupel $x = (x_1, x_2, ..., x_n) \in \mathbf{R}^n$ die Wahrscheinlichkeit

$$(8.40) \quad f_X(x) = w_x = W(X = x) = W(X_1 = x_1,\ X_2 = x_2,\ ...,\ X_n = x_n)$$

zuordnet, nennt man die *gemeinsame Wahrscheinlichkeitsfunktion* der Zufallsvariablen $X_1, X_2, ..., X_n$. Ihr Zusammenhang mit der gemeinsamen Verteilungsfunktion besteht darin, dass letztere durch Kumulation der einzelnen diskreten Wahrscheinlichkeitswerte entsteht, d. h., es gilt:

$$(8.41) \quad F_X(x) = \sum_{\{z \in \mathbf{R}^n \mid z_i \leq x_i\}} f_X(z), \quad \text{wobei } x = (x_1, x_2, ..., x_n),\ z = (z_1, z_2, ..., z_n).$$

● *Gemeinsame Dichtefunktion*: Ein n-dimensionaler Zufallsvektor X heißt *stetig* verteilt, wenn es eine Funktion $f_X: \mathbf{R}^n \to \mathbf{R}$ gibt, sodass die Verteilungsfunktion F_X des Zufallsvektors $X = (X_1, X_2, ..., X_n)$ die Gestalt

$$(8.42) \quad F_X(x_1, x_2, ..., x_n) = \int\limits_{-\infty}^{x_n} ... \int\limits_{-\infty}^{x_2} \int\limits_{-\infty}^{x_1} f(z_1, z_2, ..., z_n) \, dz_1 \, dz_2 \, ... \, dz_n$$

besitzt, sich also als ein Mehrfachintegral darstellen lässt. Die Funktion f_X heißt *gemeinsame Dichte(funktion)* der Zufallsvariablen $X_1, X_2, ..., X_n$.

// Nicht jede Zufallsvariable, die nicht diskret ist, ist automatisch stetig im hier definierten Sinne. Erstens wurde bereits für eindimensionale Zufallsvariablen festgestellt, dass Mischformen zwischen beiden Grundformen denkbar sind. Zweitens ist nun darüber hinaus denkbar, dass einige Komponenten des Zufallsvektors stetige Zufallsvariablen sind, während die anderen diskret sind. Drittens schließlich kann auch der Sonderfall eintreten, dass die einzelnen Zufallsvariablen für sich genommen alle stetig sind, jedoch eine Darstellung als Mehrfachintegral gemäß (8.42) unmöglich ist.[1]

Randverteilungen

Bei einer mehrdimensionalen Zufallsvariablen $X = (X_1, X_2, ..., X_n)$ kann man aus der gemeinsamen Verteilungsfunktion F_X die eindimensionalen Verteilungsfunktionen F_{X_i} der einzelnen Komponenten von X berechnen, die man *Randverteilungsfunktionen* nennt. Für sie gilt:

$$(8.43) \quad \begin{aligned} F_{X_1}(x_1) &= F_X(x_1, \infty, ..., \infty) = \lim_{x_2, ..., x_n \to \infty} F_X(x_1, x_2, ..., x_n) \quad \text{für alle } x_1 \in \mathbf{R}, \\ F_{X_2}(x_2) &= F_X(\infty, x_2, ..., \infty) = \lim_{x_1, x_3, ..., x_n \to \infty} F_X(x_1, x_2, ..., x_n) \quad \text{für alle } x_2 \in \mathbf{R}, \\ &\vdots \\ F_{X_n}(x_n) &= F_X(\infty, \infty, ..., x_n) = \lim_{x_1, ..., x_{n-1} \to \infty} F_X(x_1, x_2, ..., x_n) \quad \text{für alle } x_n \in \mathbf{R}. \end{aligned}$$

Für diskrete bzw. stetige Zufallsvektoren lassen sich auch die zu den einzelnen Komponenten gehörenden *Randwahrscheinlichkeitsfunktionen* bzw. *Randdichten* berechnen, indem über die übrigen Komponenten hinweg summiert bzw. integriert

---

[1] Der einfachste derartige Fall tritt auf, wenn alle X_i identisch sind, also $X = (X_1, X_1, ..., X_1)$ gilt. Dann ist

$$F_X(x) = W(X_1 \le x_1, X_1 \le x_2, ..., X_1 \le x_n) = W(X_1 \le \min\{x_1, x_2, ..., x_n\}) = \int\limits_{-\infty}^{\min\{x_1, x_2, ..., x_n\}} f_{X_1}(z_1) \, dz_1$$

– also gerade *kein* Mehrfachintegral! Ähnliche Sonderfälle entstehen im Übrigen immer dann, wenn sich zwischen den Zufallsvariablen exakte Beziehungen aufzeigen lassen, also (mindestens) eine Zufallsvariable als Funktion der anderen Komponenten des Zufallsvektors darstellbar ist.

wird. Konzentriert sich die Wahrscheinlichkeitsmasse im diskreten Fall auf die Punkte $x_j = (x_{j1}, x_{j2}, ..., x_{jn})$, $j = 1, 2, ...$, so erhält man für die Randwahrscheinlichkeitsfunktionen

$$
\begin{aligned}
f_{X_1}(x_1) &= \sum_{\{x \mid x_{j1} = x_1\}} f_X(x_{j1}, x_{j2}, ..., x_{jn}), \\
(8.44) \quad f_{X_2}(x_2) &= \sum_{\{x \mid x_{j2} = x_2\}} f_X(x_{j1}, x_{j2}, ..., x_{jn}), \\
&\vdots \\
f_{X_n}(x_n) &= \sum_{\{x \mid x_{jn} = x_n\}} f_X(x_{j1}, x_{j2}, ..., x_{jn}).
\end{aligned}
$$

Für die Randdichten im stetigen Fall erhält man

$$
f_{X_1}(x_1) = \int_{-\infty}^{+\infty} \cdots \int_{-\infty}^{+\infty} f_X(x_1, x_2, ..., x_n) \, dx_2 \, ... \, dx_n,
$$

$$
(8.45) \quad f_{X_2}(x_2) = \int_{-\infty}^{+\infty} \int_{-\infty}^{+\infty} \cdots \int_{-\infty}^{+\infty} f_X(x_1, x_2, ..., x_n) \, dx_1 \, dx_3 \, ... \, dx_n,
$$

$$
\vdots
$$

$$
f_{X_n}(x_n) = \int_{-\infty}^{+\infty} \cdots \int_{-\infty}^{+\infty} f_X(x_1, x_2, ..., x_n) \, dx_1 \, ... \, dx_{n-1}.
$$

//   Natürlich kann aus der Kenntnis der Randverteilungen allein im Allgemeinen nicht die gemeinsame Verteilung ermittelt werden. Hierfür sind zusätzliche Angaben über die Zusammenhänge (Korrelationen) der Zufallsvariablen erforderlich.

Beispiel 8.7

Betrachtet sei nochmals das Beispiel 8.1. Die Marktforschungsabteilung der ‚Statistik AG‘ ist der Überzeugung, dass sich durch den gezielten Einsatz geeigneter Marketing-Instrumente die Nachfragehäufigkeit der Kunden nach den angebotenen Dienstleistungen erhöhen lässt. Bezeichnet X_v die Nachfragehäufigkeit vor Durchführung der Maßnahme, X_n die Nachfragehäufigkeit nach der Durchführung, so geht die Marktforschungsabteilung davon aus, dass der Zufallsvektor $X = (X_v, X_n)$ der folgenden gemeinsamen Wahrscheinlichkeitsfunktion genügt:

$f_{(X_v, X_n)}(x_v, x_n)$	$x_n = 1$	$x_n = 2$	$x_n = 3$	$x_n = 4$	$f_{X_v}(x_v)$
$x_v = 1$	0,4	0,2	0,1	0,0	0,7
$x_v = 2$	0,0	0,1	0,1	0,0	0,2
$x_v = 3$	0,0	0,0	0,0	0,1	0,1
$f_{X_n}(x_n)$	0,4	0,3	0,2	0,1	1,0

Für alle in der Tabelle nicht angegebenen Paare reeller Zahlen ist die gemeinsame Wahrscheinlichkeit gleich null. In der Randspalte und der Randzeile der Tabelle sind die Randverteilungen angegeben, wobei die Randverteilung der Zufallsvariablen X_v der in Beispiel 8.1 angegebenen Wahrscheinlichkeitsfunktion entspricht. Die gemeinsame Wahrscheinlichkeits-

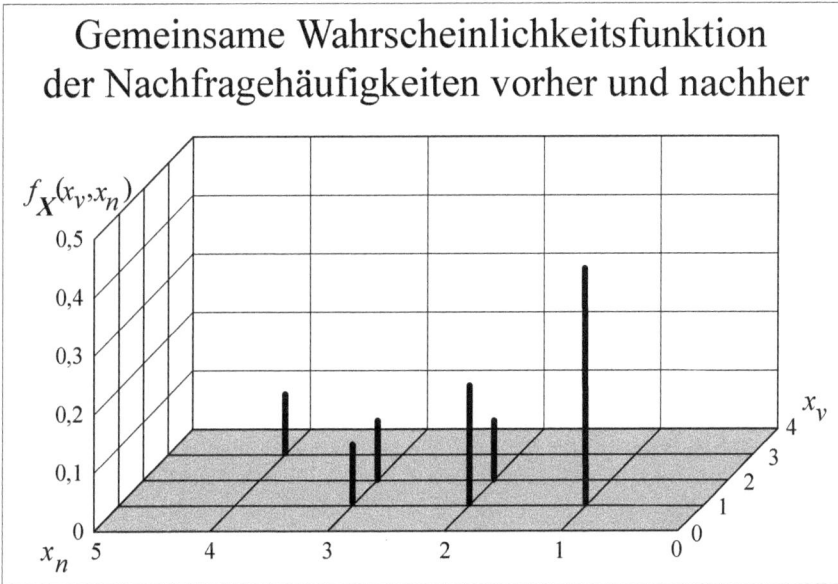

Abbildung 8.8 Gemeinsame Wahrscheinlichkeitsfunktion der Zufallsvariablen X_v (Nachfragehäufigkeit *vor* der Maßnahme) und X_n (Nachfragehäufigkeit *nach* der Maßnahme)

funktion ist in Abbildung 8.8 grafisch dargestellt.

Um die gemeinsame Verteilungsfunktion zu bestimmen, sind die in der vorherigen Tabelle angegebenen Wahrscheinlichkeiten in den Richtungen beider Variablen zu kumulieren:

$F_{(X_v,X_n)}(x_v,x_n)$	$-\infty<x_n<1$	$1\le x_n<2$	$2\le x_n<3$	$3\le x_n<4$	$4\le x_n<+\infty$	$F_{X_v}(x_v)$
$-\infty<x_v<1$	0,0	0,0	0,0	0,0	0,0	0,0
$1\le x_v<2$	0,0	0,4	0,6	0,7	0,7	0,7
$2\le x_v<3$	0,0	0,4	0,7	0,9	0,9	0,9
$3\le x_v<+\infty$	0,0	0,4	0,7	0,9	1,0	1,0
$F_{X_n}(x_n)$	0,0	0,4	0,7	0,9	1,0	1,0

Die Verteilungsfunktion dieser zweidimensional diskreten Zufallsvariablen weist einen treppenförmigen Verlauf auf und ist in Abbildung 8.9 dargestellt.

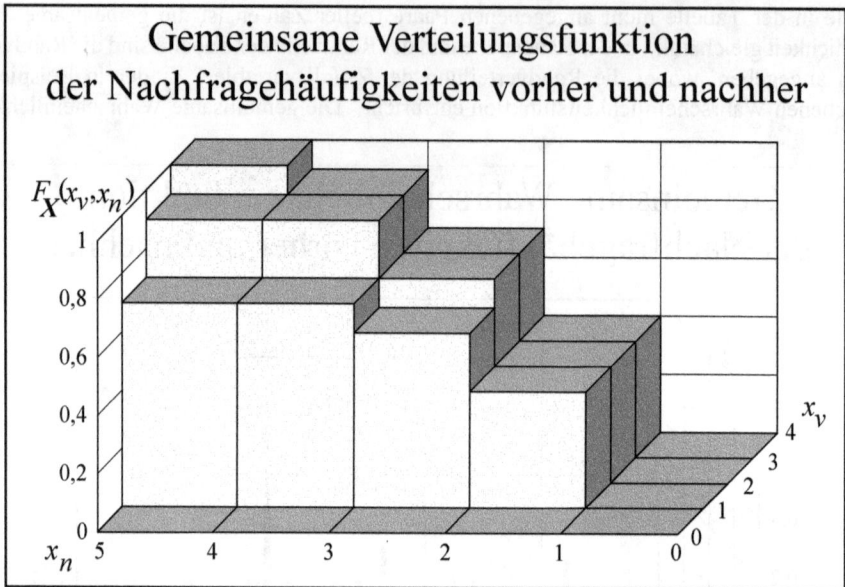

Abbildung 8.9 Gemeinsame Verteilungsfunktion der Zufallsvariablen X_v (Nachfragehäufigkeit *vor* der Maßnahme) und X_n (Nachfragehäufigkeit *nach* der Maßnahme)

Mehrdimensionale Normalverteilung

Ebenso wie im univariaten Fall lassen sich auch für Zufallsvektoren spezielle Wahrscheinlichkeitsverteilungen definieren. Die Ausführungen seien hier jedoch auf die *mehrdimensionale Normalverteilung* beschränkt. Eine n-dimensionale Standardnormalverteilung entsteht, indem n unabhängige Standardnormalverteilungen $Z_1, Z_2, ..., Z_n$ zu einem Zufallsvektor zusammengefasst werden. Entsprechend (8.31) ist auch jede Linearkombination dieser Standardnormalverteilungen wieder normalverteilt. Fasst man mehrere dieser Linearkombinationen wieder zu einem m-dimensionalen Zufallsvektor zusammen, so besitzt dieser eine m-dimensionale Normalverteilung.[2]

---

[2] Gilt konkret $X_1 = a_1 + b_{11} \cdot Z_1 + ... + b_{1n} \cdot Z_n$, ..., $X_m = a_m + m_{m1} \cdot Z_1 + ... + b_{mn} \cdot Z_n$, so hat der Zufallsvektor X (sofern diese existiert) folgende Dichtefunktion:

$$f_X(x) = (2\pi)^{-n/2} \cdot (\det(BB'))^{-1/2} \cdot \exp(-\tfrac{1}{2}(x-a)'(B'B)^{-1}(x-a)) \quad \text{mit } a = \begin{pmatrix} a_1 \\ \vdots \\ a_m \end{pmatrix}, \ B = \begin{pmatrix} b_{11} & ... & b_{1n} \\ \vdots & & \vdots \\ b_{m1} & ... & b_{mn} \end{pmatrix}.$$

Dabei bezeichnet **exp**(·) die Exponentialfunktion und **det**(·) die Determinante einer Matrix.

8.4 Bedingte Verteilungen und Unabhängigkeit

Analog zur Vorgehensweise bei Häufigkeitsverteilungen lassen sich auch für mehrdimensionale Wahrscheinlichkeitsverteilungen Untersuchungen über die Unabhängigkeit der zugehörigen Randverteilungen anstellen und bedingte Verteilungen definieren. Stellvertretend für den n-dimensionalen Fall wird hier der zweidimensionale Fall vorgestellt.

Bedingte Verteilungen

Vielfach ist es interessant zu wissen, welcher Verteilung eine Zufallsvariable X_2 genügt, wenn von einer anderen Zufallsvariablen X_1 ihre Realisation schon bekannt ist (oder zumindest für gedankliche Analysen als bekannt unterstellt werden kann). Man spricht in diesem Fall von einer *bedingten Verteilung* der Zufallsvariable X_2 unter der Bedingung der Realisation $X_1 = x_1$. Die bedingte Wahrscheinlichkeitsfunktion bzw. Dichte berechnet sich wie folgt:

$$(8.46) \quad f_{X_2}(x_2 \,|\, X_1 = x_1) = \frac{f_{(X_1, X_2)}(x_1, x_2)}{f_{X_1}(x_1)}, \quad \text{falls } f_{X_1}(x_1) > 0.$$

Dabei steht das Formelsymbol f, je nachdem ob es sich um diskrete oder stetige Zufallsvariablen handelt, für Wahrscheinlichkeits- bzw. Dichtefunktionen. Im diskreten Fall lässt sich (8.46) auch schreiben als

$$(8.47) \quad \begin{aligned} f_{X_2}(x_2 \,|\, X_1 = x_1) &= W(X_2 = x_2 \,|\, X_1 = x_1) \\ &= \frac{W(X_1 = x_1, X_2 = x_2)}{W(X_1 = x_1)}, \quad \text{falls } W(X_1 = x_1) > 0. \end{aligned}$$

Unabhängigkeit von Zufallsvariablen

Im Allgemeinen hängen die bedingten Verteilungen gemäß (8.46) von der konkreten Realisation der bedingenden Zufallsvariablen ab. Für zweidimensionale Verteilungen ist dies nicht der Fall, wenn für die gemeinsame Wahrscheinlichkeits- bzw. Dichtefunktion folgende Beziehung zu ihren Randverteilungen gilt:

$$(8.48) \quad f_{(X_1, X_2)}(x_1, x_2) = f_{X_1}(x_1) \cdot f_{X_2}(x_2) \quad \text{für alle } x_1, x_2 \in \mathbb{R}.$$

In diesem Fall folgt nämlich für die bedingte Verteilung gemäß (8.46), dass gilt:

$$(8.49) \quad f_{X_2}(x_2 \,|\, X_1 = x_1) = f_{X_2}(x_2), \quad \text{falls } f_{X_1}(x_1) > 0.$$

Die bedingten Verteilungen hängen also nicht von ihrer Bedingung ab. Man spricht in diesem Fall davon, dass die beiden Zufallsvariablen X_1 und X_2 voneinander *unabhängig* sind.

Für mehr als zwei Zufallsvariablen, d. h. für einen Zufallsvektor $X = (X_1, X_2, ..., X_n)$
ist die Unabhängigkeitsbedingung (8.48) – analog zur Unabhängigkeit von Ereignissen – wie folgt zu formulieren:

(8.50)
$$f_{(X_{i_1}, X_{i_2}, ..., X_{i_k})}(x_{i_1}, x_{i_2}, ..., x_{i_k}) = f_{X_{i_1}}(x_{i_1}) \cdot f_{X_{i_2}}(x_{i_2}) \cdot ... \cdot f_{X_{i_k}}(x_{i_k})$$
$$\text{für alle } \{i_1, i_2, ..., i_k\} \subset \{1, 2, ..., n\}.$$

Wie für Ereignisse gilt auch hier, dass zwar die *gemeinsame Unabhängigkeit* die
paarweise Unabhängigkeit jeweils zweier Zufallsvariablen impliziert, nicht aber
umgekehrt.

Aus der Unabhängigkeitsbedingung (8.50) folgt, dass das gleichzeitige Eintreten
von Ereignissen der Form $X_i \in M_i$ folgendermaßen berechnet werden kann:

(8.51) $W(X_1 \in M_1, X_2 \in M_2, ..., X_n \in M_n) = W(X_1 \in M_1) \cdot W(X_2 \in M_2) \cdot ... \cdot W(X_n \in M_n).$

Dies gilt insbesondere auch für alle Mengen M_i, die Halbintervalle der Form
$(-\infty; y_i]$ darstellen. Die Unabhängigkeitsbedingung (8.50) lässt sich daher auch
alternativ mit Hilfe der Verteilungsfunktionen definieren:

(8.52)
$$F_{(X_{i_1}, X_{i_2}, ..., X_{i_k})}(x_{i_1}, x_{i_2}, ..., x_{i_k}) = F_{X_{i_1}}(x_{i_1}) \cdot F_{X_{i_2}}(x_{i_2}) \cdot ... \cdot F_{X_{i_k}}(x_{i_k})$$
$$\text{für alle } \{i_1, i_2, ..., i_k\} \subset \{1, 2, ..., n\}.$$

Auch für Zufallsvariablen verzichtet man (wie für Ereignisse) häufig auf den
exakten Nachweis ihrer (gemeinsamen) Unabhängigkeit. Zu der vielfach mit
Plausibilitätsüberlegungen oder Erfahrungswerten begründeten Verteilungsannahme für die Randverteilungen tritt dann noch eine ebenso begründete Unabhängigkeitsannahme. Der Vorteil des Arbeitens mit unabhängigen Zufallsvariablen ist zum einen darin zu sehen, dass lediglich Annahmen über die Randverteilungen getroffen werden müssen, nicht aber über das Aussehen der wesentlich komplexeren gemeinsamen Verteilung. Zum anderen ist auch das Arbeiten
mit unabhängigen Zufallsvariablen wesentlich einfacher als mit abhängigen.

Beispiel 8.8
Dass die beiden in Beispiel 8.7 betrachteten Zufallsvariablen abhängig sind, sieht man unmittelbar, indem man feststellt, dass beispielsweise

$$f_{(X_v, X_n)}(1, 1) = 0,4 \neq 0,28 = 0,7 \cdot 0,4 = f_{X_v}(1) \cdot f_{X_n}(1)$$

ist. Genauso gut kann man auch die bedingten Verteilungen miteinander vergleichen, um die
Abhängigkeit festzustellen. Nimmt man beispielsweise die Zufallsvariable X_v als bedingende
Variable, so ergeben sich folgende bedingte Verteilungen von X_n:

$f_{X_n}(x_n \mid X_v = x_v)$	$x_n = 1$	$x_n = 2$	$x_n = 3$	$x_n = 4$
$x_v = 1$	0,57	0,29	0,14	0,00
$x_v = 2$	0,00	0,50	0,50	0,00
$x_v = 3$	0,00	0,00	0,00	1,00

Man sieht, dass eine Abhängigkeitsstruktur in der Form besteht, dass eine kleine (große) Nachfragehäufigkeit vor der Marketing-Maßnahme tendenziell auch zu einer kleinen (großen) Nachfragehäufigkeit nach der Maßnahme führt.

8.5 Funktionen von Zufallsvariablen

Liegt ein Zufallsvektor $X = (X_1, X_2, ..., X_n)$ vor, so ist im Allgemeinen auch die Funktion $Y = g(X)$ wieder eine Zufallsvariable. Von Interesse ist dabei, welcher Verteilung diese neu definierte Zufallsvariable Y genügt, und wie sich diese Verteilung aus der gemeinsamen Verteilung des Zufallsvektors Y ergibt. Während diese Berechnung im Fall diskreter Zufallsvariablen vergleichsweise einfach ist, erfordert sie im stetigen Fall einige mathematische Kenntnisse. Wir werden uns daher nachfolgend außer mit dem diskreten Fall nur noch mit einigen Resultaten für Funktionen gemeinsam normalverteilter Zufallsvektoren beschäftigen, die insbesondere für die schließende Statistik (vgl. Teil C) von Bedeutung sind.

Funktionen diskreter Zufallsvariablen

Gegeben sei ein diskreter Zufallsvektor X, dessen Wahrscheinlichkeitsfunktion $f_X(x) = w_x = W(X = x)$ lautet. Dann ergibt sich für die Wahrscheinlichkeit der Zufallsvariablen $Y = g(X)$:

$$(8.53) \quad f_Y(y) = w_y = \sum_{\{x_k \mid g(x_k) = y\}} w_{x_k}.$$

Es sind also jeweils die Wahrscheinlichkeiten derjenigen Realisationsmöglichkeiten des Zufallsvektors X zu addieren, die in Bezug auf die Funktion $Y = g(X)$ zum gleichen Resultat führen.

Beispiel 8.9

In der Situation von Beispiel 8.8 soll nun die Differenz der beiden Zufallsvariablen betrachtet werden, die die Nachfragehäufigkeit vor und nach der Durchführung der Marketing-Maßnahme beschreiben. Die Differenz

$$D = X_n - X_v$$

gibt damit den Zuwachs der Nachfragehäufigkeit wieder, der auf die Durchführung der Marketing-Maßnahme zurückzuführen ist. Die folgende Tabelle zeigt die möglichen Differenzwerte d dieser Differenzvariablen:

$d = x_n - x_v$	$x_n = 1$	$x_n = 2$	$x_n = 3$	$x_n = 4$
$x_v = 1$	0	1	2	3
$x_v = 2$	-1	0	1	2
$x_v = 3$	-2	-1	0	1

Die zu diesen möglichen Kombinationen von (x_v, x_n) gehörigen Wahrscheinlichkeiten ergeben sich aus der gemeinsamen Wahrscheinlichkeitsfunktion beider Zufallsvariablen, die in Beispiel 8.7 angegeben ist. Um die Wahrscheinlichkeitsfunktion von D zu bestimmen, sind nun noch diejenigen Kombinationen (x_v, x_n) zusammenzufassen, die zu demselben d-Wert führen. Beispielsweise gilt für $d = 0$:

$$W(D=0) = W(X_v=1, X_n=1) + W(X_v=2, X_n=2) + W(X_v=3, X_n=3) = 0{,}4 + 0{,}1 + 0{,}0 = 0{,}5.$$

Insgesamt ergibt sich folgende Wahrscheinlichkeitsfunktion für D:

$$f_D(d) = \begin{cases} 0{,}0 & \text{für } d=-2, \\ 0{,}0 & \text{für } d=-1, \\ 0{,}5 & \text{für } d=0, \\ 0{,}4 & \text{für } d=1, \\ 0{,}1 & \text{für } d=2, \\ 0{,}0 & \text{für } d=3, \\ 0 & \text{sonst.} \end{cases}$$

● *Reproduktionseigenschaft der Poissonverteilung*: Sind $X_1, ..., X_n$ voneinander unabhängige Poissonverteilungen mit Intensitätsparametern $\mu_1, ..., \mu_n$, so ist deren Summe $X = X_1 + ... + X_n$ ebenfalls poissonverteilt mit dem Intensitätsparameter $\mu = \mu_1 + ... + \mu_n$.

Funktionen normalverteilter Zufallsvariablen

Insbesondere in der Testtheorie ist es von Interesse, die Verteilung von bestimmten Funktionen gemeinsam unabhängig normalverteilter Zufallsvariablen zu bestimmen. Wichtige α-Punkte der hier vorgestellten, aus der Normalverteilung abgeleiteten Verteilungen finden sich im Tabellenanhang.

● *Normalverteiltheit des Mittelwerts*: Sind $X_1, X_2, ..., X_n$ unabhängige Zufallsvariablen, die $N(\mu_{X_1}; \sigma_{X_1})$, $N(\mu_{X_2}; \sigma_{X_2})$, ..., $N(\mu_{X_n}; \sigma_{X_n})$-verteilt sind, dann ist ihre *Summe* ebenfalls normalverteilt (vgl. (8.31) in Abschnitt 8.2). Hieraus ergibt sich, dass auch für den *arithmetischen Mittelwert* $\overline{X}$ dieser Zufallsvariablen gilt, dass er einer Normalverteilung genügt, und zwar mit den Parametern

$$(8.54) \quad \mu_{\bar{X}} = \frac{1}{n}\sum_{i=1}^{n}\mu_{X_i}; \quad \sigma_{\bar{X}} = \sqrt{\frac{1}{n^2}\sum_{i=1}^{n}\sigma_{X_i}^2}.$$

● χ^2-*Verteilung*: Sind $Z_1, Z_2, ..., Z_n$ unabhängige, standardnormalverteilte Zufallsvariablen, dann nennt man die Verteilung der Zufallsvariablen $Y = \sum_{i=1}^{n}Z_i^2$ Chi-Quadrat-Verteilung mit n Freiheitsgraden oder $\chi^2(n)$-verteilt. Die χ^2-Verteilung ist für kleine n eine rechtsschiefe Verteilung, für große n nimmt sie eine symmetrische Form an. Sind $X_1, X_2, ..., X_n$ unabhängig und jeweils $N(\mu_{X_i}; \sigma_{X_i})$-verteilt, dann gilt für die Summe Y der quadrierten, standardisierten Zufallsvariablen:

$$(8.55) \quad Y = \sum_{i=1}^{n}Z_i^2 = \sum_{i=1}^{n}\left(\frac{X_i - \mu_{X_i}}{\sigma_{X_i}}\right)^2 \sim \chi^2(n).$$

● t-*Verteilung* oder *Student-Verteilung*: Ist X eine $\chi^2(n)$-verteilte Zufallsvariable und Z eine davon unabhängige $N(0;1)$-verteilte Zufallsvariable, dann nennt man die Verteilung der Zufallsvariablen $Y = Z/\sqrt{X/n}$ eine t-Verteilung mit n Freiheitsgraden, kurz: $Y \sim t(n)$. Die t-Verteilung ist eine um null symmetrische Verteilung, die für kleine n deutlich flacher als die Standardnormalverteilung ausfällt und sich für große n der Standardnormalverteilung annähert.

● F-*Verteilung*: Ist X_1 eine $\chi^2(m)$-verteilte und X_2 eine $\chi^2(n)$-verteilte Zufallsvariable, dann nennt man die Verteilung der Zufallsvariablen

$$(8.56) \quad Y = \frac{X_1/m}{X_2/n}$$

F-Verteilung mit m und n Freiheitsgraden, kurz: $Y \sim F(m,n)$. Bei der F-Verteilung ist zu beachten, dass für sie nur α-Punkte für $\alpha \geq 0{,}5$ tabelliert sind. Für $\alpha < 0{,}5$ behilft man sich damit, dass der Kehrwert einer $F(m,n)$-Verteilung $F(n,m)$-verteilt ist und daher gilt:

$$(8.57) \quad F(m,n)_\alpha = \frac{1}{F(n,m)_{1-\alpha}}.$$

Die F-Verteilung ist ebenfalls (besonders für kleine m) eine rechtsschiefe Verteilung.

9 Kennzahlen für Verteilungen

9.1 Kennzahlen für eindimensionale Verteilungen

Wie in der deskriptiven Statistik ist es für Wahrscheinlichkeitsverteilungen wichtig, ihre Eigenschaften durch wenige Maßzahlen – die Verteilungskennzahlen – charakterisieren zu können. Entsprechend geht es hier darum, die Zufallsvariable bzw. ihre Verteilung hinsichtlich ihrer Lage, ihrem Streuungsverhalten, ihrer Schiefe und Wölbung zu beschreiben.

Kenngrößen für die Lage der Verteilung

● *Modus*: Für eine Zufallsvariable X mit Wahrscheinlichkeits- bzw. Dichtefunktion f_X heißt jeder Wert x, an dem $f_X(x)$ maximal wird, Modus x_{mod} von X.

//   Der Modus existiert zwar immer, muss jedoch nicht eindeutig bestimmt sein (z. B. bei der Gleichverteilung).

● *Median*: Der Median $x_{med} = x_{0,5}$ ist dadurch definiert, dass die Zufallsvariable X mit mindestens 50 % Wahrscheinlichkeit sowohl größer gleich als auch kleiner gleich x_{med} ist. D. h., es gilt:

$$(9.1) \quad W(X \geq x_{med}) \geq 0{,}5 \quad \text{und} \quad W(X \leq x_{med}) \geq 0{,}5 \,.$$

//   Der Median existiert zwar immer, ist jedoch oft nicht eindeutig bestimmt (z. B. bei diskreten Zufallsvariablen).

● *Erwartungswert*: Der wichtigste Lageparameter einer Zufallsvariablen ist der analog zum arithmetischen Mittel einer Häufigkeitsverteilung gebildete Erwartungswert $E(X)$. Es gilt im Fall einer diskreten Zufallsvariablen

$$(9.2) \quad E(X) = \mu_X = \sum_i x_i \cdot W(X = x_i) = \sum_i x_i \cdot w_i$$

und im Fall einer stetigen Zufallsvariablen

$$(9.3) \quad E(X) = \mu_X = \int_{-\infty}^{+\infty} z \cdot f_X(z) \; \mathrm{d}z \,.$$

//   Der Erwartungswert muss nicht für jede Zufallsvariable existieren, da die in (9.2) definierte Summe bzw. das in (9.3) auftretende Integral nicht in jedem Fall einen endlichen Grenzwert besitzen.

Kenngrößen für die Streuung der Verteilung

● *Quartilsabstand*: Ebenso wie in der deskriptiven Statistik lässt sich die Streuung einer Wahrscheinlichkeitsverteilung durch den Abstand ihrer Quartile messen, d. h.

$$(9.4) \quad q_X = x_{0,75} - x_{0,25}.$$

● *Varianz*: Dieses Streuungsmaß für die Verteilung einer Zufallsvariablen entspricht in seiner Konstruktion der mittleren quadratischen Abweichung einer Häufigkeitsverteilung. Es handelt sich um den Erwartungswert der quadrierten Abweichungen der Zufallsvariablen von ihrem Erwartungswert:

$$(9.5) \quad \mathrm{Var}(X) = \sigma_X^2 = \mathrm{E}\big([X - \mathrm{E}(X)]^2\big).$$

D. h., es gilt für eine diskrete Zufallsvariable

$$(9.6) \quad \mathrm{Var}(X) = \sigma_X^2 = \sum_i [x_i - \mathrm{E}(X)]^2 \cdot W(X_i = x_i)$$

und für eine stetige Zufallsvariable

$$(9.7) \quad \mathrm{Var}(X) = \sigma_X^2 = \int_{-\infty}^{+\infty} [x - \mathrm{E}(X)]^2 \cdot f_X(x) \, dx.$$

Für die Varianz gilt – analog zur Berechnung der mittleren quadratischen Abweichung – der sog. *Verschiebungssatz*:

$$(9.8) \quad \begin{aligned} \mathrm{Var}(X) &= \mathrm{E}(X^2) - [\mathrm{E}(X)]^2 \\ &= \begin{cases} \displaystyle\sum_i x_i^2 \cdot W(X_i = x_i) - \mu_X^2 & \text{für diskrete Zufallsvariablen,} \\[2ex] \displaystyle\int_{-\infty}^{+\infty} x^2 \cdot f_X(x_i) \, dx - \mu_X^2 & \text{für stetige Zufallsvariablen.} \end{cases} \end{aligned}$$

● *Streuung*: Die positive Wurzel aus der Varianz heißt Streuung σ_X. Sie entspricht in ihrer Funktion derjenigen der Standardabweichung bei der Beschreibung von Häufigkeitsverteilungen. Dass es sich bei der Streuung um das wichtigste Streuungsmaß handelt, lässt sich auch an der Bezeichnungsweise erkennen.

Beispiel 9.1
An dieser Stelle sollen nochmals die in Beispiel 8.1 betrachteten Zufallsvariablen analysiert werden und somit für den diskreten wie stetigen Fall die Berechnung von Verteilungskenngrößen demonstriert werden.

Der Modus der diskreten Zufallsvariablen X, welche die Nachfragehäufigkeit beschreibt, ist gleich 1, da für $x=1$ deren Wahrscheinlichkeitsfunktion den maximalen Wert 0,7 annimmt. Der Median der Verteilung ist ebenfalls gleich 1, da $W(X \geq 1) = 1 \geq 0,5$ und $W(X \leq 1) = 0,7 \geq 0,5$ gilt. Der Erwartungswert der Zufallsvariablen berechnet sich wie folgt:

$$E(X) = \sum_i x_i \cdot W(X=x_i) = 1 \cdot 0,7 + 2 \cdot 0,2 + 3 \cdot 0,1 = 1,4.$$

Das erste Quartil der Verteilung ist ebenso wie der Median gleich eins, das dritte Quartil gleich zwei, sodass sich für den Quartilsabstand $x_{0,75} - x_{0,25} = 2 - 1 = 1$ ergibt. Die Varianz berechnet sich folgendermaßen:

$$Var(X) = \sum_i [x_i - E(X)]^2 \cdot W(X=x_i) = [1-1,4]^2 \cdot 0,7 + [2-1,4]^2 \cdot 0,2 + [3-1,4]^2 \cdot 0,1 = 0,44.$$

Als Streuung ergibt sich damit $\sigma_X = \sqrt{0,44} = 0,66$.

Betrachtet man die stetige Zufallsvariable Y, welche das Auftragsvolumen beschreibt, so ergibt sich für den Modus der Wert 0, da die Dichtefunktion in ihrem Bereich $[0;10]$ einen monoton fallenden Verlauf aufweist und ansonsten gleich null ist. Zur Berechnung des Medians ist die Verteilungsfunktion gleich 0,5 zu setzen. Es ergibt sich die Gleichung

$$0,5 = 0,2 \cdot y_{0,5} - 0,01 \cdot y_{0,5}^2,$$

deren Lösung innerhalb des Intervalls $[0;10]$ gerade $y_{0,5} = 2,93$ lautet, sodass dieser Wert der gesuchte Median ist.

Der Erwartungswert berechnet sich aus dem Integral

$$E(Y) = \int_{-\infty}^{+\infty} y \cdot f_Y(y) \, dy = \int_0^{10} y \cdot (0,2 - 0,02y) \, dy = \int_0^{10} (0,2y - 0,02y^2) \, dy$$

$$= \left[\frac{0,2}{2} y^2 - \frac{0,02}{3} y^3 \right]_0^{10} = \frac{0,2}{2} \cdot 100 - \frac{0,02}{3} \cdot 1.000 = 10 - 6,67 = 3,33.$$

Das erste bzw. dritte Quartil erhält man durch Gleichsetzen der Verteilungsfunktion mit 0,25 bzw. 0,75 und anschließendes Berechnen der im Intervall $[0;10]$ liegenden Gleichungslösung:

$$0,25 = 0,2y_{0,25} - 0,01y_{0,25}^2 \;\; \rightarrow \;\; y_{0,25} = 1,34,$$

$$0,75 = 0,2y_{0,75} - 0,01y_{0,75}^2 \;\; \rightarrow \;\; y_{0,75} = 5.$$

Der Quartilsabstand beträgt damit $x_{0,75} - x_{0,25} = 5 - 1,34 = 3,66$.

Zur Berechnung der Varianz benutzt man am besten den Verschiebungssatz und berechnet zunächst das folgende Integral:

$$E(Y^2) = \int_{-\infty}^{+\infty} y^2 \cdot f_Y(y) \, dy = \int_0^{10} y^2 \cdot (0,2 - 0,02y) \, dy = \int_0^{10} (0,2y^2 - 0,02y^3) \, dy$$

$$= \left[\frac{0,2}{3} y^3 - \frac{0,02}{4} y^4 \right]_0^{10} = \frac{0,2}{3} \cdot 1.000 - \frac{0,02}{4} \cdot 10.000 = 66,67 - 50 = 16,67.$$

Damit ergibt sich für die Varianz der Zufallsvariablen Y:

$$Var(Y) = E(Y^2) - [E(Y)]^2 = 16,67 - 3,33^2 = 5,58.$$

Als Streuung erhält man dann $\sigma_Y = \sqrt{5,58} = 2,36$.

Erwartungswerte und Varianzen wichtiger Verteilungen

Für die in Abschnitt 8.2 betrachteten Verteilungstypen sowie für die in Abschnitt 8.5 vorgestellten, aus der Normalverteilung abgeleiteten Verteilungen lassen sich der Erwartungswert und die Varianz in Abhängigkeit von ihren Verteilungsparametern berechnen. Die Ergebnisse dieser Berechnungen zeigt folgende Tabelle:

Tabelle 9.1 Erwartungswerte und Varianzen wichtiger Verteilungstypen

Verteilung der Zufallsvariablen X	Erwartungswert $E(X)$	Varianz $Var(X)$
Binomialverteilung $B(n,\pi)$	$n \cdot \pi$	$n \cdot \pi \cdot (1-\pi)$
hypergeometrische Verteilung $H(n,N,K)$	$n \cdot \dfrac{K}{N}$	$n \cdot \dfrac{K}{N} \cdot \dfrac{N-K}{N} \cdot \dfrac{N-n}{N-1}$
Poissonverteilung $P(\mu)$	μ	μ
Gleichverteilung $R(a,b)$	$\dfrac{1}{2}(a+b)$	$\dfrac{1}{12}(b-a)^2$
Exponentialverteilung $Exp(\lambda)$	$\dfrac{1}{\lambda}$	$\dfrac{1}{\lambda^2}$
Normalverteilung $N(\mu,\sigma)$	μ	σ^2
χ^2-Verteilung $\chi^2(n)$	n	$2n$
t-Verteilung $t(n)$ (für $n \geq 3$)	0	$\dfrac{n}{n-2}$
F-Verteilung $F(m,n)$ (für $n \geq 5$)	$\dfrac{n}{n-2}$	$\dfrac{2n^2(n+m-2)}{m(n-4)(n-2)^2}$

Höhere Verteilungsmomente, Kennzahlen der Verteilungsform

● *Momente*: Allgemein werden als Verteilungskennzahlen die so genannten Momente betrachtet. Hierbei bezeichnet

(9.9) $\mu_X^{(k)}(a) = E([X-a]^k)$.

das k-te Moment der Zufallsvariablen X um den Wert a. Momente um $a=0$ bezeichnet man auch als *gewöhnliche Momente*, Momente um $a=\mu_X$ als *zentrale Momente*. Offenbar ist der Erwartungswert das erste gewöhnliche Moment, die Varianz das zweite zentrale Moment der Zufallsvariablen. Die Bedeutung der Momente liegt zum einen darin, dass sich mit ihrer Hilfe weitere Kenngrößen für die Verteilungsform definieren lassen; außerdem lässt sich zeigen, dass eine Verteilung durch die unendliche Folge ihrer Momente eindeutig zu charakterisieren ist (sofern diese Momente alle existieren).

● *Kennzahlen für Schiefe und Wölbung*: In analoger Vorgehensweise wie in der deskriptiven Statistik lassen sich als Kennzahl für die Schiefe einer Verteilung

$$(9.10) \quad \delta_X = \frac{\mu_X^{(3)}(\mu_X)}{\left(\mu_X^{(2)}(\mu_X)\right)^{3/2}} = \frac{E([X-\mu_X]^3)}{\sigma^3}$$

und als Kennzahl für die Wölbung einer Verteilung

$$(9.11) \quad \epsilon_X = \frac{\mu_X^{(4)}(\mu_X)}{\left(\mu_X^{(2)}(\mu_X)\right)^2 - 3} = \frac{E([X-\mu_X]^4)}{\sigma^4 - 3}$$

definieren.

9.2   Kennzahlen für zweidimensionale Verteilungen

Betrachtet man zwei Zufallsvariablen im Zusammenhang, so sind Kennzahlen zu definieren, die Auskunft über den zwischen diesen beiden Zufallsvariablen bestehenden Zusammenhang geben. Hierzu definiert man zunächst die *Kovarianz*, den Erwartungswert des Abweichungsprodukts der beiden Zufallsvariablen von ihren Erwartungswerten:

$$(9.12) \quad \text{Cov}(X,Y) = \sigma_{XY} = E([X-E(X)]\cdot[Y-E(Y)]) = E(X\cdot Y) - E(X)\cdot E(Y).$$

Es gilt offenbar

$$(9.13) \quad \text{Cov}(X,Y) = \text{Cov}(Y,X) \quad \text{und} \quad \text{Cov}(X,X) = \text{Var}(X).$$

Für den Fall, dass $\text{Var}(X) \neq 0$ und $\text{Var}(Y) \neq 0$ ist, ist die *Korrelation* ρ_{XY} wie folgt definiert:

$$(9.14) \quad \text{Corr}(X,Y) = \rho_{XY} = \frac{\sigma_{XY}}{\sigma_X \cdot \sigma_Y}.$$

Für diese Kenngröße gilt stets $-1 \leq \rho_{XY} \leq +1$.

Die Korrelation ist ein Maß für den linearen Zusammenhang zweier Zufallsvariablen. Man spricht von der *Unkorreliertheit* der Zufallsvariablen X und Y, wenn ihr Korrelationskoeffizient verschwindet, also $\rho_{XY} = 0$ gilt.

Sind die beiden Zufallsvariablen X und Y unabhängig, so folgt hieraus deren Unkorreliertheit, d. h., es gilt: $\sigma_{XY} = \rho_{XY} = 0$. Umgekehrt folgt aus $\sigma_{XY} = \rho_{XY} = 0$ im Allgemeinen jedoch nicht die Unabhängigkeit der beiden Zufallsvariablen; denn es kann durchaus ein nicht linearer (beispielsweise quadratischer) Zusammenhang zwischen beiden Zufallsvariablen bestehen. Sind die beiden Zufallsvariablen X

und Y jedoch gemeinsam zweidimensional normalverteilt, so ist ihre Unkorreliertheit mit der Unabhängigkeit äquivalent.

Beispiel 9.2

Für die in Beispiel 8.7 betrachtete zweidimensionale Verteilungsfunktion, welche die Nachfragehäufigkeit vor bzw. nach der Marketing-Maßnahme beschreibt, soll nun die Korrelation
bestimmt werden. Bezeichnet wieder X_v die Nachfragehäufigkeit vor der Maßnahme und X_n
diejenige nach der Maßnahme, so entspricht X_v der Zufallsvariablen X in Beispiel 9.1, und es
gilt $E(X_v) = 1,4$, $Var(X_v) = 0,44$. Auf analoge Weise wie in Beispiel 9.1 kann man für X_n
ausrechnen: $E(X_n) = 2,0$, $Var(X_n) = 1,0$.

Um nun die Korrelation zu berechnen, ist zunächst der Zähler der Formel, die Kovarianz der
beiden Zufallsvariablen, zu ermitteln. Berechnet man den Erwartungswert des Produktes beider
Zufallsvariablen, so ergibt sich

$$E(X_v \cdot X_n) = \sum_i \sum_j x_{vi} \cdot x_{nj} \cdot W(X_v = x_{vi}, X_n = x_{nj})$$
$$= 1 \cdot 1 \cdot 0,4 + 1 \cdot 2 \cdot 0,2 + 1 \cdot 3 \cdot 0,1 + 1 \cdot 4 \cdot 0,0$$
$$+ 2 \cdot 1 \cdot 0,0 + 2 \cdot 2 \cdot 0,1 + 2 \cdot 3 \cdot 0,1 + 2 \cdot 4 \cdot 0,0$$
$$+ 3 \cdot 1 \cdot 0,0 + 3 \cdot 2 \cdot 0,0 + 3 \cdot 3 \cdot 0,0 + 3 \cdot 4 \cdot 0,1 = 3,3.$$

Hieraus erhält man nach dem Verschiebungssatz für die Kovarianz

$$Cov(X_v, X_n) = E(X_v \cdot X_n) - E(X_v) \cdot E(X_n) = 3,3 - 1,4 \cdot 2,0 = 0,5.$$

Dividiert man noch durch das Produkt der beiden Streuungen der Zufallsvariablen, so bekommt
man die gesuchte Korrelation:

$$Corr(X_v, X_n) = \frac{Cov(X_v, X_n)}{\sqrt{Var(X_v) \cdot Var(X_n)}} = \frac{0,5}{\sqrt{0,44 \cdot 1,0}} = \frac{0,5}{0,663} = 0,75.$$

Die beiden Zufallsvariablen weisen also einen positiven Zusammenhang auf.

9.3   Kennzahlen für Funktionen von Zufallsvariablen

Vielfach ist es von Interesse, Verteilungskennzahlen für eine Funktion einer oder
mehrerer Zufallsvariablen zu berechnen, ohne die Verteilung dieser durch die
Funktion definierten Zufallsvariablen zu bestimmen. Ist g eine reellwertige
Funktion des Zufallsvektors $X = (X_1, X_2, ..., X_n)$, sodass mit X auch $Y = g(X)$ eine
Zufallsvariable ist, so lässt sich der Erwartungswert von Y unmittelbar aus der
Verteilung von X berechnen. Es gilt für diskrete Zufallsvariablen

$$(9.15) \quad E(g(X)) = \sum_i g(x_i) \cdot W(X = x_i) = \sum_i g(x_{1i}, ..., x_{ni}) \cdot W(X_1 = x_{1i}, ..., X_n = x_{ni})$$

und für stetige Zufallsvariablen

$$(9.16) \quad E(g(X)) = \int_{-\infty}^{+\infty} ... \int_{-\infty}^{+\infty} g(x_1, ..., x_n) \cdot f_{(X_1, ..., X_n)}(x_1, ..., x_n) \, dx_n ... dx_1.$$

Insbesondere lässt sich im eindimensionalen Fall aus (9.15) bzw. (9.16) die Berechnung der Varianz der Zufallsvariablen X ersehen, wenn $g(X) = (X - \mathrm{E}(X))^2$ gesetzt wird. Im zweidimensionalen Fall ergibt sich aus (9.15) bzw. (9.16) die Berechnung der Kovarianz, indem $g(X, Y) = (X - \mathrm{E}(X)) \cdot (Y - \mathrm{E}(Y))$ gesetzt wird.

Kennzahlen linearer Funktionen von Zufallsvariablen

Besonders einfach zu handhaben ist der Fall, dass die Zufallsvariable $Y = g(X)$ eine Linearkombination der Komponenten des Zufallsvektors X ist, d. h. wenn gilt:

$$(9.17) \quad Y = a + b_1 \cdot X_1 + \dots + b_n \cdot X_n.$$

In diesem Fall kann zur Berechnung der Kennzahlen von Y unmittelbar auf die Kennzahlen des Zufallsvektors X zurückgegriffen werden, d. h. auf die Erwartungswerte $\mathrm{E}(X_j) = \mu_{X_j}$, die Varianzen $\mathrm{Var}(X_j) = \sigma_{X_j}^2$ sowie die Kovarianzen $\mathrm{Cov}(X_j, X_k) = \sigma_{X_j X_k}$.

● *Erwartungswert einer linearen Funktion*: Für den Erwartungswert einer gemäß (9.17) definierten linearen Funktion gilt stets

$$(9.18) \quad \mathrm{E}(Y) = a + b_1 \cdot \mathrm{E}(X_1) + \dots + b_n \cdot \mathrm{E}(X_n).$$

● *Varianz einer linearen Funktion*: Für die Varianz einer gemäß (9.17) definierten linearen Funktion gilt für den Fall, dass die Zufallsvariablen X_j, $j = 1, \dots, n$, jeweils paarweise unkorreliert sind,

$$(9.19) \quad \mathrm{Var}(Y) = b_1^2 \cdot \mathrm{Var}(X_1) + \dots + b_n^2 \cdot \mathrm{Var}(X_n).$$

Die Varianz der Linearfunktion ergibt sich also aus der mit den quadrierten Koeffizienten b_j^2 gewichteten Summe der Varianzen der Zufallsvariablen X_j. Sind die Korrelationen dieser Zufallsvariablen von null verschieden, so ist die Berechnung aufwändiger, da dann auch die Kovarianzen der Zufallsvariablen zu berücksichtigen sind. In diesem Fall gilt:

$$(9.20) \quad \begin{aligned} \mathrm{Var}(Y) &= \sum_{j=1}^{n} \sum_{k=1}^{n} b_j \cdot b_k \cdot \mathrm{Cov}(X_j, X_k) \\ &= \sum_{j=1}^{n} b_j^2 \cdot \mathrm{Var}(X_j) + 2 \cdot \sum_{j=1}^{n} \sum_{k=j+1}^{n} b_j \cdot b_k \cdot \mathrm{Cov}(X_j, X_k). \end{aligned}$$

Insbesondere lässt sich aus (9.20) im zweidimensionalen Fall für die Summe bzw. Differenz zweier Zufallsvariablen folgende Formel ableiten:

$$(9.21) \quad \mathrm{Var}(X_1 \pm X_2) = \mathrm{Var}(X_1) + \mathrm{Var}(X_2) \pm 2 \cdot \mathrm{Cov}(X_1, X_2).$$

● *Kovarianz mit einer anderen Zufallsvariablen*: Betrachtet man die Kovarianz der durch (9.17) definierten linearen Funktion $Y = g(X)$ zu einer weiteren Zufallsvariablen Z, so gilt

$$(9.22) \quad \text{Cov}(Y, Z) = \sum_{j=1}^{n} b_j \cdot \text{Cov}(X_j, Z) = b_1 \cdot \text{Cov}(X_1, Z) + \ldots + b_n \cdot \text{Cov}(X_n, Z).$$

Setzt man in (9.22) speziell $Z = X_k$, so ergibt sich für die Kovarianz der Komponente X_k zu der durch (9.17) definierten Linearfunktion des gesamten Zufallsvektors

$$(9.23) \quad \text{Cov}(Y, X_k) = \sum_{j=1}^{n} b_j \cdot \text{Cov}(X_j, X_k) = b_k \cdot \text{Var}(X_k) + \sum_{\substack{j=1 \\ j \neq k}}^{n} b_j \cdot \text{Cov}(X_j, X_k).$$

● *Wurzel-n-Gesetz*: Sind $X_1, \ldots, X_n$ unabhängige Zufallsvariablen mit $\text{E}(X_i) = \mu$ und $\text{Var}(X_i) = \sigma^2$, so errechnen sich Erwartungswert und Streuung des arithmetischen Mittelwerts $\overline{X}$ dieser Zufallsvariablen wie folgt:

$$(9.24) \quad \begin{aligned} \mu_{\overline{X}} &= \text{E}(\overline{X}) = \text{E}\left(\frac{1}{n}\sum_{i=1}^{n} X_i\right) = \mu, \\[2mm] \sigma_{\overline{X}} &= \sqrt{\text{Var}(\overline{X})} = \sqrt{\text{Var}\left(\frac{1}{n}\sum_{i=1}^{n} X_i\right)} = \frac{\sigma}{\sqrt{n}}. \end{aligned}$$

Erwartungswert des Produktes von Zufallsvariablen

Sind die Komponenten des Zufallsvektors $X = (X_1, \ldots, X_n)$ unabhängige Zufallsvariablen, so ergibt sich für den Erwartungswert ihres Produktes

$$(9.25) \quad \text{E}(X_1 \cdot \ldots \cdot X_n) = \prod_{j=1}^{n} \text{E}(X_j) = \text{E}(X_1) \cdot \ldots \cdot \text{E}(X_n).$$

Diese Formel ist in ihrer Gültigkeit auf den Fall der Unabhängigkeit beschränkt. Für den Fall der Abhängigkeit ergibt sich im zweidimensionalen Fall unmittelbar aus (9.12):

$$(9.26) \quad \text{E}(X \cdot Y) = \text{E}(X) \cdot \text{E}(Y) + \text{Cov}(X, Y).$$

Eine Verallgemeinerung dieses Resultats auf mehr als zwei Zufallsvariablen ist allerdings nicht ohne Weiteres möglich.

Erwartungswert quadratischer Abweichungen

Sind $X_1,...,X_n$ unabhängige Zufallsvariablen mit $E(X_i) = \mu$ und $Var(X_i) = \sigma^2$, so gilt für D^2, die mittlere quadratische Abweichungen vom Erwartungswert μ,

$$(9.27) \quad E(D^2) = E\left(\frac{1}{n}\sum_{i=1}^{n}(X_i - \mu)^2\right) = \sigma^2.$$

Für S^2, den Mittelwert ihrer quadrierten Abweichungen vom arithmetischen Mittelwert $\overline{X}$ dieser Zufallsvariablen, gilt

$$(9.28) \quad E(S^2) = E\left(\frac{1}{n}\sum_{i=1}^{n}(X_i - \overline{X})^2\right) = \frac{n-1}{n}\sigma^2.$$

Beispiel 9.3

Die Geschäftsleitung der Statistik AG erwägt die Anlage eines zwischenzeitlich verfügbaren Geldbetrages von 300.000 EURO für einen Zeitraum von einem Jahr. Das Geld soll in US-\$ angelegt werden, und zwar zu einem Drittel in einem Aktienfonds und zu zwei Dritteln im Rahmen eines Festgeld-Vertrags. Der derzeitige Dollarkurs beträgt 1,15 Euro je US-\$. Das Unternehmen hat zugleich zum Preis von 2.000 Euro Optionsscheine zum Verkauf von US-\$ zu einem Mindestkurs von 1,10 Euro je US-\$ erworben. Durch den Verkauf dieser Option nach einem Jahr lässt sich für den Rücktausch der US-\$ ein Kurs von **1,10+K** Euro je US-\$ erzielen. Dabei geht die Finanzierungsabteilung davon aus, dass der Anteil K des Dollarkurses, der über diesen Mindestkurs hinausgeht, exponentialverteilt ist (mit Parameter $\lambda = 5$). Zudem wird davon ausgegangen, dass die zufällige jährliche Rendite A (in %) des Aktienfonds normalverteilt ist mit den Parametern $\mu = 10$, $\sigma = 3$. Der Festgeld-Vertrag ist derart abgeschlossen worden, dass für ihn eine jährliche Rendite F unterstellt werden kann, die gleichverteilt ist zwischen 4 und 6 %. Bezüglich der Korrelationen der drei Zufallsvariablen wird Folgendes unterstellt: $Corr(A,F) = 0,66$, $Corr(A,K) = -0,32$, $Corr(F,K) = -0,25$.

Zunächst ist festzuhalten, dass aufgrund der Eigenschaften der Exponential-, Normal- und Gleichverteilung Folgendes gilt:

$$E(K) = \frac{1}{\lambda} = \frac{1}{5} = 0,2, \quad Var(K) = \frac{1}{\lambda^2} = \frac{1}{25} = 0,04;$$

$$E(A) = \mu = 10, \quad Var(A) = \sigma^2 = 3^2 = 9;$$

$$E(F) = \frac{a+b}{2} = \frac{4+6}{2} = 5, \quad Var(F) = \frac{(b-a)^2}{12} = \frac{(6-4)^2}{12} = \frac{1}{3}.$$

Der nach Ablauf des Jahres zur Verfügung stehende Betrag U in US-\$ ergibt sich aus folgender Formel:

$$U = \frac{1}{3}\cdot\frac{300.000}{1,15}\cdot\left(1+\frac{A}{100}\right) + \frac{2}{3}\cdot\frac{300.000}{1,15}\cdot\left(1+\frac{F}{100}\right) = 260.870 + 869,57\cdot A + 1.739,13\cdot F.$$

Wendet man die Rechenregel (9.18) für die Berechnung des Erwartungswertes einer Linearkombination von Zufallsvariablen an, so erhält man

$$E(U) = 260.870 + 869,57\cdot E(A) + 1.739,13\cdot E(F)$$
$$= 260.870 + 869,57\cdot 10 + 1.739,13\cdot 5 = 278.261.$$

Für die Varianz von U ergibt sich gemäß (9.20)

$$\begin{aligned}
\text{Var}(U) &= 869{,}57^2 \cdot \text{Var}(A) + 1.739{,}13^2 \cdot \text{Var}(F) + 2 \cdot 869{,}57 \cdot 1.739{,}13 \cdot \text{Cov}(A,F) \\
&= 756.152 \cdot \text{Var}(A) + 3.024.573 \cdot \text{Var}(F) + 3.024.591 \cdot \sqrt{\text{Var}(A) \cdot \text{Var}(F)} \cdot \text{Corr}(A,F) \\
&= 756.152 \cdot 9 + 3.024.573 \cdot \tfrac{1}{3} + 3.024.591 \cdot \sqrt{9 \cdot \tfrac{1}{3}} \cdot 0{,}66 = 11.271.131.
\end{aligned}$$

Wurzelziehen liefert die Streuung

$$\sigma_U = \sqrt{\text{Var}(U)} = \sqrt{11.271.131} = 3.357.$$

Für die Kovarianz dieser Größe U mit dem Dollarkurs K gilt

$$\begin{aligned}
\text{Cov}(U,K) &= 869{,}57 \cdot \text{Cov}(A,K) + 1.739{,}13 \cdot \text{Cov}(F,K) \\
&= 869{,}57 \cdot \sqrt{\text{Var}(A) \cdot \text{Var}(K)} \cdot \text{Corr}(A,K) + 1.739{,}13 \cdot \sqrt{\text{Var}(F) \cdot \text{Var}(K)} \cdot \text{Corr}(F,K) \\
&= 869{,}57 \cdot \sqrt{9 \cdot 0{,}04} \cdot (-0{,}32) + 1.739{,}13 \cdot \sqrt{\tfrac{1}{3} \cdot 0{,}04} \cdot (-0{,}25) = -217.
\end{aligned}$$

Die Kovarianz von U und K wird benötigt, um den Erwartungswert des Kapitalwerts U in Euro zu berechnen. Diese mit dem zufälligen Wechselkurs $1{,}1+K$ in Euro umgewechselte Größe U sei mit W bezeichnet. Bringt man hierbei noch die Aufwendungen in Höhe von 2.000 Euro für die Dollar-Option zum Abzug, so ergibt sich folgende Berechnungsformel:

$$W = (1{,}10+K) \cdot U - 2.000 = 1{,}10 \cdot U + K \cdot U - 2.000.$$

Der Erwartungswert dieser Größe berechnet sich wie folgt (vgl. (9.26)):

$$\begin{aligned}
\text{E}(W) &= 1{,}10 \cdot \text{E}(U) + \text{E}(K \cdot U) - 2.000 \\
&= 1{,}10 \cdot \text{E}(U) + [\text{Cov}(K,U) + \text{E}(K) \cdot \text{E}(U)] - 2.000 \\
&= 1{,}10 \cdot 278.261 + [-217 + 0{,}2 \cdot 278.261] - 2.000 = 359.522.
\end{aligned}$$

9.4 Die Ungleichung von TSCHEBYSCHEFF

Vielfach sind von einer Verteilung nur ihr Erwartungswert und ihre Streuung bekannt, während der genaue Verteilungstyp unbekannt bleibt. Exakte Wahrscheinlichkeiten lassen sich natürlich für diesen Fall nicht bestimmen, ohne dass weitere Informationen über das Verteilungsverhalten verwendet werden.

Der russische Mathematiker P. L. TSCHEBYSCHEFF (1821-1894) hat eine Ungleichung abgeleitet, mit deren Hilfe sich in dieser Situation für bestimmte Ereignisse zumindest grobe Abschätzungen ihrer Wahrscheinlichkeit ermitteln lassen. Voraussetzung für die Anwendung dieser Ungleichung ist, dass für eine Zufallsvariable X zwar ihr Verteilungstyp unbekannt ist, aber ihr Erwartungswert μ_X und ihre Streuung σ_X existieren und bekannt sind. Unter diesen Umständen gilt für die Wahrscheinlichkeit, dass die Zufallsvariable X um mindestens den Wert c von ihrem Erwartungswert abweicht, folgende Abschätzung:

$$(9.29) \quad W(|X - \mu_X| \geq c) \leq \frac{\sigma_X^2}{c^2} \quad \text{für alle } c > 0.$$

Durch Betrachtung der Gegenwahrscheinlichkeit lässt sich dieses Resultat auch wie folgt anwenden:

(9.30) $W(|X - \mu_X| < c) \geq 1 - \dfrac{\sigma_X^2}{c^2}$ für alle $c > 0$.

Beispiel 9.4

In Beispiel 9.3 lässt sich die exakte Verteilung der Größe $U = 260.870 + 869,57 \cdot A + 1.739,13 \cdot F$ nur mit erheblichem mathematischen Aufwand bestimmen, der den Rahmen dieses Buches sprengen würde. Bekannt sind aber aus den Berechnungen in Beispiel 9.3 der Erwartungswert und die Streuung dieser Zufallsvariablen; es gilt $\mu_U = 278.261$, $\sigma_U = 3.357$. Diese Informationen können nun verwendet werden, um mit Hilfe der TSCHEBYSCHEFF'schen Ungleichung bestimmte Wahrscheinlichkeiten abzuschätzen. Ist z. B. die Wahrscheinlichkeit gesucht, dass die Zufallsvariable zwischen 270.000 und 290.000 US-$ liegt, so kann diese Wahrscheinlichkeit nach unten abgeschätzt werden, d. h. ein Mindestwert hierfür angegeben werden. Zur Anwendung von (9.30) ist allerdings zunächst auf ein symmetrisches Intervall um den Erwartungswert überzugehen. Wegen

$$|270.000 - \mu_U| = |270.000 - 278.261| = 8.261,$$
$$|290.000 - \mu_U| = |290.000 - 278.261| = 11.739$$

gilt zunächst folgende Abschätzung für die gesuchte Wahrscheinlichkeit:

$$W(270.000 < U < 290.000) \geq W(270.000 < U < 286.522) = W(|U - my_U| < 8.261).$$

Mit (9.30) ergibt sich als weitere Abschätzung:

$$W(|U - \mu_U| < 8.261) \geq 1 - \frac{\sigma_U^2}{8.261^2} = 1 - \frac{3.357^2}{8.261^2} = 1 - 0,165 = 0,835.$$

Die gesuchte Wahrscheinlichkeit liegt also mit Sicherheit über 83%.

Allerdings ist diese Abschätzung recht grob. Könnte man beispielsweise unterstellen, dass eine Normalverteilung für U vorliegt, so ergäbe sich für

$$W(|U - \mu_U| < 8.261) = W\left(\left| \frac{U - my_U}{\sigma_U} \right| < \frac{8.261}{3.357} \right) = W(|U_s| < 2,46)$$

$$= W(-2,46 \leq U_s < = 2,46) = W(U_s < 2,46) - W(U_s \leq -2,46)$$

$$= F_{N(0;1)}(2,46) - (1 - F_{N(0;1)}(2,46)) = 0,993 - (1 - 0,993) = 0,986.$$

Die gesuchte Wahrscheinlichkeit wäre also im Fall einer Normalverteilung auf zwei Nachkommastellen gerundet gleich 0,99. Die Abschätzung nach TSCHEBYSCHEFF wird damit bestätigt; allerdings liegt der tatsächliche Wert der Wahrscheinlichkeit bei Normalverteilungsannahme deutlich über der durch die Abschätzung ermittelten Untergrenze. Auch für andere Verteilungstypen kann die Wahrscheinlichkeit z. T. deutlich über der angegebenen Untergrenze liegen, die nur eine grobe Richtschnur darstellt.

10 Approximation von Verteilungen

10.1 Das Gesetz der großen Zahl und der zentrale Grenzwertsatz

Betrachtet man eine Vielzahl von Zufallsvariablen, so ist häufig die Verteilung ihres Mittelwertes von Interesse. Für diese Verteilung lassen sich aber unter Umständen auch dann näherungsweise Informationen gewinnen, wenn der Verteilungstyp der einzelnen Zufallsvariablen unbekannt ist. Diesem Zweck dienen das Gesetz der großen Zahl und der zentrale Grenzwertsatz.

Gesetz der großen Zahl

Bildet $X_1, X_2, \ldots$ eine Folge von paarweise unkorrelierten Zufallsvariablen mit dem gleichen Erwartungswert μ_X und der gleichen Streuung σ_X, so ist

$$(10.1) \quad \overline{X}_n = \frac{1}{n} \sum_{i=1}^{n} X_i \quad \text{mit } n = 1, 2, \ldots$$

das arithmetische Mittel der ersten n dieser Zufallsvariablen. Dann folgt aus der Ungleichung von TSCHEBYSCHEFF (9.29) für jedes $\delta > 0$:

$$(10.2) \quad W\left(|\overline{X}_n - \mu_X| \geq \delta\right) \leq \frac{\sigma_X^2}{n \cdot \delta^2}.$$

Die Wahrscheinlichkeit, dass das arithmetische Mittel vom gemeinsamen Erwartungswert um mehr als einen vorgegebenen Betrag $\delta > 0$ abweicht, strebt also für wachsendes n gegen null. Daraus ergibt sich das *Gesetz der großen Zahl in der Form von TSCHEBYSCHEFF*:

$$(10.3) \quad \lim_{n \to \infty} W\left(|\overline{X}_n - \mu_X| < \delta\right) = 1 \quad \text{für alle } \delta > 0.$$

D. h., die Wahrscheinlichkeit, mit der das arithmetische Mittel $\overline{X}_n$ in ein vorgegebenes, beliebig kleines Intervall $[\mu_X - \delta; \mu_X + \delta]$ fällt, kann durch hinreichend großes n dem Wert eins beliebig angenähert werden, und zwar für jede denkbare Verteilung der X_i (sofern nur μ_X und σ_X existieren).

Sind die Zufallsvariablen $X_1, X_2, \ldots$ alle $B(1; \pi)$-verteilt, so hat $n \cdot \overline{X}_n$ eine $B(n; \pi)$-Verteilung. Dann folgt aus (10.3) das *Gesetz der großen Zahl in der Form von BERNOULLI*:

(10.4) $\lim_{n \to \infty} W\big(|X_n - \pi| < \delta\big) = 1$ für alle $\delta > 0$.

Diese Folgerung aus der axiomatischen Wahrscheinlichkeitsdefinition ermöglicht nun grundsätzlich eine Messung von Wahrscheinlichkeiten, indem diese mit Hilfe des Gesetzes der großen Zahl hinreichend genau bestimmt werden können. Bei der wiederholten, unabhängigen Durchführung eines Experiments, bei dem ein Ereignis mit der unbekannten Wahrscheinlichkeit π eintritt, kann diese Wahrscheinlichkeit für ‚großes n' hinreichend genau durch die relative Häufigkeit der Eintritte des Ereignisses angegeben werden. Insofern stellt das Gesetz der großen Zahl eine Rechtfertigung der VON MISES'schen Häufigkeitsdefinition der Wahrscheinlichkeit dar. – Techniken zur Realisierung derartiger wiederholter Experimente werden in der Stichprobentheorie vorgestellt (vgl. insbesondere Kapitel 11).

Beispiel 10.1

In Beispiel 8.2 wurde eine Binomialverteilung betrachtet, welche die Eignung der eingehenden Bewerbungen auf die ausgeschriebene Stelle beschrieb. Es wurde unterstellt, dass mit einer Wahrscheinlichkeit von 0,8 ein zufällig ausgewählter Bewerber geeignet ist, dessen Eignung also durch eine **B(1; 0,8)**-verteilte Zufallsvariable beschrieben wird.

Das Gesetz der großen Zahl in der BERNOULLI'schen Form besagt nun, dass bei einer zunehmenden Anzahl betrachteter Bewerbungen der tatsächlich realisierte Anteil geeigneter Bewerber mit immer größerer Wahrscheinlichkeit sehr nahe bei 0,8 liegt. D. h., es gilt gemäß (10.4) für jedes noch so kleine $\delta > 0$:

$$W(|\bar{X}_n - 0,8| < \delta) = W\big(|\tfrac{1}{n}X - 0,8| < \delta\big) = W\big(0,8 - \delta < \tfrac{1}{n}X < 0,8 + \delta\big) \to 1 \quad \text{für } n \to \infty.$$

Dabei bezeichnet $X = \sum_{i=1}^{n} X_i = n \cdot \bar{X}_n$ die Anzahl der geeigneten Bewerber unter n Bewerbern.

Konkret gilt z. B. für $\delta = 0,05$, d. h. für die Wahrscheinlichkeit, dass der Anteil der geeigneten Bewerber zwischen 0,75 und 0,85 liegt, in Abhängigkeit von n Folgendes:

n	$W(0,75 < \bar{X}_n < 0,85)$			
$n=5$	$= W(3,75 \le X \le 4,25)$	$= W(X=4)$	$= 0,410$	$= 0,410$
$n=25$	$= W(18,75 \le X \le 21,25)$	$= W(X=19)$ $+ W(X=20)$ $+ W(X=21)$	$= 0,163$ $+0,196$ $+0,187$	$= 0,546$
$n=125$	$= W(93,75 \le X \le 106,25)$	$= W(X=94)$ $+ W(X=95)$ $+ W(X=96)$ $\vdots$ $+ W(X=106)$	$= 0,035$ $+0,046$ $+0,057$ $\vdots$ $+0,038$	$= 0,855$

n	$W(0,75 < \bar{X}_n < 0,85)$			
$n = 625$	$= W(468,75 \leq X \leq 531,25)$	$= W(X = 469)$ $+ W(X = 470)$ $+ W(X = 471)$ $\vdots$ $+ W(X = 531)$	$= 0,0003$ $+ 0,0005$ $+ 0,0006$ $\vdots$ $+ 0,0003$	$= 0,998$

Die Wahrscheinlichkeit kann zunächst stark schwanken und sogar gleich null sein (für $n = 7$ z. B. ergibt sich $W(0,75 \leq \bar{X}_n \leq 0,85) = W(5,25 \leq X \leq 5,95) = 0$) und steigt erst für $n \geq 30$ schließlich recht rasch gegen ihren Grenzwert eins. Für $n > 500$ ist die Einfallwahrscheinlichkeit in das Intervall praktisch gleich eins.

Zentraler Grenzwertsatz von LINDEBERG-LÉVY

Wahrscheinlichkeiten von Ereignissen, die mit Hilfe der Summe von unabhängigen, identisch verteilten Zufallsvariablen X_i beschrieben werden, lassen sich für großes n mittels der Normalverteilung hinreichend genau berechnen. Exakter wird dieser Sachverhalt durch eine Limesaussage beschrieben. Man geht dazu von der Summe $\sum_{i=1}^{n} X_i$ zur zugehörigen standardisierten Zufallsvariablen über:

$$(10.5) \quad Y_n = \frac{\sum_{i=1}^{n} X_i - n \cdot \mu_X}{\sqrt{n} \cdot \sigma_X} = \sqrt{n} \cdot \frac{\bar{X}_n - \mu_X}{\sigma_X}$$

Dabei bezeichnen μ_X bzw. σ_X den Erwartungswert bzw. die Streuung der identisch verteilten Zufallsvariablen X_i, $i = 1, 2, \dots$.

Unter den oben angegebenen Voraussetzungen beinhaltet der zentrale Grenzwertsatz nach LINDEBERG-LÉVY folgende Konvergenzaussage für alle $y \in \mathbb{R}$:

$$(10.6) \quad \lim_{n \to \infty} W(Y_n \leq y) = F_{N(0;1)}(y).$$

Die Verteilungsfunktion der standardisierten Summe bzw. des standardisierten Mittelwertes der Zufallsvariablen ist also für große n näherungsweise diejenige der Standardnormalverteilung. Neben dieser Formulierung sind auch andere Formulierungen des zentralen Grenzwertsatzes möglich, für die unter bestimmten Bedingungen von der Voraussetzung der identischen Verteiltheit oder der Unabhängigkeit der Zufallsvariablen abgewichen werden kann. Dabei wird in der Praxis meist davon ausgegangen, dass ab $n > 30$ die Konvergenz bereits so weit fortgeschritten ist, dass eine Approximation der Verteilung einer Summe oder eines Mittelwertes mit der Normalverteilung hinreichend genaue Ergebnisse liefert.

Der zentrale Grenzwertsatz erlaubt nun, in der Stichprobentheorie Methoden, die für normalverteilte Grundgesamtheiten entwickelt worden sind, auf beliebig verteilte Grundgesamtheiten anzuwenden. Einzelheiten hierzu werden im folgenden Teil C dieses Buches vorgestellt.

Beispiel 10.2

Es soll an dieser Stelle darauf verzichtet werden, das Konvergenzverhalten im Sinne des zentralen Grenzwertsatzes beispielhaft zu demonstrieren.[1] Stattdessen soll im Folgenden ein praktischer Anwendungsfall dargestellt werden.

In Beispiel 8.1 wurde für das Merkmal ‚Auftragsvolumen', dessen Verteilungsverhalten durch eine stetige Zufallsvariable Y beschrieben wird, folgende Verteilungsfunktion unterstellt:

$$F_Y(y) = \begin{cases} 0 & \text{für } 0 < y, \\ 0{,}2 \cdot y - 0{,}01 \cdot y^2 & \text{für } 0 \leq y \leq 10, \\ 1 & \text{für } 10 < y. \end{cases}$$

Im Rahmen von Beispiel 9.1 wurden für diese Zufallsvariable der Erwartungswert und die Streuung ermittelt; es gilt:

$$\mu_Y = 3{,}33; \quad \sigma_Y = 2{,}36.$$

Der zentrale Grenzwertsatz lässt sich nun anwenden, wenn man die Verteilung des gesamten Auftragsvolumens einer vorgegebenen, ‚großen' Anzahl von Aufträgen näherungsweise bestimmen möchte. Diese Summe ist nämlich approximativ normalverteilt, obwohl dies für die Verteilung des Volumens eines einzelnen Auftrags nicht gilt. Unterstellt man, dass der zentrale Grenzwertsatz für $n=50$ bereits hinreichend erfüllt ist, so ist die Summe $S = \sum_{i=1}^{50} Y_i$ der Auftragsvolumina approximativ normalverteilt, und zwar mit folgenden Parametern:

$$\mu_S = n \cdot \mu_Y = 50 \cdot 3{,}33 = 166{,}5; \quad \sigma_S = \sqrt{n} \cdot \sigma_Y = \sqrt{50} \cdot 2{,}36 = 16{,}7.$$

Interessiert man sich beispielsweise für die Wahrscheinlichkeit, mit der diese Auftragsvolumensumme mindestens 150.000 Euro beträgt (d. h. $S \geq 150$), so lässt sich diese näherungsweise wie folgt berechnen:

$$W(S \geq 150) = W\left(S_s \geq \tfrac{150 - 166{,}5}{16{,}7}\right) = W(S_s \geq -0{,}988)$$
$$\approx 1 - F_{N(0;1)}(-0{,}988) = F_{N(0;1)}(0{,}988) = 0{,}838.$$

10.2 Faustregeln zur Approximation von Verteilungen

Oft vermeidet man erheblichen Rechenaufwand, indem man bestimmte Verteilungsfunktionen durch eine andere, einfachere Verteilungsfunktion approximiert. Wegen der universellen Anwendbarkeit und mancher anderer Vorteile versucht man meist, für alle Fragestellungen die Normalverteilung anzuwenden, und sieht im zentralen Grenzwertsatz die Rechtfertigung für dieses Vorgehen.

---

[1] Vgl. aber H. Degen & P. Lorscheid: *Statistik-Aufgabensammlung*, Aufgabe C 6.4.

Trotzdem ist stets zu prüfen, ob die Voraussetzungen für die beabsichtigte Approximation vorliegen.

Für die meisten gängigen Ausgangsverteilungen sind spezielle Faustregeln zur Approximation entwickelt worden, die in Tabelle 10.1 zusammengefasst sind.

Tabelle 10.1 Approximationsregeln für Verteilungen

Verteilung	Approximations-Verteilung	Voraussetzung
$B(n;\pi)$	$N(n\pi;\sqrt{n\pi(1-\pi)})$	$n\pi \geq 5$, $n(1-\pi) \geq 5$
$B(n;\pi)$	$P(n\pi)$	$n \geq 50$, $n\pi \leq 5$
$H(n;N;K)$	$B(n;\frac{K}{N})$	$\frac{n}{N} \leq 0,05$
$P(\mu)$	$N(\mu;\sqrt{\mu})$	$\mu \geq 10$
$t(n)$	$N(0;1)$	$n \geq 30$
$\chi^2(n)$	$N(n;\sqrt{2n})$	$n \geq 30$
$F(m;n)$	$\frac{1}{m}\chi^2(m)$	$n \geq 100$

● *Stetigkeitskorrektur*: Approximiert man eine diskrete Zufallsvariable X, deren Wahrscheinlichkeitsmasse sich nur auf die ganzen Zahlen verteilt, durch die Verteilung einer stetigen Zufallsvariablen Y, so kann die Approximation der gesuchten Wahrscheinlichkeiten deutlich verbessert werden, indem bei der Bestimmung der Wahrscheinlichkeit eines Intervalls $[a;b]$ (mit ganzzahligen Intervallgrenzen) an den Intervall-Randpunkten folgende Korrektur vorgenommen wird:

(10.7) $W(a \leq X \leq b) \approx F_Y(b+0,5) - F_Y(a-0,5)$.

Beispiel 10.3
Im Folgenden sollen für sämtliche in der Übersichtstabelle genannten Fälle Berechnungsbeispiele angegeben werden.

● *Approximation der Binomialverteilung durch eine Normalverteilung*: Die $B(100;0,2)$-Verteilung erfüllt wegen $n \cdot \pi = 100 \cdot 0,2 = 20 \geq 5$ und $n \cdot (1-\pi) = 100 \cdot 0,8 = 80 \geq 5$ die Approximationsbedingung. Diese Binomialverteilung kann daher durch eine Normalverteilung Y approximiert werden, die wie folgt verteilt ist:

$Y \sim N(n\pi;\sqrt{n\pi(1-\pi)}) = N(100 \cdot 0,2;\sqrt{100 \cdot 0,2 \cdot 0,8}) = N(20;4)$.

Möchte man beispielsweise die Wahrscheinlichkeit berechnen, dass diese Zufallsvariable Werte von 10 bis einschließlich 30 annimmt, so gilt (unter Anwendung der Stetigkeitskorrektur):

$$W(10 \leq X \leq 30) \approx W(9{,}5 \leq Y \leq 30{,}5) = W\left(\frac{9{,}5-20}{4} < \frac{Y-20}{4} < \frac{30{,}5-20}{4}\right)$$
$$= W(-2{,}625 < Y_s < 2{,}625) = F_{N(0;1)}(2{,}625) - (1 - F_{N(0;1)}(2{,}625))$$
$$= 0{,}996 - (1 - 0{,}996) = 0{,}992.$$

● *Approximation der Binomialverteilung durch eine Poissonverteilung*: Liegt eine **B(100; 0,02)**-Verteilung vor, so kann diese wegen der geringen Eintrittswahrscheinlichkeit nicht durch eine Normalverteilung approximiert werden, da $n \cdot \pi = 100 \cdot 0{,}02 = 2 < 5$ ist. Stattdessen ist diese Binomialverteilung durch eine poissonverteilte Zufallsvariable Y approximierbar, da $n = 100 \geq 50$ und $n \cdot \pi = 100 \cdot 0{,}02 = 2 < 5$ ist; der Parameter dieser Poissonverteilung lautet $\mu = n \cdot \pi = 2$. Man erhält beispielsweise für die Wahrscheinlichkeit, dass die betrachtete Verteilung Werte kleiner gleich fünf annimmt,

$$W(X \leq 5) \approx W(Y \leq 5) = F_{Po(2)}(5) = 0{,}983.$$

● *Approximation der hypergeometrischen Verteilung durch die Binomialverteilung*: Eine hypergeometrische Verteilung **H(100; 10.000; 200)** kann durch eine Binomialverteilung approximiert werden, da für den Auswahlsatz

$$\frac{n}{N} = \frac{100}{10.000} = 0{,}01 < 0{,}05$$

gilt. Die approximierende Verteilung Y ist dann gemäß

$$B\left(n; \frac{M}{N}\right) = B\left(100; \frac{200}{10.000}\right) = B(100; 0{,}02)$$

verteilt. Diese Verteilung wiederum kann durch eine Poissonverteilung mit dem Parameter $\mu = 2$ angenähert werden (s. o.).

● *Approximation der Poissonverteilung durch eine Normalverteilung*: Liegt eine Poissonverteilung mit einem Intensitätsparameter $\mu \geq 10$ vor, so kann diese durch eine Zufallsvariable approximiert werden, die $N(\mu; \sqrt{\mu})$-verteilt ist. Soll also beispielsweise für eine **P(20)**-Verteilung berechnet werden, mit welcher Wahrscheinlichkeit sie nicht größer als zehn ist, so ist diese Zufallsvariable durch die normalverteilte Zufallsvariable $Y \sim N(\mu; \sqrt{\mu}) = N(20; \sqrt{20})$ zu approximieren, und es gilt (unter Verwendung der Stetigkeitskorrektur):

$$W(X \leq 10) \approx W(Y \leq 10{,}5) = W\left(\frac{Y-20}{\sqrt{20}} \leq \frac{10{,}5-20}{\sqrt{20}}\right) = W(Y_s \leq -2{,}12)$$
$$= 1 - W(Y_s \leq 2{,}12) = 1 - F_{N(0;1)}(2{,}12) = 1 - 0{,}983 = 0{,}017.$$

● *Approximation der t-Verteilung durch die Standardnormalverteilung*: Für $n \geq 30$ ist die t-Verteilung approximativ durch eine Standardnormalverteilung anzunähern. Soll etwa berechnet werden, mit welcher Wahrscheinlichkeit eine **t(50)**-verteilte Zufallsvariable betragsmäßig größer als zwei ist, so kann dies mit der standardnormalverteilten Variablen Y wie folgt errechnet werden:

$$W(|X| > 2) = W(|Y| > 2) = 2 \cdot W(Y > 2) = 2 \cdot (1 - F_{N(0;1)}(2)) = 2 \cdot (1 - 0{,}977) = 0{,}046.$$

● *Approximation der χ^2-Verteilung durch die Normalverteilung*: Ist eine Zufallsvariable $X \sim \chi^2(n)$ mit $n \geq 30$ gegeben, so ist diese durch eine normalverteilte Zufallsvariable Y mit den Parametern $\mu_Y = n$; $\sigma_Y = \sqrt{2n}$ approximierbar. So gilt etwa für $X \sim \chi^2(50)$, dass die Wahrscheinlichkeit für diese Variable, größer als 70 zu sein, wie folgt näherungsweise bestimmt werden kann:

$$W(X>70) \approx W(Y>70) = W\left(\frac{Y-50}{\sqrt{2 \cdot 50}} > \frac{70-50}{\sqrt{2 \cdot 50}}\right) = W(Y_s>2)$$
$$= 1 - W(Y_s<2) = 1 - F_{N(0;1)}(2) = 1 - 0,977 = 0,023.$$

● *Approximation der* F-*Verteilung durch die* χ^2-*Verteilung*: Liegt eine F-verteilte Zufallsvariable X vor mit Zählerfreiheitsgraden $m=4$ und Nennerfreiheitsgraden $n=195$, so lässt sich $m \cdot X$ wegen $n=195 \geq 100$ durch eine Zufallsvariable Y approximieren, die $\chi^2(m)$-verteilt ist. Wird die Wahrscheinlichkeit gesucht, mit der die F-verteilte Variable größer als 2,37 ist, so lässt sich diese wie folgt näherungsweise berechnen:

$$W(X>2,37) = W(4 \cdot X>4 \cdot 2,37) \approx W(Y>9,48) = 1 - W(Y \leq 9,48)$$
$$= 1 - F_{\chi^2(4)}(9,48) = 1 - 0,95 = 0,05.$$

Teil C

Schließende Statistik

Vielfach ist es unmöglich oder zumindest unzweckmäßig, eine statistische Masse vollständig zu untersuchen. Man beschränkt sich stattdessen auf die Untersuchung einer Stichprobe aus dieser statistischen Masse, die in diesem Zusammenhang auch als Grundgesamtheit bezeichnet wird. Methoden der schließenden Statistik sind hierauf anwendbar, wenn gewährleistet ist, dass es sich um eine Zufallsstichprobe handelt, d. h. wenn ein Zufallsmechanismus verwendet wurde, um die statistischen Einheiten der Stichprobe auszuwählen. Je nachdem, welcher Zufallsmechanismus verwendet wird, unterscheidet man sog. einfache Zufallsstichproben sowie komplexere Stichprobenverfahren.

Aufgrund der Zufallsauswahl ist es möglich, die Wahrscheinlichkeitsrechnung zu benutzen, um Methoden der schließenden Statistik herzuleiten. Bei diesen Methoden geht es im Allgemeinen darum, auf Basis der Stichprobe Aussagen über die zu untersuchende Grundgesamtheit zu machen, beispielsweise über bestimmte Parameter bzw. Kennzahlen der Verteilung des Untersuchungsmerkmals in der Grundgesamtheit. Dabei kann es sich darum handeln, einen möglichst zuverlässigen Schätzwert für diesen Parameter anzugeben oder ein Schätzintervall zu berechnen, das den zu schätzenden Parameter mit einer vorgegebenen Wahrscheinlichkeit enthält. Zudem beschäftigt sich die schließende Statistik mit sog. Testverfahren, die es erlauben zu entscheiden, ob eine bestimmte Hypothese über diesen Parameter zutreffen kann oder nicht. Diese Testverfahren werden so konstruiert, dass Fehlentscheidungen nur mit vorgegebenen, geringen Wahrscheinlichkeiten auftreten.

11 Grundeigenschaften von Stichproben

11.1 Grundbegriffe der Stichprobentheorie

Die Menge aller für eine statistische Untersuchung relevanten Merkmalsträger (Objekte) wird als *Grundgesamtheit* bezeichnet. Eine solche Grundgesamtheit kann endlich oder unendlich, konkret oder hypothetisch sein. Endliche, konkrete Grundgesamtheiten vom Umfang N werden auch als statistische Massen bezeichnet.

Informationen über die Grundgesamtheit kann man auf zweifache Weise gewinnen: Man kann eine vollständige Untersuchung der Grundgesamtheit durchführen (*Vollerhebung*) oder lediglich Daten für einen endlichen Teil der Grundgesamtheit erheben (*Teilerhebung*). Letzteres bezeichnet man auch als Erhebung einer *Stichprobe*; hierbei kommt es darauf an, mittels indirekter Verfahren von dem Ergebnis der Teiluntersuchung auf die Gegebenheiten in der Grundgesamtheit zurück zu schließen. Ein solcher induktiver Schluss ist mit Unsicherheit belastet. Aufgabe der *schließenden* (auch: *induktiven*, *analytischen*) *Statistik* ist es, Methoden bereitzustellen, die es erlauben, den Grad der Unsicherheit durch Angabe von Wahrscheinlichkeiten zu quantifizieren.

Die Beobachtung einer Merkmalsausprägung ist in mancher Hinsicht ein Zufallsvorgang, insbesondere bezüglich
- der Entstehung der Ausprägung an einem Merkmalsträger,
- der Auswahl der Merkmalsträger und
- der Durchführung des Messvorgangs am Merkmalsträger.

Die Zufallsvorgänge des ersten und dritten Typs sind nicht auf Stichprobenerhebungen beschränkt, sondern können auch in Vollerhebungen in gleicher Form auftreten. In der Stichprobentheorie wird daher nur die Auswahl der Merkmalsträger als Ursache zufälliger Erhebungsfehler betrachtet. Der Zufall wird hier sogar bewusst eingesetzt. Sollen insgesamt n Einheiten der Grundgesamtheit erhoben werden, so wird das Ergebnis jedes der n Auswahlvorgänge durch eine Zufallsvariable beschrieben. Dabei bezeichnet die Zufallsvariable X_i das zufällige Ergebnis des i-ten Auswahlvorgangs (für $i = 1, 2, ..., n$). Diese Zufallsvariablen werden auch als *Stichprobenvariablen* bezeichnet.

Die Verteilung der Stichprobenvariablen X_i ist durch die Verteilung des untersuchten Merkmals in der Grundgesamtheit sowie durch die Art des Auswahlverfahrens bestimmt. An diesem Punkt kommt die Wahrscheinlichkeitsrechnung

ins Spiel: Die Verteilung der x_i wird durch die Verteilung des Untersuchungsmerkmals in der Grundgesamtheit charakterisiert, die jedoch im Allgemeinen nicht
(vollständig) bekannt ist. Es ist möglich, Informationen über diese unbekannte
Verteilung anhand der Realisationen $x_1, x_2, ..., x_n$ der Stichprobenvariablen
$X_1, X_2, ..., X_n$ zu erhalten.

**Begriffe aus Wahrscheinlichkeitsrechnung und
schließender Statistik im Vergleich**

Es wurde verdeutlicht, inwiefern die Anwendung der Wahrscheinlichkeitsrechnung im Rahmen der schließenden Statistik von Bedeutung ist. Im speziellen
Kontext der Anwendung haben sich jedoch zahlreiche spezielle Begriffe heraus-
gebildet, die in der folgenden Tabelle ihren Entsprechungen in der 'normalen'
Wahrscheinlichkeitsrechnung gegenübergestellt sind.

Tabelle 11.1 Gegenüberstellung von Begriffen aus

Wahrscheinlichkeitsrechnung	Stichprobentheorie
Menge der Elementarereignisse Ω	Grundgesamtheit (statistische Masse) G
Elementarereignis $\omega \in \Omega$	Objekt (statistische Einheit) $g \in G$
Zufallsvariable X	Stichprobenvariablen X_i
Realisation x	beobachtete Merkmalsausprägungen x_i
Verteilungsfunktion der Zufallsvariab-len X: $\quad F_X(x) = W(X \leq x)$; diese Verteilungsfunktion ist bekannt	Verteilung der Grundgesamtheit bzgl. des Untersuchungsmerkmals X: $\quad F_X(x) = h(x_i \leq x)/N$; diese kumulierte relative Häufigkeitsfunkti-on ist nicht oder nicht vollständig bekannt

Beispiel 11.1
In Beispiel 8.7 wurde dargestellt, dass eine Vermutung darüber besteht, dass sich durch den
gezielten Einsatz geeigneter Marketing-Instrumente die Nachfrage nach den Dienstleistungs-
angeboten der ‚Statistik AG' steigern lässt. Diese Vermutung soll nun durch eine Stichprobenuntersuchung unter den Kunden der ‚Statistik AG' bestätigt bzw. widerlegt werden. Das Untersuchungsmerkmal in dieser Erhebung ist die Höhe des jährlich von einem Unternehmen zu
vergebenden Auftragsvolumens. Um eine eventuelle Steigerung der Nachfrage nachweisen zu
können, ist das Untersuchungsmerkmal zu zwei verschiedenen Zeitpunkten zu erfragen, nämlich
einmal vor und einmal nach der Durchführung der Marketing-Maßnahme.

Die Grundgesamtheit bilden in diesem Zusammenhang alle bisherigen Kunden der ‚Statistik AG'. Soweit die ‚Statistik AG' im Wesentlichen gewerblichen Kunden ihre Dienstleistungen anbietet, ist diese Grundgesamtheit eine endliche, abgegrenzte statistische Masse, nämlich die Menge aller Unternehmen, die zu beiden Erhebungszeitpunkten im Tätigkeitsgebiet der ‚Statistik AG' ansässig waren.

Sollen beispielsweise 50 Unternehmen der Grundgesamtheit befragt werden, so stellen die jährlichen Auftragsvolumina dieser Unternehmen vor und nach der Maßnahmendurchführung die Realisationen der (zweidimensionalen) Stichprobenvariablen dar.

11.2 Vor- und Nachteile von Stichprobenuntersuchungen

Wägt man die Vor- und Nachteile einer Stichprobenuntersuchung (Teilerhebung) im Vergleich zu einer Vollerhebung ab, so sind die folgenden Gesichtspunkte zu nennen:

Vorteile von Stichprobenuntersuchungen

● *Geringere Kosten*: Jede statistische Erhebung von Daten verursacht Kosten, die im Wesentlichen von der Anzahl der zu erhebenden statistischen Einheiten abhängen. Stichprobenerhebungen anstelle von Vollerhebungen bergen daher erhebliche Einsparpotenziale.

● *Zeitersparnis*: Vielfach ist der Auftraggeber einer statistischen Erhebung daran interessiert, dass die Ergebnisse der Untersuchung möglichst rasch vorliegen. Da die Erhebung statistischen Datenmaterials stets Zeit beansprucht, lässt sich die Untersuchung durch die Beschränkung auf eine Stichprobe meist erheblich beschleunigen.

● *Gründlichere Durchführbarkeit*: Wie bereits an anderer Stelle (vgl. Abschnitt 11.1) erläutert, bestehen bei Teil- wie Vollerhebungen Fehlerrisiken dadurch, dass Messfehler bei der Messung der einzelnen Merkmalsausprägungen entstehen. Diese Fehlerquelle lässt sich i. d. R. erheblich reduzieren, wenn es möglich ist, dem einzelnen Messvorgang an einer zu untersuchenden statistischen Einheit mehr Zeit und Aufmerksamkeit zu widmen. So können bei einer Erhebung mittels Interviewern Erhebungsfehler dadurch reduziert werden, dass dem jeweiligen Interviewer mehr Zeit zur Verfügung steht, dem Interviewten den Fragebogen zu erläutern und Verständnisprobleme bzw. Rückfragen zu klären. Dies ist aber meist nur möglich, wenn es gelingt, die Zahl der zu untersuchenden Einheiten zu reduzieren, was durch eine Stichprobenuntersuchung möglich wird. Auf diese Weise ist es durchaus denkbar, dass eine Stichprobenuntersuchung einen insgesamt geringeren Fehler aufweist als eine Vollerhebung, obwohl bei ihr der durch die Auswahl der Stichprobe verursachte Zufallsfehler noch zu berücksichtigen ist.

● *Durchführbarkeit bei zerstörender Prüfung*: Unter Umständen werden die Untersuchungsobjekte durch die Datenerhebung an ihnen zerstört bzw. für den ursprünglich vorgesehenen Zweck unbrauchbar. Dies ist beispielsweise häufig bei Qualitätsprüfungen von Produkten (z. B. bei Feuerwerkskörpern) und regelmäßig bei der Messung der Lebensdauer von Produkten der Fall. Um nicht die ganze Produktion zu zerstören, bleibt hier als einzige Möglichkeit, eine Stichprobenerhebung durchzuführen.

Nachteile von Stichprobenuntersuchungen

● *Stichprobenfehler*: Da bei einer Stichprobe nur ein Teil der Grundgesamtheit untersucht wird, ist bei dem induktiven Schluss von den Verhältnissen in der Stichprobe auf die entsprechenden Gegebenheiten in der kompletten Grundgesamtheit ein zufallsbedingter Fehler (der sog. Stichprobenfehler) unvermeidlich. Allerdings lassen sich diese Fehler mit Hilfe der Wahrscheinlichkeitsrechnung wesentlich leichter quantifizieren als etwa die oben erwähnten Messfehler.

● *Kompliziertheit*: Ungeübten Benutzern fällt es häufig schwer, die Ergebnisse von Stichprobenuntersuchungen richtig zu beurteilen. So wird die Zuverlässigkeit kleiner Stichproben häufig überschätzt, diejenige sehr großer Stichproben häufig unterschätzt. Die richtige Interpretation von Angaben, welche die Zuverlässigkeit eines Stichprobenergebnisses zum Ausdruck bringen (etwa Konfidenzintervalle und Signifikanztests, vgl. Kapitel 13 bzw. 14), wird ohne eine entsprechende statistische Vorbildung einem Benutzer nur schwer zu vermitteln sein.

11.3 Einfache Zufallsstichproben

Wesentliche Qualitätseigenschaft einer Stichprobe ist ihre *Repräsentativität*, d. h. ihr Vermögen, die Verhältnisse in der Grundgesamtheit innerhalb der Stichprobe im Kleinen wiederzugeben. Unter unterschiedlichen Verfahren, repräsentative Stichproben zu erzeugen, spielt die im Folgenden behandelte einfache Zufallsstichprobe die bedeutsamste Rolle.

Einfache Zufallsstichprobe

Eine Stichprobe mit den Stichprobenvariablen $X_1, X_2, ..., X_n$ heißt *einfache Zufallsstichprobe vom Umfang n*, falls

- die Zufallsvariablen $X_1, X_2, ..., X_n$ alle auf derselben Grundgesamtheit G definiert sind,
- die Zufallsvariablen $X_1, X_2, ..., X_n$ identisch verteilt sind und
- die Zufallsvariablen $X_1, X_2, ..., X_n$ unabhängig sind.

Die Verteilung der Stichprobenvariablen entspricht dann der Verteilung des Untersuchungsmerkmals in der Grundgesamtheit. Sofern existent (und das ist zumindest für endliche Grundgesamtheiten stets der Fall), gilt für den Erwartungswert und die Varianz der Stichprobenvariablen

(11.1) $E(X_i) = \mu, \quad Var(X_i) = \sigma^2,$

wobei μ der arithmetische Mittelwert des Untersuchungsmerkmals in der Grundgesamtheit und σ^2 dessen mittlere quadratische Abweichung ist.

$X_1, X_2, ..., X_n$ heißt r -*dimensionale einfache Zufallsstichprobe vom Umfang* n , falls zusätzlich zu den drei o. a. Bedingungen die X_i jeweils r -dimensionale Zufallsvariablen sind, d. h., zu jedem Objekt $g \in G$ werden r Merkmale erhoben. Es liegt dann eine r -dimensionale Verteilung der Grundgesamtheit vor.

Uneingeschränkte Zufallsauswahl

Man spricht von einer *uneingeschränkten Zufallsauswahl*, wenn bei einem Auswahlverfahren die Wahrscheinlichkeit, aus G entnommen zu werden, für alle Elemente von G gleich ist. Dazu müssen das zur Ermittlung der Stichprobenobjekte verwendete Auswahlmerkmal und das Untersuchungsmerkmal unkorreliert sein.

Es gibt uneingeschränkte Zufallsauswahlen mit Zurücklegen und ohne Zurücklegen. Während die uneingeschränkte Zufallsauswahl mit Zurücklegen zu einer einfachen Zufallsstichprobe führt, ist dies bei einer uneingeschränkten Zufallsauswahl ohne Zurücklegen nicht der Fall, da die Stichprobenvariablen $X_1, X_2, ..., X_n$ voneinander abhängig sind. Diese Abhängigkeit ist allerdings nur schwach, wenn der Auswahlsatz n/N kleiner als 0,05 ist, und kann dann i. d. R. vernachlässigt werden. Ist der Auswahlsatz größer, so sollte für eine uneingeschränkte Zufallsauswahl ohne Zurücklegen explizit berücksichtigt werden, dass durch das Zurückhalten der bereits entnommenen Stichprobenelemente die Varianz des Untersuchungsmerkmals gegenüber der einfachen Zufallsstichprobe reduziert wird, und zwar um den Faktor $\frac{N-n}{N-1}$ (Endlichkeitskorrektur). Im Folgenden werden unter Stichproben immer einfache Zufallsstichproben (vom Umfang n) verstanden.

In der Praxis besteht meist ein großes Problem darin zu beurteilen, ob eine verwendete Auswahltechnik zumindest näherungsweise einer uneingeschränkten Zufallsauswahl entspricht. Liegt als Auswahlgrundlage eine Liste aller statistischen Einheiten der Grundgesamtheit vor, so lassen sich unterschiedliche Techniken anwenden, um (näherungsweise) eine uneingeschränkte Zufallsauswahl zu realisieren, z. B. Zufallszahlentabellen (vgl. Tabelle 11.2)[1], computererzeugte (Pseudo-)Zufallszahlen, Schlussziffernauswahl, Buchstabenauswahl, Geburtstagsauswahl. Inwieweit eine konkrete Auswahl ohne derartige Auswahlgrundlage, die durch 'zufälliges Herausgreifen' geschieht, noch näherungsweise als uneingeschränkte Zufallsauswahl angesehen werden kann, muss hingegen im Einzelfall anhand der jeweiligen Gegebenheiten beurteilt werden.

Tabelle 11.2 Tabelle gleichverteilter Zufallszahlen

61681 43804 43828 43588 36226 68275 03452 05275 74460 74828 04142 53405 35424
11978 10875 82293 75313 35947 47924 38976 83346 01278 93026 50179 52308 21623
60629 23473 53241 90896 86614 73978 13594 92327 99339 14817 43859 35462 56468
65548 81904 49317 83890 30555 28049 31791 43036 00980 37199 22624 26195 01014
17876 52429 57453 49982 64991 20206 32913 33371 85044 79163 50715 41469 44252

72692 51725 05400 59881 17046 66035 93640 81818 75791 44093 99254 63223 44435
04208 85379 65098 28300 93531 02137 70622 38047 42095 08077 12709 48937 03212
45655 30437 22206 47001 20332 57058 20815 42336 47698 09185 00637 34897 76563
04815 93521 53683 86759 37997 79465 79635 77393 86241 50832 97041 50867 80550
24622 37603 95593 43836 40792 70916 61979 65567 34881 84683 54275 66692 ...

Beispiel 11.2

Die Statistik AG hat in der Situation des Beispiels 11.1 beschlossen, eine Stichprobe vom Umfang 50 zu ziehen. Als Auswahlgrundlage dient dabei eine Liste mit allen zu den Kunden der Statistik AG zählenden Unternehmen, die insgesamt 6.804 Positionen enthält. Aus dieser Liste soll nun eine einfache Zufallsstichprobe ohne Zurücklegen entnommen werden. Entscheidet man sich, echte Zufallszahlen (statt rechnererzeugter Pseudozufallszahlen) zu verwenden, so bietet sich die Benutzung einer Zufallszahlentabelle wie in Tabelle 11.2 an. Dazu werden die Zufallszahlen der Tabelle der Reihe nach in Viererblöcke eingeteilt und vierstellige Zahlen daraus gebildet. Von vorn beginnend wird für alle Zahlen kleiner oder gleich $N = 6.804$ das jeweilige Objekt (also Unternehmen) in die Stichprobe übernommen; doppelt auftretende Zahlen werden dabei nicht berücksichtigt. Nachfolgend sind die vierstelligen Zahlen dargestellt, wobei diejenigen Zahlen, denen kein Objekt in der Stichprobe entspricht, durchgestrichen sind:

---

[1] Die in Tabelle 11.2 wiedergegebenen Zahlen wurden mit Hilfe eines 20-seitigen Würfels ermittelt. Eine größere Zufallszahlentabelle findet sich z. B. in J. HARTUNG, B. ELPELT & K.-H. KLÖSENER: *Statistik*, Tabelle 8 des Tabellenanhangs. – Zu Algorithmen zur Erzeugung von Pseudozufallszahlen vgl. z. B. J. KLIENEN & W. VAN GROENENDAAL: *Simulation*, S. 18 ff.

6.168, 1.438,   443, 8.284, 3.588, 3.622, 6.682, 7.503, 4.520, 5.275,
7.446,   748, 2.804, 1.425, 3.405, 3.542, 4.119, 7.810, 8.758, 2.293,
7.531, 3.359, 4.747, 9.243, 8.976, 8.334, 6.012, 7.893,   265,   179,
5.230, 8.216, 2.360, 6.292, 3.473, 5.324, 1.908, 9.686, 6.147, 3.978,
1.359, 4.923, 2.799, 3.391, 4.817, 4.385, 9.354, 6.256, 4.686, 5.548,
8.190, 4.493, 1.783, 8.903,   555, 2.804, 9.317, 9.143,   360,   980,
3.719, 9.226, 2.426, 1.950, 1.014, 1.787, 6.524, 2.957, 4.534, ...

Die Zahl 2.804 kommt dabei doppelt vor, wird aber nur einmal berücksichtigt.

11.4 Stichprobenfunktionen und ihre Verteilungen

Erhebt man eine Stichprobe, so wird man deren Ergebnis in aller Regel nicht
anhand der einzelnen Werte sämtlicher Stichprobenvariablen beurteilen. Vielmehr
bietet es sich an, wie in der deskriptiven Statistik für statistische Massen Kenngrößen zu definieren, anhand derer die Stichprobenresultate zusammengefasst
beurteilt werden können, beispielsweise Mittelwerte oder Streuungsmaße der
Stichprobenwerte.

Als *Stichprobenfunktion* bezeichnet man eine Zufallsvariable $Z = h(X_1, X_2, ..., X_n)$,
die auf den Stichprobenvariablen $X_1, X_2, ..., X_n$ definiert ist; in Anlehnung an den
Sprachgebrauch im Englischen spricht man hier auch einfach von einer *Statistik*.

Häufig verwendete Stichprobenfunktionen sind die folgenden:

- *Merkmalssumme*: $X = \sum_{i=1}^{n} X_i$;

- *Stichprobenmittelwert*: $\bar{X} = \frac{1}{n}\sum_{i=1}^{n} X_i$;

- *GAUß-Statistik*: $Z = \sqrt{n}\,\dfrac{\bar{X}-\mu}{\sigma} = \cdot \bar{X}_s$;

- *mittlere quadratische Abweichung bzgl.* μ: $D^2 = \frac{1}{n}\sum_{i=1}^{n}(X_i-\mu)^2$;

- *mittlere quadratische Abweichung bzgl.* $\bar{X}$: $S^2 = \frac{1}{n}\sum_{i=1}^{n}(X_i-\bar{X})^2$;

- *korrigierte mittlere quadratische Abweichung bzgl.* $\bar{X}$ *(Stichprobenva-
  rianz)*:

$$S^{*2} = \frac{1}{n-1}\sum_{i=1}^{n}(X_i-\bar{X})^2;$$

- *korrigierte Stichprobenstandardabweichung*: $S^* = \sqrt{\dfrac{1}{n-1} \sum\limits_{i=1}^{n} (X_i - \bar{X})^2}$;

- t-*Statistik*: $T = \sqrt{n}\ \dfrac{\bar{X} - \mu}{S^*}$;

- *Stichprobenkorrelationskoeffizient*: $R = \dfrac{\sum\limits_{i=1}^{n} (X_i - \bar{X}) \cdot (Y_i - \bar{Y})}{\sqrt{\sum\limits_{i=1}^{n} (X_i - \bar{X})^2 \cdot \sum\limits_{i=1}^{n} (Y_i - \bar{Y})^2}}$,

dabei entstammen die Wertepaare $(X_i; Y_i)$, $i = 1, ..., n$, einer zweidimensionalen einfachen Zufallsstichprobe.

Verteilungen von Stichprobenfunktionen

Im Folgenden wird vorausgesetzt, dass es sich bei den Stichprobenvariablen $X_1, X_2, ..., X_n$ um eine einfache Zufallsstichprobe vom Umfang n handelt und dass $E(X_i) = \mu$ und $\mathrm{Var}(X_i) = \sigma^2 > 0$ existieren. Dann lassen sich die Erwartungswerte und die Varianz der oben definierten Stichprobenfunktionen wie in der nachfolgenden Tabelle 11.3 angeben. Die in der Tabelle angegebenen Verteilungen dieser Stichprobenfunktionen gelten allerdings nur unter der Annahme, dass das Untersuchungsmerkmal in der Grundgesamtheit normalverteilt ist.

Tabelle 11.3 Verteilungen von Stichprobenfunktionen

Stichproben-funktion	Erwartungs-wert	Varianz	Verteilung (unter Normal-verteilungsannahme)
X	$n \cdot \mu$	$n \cdot \sigma^2$	$X \sim N(n \cdot \mu; \sqrt{n} \cdot \sigma)$
$\bar{X}$	μ	σ^2/n	$\bar{X} \sim N(\mu; \frac{1}{\sqrt{n}} \cdot \sigma)$
Z	0	1	$Z \sim N(0; 1)$
D^2	σ^2	$2\sigma^4/n$	$\frac{n}{\sigma^2} \cdot D^2 \sim \chi^2(n)$
S^2	$\frac{n-1}{n} \cdot \sigma^2$	$2\sigma^4 \cdot \frac{n-1}{n^2}$	$\frac{n}{\sigma^2} \cdot S^2 \sim \chi^2(n-1)$
S^{*2}	σ^2	$2\sigma^4/(n-1)$	$\frac{n-1}{\sigma^2} \cdot S^{*2} \sim \chi^2(n-1)$
T	0	$\frac{n-1}{n-3}$	$T \sim t(n-1)$

Liegt keine Normalverteilung vor, so kann für große Stichprobenumfänge auf den zentralen Grenzwertsatz zurückgegriffen werden. Die Verteilungsaussagen für die Stichprobenfunktionen $X, \bar{X}, Z$ gelten dann approximativ; die Stichprobenfunktion T genügt dann näherungsweise einer Standardnormalverteilung. Demgegenüber kann für die Stichprobenfunktionen D^2, S^2, S^{*2} keine approximative Verteilungsaussage getroffen werden.

Bezüglich des Stichprobenkorrelationskoeffizienten R ist vorauszusetzen, dass eine zweidimensionale einfache Zufallsstichprobe bezüglich der Untersuchungsmerkmale X, Y vorliegt. Hier lassen sich Erwartungswert und Varianz auf einfache Weise nur für den Fall angeben, dass der Korrelationskoeffizient ρ der beiden Untersuchungsmerkmale in der Grundgesamtheit gleich null ist. In diesem Fall gilt $E(R) = \rho = 0$. Sind zudem die Untersuchungsmerkmale in der Grundgesamtheit zweidimensional normalverteilt, so gilt

$$(11.2) \qquad \frac{\sqrt{n-2} \cdot R}{\sqrt{1 - R^2}} \sim t(n-2).$$

Beispiel 11.3

Für die in Beispiel 11.2 ermittelten statistischen Einheiten sind nun durch Befragung die Merkmalswerte bestimmt worden. So ermittelte man für das Merkmal des zu vergebenden Auftragsvolumens nach der Maßnahmendurchführung folgende Werte (in 1.000 Euro):

1,4	4,6	2,2	0,6	3,3	6,9	2,0	1,4	5,3	7,1
3,6	1,1	0,4	8,5	3,1	4,4	2,3	3,6	4,9	3,0
1,8	2,2	2,7	3,9	4,2	4,5	6,0	1,0	0,5	3,1
2,4	4,5	6,0	3,3	1,1	4,0	0,9	2,5	3,9	1,6
2,7	1,8	4,9	2,7	8,1	3,2	0,6	5,2	1,9	3,3

Als Realisationen der Stichprobenfunktionen aus Tabelle 11.3 ergeben sich dann folgende Werte:

- $x = \sum\limits_{i=1}^{50} x_i = 164{,}2,$

- $\bar{x} = \dfrac{1}{50} \sum\limits_{i=1}^{50} x_i = 3{,}28,$

- unter der Annahme $\mu = 3{,}5$; $\sigma = 2{,}5$: $z = \sqrt{n} \cdot \dfrac{\bar{x} - \mu}{\sigma} = \sqrt{50} \cdot \dfrac{3{,}28 - 3{,}5}{2{,}5} = -0{,}622,$

- unter der Annahme $\mu = 3{,}5$:

$$d^2 = \frac{1}{n} \sum_{i=1}^{n} (x_i - \mu)^2 = \frac{1}{n} \sum_{i=1}^{n} x_i^2 - 2 \cdot \mu \cdot \bar{x} + \mu^2$$

$$= \frac{1}{50} \sum_{i=1}^{50} x_i^2 - 2 \cdot 3{,}5 \cdot 3{,}28 + 3{,}5^2 = 14{,}56 - 22{,}96 + 12{,}25 = 3{,}85,$$

- $s^2 = \dfrac{1}{n} \sum\limits_{i=1}^{n} (x_i - \bar{x})^2 = \dfrac{1}{n} \sum\limits_{i=1}^{n} x_i^2 - \bar{x}^2 = \dfrac{1}{50} \sum\limits_{i=1}^{50} x_i^2 - 3{,}28^2$

  $= 14{,}56 - 10{,}76 = 3{,}80,$

- $s^{*2} = \dfrac{1}{n-1} \sum\limits_{i=1}^{n} (x_i - \bar{x})^2 = \dfrac{1}{n-1} \sum\limits_{i=1}^{50} x_i^2 - \dfrac{n}{n-1} \cdot \bar{x}^2 = \dfrac{1}{49} \cdot 727{,}94 - \dfrac{50}{49} \cdot 3{,}28^2$

  $= 3{,}88,$

- $s^* = \sqrt{s^{*2}} = \sqrt{3{,}88} = 1{,}97,$

- unter der Annahme $\mu = 3{,}5$: $t = \sqrt{n} \cdot \dfrac{\bar{x} - \mu}{s^*} = \sqrt{50} \cdot \dfrac{3{,}28 - 3{,}5}{1{,}97} = -0{,}79.$

12 Punktschätzungen

12.1 Aufgabenstellung des Parameterschätzens

Die Verteilung des Untersuchungsmerkmals in der Grundgesamtheit ist im Rahmen der Stichprobentheorie entweder vollständig oder zumindest teilweise unbekannt. Diese Unkenntnis soll durch die Berücksichtigung der Stichprobenresultate verringert werden. Dabei können zweierlei Situationen vorliegen:

● *Schätzproblem bei bekanntem Verteilungstyp*: In diesem Fall ist der Typ der Verteilung des Untersuchungsmerkmals in der Grundgesamtheit bekannt oder wird zumindest als bekannt unterstellt. Beispielsweise könnte bekannt sein, dass ein betrachtetes Merkmal in der Grundgesamtheit normalverteilt ist. Im Allgemeinen liegt ein Verteilungstyp vor, der von endlich vielen Verteilungsparametern abhängt, d. h., es gilt für die Wahrscheinlichkeits- bzw. Dichtefunktion:

$$(12.1) \quad f_X(x) = f_X(x \mid \theta_1, ..., \theta_k).$$

Dabei können u. U. bestimmte dieser Verteilungsparameter bekannt sein; so ist etwa bei Anwendungen der Binomialverteilung ihr Parameter n i. d. R. bekannt, während der Parameter π häufig unbekannt ist. Anhand der Stichprobe versucht man nun, Informationen über die unbekannten Parameter $\theta_1, \theta_2, ..., \theta_k$ zu gewinnen.

● *Schätzproblem bei unbekanntem Verteilungstyp*: Hier ist der Verteilungstyp des Untersuchungsmerkmals in der Grundgesamtheit unbekannt; es wird lediglich unterstellt, dass die ersten k Momente der Verteilung existieren. Die ersten k Momente der Verteilung um null sind im Folgenden mit $\mu_{(j)}$, $j = 1, ..., k$, bezeichnet. In dieser Situation versucht man, anhand der Stichprobe Informationen über die Form der Verteilung zu gewinnen. Meist werden die ersten beiden Momente betrachtet ($k=2$). Aufgrund dieser Momente macht man Aussagen über den Mittelwert μ und die Streuung σ. Genaueren Aufschluss über die Form der betrachteten Verteilung erhält man für $k=4$; in diesem Fall wird neben Mittelwert und Streuung auch noch die Schiefe υ und die Wölbung ω herangezogen. Im Folgenden sollen jedoch die Betrachtungen auf den Fall $k=2$ beschränkt bleiben. Zu schätzen sind daher die beiden folgenden Parameter:

$$(12.2) \quad \begin{aligned} \theta_1 &= \mu = \mu_{(1)}, \\ \theta_2 &= \sigma = \sqrt{\mu_{(2)} - \mu_{(1)}^2}. \end{aligned}$$

Auf diese Weise hat man auch hier ein Schätzproblem, das mit demjenigen bei bekanntem Verteilungstyp vergleichbar ist.

In beiden Fällen besteht die Aufgabe nun darin, aufgrund der gegebenen Stichprobenwerte $x_1, x_2, ..., x_n$ die unbekannten Parameter $\theta_1, ..., \theta_k$ zu bestimmen, welche die Verteilung des Untersuchungsmerkmals X in der Grundgesamtheit charakterisieren. Hierzu müssen Funktionsvorschriften h_j angegeben werden, welche den Stichprobenwerten Schätzwerte für die θ_j zuordnen:

$$(12.3) \quad \hat{\theta}_j = h_j(x_1, ..., x_n) \quad \text{für } j = 1, ..., k.$$

Formal sind die Schätzwerte $\hat{\theta}_j$ Realisationen von Stichprobenfunktionen $\hat{\Theta}_j$, die wie folgt definiert sind:

$$(12.4) \quad \hat{\Theta}_j = h_j(X_1, ..., X_n) \quad \text{für } j = 1, ..., k.$$

Man bezeichnet $\hat{\Theta}_j$ als *Schätzfunktion* für den Parameter θ_j und die Realisation $\hat{\theta}_j$ als *Schätzwert* für θ_j.

12.2 Qualitätseigenschaften von Schätzfunktionen

Nach welchen Kriterien soll nun eine Schätzfunktion $\hat{\Theta}_j$ für einen zu schätzenden Parameter θ_j festgelegt bzw. ausgewählt werden? Um die Qualität einer möglichen Schätzfunktion beurteilen zu können, gilt es, sich zunächst Gedanken über wünschenswerte Eigenschaften von Schätzfunktionen zu machen.

Als Stichprobenfunktion ist $\hat{\Theta}_j$ eine Zufallsvariable. Besitzt das Untersuchungsmerkmal in der Grundgesamtheit eine stetige Verteilung, so sind die Stichprobenvariablen stetig verteilt und auch die Schätzfunktion $\hat{\Theta}_j$ wird im Allgemeinen eine stetige Verteilung aufweisen. In diesem Fall gilt aber stets $W(\hat{\Theta}_j = \theta_j) = 0$. Man kann fast sicher sein, den unbekannten, aber wahren Wert θ_j mit der Schätzfunktion $\hat{\Theta}_j$ nicht zu treffen. Doch auch im diskreten Fall ist die Situation nicht wesentlich besser, auch hier ist der größtmögliche Wert für die Wahrscheinlichkeit $W(\hat{\Theta}_j = \theta_j)$ häufig sehr klein. Diese Maximierungsüberlegungen sind zwar die Idee des so genannten *Maximum-Likelihood-Prinzips*[1], eine qualitativ gute Schätzung garantieren sie jedoch nicht zwangsläufig.

---

[1] Das Maximum-Likelihood-Prinzip definiert eine Schätzfunktion dadurch, dass für den nach diesem Prinzip bestimmten Schätzwert die Wahrscheinlichkeit bzw. die Wahrscheinlichkeitsdichte der Stichprobenrealisation maximal wird. Zu Einzelheiten vgl. z. B. G. BAMBERG & F. BAUR: *Statistik*, S. 153 ff.; J. HARTUNG, B. ELPELT & K.-H. KLÖSENER: *Statistik*, S. 126 ff.

Um die Qualität einer Schätzfunktion zu beurteilen, muss man daher auf andere Eigenschaften übergehen. Üblicherweise betrachtet man in diesem Zusammenhang die *Erwartungstreue*, die *Wirksamkeit* und die *Konsistenz*. Da in den nachfolgenden Betrachtungen z. T. zusätzlich auf den Stichprobenumfang Bezug genommen wird, werden die Schätzfunktionen hier zusätzlich mit dem Stichprobenumfang n indiziert: $\hat{\Theta}_{jn}$.

● *Erwartungstreue (Unverzerrtheit)*: Die Funktionsvorschrift h soll so gewählt werden, dass $\hat{\Theta}_j$ im Durchschnitt den wahren Wert des Parameters θ_j trifft, dass also $E_{\theta_j}(\hat{\Theta}_{jn}) = \theta_j$ gilt. Dabei soll der Index an dem Erwartungswert-Operator kennzeichnen, dass der Erwartungswert von dem zu schätzenden Verteilungsparameter abhängt. Da man diesen wahren Parameterwert θ_j a priori nicht kennt, muss für eine erwartungstreue Schätzfunktion gefordert werden, dass die Gleichung $E_{\theta_j}(\hat{\Theta}_{jn}) = \theta_j$ für alle möglichen Werte von θ_j gilt.

Unter Umständen ist eine Schätzfunktion $\hat{\Theta}_{jn}$ zwar nicht erwartungstreu, doch ihre Verzerrung wird für wachsenden Stichprobenumfang immer kleiner und verschwindet schließlich. Es gilt also $\lim\limits_{n\to\infty} E_{\theta_j}(\hat{\Theta}_{jn}) = \theta_j$; in diesem Fall spricht man von *asymptotischer Erwartungstreue*.

● *Wirksamkeit (Effizienz)*: Hier wird als Kriterium die Größe der Varianz einer Schätzfunktion betrachtet. Je kleiner $Var_{\theta_j}(\hat{\Theta}_{jn})$ ist, umso geringer ist i. d. R. die Wahrscheinlichkeit, dass eine erwartungstreue Schätzung um einen bestimmten Wert Δ (oder mehr) von θ_j abweicht. Wenn $\hat{\Theta}_{jn}$ und $\hat{I}_{jn}$ zwei erwartungstreue Schätzfunktionen für θ_j sind, dann heißt $\hat{\Theta}_{jn}$ *wirksamer (effizienter)* als $\hat{I}_{jn}$, falls gilt:

(12.5) $Var_{\theta_j}(\hat{\Theta}_{jn}) < Var_{\theta_j}(\hat{I}_{jn})$.

Innerhalb einer vorgegebenen Menge M_{θ_j} von erwartungstreuen Schätzfunktionen für die Schätzung des Parameters θ_j heißt eine Schätzfunktion $\hat{\Theta}_{jn}$ *wirksam (effizient)*, wenn gilt:

(12.6) $Var_{\theta_j}(\hat{\Theta}_{jn}) \leq Var_{\theta_j}(\hat{I}_{jn})$ für alle $\hat{I}_{jn} \in M_{\theta_j}$.

Darüber hinaus lässt sich eine asymptotisch erwartungstreue Schätzfunktion $\hat{\Theta}_{jn}$ als *asymptotisch effizient* bezeichnen, wenn sich eine Folge $(c_n)_{n\in\mathbb{N}}$ angeben lässt, sodass gilt:

(12.7) $0 < \lim\limits_{n\to\infty} c_n \cdot Var_{\theta_j}(\hat{\Theta}_{jn}) \leq \lim\limits_{n\to\infty} c_n \cdot Var_{\theta_j}(\hat{I}_{jn})$ für alle $\hat{I}_{jn} \in M_{\theta_j}$.

● *Konsistenz*: Die Schätzfunktion $\hat{\Theta}_{jn}$ heißt *konsistent*, wenn ihre Wahrscheinlichkeit, sich innerhalb eines vorgegebenen Abstands vom wahren Wert des zu schätzenden Parameters zu realisieren, mit zunehmendem Stichprobenumfang gegen eins strebt:

(12.8) $\lim\limits_{n\to\infty} W(|\hat{\Theta}_{jn} - \theta_j| < c) = 1$ für alle $c > 0$.

Durch die Wahl eines hinreichend großen Stichprobenumfangs n kann dann die Wahrscheinlichkeit, dass $\hat{\Theta}_{nj}$ ein vorgegebenes kleines Intervall $[\theta_j - c; \theta_j + c]$ um θ_j nicht trifft, beliebig verkleinert werden. Eine Schätzfunktion $\hat{\Theta}_{jn}$ ist insbesondere dann konsistent für θ_j, wenn gilt:

(12.9) $\lim\limits_{n\to\infty} E_{\theta_j}(\hat{\Theta}_{jn}) = \theta_j$ und $\lim\limits_{n\to\infty} \text{Var}_{\theta_j}(\hat{\Theta}_{jn}) = 0,$

d. h. wenn die Schätzfunktion asymptotisch erwartungstreu ist und ihre Varianz mit wachsendem Stichprobenumfang gegen null strebt.

Beispiel 12.1
Unterstellt man in Beispiel 11.1, dass sich durch den Einsatz der Marketing-Instrumente zwar Einflüsse auf den Anteil der Kunden in der Grundgesamtheit, nicht aber auf die jährlichen Auftragsvolumina der einzelnen Kunden ergeben, so kann der Erwartungswert μ des Auftragsvolumens aufgrund beider Stichproben (vor und nach der Maßnahme) geschätzt werden. Da die beiden Stichproben im Einzelfall nicht exakt das gleiche Resultat liefern werden, liegt es nahe, zur Schätzung beide Schätzwerte zu verwenden, beispielsweise durch eine Linearkombination. $\hat{M}_v, \hat{M}_n$ seien jeweils erwartungstreue und effiziente Schätzfunktionen für die Schätzung von μ, wenn nur die Stichprobenresultate vor bzw. nach der Marketing-Maßnahme zur Verfügung stehen. Dann hat eine gemeinsame Schätzung aufgrund einer Linearkombination folgende Gestalt:

$\hat{M} = \alpha \cdot \hat{M}_v + \beta \cdot \hat{M}_n.$

Dann ist

$E(\hat{M}) = \alpha \cdot E(\hat{M}_v) + \beta \cdot E(\hat{M}_n) = \alpha \cdot \mu + \beta \cdot \mu = (\alpha + \beta) \cdot \mu,$

d. h., die Schätzfunktion ist erwartungstreu, falls $\alpha + \beta = 1$ bzw. $\beta = 1 - \alpha$ gilt.
Setzt man weiter voraus, dass die Varianz der Schätzfunktionen sich nur aufgrund der unterschiedlichen Stichprobenumfänge n_v, n_n unterscheidet und dass $\text{Var}(\hat{M}_v) = \sigma_0^2/n_v$ und $\text{Var}(\hat{M}_n) = \sigma_0^2/n_n$ gilt, so erhält man für die Varianz der Schätzfunktion $\hat{M}$:

$\text{Var}(\hat{M}) = \alpha^2 \cdot \sigma_0^2/n_v + (1-\alpha)^2 \cdot \sigma_0^2/n_n.$

Differenziert man diesen Ausdruck für die Varianz nach dem Wert α, so ergibt sich folgende erste Ableitung:

$\dfrac{d\,\text{Var}(\hat{M})}{d\alpha} = 2\alpha \cdot \sigma_0^2/n_v + (-2)(1-\alpha) \cdot \sigma_0^2/n_n.$

Setzt man diese Gleichung gleich null und löst sie nach dem Gewichtungsfaktor α auf, so ergibt sich nach einigen Rechenschritten für eine optimale Gewichtung

$\alpha_{\text{opt}} = \dfrac{n_v}{n_v + n_n}.$

Man erhält für dieses Beispiel genau dann eine effiziente Schätzfunktion, wenn man als Gewichtungskoeffizienten die relativen Anteile der beiden Teilstichprobenumfänge an der Gesamtstichprobe wählt.

Geht man davon aus, dass der Teilstichprobenumfang n_v bereits feststeht, während die zweite Stichprobe noch nicht vorliegt und ihr Stichprobenumfang n_n noch festzulegen ist, so erhält man mit der effizienten Gewichtung für die Varianz der Schätzfunktion in Abhängigkeit von n_n:

$$\text{Var}(\hat{M}) = \left(\frac{n_v}{n_v+n_n}\right)^2 \cdot \sigma_0^2/n_v + \left(\frac{n_n}{n_v+n_n}\right)^2 \cdot \sigma_0^2/n_n = \frac{n_v\sigma_0^2}{(n_v+n_n)^2} + \frac{n_n\sigma_0^2}{(n_v+n_n)^2} = \frac{\sigma_0^2}{n_v+n_n}.$$

Diese Varianz strebt für festes n_v und $n_n \to \infty$ gegen null. Die Schätzfunktion $\hat{M}$ ist also in diesem Sinne konsistent für μ.

12.3 Gebräuchliche Schätzfunktionen und ihre Eigenschaften

Im Folgenden sollen nun für die zu schätzenden Parameter der Grundgesamtheit die gebräuchlichsten Schätzfunktionen angegeben und hinsichtlich ihrer Schätzeigenschaften betrachtet werden.

Schätzfunktionen für Mittelwert, Streuung und Korrelation

Hier werden diejenigen Schätzfunktionen betrachtet, die in der Situation unbekannten Verteilungstyps in der Grundgesamtheit betrachtet werden, um die Parameter $\theta_1 = \mu$, $\theta_2 = \sigma$, also Mittelwert und Streuung, zu schätzen. Auf die Situation bei bekanntem Verteilungstyp lassen sich diese Ergebnisse unverändert nur dann übertragen, wenn die Parameter θ_1, θ_2 unmittelbar zur Parametrisierung der Verteilung verwendet werden, wie dies beispielsweise der Fall ist bei
- der Normalverteilung: $X \sim N(\mu_X; \sigma_X)$ $\Rightarrow$ $\mu = \mu_X$; $\sigma = \sigma_X$,
- der Poissonverteilung: $X \sim Po(\mu_X)$ $\Rightarrow$ $\mu = \mu_X$ (und $\sigma = \sqrt{\mu_X}$),
- der Binomialverteilung: $X \sim B(1; \pi)$ $\Rightarrow$ $\mu = \pi$ (und $\sigma = \sqrt{\pi_X \cdot (1 - \pi_X)}$).

● *Schätzung des Erwartungswerts*: Setzt man voraus, dass für die Verteilung der Grundgesamtheit das erste und zweite Moment existieren, so lässt sich nachweisen: Der *Stichprobenmittelwert*

$$(19.10) \quad \bar{X} = \frac{1}{n}\sum_{i=1}^{n} X_i$$

als Schätzfunktion ist erwartungstreu, effizient[2] und konsistent für die Schätzung des Parameters $\theta_1 = \mu$, also des Mittelwerts der Grundgesamtheit. Liegt die

---

[2] Betrachtet werden im Rahmen der Effizienz-Eigenschaft nur solche Schätzfunktionen, die in allen Fällen, in denen der Erwartungswert und die Streuung der Grundgesamtheit existieren, einen Erwartungswert besitzen und erwartungstreu sind. Dies ist beispielsweise beim Stichprobenmedian nicht der Fall. Allerdings lassen sich konkrete Verteilungsannahmen für die Grundgesamtheit formulieren, unter deren speziellen Bedingungen der Stichprobenmedian sogar effizienter als der Stichprobenmittelwert ist, z. B. $f_X(x) = \frac{1}{2\sigma} \cdot e^{-|x-\mu|/\sigma}$ (sog. beidseitige Exponentialverteilung).

Schätzung des Anteilswertes einer dichotomen Grundgesamtheit vor, so schreibt man für den Stichprobenmittelwert auch

$$(12.11) \quad \hat{\Pi} = P = \frac{X}{n} = \bar{X} = \frac{1}{n}\sum_{i=1}^{n} X_i.$$

die Stichprobenfunktion $P = \bar{X}$ beschreibt dann den Anteil der Merkmalsträger in der Stichprobe.

Unter dem *Standardfehler* des arithmetischen Mittelwerts versteht man einen Schätzwert für die Streuung dieser Schätzfunktion, also

$$(12.12) \quad \hat{\sigma}_{\bar{X}} = \frac{1}{\sqrt{n}}\hat{\sigma},$$

wobei $\hat{\sigma}$ für die Realisation irgendeiner konsistenten Schätzfunktion $\hat{\Sigma}$ für σ steht (im dichotomen Fall kann man hier $\hat{\Sigma} = \sqrt{P \cdot (1-P)}$ verwenden).

Als alternative Schätzfunktion für μ käme beispielsweise auch der *Stichprobenmedian* in Betracht. Dieser ist im Allgemeinen weder erwartungstreu noch konsistent, da hier Erwartungswert und Streuung nicht in jedem Fall existieren.

● *Schätzung der Streuung*: Hier soll ebenfalls vorausgesetzt werden, dass das erste und zweite Moment der Verteilung des Untersuchungsmerkmals in der Grundgesamtheit existieren. Dann ist die Schätzfunktion

$$(12.13) \quad D^2 = \frac{1}{n}\sum_{i=1}^{n}(X_i - \mu)^2$$

erwartungstreu und konsistent für die Schätzung von σ^2, der mittleren quadratischen Abweichung in der Grundgesamtheit, wenn der Mittelwert μ für die Grundgesamtheit als bekannt vorausgesetzt werden kann. Kann die Grundgesamtheit als normalverteilt angenommen werden, ist diese Schätzfunktion auch effizient. – Ist hingegen der Mittelwert μ unbekannt – was in praktischen Anwendungen der Normalfall ist – so muss dieser in der Schätzfunktion durch den Stichprobenmittelwert ersetzt werden. Die auf diese Weise entstehende Schätzfunktion

$$(12.14) \quad S^2 = \frac{1}{n}\sum_{i=1}^{n}(X_i - \bar{X})^2$$

hat den Erwartungswert $\frac{n-1}{n}\sigma^2$, ist also nicht erwartungstreu. Sie ist jedoch asymptotisch erwartungstreu und konsistent für die Schätzung des Parameters σ^2, unter Normalverteilungsannahme auch asymptotisch effizient. Um eine erwartungstreue Schätzung von σ^2 zu erreichen, muss die mittlere quadratische Abweichung der Stichprobe geeignet korrigiert werden, d. h. die Schätzfunktion

$$(12.15) \quad S^{*2} = \frac{1}{n-1}\sum_{i=1}^{n}(X_i - \bar{X})^2$$

verwendet werden; diese Schätzfunktion ist erwartungstreu und konsistent für die Schätzung von σ^2, unter Normalverteilungsannahme ist sie zudem effizient. Die Streuung dieser Schätzfunktion existiert, sofern das vierte Moment der Verteilung existiert; als Schätzwert für die Streuung dieser Schätzfunktion erhält man dann

$$(12.16) \quad \hat{\sigma}_{S^{*2}} = \sqrt{2s^{*4}/(n-1)}.$$

Will man hingegen die Standardabweichung der Grundgesamtheit, also den Streuungsparameter σ selbst schätzen, so bleiben wegen des erforderlichen Wurzelziehens lediglich die asymptotischen Eigenschaften von S^2 und S^{*2} erhalten, d. h., insbesondere die Erwartungstreue von S^{*2} fällt weg (es gilt $E(S^*)<\sigma$). Sowohl die Stichprobenstandardabweichung $S=\sqrt{S^2}$ als auch die korrigierte Stichprobenstandardabweichung $S^*=\sqrt{S^{*2}}$ sind asymptotisch erwartungstreu, asymptotisch effizient und konsistent für die Schätzung von σ.
Eine erwartungstreue Schätzfunktion für σ – die allerdings wenig gebräuchlich ist – erhält man durch folgende Formel:[3]

$$(12.17) \quad \hat{\Sigma} = \sqrt{\frac{1}{2(n-1)} \sum_{i=2}^{n} (X_i - X_{i-1})^2}.$$

Diese Schätzfunktion ist zwar erwartungstreu und konsistent, aber selbst unter Normalverteilungsannahme nicht (asymptotisch) effizient. Dies erklärt auch ihre relativ geringe Verbreitung, da bereits für relativ kleine Stichproben die asymptotische Erwartungstreue und Effizienz von S^* wichtiger werden als die Erwartungstreue selbst. Dies ist nur für sehr kleine Stichproben ($n \leq 15$) anders zu beurteilen.

● *Schätzung der Korrelation zweier Merkmale*: Liegt eine zweidimensionale Stichprobe vor, so wird diese neben den ersten beiden Momenten beider Untersuchungsmerkmale X, Y – also $\theta_{X1}=\mu_X$, $\theta_{X2}=\sigma_X$, $\theta_{Y1}=\mu_Y$, $\theta_{Y2}=\sigma_Y$ – auch noch durch die Korrelation dieser beiden Untersuchungsmerkmale parametrisiert:

$$(12.18) \quad \theta_{XY} = \rho = \frac{\sigma_{XY}}{\sigma_X \cdot \sigma_Y}.$$

Der Stichprobenkorrelationskoeffizient R ist nicht erwartungstreu für ρ, da $E(\rho)=\rho$ nur im Fall $\rho=0$ erfüllt ist. Der Stichprobenkorrelationskoeffizient stellt jedoch eine konsistente Schätzfunktion für ρ dar, sofern vorausgesetzt werden kann, dass die vierten Momente der beiden Randverteilungen existieren.

---

[3] Vgl. U. GRAF, H.-J. HENNING, K. STANGE & P.-T. WILRICH: *Formeln und Tabellen der angewandten mathematischen Statistik*, S. 317.

Schätzfunktionen für Verteilungsparameter bei bekanntem Verteilungstyp

Liegt eine Verteilungsannahme vor, so ist man i. A. nicht an der Schätzung von Erwartungswert und Streuung interessiert, sondern möchte aufgrund der Stichprobe Schätzwerte für die Verteilungsparameter ermitteln. Im allgemeinen Fall ist die Verteilung nicht durch ihren Erwartungswert und/oder ihre Streuung parametrisiert, sondern diese stehen in einem gewissen funktionalen Zusammenhang mit den Verteilungsparametern θ_j. Grundlage für diesen Zusammenhang bildet die Übersicht der Tabelle 16.1. Aufgrund der darin dargestellten Formeln für den Erwartungswert und die Varianz wichtiger Verteilungstypen sind Umkehrfunktionen zu ermitteln, die angeben, wie sich aus der Kenntnis von Erwartungswert und/oder Streuung die Parameter der Verteilung errechnen lassen:

(12.19) $\quad \theta_j = g_j(\mu;\sigma) \quad$ für $j=1,...,k$.

Sollte die zugrunde gelegte Verteilung mehr als zwei Parameter besitzen, so reicht die alleinige Schätzung von Erwartungswert und Streuung nicht aus und es müsste zusätzlich auf Schätzungen der Schiefe oder Wölbung zurückgegriffen werden.

Ersetzt man nun die unbekannten Werte μ,σ durch zugehörige Schätzfunktionen $\hat{M},\hat{\Sigma}$, so erhält man folgende Schätzfunktionen für die Verteilungsparameter θ_j:

(12.20) $\quad \hat{\Theta}_j = g_j(\hat{M};\hat{\Sigma}) \quad$ für $j=1,...,k$.

Dabei bleiben die Schätzeigenschaften Erwartungstreue und Effizienz der eingehenden Schätzer $\hat{M}$ und $\hat{\Sigma}$ nur erhalten, wenn es sich bei den Funktionen g_j um lineare Funktionen handelt. Die Konsistenz hingegen bleibt auch dann erhalten, wenn die Funktion g_j zwar keine lineare, aber eine stetige Funktion ist.

Beispiel 12.2

In Beispiel 11.3 wurde aufgrund einer Zufallsstichprobe vom Umfang 50 für das Merkmal Auftragsvolumen nach der Marketing-Maßnahme ein Stichprobenmittelwert $\bar{X}=3,28$ und eine korrigierte Stichprobenstandardabweichung von $s^*=1,97$ errechnet.

Unterstellt man als Verteilungsannahme beispielsweise eine Normalverteilung, so können die Parameter dieser Normalverteilung unmittelbar mit $\hat{\mu}=\bar{x}=3,28$ und $\hat{\sigma}=s^*=1,97$ geschätzt werden. Die dieser Schätzung zugrunde liegende Schätzfunktion $\hat{M}$ ist erwartungstreu, effizient und konsistent für den Erwartungswert μ; die Schätzfunktion $\hat{\Sigma}$ ist asymptotisch erwartungstreu und konsistent für die Streuung σ.

Würde man hingegen voraussetzen, dass die Werte einer Exponentialverteilung mit Parameter λ entstammen, so ist zunächst der Tabelle 9.1 zu entnehmen, dass für den Erwartungswert dieser Verteilung $\mu=\lambda^{-1}$ gilt. Bildet man die Umkehrfunktion, so gilt $\lambda=\mu^{-1}$ und es ergibt sich als Schätzfunktion $\hat{\Lambda}=\hat{M}^{-1}$. Da dies keine lineare Funktion in $\hat{M}$ ist, ist diese Schätzfunktion für λ lediglich konsistent. Als Schätzwert ergibt sich $\hat{\lambda}=3,28^{-1}=0,305$.

Setzt man an Stelle der bisher getroffenen Annahmen voraus, dass es sich um eine Gleichverteilung $R(a;b)$ handelt, so entsteht aufgrund der Angaben in Tabelle 9.1 folgendes Gleichungssystem:

$$\mu = \tfrac{1}{2}(a+b), \quad \sigma = \frac{1}{\sqrt{12}}(b-a).$$

Löst man dieses Gleichungssystem nach a bzw. b auf, so erhält man:

$$a = \mu - \sqrt{3}\cdot\sigma, \quad b = \mu + \sqrt{3}\cdot\sigma.$$

Als Schätzfunktionen für a, b erhält man daher

$$\hat{A} = \bar{X} - \sqrt{3}\cdot S^*, \quad \hat{B} = \bar{X} + \sqrt{3}\cdot S^*.$$

Diese Schätzfunktionen sind zwar linear in den Schätzfunktionen $\bar{X}$ und S^*, aber dennoch lediglich konsistent, da die verwendete Schätzfunktion S^* nicht erwartungstreu oder effizient ist. Als Schätzwerte erhält man

$$\hat{a} = \bar{x} - \sqrt{3}\cdot s^* = 3,28 - \sqrt{3}\cdot 1,97 = -0,13,$$
$$\hat{b} = \bar{x} + \sqrt{3}\cdot s^* = 3,28 + \sqrt{3}\cdot 1,97 = 6,69.$$

Diese Schätzwerte sind allerdings insofern mit der Verteilungsannahme inkompatibel, als vier der Beobachtungswerte oberhalb der geschätzten oberen Grenze $\hat{b}$ liegen. Die Daten sprechen eher gegen die Annahme einer Gleichverteilung. Zu inferenzstatistischen Methoden zur weiteren Überprüfung dieser Annahme vgl. den χ^2-Anpassungstest in Abschnitt 14.3.

13 Intervallschätzungen

13.1 Grundidee des Konfidenzintervalls

Im Fall einer stetigen Verteilung des Untersuchungsmerkmals in der Grundgesamtheit nimmt die Schätzfunktion $\hat{\Theta}_j$ für θ_j den richtigen Wert mit der Wahrscheinlichkeit null an, d. h., es gilt $W(\hat{\Theta}_j = \theta_j) = 0$. Auch bei einer diskret verteilten Grundgesamtheit ist diese Wahrscheinlichkeit meist sehr klein, sodass sich hier ebenfalls kein geeignetes Kriterium zur Beurteilung der Verlässlichkeit der Schätzung ergibt. Der Verweis auf wünschenswerte Eigenschaften der Schätzfunktion (wie Erwartungstreue, Wirksamkeit, Konsistenz) hilft hier nicht weiter, da er zwar in gewissem Sinne die Optimalität des verwendeten Schätzverfahrens garantiert, aber keine Aussage über die Qualität des Optimums erlaubt. Am ehesten lässt sich die Verlässlichkeit einer Schätzfunktion noch mit Hilfe der in Abschnitt 12.3 betrachteten Standardfehler beurteilen. Diese spielen bei den nachfolgend definierten Konfidenzintervallen eine wesentliche Rolle.

Die Grundidee der Schätzung mit Hilfe von Konfidenzintervallen besteht darin, die Punktschätzung durch die Angabe eines Intervalls zu ersetzen, das θ_j mit hoher Wahrscheinlichkeit enthalten soll. Diese so genannte *Vertrauenswahrscheinlichkeit*, die mit $1-\alpha$ bezeichnet wird, ist dabei durch den Anwender vorzugeben, übliche Werte hierfür sind 0,9; 0,95 und 0,99.

Formal handelt es sich bei der Intervallschätzung um die Anwendung zweier Stichprobenfunktionen

$$(13.1) \quad \hat{\Theta}_j^{(u)} = h^{(u)}(X_1,...,X_n), \quad \hat{\Theta}_j^{(o)} = h^{(o)}(X_1,...,X_n), \quad \text{wobei } W(\hat{\Theta}_j^{(u)} \leq \hat{\Theta}_j^{(o)}) = 1.$$

Dabei werden die beiden Stichprobenfunktionen so festgelegt, dass gilt:

$$(13.2) \quad W(\hat{\Theta}_j^{(u)} \leq \theta_j \leq \hat{\Theta}_j^{(o)}) = 1-\alpha.$$

Aufgrund der Realisationen $x_1,...,x_n$ der Stichprobenvariablen $X_1,...,X_n$ ergeben sich die konkreten Intervallgrenzen

$$(13.3) \quad \theta_j^{(u)} = h^{(u)}(x_1,...,x_n), \quad \theta_j^{(o)} = h^{(o)}(x_1,...,x_n) \quad \text{mit } \theta_j^{(u)} \leq \theta_j^{(o)}.$$

Das durch das oben beschriebene Verfahren definierte Zufallsintervall $[\hat{\Theta}_j^{(u)}; \hat{\Theta}_j^{(o)}]$ heißt *Konfidenz-* oder *Vertrauensintervall* für θ_j zum *Konfidenzniveau* (bzw. zur *Vertrauenswahrscheinlichkeit*) $1-\alpha$.

Die Realisierung $[\hat{\theta}_j^{(u)};\hat{\theta}_j^{(o)}]$ dieses Zufallsintervalls heißt *Ergebnis der Intervall-schätzung*. Allerdings wird meist auch hier vereinfachend von ‚Konfidenzinter-vall' gesprochen, sodass nur aufgrund des Kontextes zwischen dem Konfidenz-Zufallsintervall und dessen Realisation unterschieden werden kann. Die Werte $\hat{\theta}_j^{(u)}$ und $\hat{\theta}_j^{(o)}$ heißen *Vertrauensgrenzen*, der Wert α Irrtumswahrscheinlichkeit.

Ein Konfidenzintervall heißt *symmetrisch*, falls gilt:

(13.4) $W(\hat{\Theta}_j^{(u)} \ge \theta_j) = W(\hat{\Theta}_j^{(o)} \le \theta_j) = \dfrac{\alpha}{2}.$

In diesem Fall stimmen also die Wahrscheinlichkeiten, dass $\hat{\Theta}_j^{(u)}$ zu große oder $\hat{\Theta}_j^{(o)}$ zu kleine Werte annehmen, überein; sie machen jeweils 50% der Irrtums-wahrscheinlichkeit aus. Im Folgenden werden nur symmetrische Konfidenz-intervalle betrachtet.

//   Die Symmetrie eines Konfidenzintervalls bedeutet nicht zwingend, dass die Abstände der Konfidenzgrenzen von der Punktschätzung des Parameters gleich sein müssen.

//   Für eine konkrete Realisation $[\hat{\theta}_j^{(u)};\hat{\theta}_j^{(o)}]$ der Konfidenzgrenzen ist die Wahrscheinlichkeit, dass dieses Intervall den wahren Parameterwert θ_j enthält, nicht gleich $1-\alpha$, sondern je nachdem, wo das unbekannte θ_j tatsächlich liegt, entweder gleich null oder gleich eins. Die Vertrauens-wahrscheinlichkeit ist also keine Eigenschaft, die dem realisierten Ver-trauensintervall zukommt, sondern eine dem Konstruktionsverfahren des Vertrauensintervalls zuzuschreibende Eigenschaft. Es ist vielmehr davon auszugehen, dass bei einer wiederholten Anwendung dieses Verfahrens auf unterschiedliche Stichproben der Anteil der Intervallrealisationen, die den unbekannten Parameterwert enthalten, im Sinne des Gesetzes der großen Zahl gegen $1-\alpha$ strebt.

13.2 Spezielle Methoden der Intervallschätzung

Für die nachfolgend dargestellten Methoden sei vorausgesetzt, dass die Stich-probenvariablen $X_1,...,X_n$ eine einfache Zufallsstichprobe vom Umfang n dar-stellen, wobei $E(X_i)=\mu$ und $Var(X_i)=\sigma^2$ sind.

(1) Konfidenzintervalle für den Mittelwert einer Grundgesamtheit

Die folgenden Konfidenzintervalle unterscheiden sich in den jeweils zugrunde liegenden Voraussetzungen; ihnen allen gemeinsam ist jedoch, dass sie eine

Intervallschätzung für den Mittelwert μ des Untersuchungsmerkmals in der Grundgesamtheit darstellen. Die Voraussetzungen unterscheiden sich zum einen darin, ob eine Normalverteilung für die Grundgesamtheit unterstellt wird, zum anderen, ob der Streuungsparameter σ als bekannt vorausgesetzt werden kann.

● *Konfidenzintervall bei bekannter Streuung und Normalverteilung:* Der einfachste Fall liegt vor, wenn für die X_i eine Normalverteilung unterstellt werden kann und deren Streuungsparameter σ bekannt ist. Dann gilt für die sog. GAUß-Statistik (vgl. Abschnitt 11.4):

$$(13.5) \quad Z = \sqrt{n}\,\frac{\bar{X}-\mu}{\sigma} \sim N(0;1).$$

Ist $c = c_{N(0;1)\,1-\alpha/2}$ der $1-\frac{\alpha}{2}$-Punkt der Standardnormalverteilung $N(0;1)$, so gilt

$$(13.6) \quad W(Z>c) = 1 - W(Z\le c) = 1 - (1-\tfrac{\alpha}{2}) = \tfrac{\alpha}{2}$$

und wegen der Symmetrie der Standardnormalverteilung um null auch

$$(13.7) \quad W(Z<-c) = W(Z>c) = \tfrac{\alpha}{2}.$$

Setzt man die Definition der GAUß-Statistik (13.5) in (13.6) bzw. (13.7) ein, so erhält man

$$
\begin{aligned}
1-\alpha &= W\!\left(-c \le \sqrt{n}\,\frac{\bar{X}-\mu}{\sigma} \le c\right) \\[2mm]
(13.8)\qquad &= W\!\left(-c\cdot\frac{\sigma}{\sqrt{n}} \le \bar{X}-\mu \le c\cdot\frac{\sigma}{\sqrt{n}}\right) \\[2mm]
&= W\!\left(\bar{X}-c\cdot\frac{\sigma}{\sqrt{n}} \le \mu \le \bar{X}+c\cdot\frac{\sigma}{\sqrt{n}}\right).
\end{aligned}
$$

Somit erfüllt die Wahl $\hat{M}^{(u)} = \bar{X}-c\cdot\dfrac{\sigma}{\sqrt{n}}$, $\hat{M}^{(o)} = \bar{X}+c\cdot\dfrac{\sigma}{\sqrt{n}}$ die folgenden Bedingungen:

- Erstens gilt $\hat{M}^{(u)} \le \hat{M}^{(o)}$ (es gilt sogar ‚<‘).
- Zweitens gilt wegen (20.8) $W(\hat{M}^{(u)} \le \mu \le \hat{M}^{(o)}) = 1-\alpha$.
- Drittens gilt $W(\hat{M}^{(u)}>\mu) = W(\hat{M}^{(o)}<\mu) = \frac{\alpha}{2}$, d. h., das Konfidenzintervall ist symmetrisch.

Insgesamt ergibt sich also, dass

$$(13.9) \quad \left[\bar{X} - c_{N(0;1)\,1-\alpha/2}\cdot\frac{\sigma}{\sqrt{n}} \;;\; \bar{X} + c_{N(0;1)\,1-\alpha/2}\cdot\frac{\sigma}{\sqrt{n}}\right]$$

ein symmetrisches Konfidenzintervall für μ zum Konfidenzniveau 1-α ist. Die Länge dieses Konfidenzintervalls ist $2 \cdot c_{N(0;1)\ 1-\alpha/2} \cdot \sigma / \sqrt{n}$.

● *Konfidenzintervall bei unbekannter Streuung und Normalverteilung*: Da in diesem Fall die Streuung nicht als bekannt vorausgesetzt wird kann, kann die GAUß-Statistik nicht berechnet werden; es muss stattdessen auf die t-Statistik zurückgegriffen werden. Für diese gilt (vgl. Abschnitt 11.4):

$$(13.10) \quad T = \sqrt{n}\ \frac{\bar{X}-\mu}{S^*} \sim t(n-1), \quad \text{wobei} \quad S^{*2} = \frac{1}{n-1}\sum_{i=1}^{n}(X_i-\bar{X})^2.$$

Da die $t(n-1)$-Verteilung wie die $N(0;1)$-Verteilung symmetrisch um null verteilt ist, kann mit denselben Überlegungen wie zur GAUß-Statistik das folgende symmetrische Konfidenzintervall für μ abgeleitet werden:

$$(13.11) \quad \left[\bar{X} - c_{t(n-1)1-\alpha/2} \cdot \frac{S^*}{\sqrt{n}}\ ;\ \bar{X} + c_{t(n-1)1-\alpha/2} \cdot \frac{S^*}{\sqrt{n}} \right],$$

dabei ist $c_{t(n-1)1-\alpha/2}$ der 1-$\alpha/2$-Punkt der $t(n-1)$-Verteilung.

‖   Das Konfidenzintervall hat die Länge $\hat{M}_o - \hat{M}_u = 2 \cdot c_{t(n-1)\ 1-\alpha/2} \cdot S^* / \sqrt{n}$, diese hängt von S^* und damit vom Stichprobenergebnis ab. Sie beträgt das $2 \cdot c_{t(n-1)\ 1-\alpha/2}$-fache des Standardfehlers der Punktschätzfunktion $\hat{M} = \bar{X}$, also für das geläufigste Konfidenzniveau 0,95 ungefähr das Vierfache dieses Standardfehlers. Dabei ist der Wert $c_{t(n-1)\ 1-\alpha/2} \geq 1,96$, er ist außer vom Konfidenzniveau auch vom Stichprobenumfang abhängig.

● *Asymptotisches Konfidenzintervall bei beliebig verteilter Grundgesamtheit*: Ist das Untersuchungsmerkmals in der Grundgesamtheit nicht normalverteilt bzw. sein Verteilungstyp unbekannt, so kann ein Konfidenzintervall für den Erwartungswert μ aufgrund asymptotischer Überlegungen bestimmt werden. Hier sind zwei weitere Fälle zu unterscheiden, je nachdem, ob die Streuung σ als bekannt unterstellt werden kann oder nicht.
Ist σ bekannt, so ist die GAUß-Statistik $Z = \sqrt{n} \cdot (\bar{X}-\mu) / \sigma$ approximativ standardnormalverteilt (vgl. Abschnitt 11.4), und man erhält wie in (13.9) das Konfidenzintervall

$$(13.12) \quad \left[\bar{X} - c_{N(0;1)1-\alpha/2} \cdot \frac{\sigma}{\sqrt{n}}\ ;\ \bar{X} + c_{N(0;1)1-\alpha/2} \cdot \frac{\sigma}{\sqrt{n}} \right],$$

das hier allerdings nur asymptotische Gültigkeit besitzt.
Ist σ unbekannt, so genügt die t-Statistik $T = \sqrt{n} \cdot (\bar{X}-\mu) / S^*$ asymptotisch einer Standardnormalverteilung, sodass man als asymptotisch gültiges Konfidenzintervall

$$(13.13) \quad \left[\bar{X} - c_{N(0;1)\,1-\alpha/2} \cdot \frac{S^*}{\sqrt{n}} \; ; \; \bar{X} + c_{N(0;1)\,1-\alpha/2} \cdot \frac{S^*}{\sqrt{n}} \right]$$

erhält. An Stelle der Schätzfunktion S^* kann hier auch jede andere konsistente Schätzfunktion für σ verwendet werden.

Für die praktische Anwendung dieser asymptotisch gültigen Konfidenzintervalle ist eine Approximationsregel erforderlich, in welchen Fällen von einer ausreichenden Genauigkeit des approximativen Konfidenzintervalls nach (13.12) bzw. (13.13) ausgegangen werden kann. Als Faustregel gilt hier, dass ein Stichprobenumfang n von mindestens 30 vorliegen muss.

Beispiel 13.1

In Beispiel 11.3 wurde auf Basis einer Zufallsstichprobe vom Umfang 50 für das Merkmal Auftragsvolumen nach der Marketing-Maßnahme ein Stichprobenmittelwert von $\bar{x} = 3{,}28$ errechnet.

Nimmt man an, dass das Untersuchungsmerkmal normalverteilt ist und dass die Streuung in der Grundgesamtheit $\sigma = 2{,}5$ beträgt, so lässt sich ein exaktes Konfidenzintervall zum Niveau $1-\alpha = 0{,}95$ bestimmen. Für dieses ergibt sich gemäß (13.9)

$$[\mu^{(u)};\mu^{(o)}] = \left[3{,}28 - c_{N(0;1)\,0{,}975} \cdot \frac{2{,}5}{\sqrt{50}} \; ; \; 3{,}28 + c_{N(0;1)\,0{,}975} \cdot \frac{2{,}5}{\sqrt{50}} \right]$$

$$= \left[3{,}28 - 1{,}96 \cdot 0{,}354 \; ; \; 3{,}28 + 1{,}96 \cdot 0{,}354 \right] = \left[2{,}59 ; 3{,}97 \right].$$

Unterstellt man demgegenüber, dass die Streuung in der Grundgesamtheit nicht als bekannt vorausgesetzt werden kann, so muss stattdessen hierfür ein Schätzwert verwendet werden. Gemäß Beispiel 11.3 beträgt die korrigierte Stichprobenstandardabweichung $s^* = 1{,}97$. Kann die Grundgesamtheit weiterhin als normalverteilt unterstellt werden, so ergibt sich das folgende auf der t-Verteilung basierende Konfidenzintervall gemäß (13.11):

$$[\mu^{(u)};\mu^{(o)}] = \left[3{,}28 - c_{t(50-1)\,0{,}975} \cdot \frac{1{,}97}{\sqrt{50}} \; ; \; 3{,}28 + c_{t(50-1)\,0{,}975} \cdot \frac{1{,}97}{\sqrt{50}} \right]$$

$$= \left[3{,}28 - 2{,}01 \cdot 0{,}279 \; ; \; 3{,}28 + 2{,}01 \cdot 0{,}279 \right] = \left[2{,}72 ; 3{,}84 \right].$$

Dabei ist näherungsweise das Quantil der t-Verteilung für 50 Freiheitsgrade verwendet worden. Das Konfidenzintervall fällt schmaler aus als dasjenige bei bekannter Streuung, da in dem vorliegenden Fall der Schätzwert für σ kleiner als der vorher als bekannt unterstellte Wert $\sigma = 2{,}5$ ausfällt.

Muss auch die Normalverteilungsannahme aufgegeben werden, so lässt sich nur noch ein approximatives Konfidenzintervall bestimmen. Hierfür ergibt sich gemäß (13.13):

$$[\mu^{(u)};\mu^{(o)}] = \left[3{,}28 - c_{N(0;1)\,0{,}975} \cdot \frac{1{,}97}{\sqrt{50}} \; ; \; 3{,}28 + c_{N(0;1)\,0{,}975} \cdot \frac{1{,}97}{\sqrt{50}} \right]$$

$$= \left[3{,}28 - 1{,}96 \cdot 0{,}279 \; ; \; 3{,}28 + 1{,}96 \cdot 0{,}279 \right] = \left[2{,}73 ; 3{,}83 \right].$$

(2) Asymptotisches Konfidenzintervall für einen Anteilswert

Liegt ein dichotom verteiltes Untersuchungsmerkmal vor, so handelt es sich um einen bekannten Verteilungstyp (aber nicht um eine Normalverteilung). Dieser Fall kann also als Spezialfall des Konfidenzintervalls (13.13) aufgefasst werden. Allerdings bietet es sich hier wegen der speziellen Eigenschaften der dichotomen $B(1;\pi)$-Verteilung an, als Schätzfunktion für die Streuung der Grundgesamtheit $\hat{\Sigma} = \sqrt{\hat{\Pi}\cdot(1-\hat{\Pi})}$ zu benutzen, wobei $\hat{\Pi} = \bar{X} = \frac{1}{n}\cdot X$ ist und X die Anzahl der Fälle in der Stichprobe zählt, welche die durch die dichotome Variable beschriebene Eigenschaft aufweisen (d. h. für die $X_i = 1$ ist). Dann erhält man als asymptotisch gültiges Konfidenzintervall

$$(13.14) \quad \left[\hat{\Pi} - c_{N(0;1)1-\alpha/2}\cdot\frac{\sqrt{\hat{\Pi}\cdot(1-\hat{\Pi})}}{\sqrt{n}} \; ; \; \hat{\Pi} + c_{N(0;1)1-\alpha/2}\cdot\frac{\sqrt{\hat{\Pi}\cdot(1-\hat{\Pi})}}{\sqrt{n}}\right].$$

Aufgrund der Voraussetzungen für die verwendete Approximation der Binomialverteilung durch die Normalverteilung sollte dieses Konfidenzintervall nur verwendet werden, sofern in der Stichprobe $X = n\cdot\hat{\pi} \geq 5$ und $n-X = n\cdot(1-\hat{\pi}) \geq 5$ gelten.

Die Genauigkeit dieses approximativen Konfidenzintervalls kann noch verbessert werden, indem bei der Approximation der Binomial- durch die Normalverteilung die Stetigkeitskorrektur beachtet wird. Dann ergibt sich als verbesserte Approximation

$$(13.15) \quad \left[\hat{\Pi} - \frac{1}{2n} - c_{N(0;1)\,1-\alpha/2}\cdot\frac{\sqrt{\hat{\Pi}\cdot(1-\hat{\Pi})}}{\sqrt{n}} \; ; \; \hat{\Pi} + \frac{1}{2n} + c_{N(0;1)\,1-\alpha/2}\cdot\frac{\sqrt{\hat{\Pi}\cdot(1-\hat{\Pi})}}{\sqrt{n}}\right].$$

Beispiel 13.2

Im Rahmen einer Stichprobe soll die Frage überprüft werden, wie groß der Anteil der Kunden für die von der Statistik AG angebotenen Dienstleistungen unter allen Unternehmen ist. Dazu wurden insgesamt 100 Unternehmen im Tätigkeitsgebiet der Statistik AG zufällig ausgewählt; für diese wurde jeweils festgestellt, ob sie zu den Kunden der Statistik AG zählen. Dies traf auf 24 der 100 Unternehmen zu. Man erhält zunächst als Punktschätzung für den Kundenanteil π

$$\hat{\pi} = \frac{1}{100}\cdot 24 = 0{,}24.$$

Als asymptotisch gültiges Konfidenzintervall zum Niveau $1-\alpha = 0{,}95$ ergibt sich ohne Stetigkeitskorrektur

$$[\hat{\pi}^{(u)}; \hat{\pi}^{(o)}] = \left[0{,}24 - c_{N(0;1)\,0{,}975}\cdot\frac{\sqrt{0{,}24\cdot(1-0{,}24)}}{\sqrt{100}} \; ; \; 0{,}24 + c_{N(0;1)\,0{,}975}\cdot\frac{\sqrt{0{,}24\cdot(1-0{,}24)}}{\sqrt{100}}\right]$$

$$= \left[0{,}24 - 1{,}96\cdot0{,}043 \; ; \; 0{,}24 + 1{,}96\cdot0{,}043\right] = \left[0{,}156 \; ; \; 0{,}324\right].$$

Benutzt man zusätzlich die Stetigkeitskorrektur, so ist das Intervall an beiden Grenzen um den Wert $\frac{1}{2n} = \frac{1}{200} = 0{,}005$ zu verbreitern, d. h., man erhält

$$\left[\hat{\pi}^{(u)} ; \hat{\pi}^{(o)}\right] = \left[0{,}156 - 0{,}005 \; ; \; 0{,}324 + 0{,}005\right] = \left[0{,}151 ; 0{,}329\right].$$

(3) Konfidenzintervall für die Varianz bei normalverteilter Grundgesamtheit

Sind die Stichprobenvariablen normalverteilt, so gilt (vgl. Abschnitt 11.3)

$$(13.16) \quad \frac{(n-1) \cdot S^{*2}}{\sigma^2} = \frac{\sum_{i=1}^{n} (X_i - \bar{X})^2}{\sigma^2} \sim \chi^2(n-1).$$

Ist nun $c_1 = c_{\alpha/2}$ der $\frac{\alpha}{2}$- und $c_2 = c_{1-\alpha/2}$ der $1 - \frac{\alpha}{2}$-Punkt der $\chi^2(n-1)$-Verteilung, so ergibt sich Folgendes:

$$
\begin{aligned}
(13.17) \quad 1 - \alpha &= W\left(c_1 \le \frac{(n-1) \cdot S^{*2}}{\sigma^2} \le c_2\right) \\
&= W\left(\frac{(n-1) \cdot S^{*2}}{c_1} \le \sigma^2 \le \frac{(n-1) \cdot S^{*2}}{c_2}\right).
\end{aligned}
$$

Daher ist

$$(13.18) \quad \left[\frac{(n-1) \cdot S^{*2}}{c_{\chi^2(n-1)\,1-\alpha/2}} \; ; \; \frac{(n-1) \cdot S^{*2}}{c_{\chi^2(n-1)\,\alpha/2}}\right]$$

ein symmetrisches Konfidenzintervall für σ^2 zum Konfidenzniveau $1 - \alpha$.

Zu diesem Konfidenzintervall sollten die folgenden Punkte beachtet werden:
- Das Konfidenzintervall ist nicht symmetrisch in dem Sinne, dass seine Grenzen symmetrisch um den zu schätzenden Parameter liegen.
- Falls der Erwartungswert μ bekannt ist, wird mit der $\chi^2(n)$-verteilten Stichprobenfunktion $D^2/\sigma^2 = \sum_{i=1}^{n} (X_i - \mu)^2 / \sigma^2$ gearbeitet. Als Konfidenzintervall ergibt sich dann

$$(13.19) \quad \left[\frac{\sum_{i=1}^{n} (X_i - \mu)^2}{c_{\chi^2(n)\,1-\alpha/2}} \; ; \; \frac{\sum_{i=1}^{n} (X_i - \mu)^2}{c_{\chi^2(n)\,\alpha/2}}\right].$$

- Die Länge des Konfidenzintervalls hängt mit S^{*2} vom Stichprobenergebnis ab.
- Falls das Untersuchungsmerkmal in der Grundgesamtheit nicht normalverteilt ist, dann sind die o. a. Intervallschätzungen auch nicht asymptotisch brauchbar! Eine näherungsweise Brauchbarkeit ergibt sich allenfalls dann, wenn das Untersuchungsmerkmal selbst als näherungsweise normalverteilt gelten kann, weil beispielsweise von der Verteilung bekannt ist, dass sie

symmetrisch ist und dass ihre Wölbung in etwa derjenigen der Normalverteilung entspricht.

Beispiel 13.3

In der Situation des Beispiels 11.3 soll nun unter Normalverteilungsannahme zu der Punktschätzung $\hat{\sigma}^2 = s^{*2} = 1{,}97^2 = 3{,}88$ ein Konfidenzintervall für die Varianz σ^2 der Grundgesamtheit bestimmt werden. Dabei wird unterstellt, dass der Mittelwert μ der Grundgesamtheit nicht bekannt ist. Das zugehörige Konfidenzintervall ergibt sich gemäß (13.18) als

$$\left[\hat{\sigma}^{2(u)}; \hat{\sigma}^{2(o)}\right] = \left[\frac{(50-1) \cdot 1{,}97^2}{c_{\chi^2(50-1)\,0{,}975}} \; ; \; \frac{(50-1) \cdot 1{,}97^2}{c_{\chi^2(50-1)\,0{,}025}}\right] = \left[\frac{190{,}2}{71{,}4} \; ; \; \frac{190{,}2}{32{,}4}\right] = \left[2{,}66\,;5{,}87\right].$$

Dabei sind näherungsweise die Quantile der χ^2-Verteilung für 50 Freiheitsgrade verwendet worden. Ein Konfidenzintervall für die Streuung σ ergibt sich dann nach (13.20) (s. u.), indem aus beiden Intervallgrenzen des obigen Intervalls die Wurzel gezogen wird:

$$\left[\hat{\sigma}^{(u)}; \hat{\sigma}^{(o)}\right] = \left[\sqrt{2{,}66}\,;\sqrt{5{,}87}\right] = \left[1{,}63\,;2{,}42\right].$$

(4) Konfidenzintervalle für monotone Funktionen von Parametern

Es ist unmittelbar einsichtig, dass Gleichung (13.17) auch gültig bleibt, wenn aus allen Teilen der Ungleichung die Wurzel gezogen wird. Auf diese Weise erhält man aus dem Konfidenzintervall (13.18) für die Varianz σ^2 ein Konfidenzintervall für die Streuung σ, indem man aus beiden Vertrauensgrenzen jeweils die Wurzel zieht; d. h.,

$$(13.20) \qquad \left[\sqrt{\frac{(n-1) \cdot S^{*2}}{c_{\chi^2(n-1)\,1-\alpha/2}}} \; ; \; \sqrt{\frac{(n-1) \cdot S^{*2}}{c_{\chi^2(n-1)\,\alpha/2}}}\right]$$

ist ein symmetrisches Konfidenzintervall für σ zum Konfidenzniveau $1-\alpha$.

Diese Vorgehensweise lässt sich auch verallgemeinern: Ist $[\hat{\Theta}_j^{(u)}; \hat{\Theta}_j^{(o)}]$ ein Konfidenzintervall für θ_j und $f(\theta_j)$ eine monoton wachsende bzw. eine monoton fallende Funktion auf dem Wertebereich für θ_j, so ergibt sich ein Konfidenzintervall für $\phi = f(\theta_j)$ wie folgt:

$$(13.21) \quad \begin{array}{l} \left[\hat{\Phi}^{(u)}; \hat{\Phi}^{(o)}\right] = \left[f(\hat{\Theta}_j^{(u)}); f(\hat{\Theta}_j^{(o)})\right], \quad \text{falls } f \text{ monoton wachsend}; \\[2mm] \left[\hat{\Phi}^{(u)}; \hat{\Phi}^{(o)}\right] = \left[f(\hat{\Theta}_j^{o}); f(\hat{\Theta}_j^{(u)})\right], \quad \text{falls } f \text{ monoton fallend}. \end{array}$$

In (13.20) wurde zur Bestimmung des Konfidenzintervalls für σ aus demjenigen für σ^2 die monoton wachsende Wurzelfunktion verwendet. Ein anderer Anwendungsfall von (13.21) ist beispielsweise die Bestimmung eines Konfidenzintervalls für den Parameter λ einer Exponentialverteilung aus dem approximativen Konfidenzintervall $[\hat{M}^{(u)}; \hat{M}^{(o)}]$ für den Erwartungswert μ dieser Verteilung. Weil

$\lambda = \mu^{-1}$ ist, erhält man (die Kehrwert-Funktion ist eine monoton fallende Funktion) das Konfidenzintervall

$$(13.22) \quad \left[\hat{\Lambda}^{(u)}; \hat{\Lambda}^{(o)}\right] = \left[\frac{1}{\hat{M}^{(o)}}; \frac{1}{\hat{M}^{(u)}}\right].$$

Beispiel 13.4

Geht man in der Situation des Beispiels 12.2 noch einmal davon aus, dass die nach der von der ‚Statistik AG' geplanten Marketing-Maßnahme zu realisierenden Auftragsvolumina einer Exponentialverteilung genügen, so kann mit Hilfe der Formel (13.22) ein Konfidenzintervall für deren Parameter λ bestimmt werden. Dabei ist es möglich, auf die Verwendung spezieller Eigenschaften der Exponentialverteilung zu verzichten und einfach die Grenzen desjenigen in Beispiel 13.1 bestimmten approximativen Konfidenzintervalls für μ zu invertieren, das ohne Normalverteilungsannahme und unter Verwendung der Schätzfunktion S^* für σ erstellt wurde. Man erhält also:

$$\left[\hat{\lambda}^{(u)}; \hat{\lambda}^{(o)}\right] = \left[\frac{1}{\hat{my}^{(o)}}; \frac{1}{\hat{my}^{(u)}}\right] = \left[\frac{1}{3,83}; \frac{1}{2,73}\right] = \left[0,261; 0,366\right].$$

Es ist jedoch möglich, aufgrund der speziellen Eigenschaften der Exponentialverteilung ähnlich wie im dichotomen Fall ein spezielles Konfidenzintervall hierfür zu entwickeln. Dem liegt zugrunde, dass für die Exponentialverteilung $\mu = 1/\lambda$ und $\sigma^2 = 1/\lambda^2$, also $\mu = \sigma$ gilt. Statt $\hat{\Sigma} = S^*$ bietet es sich daher an, bei einer exponentialverteilten Grundgesamtheit die Schätzfunktion $\hat{\Sigma} = \hat{M} = \overline{X}$ zu verwenden. Für das Konfidenzintervall für μ ergibt sich somit

$$\left[\hat{\mu}^{(u)}; \hat{\mu}^{(o)}\right] = \left[3,28 - c_{N(0;1)\,0,975} \cdot \frac{3,28}{\sqrt{50}} \; ; \; 3,28 + c_{N(0;1)\,0,975} \cdot \frac{3,28}{\sqrt{50}}\right]$$

$$= \left[3,28 - 1,96 \cdot 0,464 \; ; \; 3,28 + 1,96 \cdot 0,464\right] = \left[2,37; 4,19\right].$$

Als Konfidenzintervall für λ erhält man damit

$$\left[\hat{\lambda}^{(u)}; \hat{\lambda}^{(o)}\right] = \left[\frac{1}{\hat{\mu}^{(o)}}; \frac{1}{\hat{\mu}^{(u)}}\right] = \left[\frac{1}{4,19}; \frac{1}{2,37}\right] = \left[0,239; 0,422\right].$$

Dass das Konfidenzintervall in diesem Fall deutlich größer ausfällt als das zuvor berechnete, ist darauf zurückzuführen, dass die Annahme einer Exponentialverteilung hier wenig gerechtfertigt erscheint, da die Stichprobenfunktion $\overline{X}$ einen deutlich größeren Wert aufweist als die Stichprobenfunktion S^*.

13.3 Bestimmung des notwendigen Stichprobenumfangs

Mit der Größe des Stichprobenumfangs nimmt die Genauigkeit eines Konfidenzintervalls zu, d. h. das Intervall wird kürzer. In diesem Abschnitt soll die Frage beantwortet werden, wie groß der Umfang einer Stichprobe sein muss, damit das auf dieser Basis berechnete Konfidenzintervall eine vorgegebene Länge aufweist. Es gilt, den hierfür erforderlichen Mindeststichprobenumfang zu berechnen.

Der einfachste Fall liegt vor, wenn ein symmetrisches Konfidenzintervall für den Mittelwert einer normalverteilten Grundgesamtheit bei bekannter Streuung berechnet werden soll (vgl. (13.9)). Die Länge dieses Konfidenzintervalls ist gegeben durch

$$(13.23) \quad \hat{M}^{(o)} - \hat{M}^{(u)} = 2 \cdot c_{N(0;1)\ 1-\alpha/2} \cdot \frac{\sigma}{\sqrt{n}},$$

d. h., sie hängt nicht vom Stichprobenergebnis ab. Fordert man nun für diese Länge, dass sie eine vorgegebene Maximallänge L nicht überschreitet, d. h. dass $\hat{M}^{(o)} - \hat{M}^{(u)} \leq L$ gilt, so erhält man folgende Bestimmungsformel für den hierfür erforderlichen Stichprobenumfang n:

$$(13.24) \quad n \geq \left(\frac{2 \cdot \sigma \cdot c_{N(0;1)\ 1-\alpha/2}}{L} \right)^2 .$$

!! Die obige Formel bezieht sich auf die *absolute Länge* des Konfidenzintervalls. Will man die maximale Länge relativ zur Größenordnung des zu schätzenden Parameters bestimmen (z. B. ‚nicht mehr als 10 % Abweichung vom Schätzwert $\hat{\mu}$‘), so geht das nur in grober Näherung, sofern eine Vorinformation über die ungefähre Lage von μ zur Verfügung steht. Unter Benutzung dieses Wertes ist dann zunächst die relative in eine absolute Maximallänge umzurechnen.

Formel (13.24) lässt sich in grober Näherung auch auf den Fall anwenden, in dem die Streuung der Grundgesamtheit nicht bekannt ist, und zwar unabhängig davon, ob Normalverteilung vorliegt oder nicht (sofern der ermittelte Mindeststichprobenumfang 30 deutlich überschreitet). Allerdings muss dann als Vorinformation ein a-priori-Schätzwert für die Streuung der Grundgesamtheit zur Verfügung stehen. Gleiches gilt auch für die Schätzung eines Anteilswertes durch ein Konfidenzintervall, wobei hier bereits eine grobe Vorinformation über die Größenordnung des Anteilswertes vorliegen muss, da sich aus dieser dann auch die Streuung ergibt. Eine Abschätzung des notwendigen Stichprobenumfangs nach unten erreicht man im dichotomen Fall, indem man den Anteilswert mit $\pi = 0{,}5$ ansetzt, was zu einer Abschätzung nach oben für die Varianz der Grundgesamtheit durch $\sigma^2 = 0{,}25$ führt.

Die ggf. erforderlichen Vorinformationen über die Größenordnung eines Mittelwerts, einer Streuung oder eines Anteilswerts können entweder aus vergleichbaren früheren Untersuchungen stammen, aus theoretischen Überlegungen hervorgehen oder im Rahmen einer *Pilotstudie* gewonnen werden. Im Fall einer Pilotstudie wird die zu untersuchende Fragestellung zunächst anhand einer kleinen Vorstichprobe analysiert, um aus dieser (unter anderem) Vorstellungen über die Größenordnung der Verteilungsparameter zu gewinnen. Die auf dieser Basis ermittelten notwendigen Stichprobenumfänge sollten dann noch mit einem Unsicherheitszuschlag versehen werden.

Beispiel 13.5

In der Situation des Beispiels 13.1 soll das mittlere Auftragsvolumen in der Grundgesamtheit nach der von der ‚Statistik AG' ins Auge gefassten Marketing-Maßnahme durch ein Konfidenzintervall zum Niveau $1-\alpha = 0{,}95$ geschätzt werden, dessen Konfidenzgrenzen um nicht mehr als fünf Prozent des Mittelwerts von diesem entfernt sind (d. h. die Genauigkeit des Intervalls beträgt ±5%). Erwartungswert und Varianz der Grundgesamtheit sind dabei unbekannt; die in Beispiel 13.1 analysierte Stichprobe kann dabei als Pilotstichprobe gelten mit

$$\hat{\mu} = \bar{x} = 3{,}28, \quad \hat{\sigma} = s^* = 1{,}97.$$

Der für die obigen Vorgaben erforderliche Stichprobenumfang kann nun auf Basis der Pilotstichprobe abgeschätzt werden. Für die voraussichtliche Länge $\hat{L}$ des Intervalls ergibt sich

$$\tfrac{1}{2} \cdot \hat{L} = 0{,}05 \cdot \hat{\mu} = 0{,}05 \cdot 3{,}28 = 0{,}164, \quad \text{d. h.} \quad \hat{L} = 2 \cdot 0{,}164 = 0{,}328.$$

Daher erhält man mit (13.24) folgenden notwendigen Stichprobenumfang:

$$n \geq \left(\frac{2 \cdot 1{,}97 \cdot 1{,}96}{0{,}328} \right)^2 = 23{,}54^2 = 554{,}1.$$

Schlägt man auf diese Zahl noch einen etwa 10%-igen Sicherheitszuschlag auf, so kann man davon ausgehen, dass mit einem Stichprobenumfang von $n = 600$ die gewünschte Genauigkeit des Konfidenzintervalls eingehalten wird.

Beispiel 13.6

In der Situation des Beispiels 13.2 soll der zu schätzende Anteilswert mit einem Konfidenzintervall zum Niveau $1-\alpha = 0{,}95$ bis auf ±2 Prozentpunkte bestimmt werden. Gesucht ist der hierzu erforderliche Stichprobenumfang. Interpretiert man die in Beispiel 13.2 betrachtete Stichprobe als Pilotstichprobe, so kann mit $\hat{\pi} = 0{,}24$ gearbeitet werden. Daraus ergibt sich eine geschätzte Streuung von $\hat{\sigma} = \sqrt{0{,}24 \cdot (1-0{,}24)} = 0{,}427$. Die Länge des Konfidenzintervalls soll nach den obigen Angaben $L = 2 \cdot 0{,}02 = 0{,}04$ betragen.

Mit Formel (13.24) erhält man damit als voraussichtlich notwendigen Stichprobenumfang

$$n \geq \left(\frac{2 \cdot 0{,}427 \cdot 1{,}96}{0{,}04} \right)^2 = 41{,}85^2 = 1.751.$$

Benutzt man die Abschätzung $\sigma^2 \leq 0{,}25$ bzw. $\sigma \leq 0{,}5$, so lässt sich damit berechnen, dass in jedem Fall ein Stichprobenumfang von

$$n \geq \left(\frac{2 \cdot 0{,}5 \cdot 1{,}96}{0{,}04} \right)^2 = 49^2 = 2.401$$

ausreicht, um die genannten Genauigkeitsanforderungen einzuhalten.

14 Signifikanztests

14.1 Testentscheidungen und Fehlerarten

Die Aufgabe der Signifikanztests besteht darin, eine bestimmte *Hypothese* H_0 über die Verteilung eines oder mehrerer Untersuchungsmerkmale in der unbekannten Grundgesamtheit mit Hilfe von Stichproben zu überprüfen, d. h. zu testen. Es können im Einzelfall eine oder mehrere Stichproben verwendet werden; falls mehrere Stichproben benutzt werden, ist zu klären, ob sie unabhängig bzw. verbunden gezogen wurden. Unter *unabhängigen* Stichproben versteht man solche Stichproben, bei denen für jede der Teilstichproben unabhängig von den anderen Teilstichproben eine Auswahl aus der Grundgesamtheit getroffen wird; beispielsweise kann jeweils eine Stichprobe aus der Teilgesamtheit der Männer und eine aus der Teilgesamtheit der Frauen entnommen werden und an beiden das gleiche Merkmal untersucht werden. Man spricht von *verbundenen (mehrdimensionalen) Stichproben*, wenn in jeder Teilstichprobe die gleichen statistischen Einheiten untersucht werden, wobei an diesen dann unterschiedliche Merkmale betrachtet werden. Dabei kann es sich um eine tatsächlich mehrdimensionale Stichprobe handeln (es werden unterschiedliche Sachverhalte zugleich untersucht) oder auch um eine Stichprobe, die an denselben Untersuchungseinheiten ein Untersuchungsmerkmal zu verschiedenen Zeitpunkten untersucht (d. h. die Merkmale unterscheiden sich nur durch den unterschiedlichen Untersuchungszeitpunkt).

Man unterscheidet drei Arten von Hypothesen bzw. Signifikanztests:
- Hypothesen über unbekannte Parameter oder Kenngrößen der Verteilung des Untersuchungsmerkmals: sog. *Parametertests*;
- Hypothesen über einen unbekannten Verteilungstyp: sog. *Verteilungstests*;
- Hypothesen über die Abhängigkeit bzw. Unabhängigkeit mehrerer Merkmale: sog. *Unabhängigkeitstests*.

Bei einem Signifikanztest sind zwei Entscheidungen über die zugrunde liegende Hypothese H_0 möglich: Entweder wird die Hypothese H_0 abgelehnt oder sie wird nicht abgelehnt. H_0 wird immer dann verworfen, wenn das Stichprobenergebnis in deutlichem (d. h. signifikantem) Widerspruch zu ihr steht. Deshalb nennt man das Überprüfungsverfahren auch *Signifikanztest*. Statt für H_0 entscheidet man sich bei deren Verwerfung für eine im Voraus formulierte *Gegenhypothese (Alternative)* H_1. Diese Entscheidungen sind mit Unsicherheiten behaftet, d. h., es können (wie in Tabelle 14.1 dargestellt) Fehlentscheidungen getroffen werden.

Tabelle 14.1 Fehler 1. und 2. Art		
wahrer Zustand	Testentscheidung: H_0 nicht ablehnen	Testentscheidung: H_0 ablehnen
H_0 richtig	Entscheidung richtig	Fehler 1. Art (sog. α-Fehler)
H_0 falsch	Fehler 2. Art (sog. β-Fehler)	Entscheidung richtig

Die Wahrscheinlichkeiten für den Fehler 1. Art und den Fehler 2. Art sind bei der Wahl eines bestimmten Testverfahrens (zumindest theoretisch) berechenbar. Die Überlegung, die Auswahl so zu treffen, dass beide Wahrscheinlichkeiten minimal werden, lässt sich im Allgemeinen nicht realisieren. Daher beschränkt man sich darauf, die Wahrscheinlichkeit für den Fehler 1. Art zu kontrollieren: Diese soll höchstens einen vorgegebenen Wert α, das sog. *Signifikanzniveau* bzw. die *Irrtumswahrscheinlichkeit*, annehmen. Üblicherweise verwendete Werte für α sind 0,1; 0,05 und 0,01. Die Wahrscheinlichkeit für den Fehler 2. Art wird dabei so klein wie möglich gehalten, d. h., die Wahrscheinlichkeit, H_0 abzulehnen, wenn H_0 auch tatsächlich falsch ist, soll möglichst groß sein.

Aus dieser unsymmetrischen Vorgehensweise beim Umgang mit den Fehlerarten folgt auch ein entsprechender Unterschied bei der Interpretation der gefällten Testentscheidung:

- Wird die Hypothese H_0 abgelehnt, so wird damit die Gegenhypothese H_1 bestätigt und trifft im statistischen Sinne zu. Die Entscheidung für die Alternative kann in dem Sinne als ‚gesichert' gelten, dass eine Fehlentscheidung höchstens mit der (kleinen) Wahrscheinlichkeit α vorliegen kann.
- Wird die Hypothese H_0 nicht abgelehnt, bedeutet dies *nicht*, dass H_0 bestätigt wird. Denn die Fehlentscheidung, dass eigentlich die Entscheidung für die Gegenhypothese richtig gewesen wäre, kann hier mit der Wahrscheinlichkeit des Fehlers 2. Art vorliegen, dessen Größenordnung jedoch durch das benutzte Testverfahren nicht kontrollierbar ist. Unter Umständen kann also die Fehlerwahrscheinlichkeit hier sehr groß sein, sodass es nicht gerechtfertigt wäre, von einer gesicherten Entscheidung zu sprechen.

// Hieraus ergibt sich, dass eine Hypothese, die (statistisch) bestätigt werden soll, als Gegenhypothese H_1 formuliert werden muss; die Hypothese H_0 ergibt sich dann entsprechend. Dies ist allerdings aus erkenntnistheoretischen Gründen nicht für ‚Gleichheitshypothesen' (wie z. B. $\theta_j = \theta_{j0}$) möglich; derartige Aussagen können nicht in der Alternativhypothese, sondern immer nur in H_0 stehen.

Beispiel 14.1

Die ‚Statistik AG' möchte durch die Stichprobe vom Umfang 50 (vgl. Beispiel 11.3) nachweisen, dass das Auftragsvolumen im Mittel mehr als 3.000 Euro beträgt. Hierbei handelt es sich um eine Aussage über den Erwartungswert des Merkmals Auftragsvolumen, mithin um einen Parametertest. Da nachgewiesen werden soll, dass dieser Erwartungswert größer als 3 (in 1.000 Euro) ist, ist diese Aussage in die Alternative zu schreiben, also

$H_1: \mu > 3$.

Es handelt sich um eine rechtsseitige Alternative. Die zu prüfende Hypothese lautet daher

$H_0: \mu \leq 3$.

Ein Fehler 1. Art liegt vor, wenn das verwendete Testverfahren eine Entscheidung zugunsten von H_1 trifft, obwohl diese Entscheidung falsch ist (also beispielsweise $\mu = 2{,}8$ gilt). Die Wahrscheinlichkeit für diese Fehlerart soll aufgrund der Konstruktion des Testverfahrens höchstens α (i. d. R. 5 %) betragen. Wird die Entscheidung zugunsten von H_1 getroffen, spricht man daher davon, dass die Hypothese verworfen bzw. die Alternative statistisch bestätigt wurde.

Ein Fehler 2. Art liegt vor, wenn das Testverfahren eine Entscheidung für H_0 trifft, obwohl dies falsch ist (weil tatsächlich z. B. $\mu = 3{,}5$ gilt). Die Wahrscheinlichkeit für diese Fehlerart ist durch die Konstruktion des Testverfahrens nicht zu kontrollieren, weil sie von dem konkreten Wert für μ abhängt. Daher spricht man bei einer Entscheidung für H_0 davon, dass H_0 nicht verworfen bzw. dass H_1 nicht bestätigt werden konnte. Diese Aussage bedeutet keine statistische Bestätigung der Hypothese H_0.

14.2 Allgemeine Vorgehensweise bei Signifikanztests

Für die Durchführung von Signifikanztests lassen sich die folgenden fünf allgemein zu beachtenden Schritte anführen:

● *1. Schritt: Formulieren von Hypothese und Gegenhypothese*: Im ersten Schritt sind die beiden Hypothesen aufzustellen. Dabei kann die Gegenhypothese in vielen Fällen nicht nur als zweiseitige Alternative (Ungleichheitshypothese) formuliert werden, sondern auch als einseitige Alternative (Größer-als- bzw. Kleiner-als-Hypothese), d. h. es existieren folgende Möglichkeiten:

(14.1) $H_1: \theta_j \neq \theta_{j0}$ bzw. $H_1: \theta_j > \theta_{j0}$ bzw. $H_1: \theta_j < \theta_{j0}$.

Demgegenüber ist die Hypothese H_0 stets eine Gleichheitshypothese, d. h., es gilt:[1]

---

[1] Gelegentlich werden die zu den einseitigen Alternativen gehörenden Hypothesen auch als $H_0: \theta_j \geq \theta_{j0}$ bzw. $H_0: \theta_j \leq \theta_{j0}$ formuliert (vgl. Beispiel 14.1). Auch in diesen Fällen erfolgt jedoch die Bestimmung der Verteilung der Prüfgröße (Schritt 4) unter der Annahme, dass die Gleichheitshypothese gilt.

(14.2) $H_0:\ \theta_j = \theta_{j0}$.

Der Formulierung der Hypothesen sollten sachlogische Erwägungen zugrunde liegen; sie sollte nicht durch die konkreten Stichprobenwerte beeinflusst sein.

● *2. Schritt: Festlegen des Signifikanzniveaus*: Auch das Signifikanzniveau α sollte festgelegt werden, ohne die Stichprobenwerte heranzuziehen. Die Höhe des Signifikanzniveaus sollte sich dabei an der Bewertung der mit einer Fehlentscheidung verbundenen Folgen orientieren. Liegen nur geringfügige Konsequenzen vor, so kann mit $\alpha = 0,1$ gearbeitet werden; ist mit schwerwiegenden Konsequenzen zu rechnen, sollte $\alpha = 0,01$ verwendet werden. In allen ‚Normalfällen‘ ist der (am häufigsten verwendete) Wert $\alpha = 0,05$ zu empfehlen.

● *3. Schritt: Festlegen der Prüfgröße*: In diesem Schritt muss eine Stichprobenfunktion $V = v(X_1, ..., X_n)$, die sog. *Testfunktion* oder *Prüfgröße*, festgelegt werden. Diese Testfunktion sollte so ausgewählt sein, dass ihre Werte Aufschluss über die Plausibilität der Hypothese geben. Die Testfunktion muss daher von der formulierten Hypothese, darf aber nicht von weiteren unbekannten Parametern der Grundgesamtheit abhängen. Gilt die Gegenhypothese, so sollte die Testfunktion tendenziell möglichst große oder möglichst kleine Werte annehmen.

● *4. Schritt: Bestimmen der Prüfverteilung und der kritischen Werte*: Die Prüfgröße muss zudem so beschaffen sein, dass sich ihre Verteilung unter der Annahme, dass die Hypothese gilt, bestimmen lässt. Dieser Verteilung der Prüfgröße unter der Hypothese, der sog. *Prüfverteilung*, sind die *kritischen Werte* zu entnehmen. Hierbei handelt es sich um diejenigen Schwellenwerte, bei deren Über- bzw. Unterschreiten man mit der erforderlichen Sicherheit (Fehlerwahrscheinlichkeit kleiner als α) davon ausgehen kann, dass die Hypothese H_0 falsch ist. Liegt ein Testverfahren vor, für das nur die Alternative der Ungleichheit möglich ist, so ergibt sich nur ein kritischer Wert, der als $1-\alpha$-Punkt der Prüfverteilung zu bestimmen ist. Liegt ein Testverfahren vor, das auch die Betrachtung einseitiger Alternativen gestattet, werden die folgenden α-Punkte der Prüfverteilung als kritische Werte verwendet:
  - der $1-\alpha/2$- Punkt und der $\alpha/2$-Punkt der Prüfverteilung, wenn eine zweiseitige Alternative ($H_1:\ \theta_j \neq \theta_{j0}$) betrachtet wird, der Verwerfungsbereich ist dann $B = (-\infty; x_{\alpha/2}) \cup (x_{1-\alpha/2}; +\infty)$;
  - der α-Punkt der Prüfverteilung, wenn eine linksseitige Alternative ($H_1:\ \theta_j < \theta_{j0}$) betrachtet wird, der Verwerfungsbereich ist dann $B = (-\infty; x_\alpha)$;
  - der $1-\alpha$-Punkt der Prüfverteilung, wenn eine rechtsseitige Alternative ($H_1:\ \theta_j > \theta_{j0}$) betrachtet wird; als Verwerfungsbereich ergibt sich dann $B = (x_{1-\alpha}; +\infty)$.

● *5. Schritt: Berechnen des Testfunktionswertes und Testentscheidung*: Damit eine Testentscheidung getroffen werden kann, ist nun eine Stichprobe zu ziehen und für die realisierten Stichprobenwerte $x_1, ..., x_n$ zu berechnen: $v = v(x_1, ..., x_n)$. Diese Realisation der Testfunktion bezeichnet man als *Test(funktions)wert*. Je nachdem, welchen Wert die Testfunktion annimmt, wird die Testentscheidung getroffen: Die Hypothese H_0 wird gegenüber H_1 genau dann verworfen, wenn der Testwert in den kritischen Bereich fällt, d. h. wenn $v \in B$ ist.

Vielfach wird die Testentscheidung auch anhand der so genannten *kritischen Signifikanzniveaus* getroffen. In diesem Fall wird nicht der Testfunktionswert mit dem kritischen Wert verglichen, sondern es wird dasjenige Signifikanzniveau α^* berechnet, für das der Testfunktionswert und der kritische Wert aufeinander fallen würden – für das die Hypothese also gerade nicht mehr verworfen werden könnte. Dieses kritische Signifikanzniveau α^* wird sodann mit dem ursprünglich vorgegebenen Signifikanzniveau α verglichen und folgende Testentscheidung getroffen: Die Hypothese H_0 wird dann gegenüber der Alternative H_1 verworfen, wenn das kritische Signifikanzniveau kleiner als das vorgegebene Signifikanzniveau ist, wenn also gilt: $\alpha^* < \alpha$.

Der Vorteil dieser Vorgehensweise liegt vor allem in ihrer einfacheren Anwendbarkeit im Rahmen von Computerprogrammen, da keine Abfrage nach dem Signifikanzniveau in das Programm eingearbeitet werden muss. Darüber hinaus ist aber auch in dem Abstand zwischen α^* und α ein Informationsgehalt zu sehen, nämlich darüber, ob die Testentscheidung nur relativ knapp ausfiel, ob die Signifikanz mit sehr großer Sicherheit erreicht wurde ($\alpha^* \ll \alpha$, Testentscheidung *hochsignifikant*) oder ob ein signifikantes Ergebnis sehr deutlich verfehlt wurde ($\alpha^* \gg \alpha$, das Erreichen der Signifikanz erscheint auch bei einer anderen, größeren Stichprobe wenig wahrscheinlich).

In Computerprogrammen wird meist nur das kritische Signifikanzniveau α^* für die zweiseitige Alternative berechnet. Soll einseitig getestet werden, kann man sich wie folgt behelfen: Im linksseitigen Fall muss zunächst die Punktschätzung in die für die Ablehnung der Hypothese sprechende Richtung weisen (d. h. es muss gelten: $\hat{\theta}_j < \theta_{j0}$); ist dies der Fall, darf das zweiseitige kritische Signifikanzniveau doppelt so groß wie das vorgegebene Signifikanzniveau sein (d. h. H_0 wird abgelehnt, falls $\alpha^* < 2\alpha$). Im rechtsseitigen Fall geht man analog vor, falls $\hat{\theta}_j > \theta_{j0}$ gilt.

In den folgenden drei Abschnitten werden die wichtigsten in der Praxis verwendeten Signifikanztests vorgestellt. Dabei liegt der Untergliederung der drei Abschnitte eine Unterteilung nach der Art der verwendeten Stichprobe(n) zugrunde,

d. h., unterschieden werden Signifikanztests für eine einzelne Stichprobe, für verbundene Stichproben sowie für mehrere unabhängige Stichproben. Innerhalb der Abschnitte werden dann zunächst Parametertests, im Anschluss daran ggf. auch Verteilungstests und schließlich Unabhängigkeitstests betrachtet.

14.3 Signifikanztests für eine einfache Zufallsstichprobe

Voraussetzung aller im Folgenden vorgestellten Signifikanztests ist, dass eine einfache Zufallsstichprobe $X_1, ..., X_n$ vom Umfang n vorliegt. Der Erwartungswert des untersuchten Merkmals X existiert und ist mit μ bezeichnet; die mit σ bezeichnete Streuung existiert ebenfalls und ist größer als null.

(1) Signifikanztests für den Mittelwert einer Grundgesamtheit

Die Hypothese H_0 der nachfolgend dargestellten Signifikanztests ist, dass der Erwartungswert μ mit einem gegebenen Wert μ_0 übereinstimmt, d. h. $\mu = \mu_0$ gilt. Zu dieser Hypothese kommen beidseitige, rechts- und linksseitige Gegenhypothesen in Betracht. Es sind also folgende Hypothesenpaare zu unterscheiden:

$$\text{a)} \quad H_0: \mu = \mu_0 \quad \text{vs.} \quad H_1: \mu \ne \mu_0;$$
$$(14.3) \quad \text{b)} \quad H_0: \mu = \mu_0 \quad \text{vs.} \quad H_1: \mu < \mu_0;$$
$$\text{c)} \quad H_0: \mu = \mu_0 \quad \text{vs.} \quad H_1: \mu > \mu_0.$$

● *Einstichproben-GAUß-Test:* Zur Überprüfung der Hypothese wird hier zusätzlich angenommen, dass die Stichprobenvariablen $X_1, ..., X_n$ normalverteilt sind und dass die Streuung σ bekannt ist. Der unbekannte Erwartungswert μ wird durch die Schätzfunktion $\overline{X}$ geschätzt, deren Realisation mit μ_0 zu vergleichen ist. Daraufhin wird die Hypothese $H_0: \mu = \mu_0$ abgelehnt gegenüber

a) $H_1: \mu \ne \mu_0$, falls $|\overline{x} - \mu_0|$,zu groß' ist;
b) $H_1: \mu < \mu_0$, falls $\overline{x}$,erheblich kleiner' als μ_0 ist;
c) $H_1: \mu > \mu_0$, falls $\overline{x}$,erheblich größer' als μ_0 ist;

Zieht man nun die Forderung heran, dass die Wahrscheinlichkeit für den Fehler 1. Art, d. h. die Wahrscheinlichkeit dafür, H_0 abzulehnen, obwohl H_0 richtig ist, höchstens α betragen soll, so ergibt sich, dass die noch zu akzeptierenden Abweichungen für $\overline{X} - \mu_0$ der GAUß-Statistik

$$(14.4) \quad V = \sqrt{n} \, \frac{\overline{X} - \mu_0}{\sigma}$$

zu entnehmen sind. Diese Testfunktion V ist standardnormalverteilt, falls $\mu = \mu_0$ gilt, also die Hypothese H_0 richtig ist. Sehr kleine bzw. sehr große Realisationen dieser Testfunktion sprechen gegen die Hypothese, sodass man zu folgender Entscheidungsregel gelangt: Die Hypothese H_0: $\mu = \mu_0$ wird verworfen

    a) gegenüber H_1: $\mu \neq \mu_0$, falls $v < c_{N(0;1)\ \alpha/2}$ oder $v > c_{N(0;1)\ 1-\alpha/2}$,
       d. h. falls $|v| > c_{N(0;1)\ 1-\alpha/2}$;

    b) gegenüber H_1: $\mu < \mu_0$, falls $v < c_{N(0;1)\ \alpha} = -c_{N(0;1)\ 1-\alpha}$;

    c) gegenüber H_1: $\mu > \mu_0$, falls $v > c_{N(0;1)\ 1-\alpha}$.

● *Einstichproben-t-Test:* In diesem Fall wird ebenfalls unterstellt, dass das Untersuchungsmerkmal normalverteilt ist, die Streuung σ braucht jedoch hier nicht bekannt zu sein. Die Streuung der Grundgesamtheit muss also nun aus der Stichprobe geschätzt werden; als Teststatistik verwendet man daher die unter der Hypothese t-verteilte t-Statistik, d. h., es ist

$$(14.5) \quad V = \sqrt{n} \cdot \frac{\bar{X} - \mu_0}{S^*} \sim t(n-1) \quad \text{unter } H_0.$$

Die kritischen Bereiche bestimmen sich also aus der $t(n-1)$-Verteilung, die Hypothese H_0 ist zu verwerfen

    a) gegenüber H_1: $\mu \neq \mu_0$, falls $v < c_{t(n-1)\ \alpha/2}$ oder $v > c_{t(n-1)\ 1-\alpha/2}$,
       d. h. falls $|v| > c_{t(n-1)\ 1-\alpha/2}$;

    b) gegenüber H_1: $\mu < \mu_0$, falls $v < c_{t(n-1)\ \alpha} = -c_{t(n-1)\ 1-\alpha}$;

    c) gegenüber H_1: $\mu > \mu_0$, falls $v > c_{t(n-1)\ 1-\alpha}$.

● *Approximativer Einstichproben-GAUß-Test:* Diese Testvariante kann angewendet werden, wenn keine Normalverteilungsannahme vorliegt, der Stichprobenumfang jedoch größer als 30 ist, sodass der zentrale Grenzwertsatz zum Tragen kommt. In diesem Fall ist die folgende asymptotisch normalverteilte Teststatistik zu verwenden:

$$(14.6) \quad V = \sqrt{n} \cdot \frac{\bar{X} - \mu_0}{\hat{\Sigma}} \overset{\text{asy.}}{\sim} N(0;1) \quad \text{unter } H_0.$$

Dabei ist bezüglich der im Nenner auftretenden Schätzfunktion $\hat{\Sigma}$ für σ Folgendes zu beachten: Soweit σ bekannt ist, kann $\hat{\Sigma} = \sigma$ gesetzt werden. Falls σ nicht bekannt ist, kann für $\hat{\Sigma}$ jede beliebige unter H_0: $\mu = \mu_0$ konsistente Schätzfunktion für σ verwendet werden, also beispielsweise $\hat{\Sigma} = S$ oder $\hat{\Sigma} = S^*$. Der Ablehnungsbereich des approximativen GAUß-Tests bestimmt sich auf die gleiche Weise wie beim exakten GAUß-Test.

Beispiel 14.2

Das Hypothesenpaar des Beispiels 14.1 soll nun anhand der Daten aus Beispiel 11.3 getestet werden. Das Signifikanzniveau wird dabei auf 5 % festgelegt.

Nimmt man hierbei an, dass die Grundgesamtheit normalverteilt ist und dass die Streuung in der Grundgesamtheit 2,5 beträgt, so ergibt sich

$$v = \sqrt{n} \cdot \frac{\bar{x} - \mu_0}{\sigma} = \sqrt{50} \cdot \frac{3{,}28 - 3}{2{,}5} = 0{,}79.$$

Da der kritische Wert bei rechtsseitiger Alternative (Fall c) $c_{N(0;1)\ 1-\alpha} = c_{N(0;1)\ 0,95} = 1{,}65$ beträgt, kann die Hypothese nicht verworfen werden.

Lässt man die Annahme fallen, dass die Streuung als bekannt vorausgesetzt werden kann, so ergibt sich als Testfunktionswert

$$v = \sqrt{n} \cdot \frac{\bar{x} - \mu_0}{s^*} = \sqrt{50} \cdot \frac{3{,}28 - 3}{1{,}97} = 1{,}01.$$

Als kritischen Wert erhält man hier $c_{t(n-1)\ 1-\alpha} = c_{t(49)\ 0,95} = 1{,}68$, sodass die Hypothese auch unter diesen Annahmen nicht verworfen werden kann.

Wird nun auch auf die Normalverteilungsannahme verzichtet, so ist der approximative GAUß-Test anzuwenden. Verwendet man als konsistente Schätzfunktion für σ weiterhin die korrigierte Stichprobenstandardabweichung S^*, so ist der Testfunktionswert auch unter diesen Annahmen gleich $v = 1{,}01$. Der kritische Wert lautet hier $c_{N(0;1)\ 1-\alpha} = c_{N(0;1)\ 0,95} = 1{,}65$, die Hypothese kann also auch hier nicht verworfen werden.

Exemplarisch soll für diesen letzten Fall das kritische Signifikanzniveau bestimmt werden. Hierzu sind der Testfunktionswert und der kritische Wert gleichzusetzen, d. h.

$$v = 1{,}01 = c_{N(0;1)\ 1-\alpha^*}.$$

Aus der Tabelle der Verteilungsfunktion der Standardnormalverteilung erhält man (durch Rückwärtsablesen) für das einseitige kritische Signifikanzniveau

$$1 - \alpha^* = 0{,}844 \quad \text{bzw.} \quad \alpha^* = 0{,}156 > 0{,}05 = \alpha.$$

Auch hieraus ergibt sich also, dass die Hypothese H_0 nicht verworfen werden kann. Auch auf einem Signifikanzniveau von $\alpha = 0{,}1$ wäre die Hypothese zu verwerfen.

(2) Signifikanztest für den Anteilswert einer dichotomen Grundgesamtheit

Hier lautet die Hypothese H_0, dass der Anteilswert π mit einem gegebenen Wert π_0 übereinstimmt, d. h. $\pi = \pi_0$. Zu dieser Hypothese kommen beidseitige, rechts- und linksseitige Gegenhypothesen in Betracht. Es sind also folgende Hypothesenpaare zu unterscheiden:

$$\begin{array}{lllll} \text{a)} & H_0\text{: } \pi = \pi_0 & \text{vs.} & H_1\text{: } \pi \neq \pi_0; \\ (14.7) \quad \text{b)} & H_0\text{: } \pi = \pi_0 & \text{vs.} & H_1\text{: } \pi < \pi_0; \\ \text{c)} & H_0\text{: } \pi = \pi_0 & \text{vs.} & H_1\text{: } \pi > \pi_0. \end{array}$$

Unter der Voraussetzung, dass $n \cdot \pi_0 \geq 5$ und $n \cdot (1 - \pi_0) \geq 5$ gelten, kann auch hier die approximative GAUß-Statistik (14.6) verwendet werden, um die Hypothese zu überprüfen. Da deren Verteilung unter Annahme der Hypothese H_0 bestimmt werden muss, bietet es sich für den dichotomen Fall an, $\hat{\Sigma} = \sqrt{\pi_0 \cdot (1 - \pi_0)}$ zu setzen. Man erhält damit die Testfunktion

(14.8) $V = \sqrt{n} \cdot \dfrac{\hat{\Pi} - \pi_0}{\sqrt{\pi_0 \cdot (1 - \pi_0)}} \overset{asy.}{\underset{\sim}{}} N(0;1)$ unter H_0.

Dabei bezeichnet $\hat{\Pi} = \frac{1}{n} X$ die Punktschätzfunktion für den Anteilswert; sie entspricht dem Anteil der Einheiten mit der untersuchten Eigenschaft in der Stichprobe. Die Entscheidungsregeln gestalten sich wie diejenigen des allgemeinen approximativen GAUß-Tests: Die Hypothese H_0: $\pi = \pi_0$ wird verworfen

a) gegenüber H_1: $\pi \neq \pi_0$, falls $v < c_{N(0;1)\ \alpha/2}$ oder $v > c_{N(0;1)\ 1-\alpha/2}$,
   d. h. falls $|v| > c_{N(0;1)\ 1-\alpha/2}$;

b) gegenüber H_1: $\pi < \pi_0$, falls $v < c_{N(0;1)\ \alpha} = -c_{N(0;1)\ 1-\alpha}$;

c) gegenüber H_1: $\pi > \pi_0$, falls $v > c_{N(0;1)\ 1-\alpha}$.

//   Hier wird aus Vereinfachungsgründen auf die Stetigkeitskorrektur verzichtet. Dadurch ist die tatsächliche Wahrscheinlichkeit des Fehlers 1. Art etwas größer als das angegebene Signifikanzniveau α. Dies gilt auch für alle weiteren Tests bezüglich Anteilswerten, d. h. den Differenzentest für Anteilswerte (vgl. (14.27)) und den approximativen Zweistichproben-GAUß-Test für Anteilswerte (vgl. (14.46)).

Beispiel 14.3

In Bezug auf den Anteil der Kunden der ‚Statistik AG‘ an der Grundgesamtheit aller Unternehmen soll auf dem Signifikanzniveau von 5 % nachgewiesen werden, dass mindestens 15 Prozent der Unternehmen nach der Durchführung der Marketing-Maßnahme zu den Kunden der Statistik AG zählen. Zu prüfen ist also das Hypothesenpaar

     H_0: $\pi = 0,15$ vs. H_1: $\pi > 0,15$

mit rechtsseitiger Alternative.

Hierzu wird die in Beispiel 13.2 gezogene Stichprobe vom Umfang 100 verwendet, bei der 24 der befragten Unternehmen Kunden der ‚Statistik AG‘ waren. Als Punktschätzung für den zu prüfenden Anteilswert ergab sich $\hat{\pi} = 0,24$. Die approximative GAUß-Statistik hat daher den Testfunktionswert

$$v = \sqrt{n} \cdot \frac{\hat{\pi} - \pi_0}{\sqrt{\pi_0 \cdot (1 - \pi_0)}} = \sqrt{100} \cdot \frac{0,24 - 0,15}{\sqrt{0,15 \cdot (1 - 0,15)}} = 2,52.$$

Da der kritische Wert $c_{N(0;1)\ 1-\alpha} = c_{N(0;1)\ 0,95} = 1,65$ lautet, kann die Hypothese hier abgelehnt werden, d. h. ein statistischer Nachweis erbracht werden, dass mindestens 15 Prozent der Unternehmen zu den Kunden der ‚Statistik AG‘ zählen.

(3) χ^2-Test für die Varianz einer Grundgesamtheit

Für diesen Signifikanztest ist vorauszusetzen, dass das Untersuchungsmerkmal in der Grundgesamtheit normalverteilt ist. In diesem Fall lassen sich die folgenden Hypothesenpaare untersuchen:

a) $H_0\colon \sigma^2 = \sigma_0^2$ vs. $H_1\colon \sigma^2 \neq \sigma_0^2$;

(14.9) b) $H_0\colon \sigma^2 = \sigma_0^2$ vs. $H_1\colon \sigma^2 < \sigma_0^2$;

c) $H_0\colon \sigma^2 = \sigma_0^2$ vs. $H_1\colon \sigma^2 > \sigma_0^2$.

Anstelle dieser Hypothesenpaare bezüglich der Varianz lassen sich natürlich durch Wurzelziehen auch entsprechende Hypothesen in Bezug auf die Streuung formulieren.

Die Testfunktion vergleicht die korrigierte Stichprobenstandardabweichung mit der in der Hypothese unterstellten Varianz. Sie ist unter der Hypothese χ^2-verteilt mit $n-1$ Freiheitsgraden, d. h., es gilt

(14.10) $V = \dfrac{(n-1)\cdot S^{*2}}{\sigma_0^2} \sim \chi^2(n-1)$ unter H_0.

Die Hypothese $H_0\colon \sigma^2 = \sigma_0^2$ wird verworfen
a) gegenüber $H_1\colon \sigma^2 \neq \sigma_0^2$, falls $v < c_{\chi^2(n-1)\ \alpha/2}$ oder $v > c_{\chi^2(n-1)\ 1-\alpha/2}$;
b) gegenüber $H_1\colon \sigma^2 < \sigma_0^2$, falls $v < c_{\chi^2(n-1)\ \alpha}$;
c) gegenüber $H_1\colon \sigma^2 > \sigma_0^2$, falls $v > c_{\chi^2(n-1)\ 1-\alpha}$.

//   Falls das Untersuchungsmerkmal nicht normalverteilt ist, dann ist dieser Test auch nicht asymptotisch brauchbar.

//   Falls μ bekannt ist, kann in der Testfunktion dieser bekannte Erwartungswert der X_i verwendet werden, um die quadratischen Abweichungen zu errechnen. Die entsprechend modifizierte Testfunktion ist dann χ^2-verteilt mit n Freiheitsgraden, d. h., in diesem Fall gilt

(14.11) $V = \dfrac{\sum_{i=1}^{n}(X_i - \mu)^2}{\sigma_0^2} \sim \chi^2(n)$ unter H_0.

Die kritischen Werte sind dann der $\chi^2(n)$-Verteilung zu entnehmen.

Beispiel 14.4
In der Situation des Beispiels 14.2 soll nun unter Annahme normalverteilter Daten getestet werden, ob es mit den erhobenen Stichprobendaten zu vereinbaren ist, die Annahme $\sigma = 2{,}5$ zu treffen (Signifikanzniveau: 5%). Das (zweiseitige) Testproblem lautet also
   $H_0\colon \sigma = 2{,}5$ vs. $H_1\colon \sigma \neq 2{,}5$.
Als Testfunktionswert ergibt sich
   $v = \dfrac{(n-1)\cdot s^{*2}}{\sigma_0^2} = \dfrac{(50-1)\cdot 1{,}97^2}{2{,}5^2} = 30{,}4$.

Die beiden kritischen Werte dieses Signifikanztests sind $c_{\chi^2(n-1)\ \alpha/2}=c_{\chi^2(49)\ 0,025}=31,6$ und
$c_{\chi^2(n-1)\ 1-\alpha/2}=c_{\chi^2(49)\ 0,975}=70,4$; die Hypothese kann also abgelehnt werden, da der Testfunktionswert unterhalb des linken kritischen Werts liegt. Aufgrund dieses Ergebnisses sollte man in Beispiel 14.2 die Annahme, dass die Streuung als bekannt unterstellt werden kann, aufgeben.

(4) Der χ^2-Anpassungstest

Bei diesem Signifikanztest soll getestet werden, ob die unbekannte Verteilungsfunktion F eines Untersuchungsmerkmals in der Grundgesamtheit gleich einer gegebenen hypothetischen Verteilungsfunktion F_0 ist oder nicht, d. h., das Hypothesenpaar lautet

(14.12) $H_0\colon F=F_0 \qquad H_1\colon F\neq F_0$

Es handelt sich also um einen Verteilungstest. Um die Hypothese zu überprüfen, wird die reelle Zahlenachse in $k\geq 2$ disjunkte, aneinander angrenzende Intervalle $I_j,\ j=1,...,k,$ aufgeteilt. Sodann wird für jedes Intervall I_j ermittelt, wie viele Stichprobenwerte darin liegen: Die Zufallsvariablen H_j mit den Realisationen h_j beschreiben die absolute Anzahl der in dem Intervall I_j liegenden Werte. Diese Werte sind nun mit denjenigen Häufigkeiten zu vergleichen, die zu erwarten wären, wenn die in der Hypothese unterstellte Verteilungsfunktion tatsächlich Gültigkeit hätte. Zu diesem Zweck berechnet man zu jedem Intervall $I_j=(a_{j-1};a_j]$ gemäß der Verteilungsfunktion F_0 die Wahrscheinlichkeit, mit der Realisationen in diesem Intervall zu erwarten sind:

(14.13) $\pi_{j|F_0}=F_0(a_j)-F_0(a_{j-1})=W_{F_0}(a_{j-1}<X_i\leq a_j).$

Damit erhält man für die unter der Gültigkeit von H_0 zu erwartende Häufigkeit der Realisationen im Intervall I_j:

(14.14) $E_{H_0}(H_j)=n\cdot\pi_{j|F_0}.$

Die Testfunktion beruht auf den quadrierten Abweichungen zwischen diesen Häufigkeitserwartungen und den beobachteten Häufigkeiten, wobei diese aus Normierungsgründen noch durch die erwarteten Häufigkeiten dividiert werden. Es lässt sich zeigen, dass bei Gültigkeit von H_0 die Summe der derart normierten Abweichungsquadrate asymptotisch einer χ^2-Verteilung mit $k-1$ Freiheitsgraden genügt. Es gilt also:

(14.15) $V=\sum_{j=1}^{k}\frac{(H_j-n\cdot\pi_{j|F_0})^2}{n\cdot\pi_{j|F_0}}\overset{asy.}{\sim}\chi^2(k-1)$ unter H_0.

Ein ‚zu großer' Realisationswert v von V führt zur Ablehnung der Hypothese H_0. Diese wird gegenüber H_1 abgelehnt, falls $v>c_{\chi^2(k-1)\ 1-\alpha}.$

Dem obigen asymptotischen Resultat liegt die Approximation der binomial-
verteilten Intervallhäufigkeiten durch Normalverteilungen zugrunde. Dementsprechend ist die Approximation nur gültig, wenn für alle erwarteten Intervallhäufigkeiten jeweils $E_{H_0}(H_j) = n \cdot \pi_j \geq 5$ gilt. Ist das nicht der Fall, so kann dies
durch Zusammenfassen benachbarter Intervalle erreicht werden. Andererseits
führt jedoch eine Erhöhung der Intervallzahl i. A. zu einer Verringerung des
Fehlers 2. Art. Es sollte also eine größtmögliche Intervallzahl angestrebt werden,
mit der sich die genannte Approximationsbedingung noch einhalten lässt.

● *χ^2-Anpassungstest auf einen Verteilungstyp*: In vielen praktischen Anwendungsfällen geht es nicht darum zu überprüfen, ob eine bestimmte, vollständig
spezifizierte Verteilung vorliegt, sondern darum, ob das Untersuchungsmerkmal
einem bestimmten Verteilungstyp genügt. Es ist also zu prüfen, ob das Untersuchungsmerkmal in der Grundgesamtheit beispielsweise normalverteilt, exponentialverteilt oder poissonverteilt ist. Das auf diesen Fall modifizierte Hypothesenpaar
lautet

(14.16) H_0: $F = F_0(\theta_1, ..., \theta_r)$ vs. H_1: $F \neq F_0(\theta_1, ..., \theta_r)$,

wobei $\theta_1, ..., \theta_r$ beliebige, unbekannte Parameterwerte dieses Verteilungstyps sein
können. Würde die Exponentialverteiltheit geprüft, wäre also $\theta_1 = \lambda$; wäre die
Normalverteiltheit zu prüfen, gälte $\theta_1 = \mu$, $\theta_2 = \sigma$. In diesem Fall sind zunächst
auf Basis der Stichprobe die Parameter $\theta_1, ..., \theta_r$ durch konsistente Schätzfunktionen $\hat{\theta}_1, ..., \hat{\theta}_r$ zu bestimmen. Aufgrund dieser Schätzungen erhält man dann
Schätzwerte für die unter H_0 zu erwartenden Intervallwahrscheinlichkeiten:

(14.17) $\hat{\Pi}_{j|F_0} = \pi_{j|F_0}(\hat{\theta}_1, ..., \hat{\theta}_r) = F_0(a_j, \hat{\theta}_1, ..., \hat{\theta}_r) - F_0(a_{j-1}, \hat{\theta}_1, ..., \hat{\theta}_r)$.

Diese geschätzten Wahrscheinlichkeiten können dann wieder in die χ^2-verteilte
Testfunktion eingesetzt werden:

$$(14.18) \quad V = \sum_{j=1}^{k} \frac{(H_j - n \cdot \pi_{j|F_0}(\hat{\theta}_1, ..., \hat{\theta}_r))^2}{n \cdot \pi_{j|F_0}(\hat{\theta}_1, ..., \hat{\theta}_r)} \overset{\text{asy.}}{\sim} \chi^2(k-r-1) \quad \text{unter } H_0.$$

Zu beachten ist dabei, dass die Zahl der Freiheitsgrade hier zusätzlich um die
Anzahl r der geschätzten Parameter verringert werden muss. Die Nullhypothese
ist demnach abzulehnen, wenn für den Testfunktionswert gilt: $v > c_{\chi^2(k-r-1)\,1-\alpha}$.

Beispiel 14.5
Für die Situation des Beispiels 14.2 soll nun geprüft werden, ob die gezogenen Stichprobendaten mit der Normalverteilungsannahme vereinbar sind. Hierbei handelt es sich also um einen
Anpassungstest auf einen Verteilungstyp. Dabei sind als geschätzte Parameter die beiden Werte
$\hat{\mu} = \bar{x} = 3{,}28$ und $\hat{\sigma} = s^* = 1{,}97$ zu verwenden; es gilt also $r = 2$.

Zur Überprüfung der Normalverteilungsannahme soll die reelle Zahlenachse in vier Intervalle zerlegt werden:

$I_1 = (-\infty; \bar{x} - s^*) = (-\infty; 1,31)$,

$\qquad W(X \in I_1) = W(X < 1,31) = W(X_s < -1) = 0,1587$;

$I_2 = [\bar{x} - s^*; \bar{x}) = [1,31; 3,28)$,

$\qquad W(X \in I_2) = W(1,31 \leq X < 3,28) = W(-1 \leq X_s < 1) = 0,5 - 0,1587 = 0,3413$;

$I_3 = [\bar{x}; \bar{x} + s^*) = [3,28; 5,25)$,

$\qquad W(X \in I_3) = W(3,28 \leq X < 5,25) = W(0 \leq X_s < 1) = 0,8413 - 0,5 = 0,3413$;

$I_4 = [\bar{x} + s^*; +\infty) = [5,25; +\infty)$,

$\qquad W(X \in I_4) = W(5,25 \leq X) = W(1 \leq X_s) = 1 - 0,8613 = 0,1587$.

Ermittelt man die auf die einzelnen Intervalle entfallenden Häufigkeiten, so ergeben sich hierfür die folgenden beobachteten und erwarteten Häufigkeiten:

$h(I_1) = 8$, $\quad E_{F_0}(h(I_1)) = 50 \cdot 0,1587 = 7,9$;

$h(I_2) = 19$, $\quad E_{F_0}(h(I_2)) = 50 \cdot 0,3413 = 17,1$;

$h(I_3) = 16$, $\quad E_{F_0}(h(I_3)) = 50 \cdot 0,3413 = 17,1$;

$h(I_4) = 7$, $\quad E_{F_0}(h(I_4)) = 50 \cdot 0,1587 = 7,9$.

Damit ergibt sich für den Testfunktionswert

$$v = \frac{(8 - 7,9)^2}{7,9} + \frac{(19 - 17,1)^2}{17,1} + \frac{(16 - 17,1)^2}{17,1} + \frac{(7 - 7,9)^2}{7,9}$$
$$= 0,001 + 0,211 + 0,071 + 0,103 = 0,386.$$

Der kritische Wert lautet $c_{\chi^2(k-r-1)\,1-\alpha} = c_{\chi^2(4-2-1)\,0,95} = 3,84$; die Hypothese normalverteilter Beobachtungswerte kann somit nicht verworfen werden.

14.4 Signifikanztests für verbundene Stichproben

Wie bereits in Abschnitt 14.1 erläutert, spricht man von verbundenen Stichproben, wenn mehrere (im Folgenden: zwei) Untersuchungsmerkmale an denselben Untersuchungseinheiten untersucht werden. Dabei kann es sich um völlig verschiedene Merkmale handeln, aber auch um ein und dasselbe Merkmal, das an den gleichen Untersuchungsobjekten unter unterschiedlichen zeitlichen, räumlichen oder sachlichen Bedingungen gemessen wird. Durch dieses Erhebungsverfahren bestehen zwischen den untersuchten Merkmalen Korrelationen, die entweder günstige Auswirkungen auf den statistischen Vergleich der Verteilungen der Merkmale haben können (Differenzentests) oder selbst Gegenstand der Hypothese sein können (Korrelations- und Unabhängigkeitstests).

Voraussetzung aller im Folgenden vorgestellten Signifikanztests ist, dass eine zweidimensionale, einfache Zufallsstichprobe $(X_1, Y_1), ..., (X_n, Y_n)$ vom Umfang n vorliegt. Die Erwartungswerte der untersuchten Merkmale X bzw. Y sind mit μ_X

bzw. μ_Y bezeichnet, ihre Streuungen mit σ_X bzw. σ_Y. Die Korrelation zwischen beiden Merkmalen ist $\rho = \rho_{X,Y}$.

(5) Differenzentest für Mittelwerte

Die Hypothese H_0 eines Differenzentests für Mittelwerte ist, dass die Erwartungswerte der beiden Untersuchungsmerkmale X und Y übereinstimmen, d. h. $\mu_X = \mu_Y$ gilt. Zu dieser Hypothese kommen beidseitige, rechts- und linksseitige Gegenhypothesen in Betracht. Es sind also folgende Hypothesenpaare zu unterscheiden:

$$\begin{array}{lll} \text{a)} & H_0: \mu_X = \mu_Y & \text{vs.} \quad H_1: \mu_X \neq \mu_Y; \\ (14.19) \quad \text{b)} & H_0: \mu_X = \mu_Y & \text{vs.} \quad H_1: \mu_X < \mu_Y; \\ \text{c)} & H_0: \mu_X = \mu_Y & \text{vs.} \quad H_1: \mu_X > \mu_Y. \end{array}$$

Grundidee des Differenzentests ist, dass jeweils die zu einer Untersuchungseinheit gehörenden Merkmalsdifferenzen $D_i = X_i - Y_i$ gebildet werden, die Aufschluss über die Gültigkeit der Hypothese gemäß (14.19) geben sollen. Die einzelnen Differenzenvariablen D_i, $i = 1, ..., n$, sind dabei voneinander unabhängig und identisch verteilt. Sie bilden daher eine eindimensionale einfache Zufallsstichprobe vom Umfang n. Wegen der Rechenregeln für Erwartungswerte und Varianzen ist

$$(14.20) \quad \mu_D = \mu_X - \mu_Y, \qquad \sigma_D = \sqrt{\sigma_X^2 + \sigma_Y^2 - 2\rho_{XY}\sigma_X\sigma_Y}.$$

Die Hypothese $H_0: \mu_X = \mu_Y$ ist also gleichbedeutend mit der Hypothese $\mu_D = 0$. Auf die Differenzenwerte kann somit der Einstichproben-t- bzw. -GAUSS-Test angewendet werden, wobei $\mu_0 = 0$ zu setzen ist. Die Differenzentests verwenden die Stichprobenfunktionen

$$(14.21) \quad \bar{D} = \frac{1}{n}\sum_{i=1}^{n} D_i = \frac{1}{n}\sum_{i=1}^{n}(X_i - Y_i) = \bar{X} - \bar{Y}$$

und

$$(14.22) \quad S_D^* = \sqrt{\frac{1}{n-1}\sum_{i=1}^{n}(D_i - \bar{D})^2} = \sqrt{S_X^{*2} + S_Y^{*2} - 2 \cdot R_{X,Y} \cdot S_X^* \cdot S_Y^*}.$$

● *Differenzen-t-Test*: Kann für die Stichprobenvariablen vorausgesetzt werden, dass sie normalverteilt sind, so lässt sich auf die Differenzen der Einstichproben-t-Test (1421.5) anwenden. Für die Testfunktion gilt damit

$$(14.23) \quad V = \sqrt{n}\,\frac{\bar{D}}{S_D^*} \sim t(n-1) \quad \text{unter } H_0.$$

Aufgrund der Realisation v dieser Testfunktion wird die Hypothese H_0: $\mu_X = \mu_Y$ verworfen

    a) gegenüber H_1: $\mu_X \neq \mu_Y$, falls $v < c_{t(n-1)\ \alpha/2}$ oder $v > c_{t(n-1)\ 1-\alpha/2}$,
       d. h. falls $|v| > c_{t(n-1)\ 1-\alpha/2}$;

    b) gegenüber H_1: $\mu_X < \mu_Y$, falls $v < c_{t(n-1)\ \alpha} = -c_{t(n-1)\ 1-\alpha}$;

    c) gegenüber H_1: $\mu_X > \mu_Y$, falls $v > c_{t(n-1)\ 1-\alpha}$.

● *Approximativer Differenzen-GAUß-Test*: Ist es nicht möglich, die Normal-verteiltheit der Merkmale zu unterstellen, so kann auf die Differenzen der approximative GAUß-Test angewendet werden, sofern der Stichprobenumfang n der verbundenen Stichprobe mindestens 30 beträgt. In diesem Fall gilt

$$(14.24) \quad V = \sqrt{n}\ \frac{\bar{D}}{\hat{\Sigma}_D}\ \overset{asy.}{\underset{\sim}{}}\ N(0;1) \quad \text{unter } H_0.$$

Dabei ist $\hat{\Sigma}_D$ eine beliebige unter H_0: $\mu_X = \mu_Y$ konsistente Schätzfunktion für die Streuung σ_D der Differenzen. Es kann selbstverständlich auch hier wie beim Zweistichproben-t-Test $\hat{\Sigma}_D = S_D^*$ verwendet werden.
Die Hypothese H_0: $\mu_X = \mu_Y$ wird verworfen

    a) gegenüber H_1: $\mu_X \neq \mu_Y$, falls $v < c_{N(0;1)\ \alpha/2}$ oder $v > c_{N(0;1)\ 1-\alpha/2}$,
       d. h. falls $|v| > c_{N(0;1)\ 1-\alpha/2}$;

    b) gegenüber H_1: $\mu_X < \mu_Y$, falls $v < c_{N(0;1)\ \alpha} = -c_{N(0;1)\ 1-\alpha}$;

    c) gegenüber H_1: $\mu_X > \mu_Y$, falls $v > c_{N(0;1)\ 1-\alpha}$.

● *Bemerkungen zu den Differenzentests*:
    - Eine starke positive Korrelation zwischen den Untersuchungsmerkmalen wirkt sich günstig auf den Fehler 2. Art aus. Denn diese führt zu einer geringen Streuung der Differenzenwerte und damit cet. par. zu einem betragsmäßig großen Testfunktionswert, was die Wahrscheinlichkeit der Ablehnung von H_0, wenn diese Hypothese falsch ist, begünstigt. Der Differenzentest scheint daher vor allem dann angebracht, wenn davon ausgegangen werden kann, dass auf beide Untersuchungsmerkmale vergleichbare Individualeinflüsse einwirken. Untersucht man beispielsweise die Frage, ob ein bestimmtes Ereignis Auswirkungen auf das zu untersuchende Merkmal gehabt hat (‚vorher-nachher-Fragestellung‘), so sollte man davon ausgehen können, dass neben dem Einfluss des betrachteten Ereignisses die übrigen, auf die Merkmalswerte der einzelnen Untersuchungsobjekte wirkenden Zufallseinflüsse im Wesentlichen bestehen bleiben. Konkret lässt sich im Vergleich zu einem Zweistichprobentest, bei dem zwei unabhängige Stichproben gleichen Umfangs n erhoben werden (vgl. Abschnitt 14.5), fest-

stellen, dass der Differenzentest so lange vorteilhafter ist, wie $\rho_{X,Y} > 0$ gilt. Darüber hinaus ist allerdings noch zu beachten, dass mit der einen oder der anderen Erhebungsmethode auch Kostenvorteile verbunden sein können.

- Probleme bereitet der Differenzentest, wenn damit zu rechnen ist, dass Beobachtungsausfälle auftreten, beispielsweise weil einige der Untersuchungsobjekte der ersten Stichprobe bei der zweiten Stichprobe nicht mehr beobachtbar sind. Das Weglassen der betreffenden Beobachtungswertpaare ist nur dann zulässig, wenn plausibel unterstellt werden kann, dass die Ausfälle der Beobachtungswerte unabhängig von den Differenzen der Merkmalswerte auftreten.

- Wird eine Stichprobe mehr als zweimal hintereinander untersucht, so spricht man von einer *Panelerhebung*. In diesem Fall können paarweise Vergleiche zweier Zeitpunkte mit Hilfe von Differenzentests vorgenommen werden.

Beispiel 14.6

Mit Hilfe eines Differenzentests soll nun zum Signifikanzniveau von 5% der Nachweis erbracht werden, dass sich das durchschnittliche Auftragsvolumen der Kunden durch die Marketing-Maßnahme der ‚Statistik AG' erhöht hat. Dazu wurden, wie bereits in Beispiel 11.1 erwähnt, die Unternehmen in der Stichprobe zu zwei Zeitpunkten befragt, nämlich vor und nach der Durchführung der Maßnahme. Die zum zweiten Zeitpunkt erhobenen Daten wurden bereits in Beispiel 14.2 analysiert; diese Werte seien hier mit y_i ($i = 1, ..., 50$) bezeichnet. Dabei gilt: $\bar{y} = 3,28$ und $s_Y^* = 1,97$. Die bei den gleichen Unternehmen vor der Maßnahmendurchführung erhobenen Auftragsvolumina sind mit x_i ($i = 1, ..., 50$) bezeichnet. Dabei hat sich ein Stichprobenmittelwert von 2,78 und eine korrigierte Stichprobenstandardabweichung von 2,45 ergeben, d. h., es ist $\bar{x} = 2,78$, $s_X^* = 2,45$. Die Korrelation der Werte $(x_i; y_i)$ ($i = 1, ..., 50$) beträgt $r_{X,Y} = 0,74$. Definiert man auch hier $d_i = x_i - y_i$, so erhält man folgende, für die Berechnung des Testfunktionswerts erforderlichen Größen:

$$\bar{d} = \bar{x} - \bar{y} = 2,78 - 3,28 = -0,50;$$
$$s_D^{*2} = s_X^{*2} + s_Y^{*2} - 2 \cdot r_{XY} \cdot s_X^* \cdot s_Y^* = 2,45^2 + 1,97^2 - 2 \cdot 0,74 \cdot 2,45 \cdot 1,97 = 2,74.$$

Die Hypothese H_0: $\mu_X = \mu_Y$ ist um die durch den Signifikanztest nachzuweisende Aussage als Alternative zu ergänzen, also H_1: $\mu_X < \mu_Y$. Zur Überprüfung dieses Hypothesenpaars ist der folgende Testfunktionswert zu berechnen:

$$v = \sqrt{n} \cdot \frac{\bar{d}}{s_D^*} = \sqrt{50} \cdot \frac{-0,50}{\sqrt{2,74}} = -2,14.$$

Je nach Verteilungsannahme bestimmt sich der kritische Wert wie folgt:
Unter Normalverteilungsannahme ergibt sich

$$c = -c_{t(n-1)\ 1-\alpha} = -c_{t(49)\ 0,95} = -1,68.$$

Ist keine Normalverteilungsannahme möglich, so muss der Test als approximativer GAUß-Test durchgeführt werden; hierbei erhält man den kritischen Wert

$$c = -c_{N(0;1)\ 1-\alpha} = -c_{N(0;1)\ 0,95} = -1,65.$$

In beiden Fällen lässt sich also nachweisen, dass sich durch die Marketingmaßnahme eine Erhöhung des mittleren Auftragsvolumens der Grundgesamtheit ergeben hat.

(6) Differenzentest für Anteilswerte

Der Differenzentest kann in der Form des approximativen GAUß-Tests auch dann angewendet werden, wenn die Untersuchungsmerkmale dichotom sind. In diesem Fall lauten die Hypothesenpaare

$$\text{a)} \quad H_0: \pi_X = \pi_Y \quad \text{vs.} \quad H_1: \pi_X \neq \pi_Y;$$

(14.25) $\quad$ b) $\quad H_0: \pi_X = \pi_Y \quad \text{vs.} \quad H_1: \pi_X < \pi_Y;$

$$\text{c)} \quad H_0: \pi_X = \pi_Y \quad \text{vs.} \quad H_1: \pi_X > \pi_Y.$$

Auch hier werden wieder die Differenzenpaare $D_i = X_i - Y_i$ gebildet, wobei folgende Fälle zu unterscheiden sind:

$$(14.26) \quad D_i = \begin{cases} -1, & \text{falls } X_i = 0, \ Y_i = 1; \\ 0, & \text{falls } X_i = 0, \ Y_i = 0 \text{ oder } X_i = 1, \ Y_i = 1; \\ +1, & \text{falls } X_i = 1, \ Y_i = 0. \end{cases}$$

Die Testfunktion lässt sich am einfachsten bestimmen, wenn zur Bestimmung des Streuungsschätzers im Nenner verwendet wird, dass der Erwartungswert der Differenzen unter Gültigkeit der Nullhypothese gleich null ist. Dann ergibt sich folgende Testfunktion:

$$(14.27) \quad V = \sqrt{n}\,\frac{\dfrac{1}{n}\sum_{i=1}^{n} D_i}{\sqrt{\dfrac{1}{n}\sum_{i=1}^{n} D_i^2}} = \frac{\sum_{i=1}^{n} D_i}{\sqrt{\sum_{i=1}^{n} D_i^2}} \overset{\text{asy.}}{\underset{\sim}{}} N(0;1) \quad \text{unter } H_0$$

Dabei lassen sich wegen (14.26) die Summen in Zähler und Nenner recht einfach ermitteln: Die Zählersumme ist einfach die Differenz der Zahl der Fälle, in denen $X_i = 1$, $Y_i = 0$ ist, zur Zahl der Fälle, in denen $X_i = 0$, $Y_i = 1$ ist. Der Nenner in (14.27) ist die Wurzel aus der Summe dieser beiden Fallzahlen.

Aufgrund der Testfunktion (14.27) wird die Hypothese $H_0: \pi_X = \pi_Y$ verworfen

a) gegenüber $H_1: \pi_X \neq \pi_Y$, falls $v < c_{N(0;1)\ \alpha/2}$ oder $v > c_{N(0;1)\ 1-\alpha/2}$,
   d. h. falls $|v| > c_{N(0;1)\ 1-\alpha/2}$;

b) gegenüber $H_1: \pi_X < \pi_Y$, falls $v < c_{N(0;1)\ \alpha} = -c_{N(0;1)\ 1-\alpha}$;

c) gegenüber $H_1: \pi_X > \pi_Y$, falls $v > c_{N(0;1)\ 1-\alpha}$.

Als Approximationsvoraussetzung sollte überprüft werden, ob die zu analysierende Stichprobenrealisation die Bedingungen $n \cdot \hat{\pi}_X \geq 5$; $n \cdot (1 - \hat{\pi}_X) \geq 5$ und $n \cdot \hat{\pi}_Y \geq 5$; $n \cdot (1 - \hat{\pi}_Y) \geq 5$ erfüllt.

Beispiel 14.7

Bei der Stichprobe von 100 Unternehmen in Beispiel 13.2 wurden die befragten Unternehmen nicht nur nach der Durchführung der Marketing-Maßnahme danach gefragt, ob ein Kundschaftsverhältnis zur Statistik AG besteht, sondern es wurde auch die Frage gestellt, ob dies bereits vor der Maßnahme der Fall war. Mit Hilfe dieser verbundenen Stichprobe soll auf einem Signifikanzniveau von 5% nachgewiesen werden, dass sich der Anteil der Kunden unter den Unternehmen erhöht hat, d. h.

$$H_0: \pi_X = \pi_Y \quad \text{vs.} \quad H_1: \pi_X < \pi_Y.$$

Bei den 24 Unternehmen, die nach der Maßnahme zu den Kunden zählten, war dies bei 14 bereits vorher der Fall, während 10 erst nach der Maßnahme Interessenten wurden. 2 Unternehmen, die zuvor Kunden gewesen waren, zeigten nach der Maßnahme kein Interesse mehr, während die restlichen 74 Unternehmen vor und nach Durchführung der Maßnahme kein Interesse hatten. Bezeichnet man wiederum die Stichprobenvariablen, die den Kundschaftsstatus vor der Maßnahme beschreiben, mit X_i und diejenigen, die dies nach Durchführung der Maßnahme beschreiben, mit Y_i, und kodiert man mit $x_i = 1$ bzw. $y_i = 1$ diejenigen Fälle, in denen ein Kundschaftsverhältnis bestand, so erhält man

$$v = \frac{\sum_{i=1}^{100} d_i}{\sqrt{\sum_{i=1}^{100} d_i^2}} = \frac{-10 + 2}{\sqrt{10 + 2}} = \frac{-8}{\sqrt{12}} = -2{,}31.$$

Da aufgrund der Aufgabenstellung nachzuweisen ist, dass $H_1: \pi_X < \pi_Y$ gilt, liegt eine linksseitige Alternative vor und man erhält als approximativen kritischen Wert

$$c = -c_{N(0;1)\ 1-\alpha} = -c_{N(0;1)\ 0{,}95} = -1{,}65.$$

Da der Testfunktionswert kleiner als der kritische Wert ausfällt, kann die Hypothese H_1 bestätigt, d. h. ein erhöhter Kundenanteil nachgewiesen werden.

(7) Korrelationstest

Für diesen Test ist vorauszusetzen, dass die Beobachtungsmerkmale X und Y zweidimensional normalverteilt sind. Dann sind die beiden Merkmale genau dann unabhängig, wenn sie unkorreliert sind. Eine Hypothese über die Unabhängigkeit der beiden Merkmale kann also über eine Hypothese über deren Unkorreliertheit zum Ausdruck gebracht werden. Dem Test liegen daher diese Hypothesenpaare zugrunde:

$$\begin{array}{lll} \text{a)} & H_0: \rho_{XY} = 0 & \text{vs.} \quad H_1: \rho_{XY} \neq 0; \\ (14.28)\ \text{b)} & H_0: \rho_{XY} = 0 & \text{vs.} \quad H_1: \rho_{XY} < 0; \\ \text{c)} & H_0: \rho_{XY} = 0 & \text{vs.} \quad H_1: \rho_{XY} > 0. \end{array}$$

Als Testfunktion kann hier die folgende verwendet werden, die für $\rho_{XY} = 0$ einer $t(n-2)$-Verteilung genügt:

$$(14.29) \quad V = \sqrt{n-2}\ \frac{R_{XY}}{\sqrt{1 - R_{XY}^2}} \sim t(n-2) \quad \text{unter } H_0.$$

Dabei ist R der Stichprobenkorrelationskoeffizient nach BRAVAIS-PEARSON, d. h.

$$(14.30) \quad R_{XY} = \frac{\sum_{i=1}^{n} (X_i - \bar{X}) \cdot (Y_i - \bar{Y})}{\sqrt{\sum_{i=1}^{n} (X_i - \bar{X})^2 \cdot \sum_{i=1}^{n} (Y_i - \bar{Y})^2}}.$$

Zu weiteren Berechnungsmöglichkeiten des BRAVAIS-PEARSON'schen Korrelationskoeffizienten vgl. die Ausführungen in Abschnitt 4.4.

Aufgrund der Realisation v der Testfunktion (14.29) wird die Hypothese H_0: $\rho_{XY} = 0$ verworfen

    a) gegenüber H_1: $\rho_{XY} \neq 0$, falls $v < c_{t(n-2)\ \alpha/2}$ oder $v > c_{t(n-2)\ 1-\alpha/2}$,
       d. h. falls $|v| > c_{t(n-2)\ 1-\alpha/2}$;
    b) gegenüber H_1: $\rho_{XY} < 0$, falls $v < c_{t(n-2)\ \alpha} = -c_{t(n-2)\ 1-\alpha}$;
    c) gegenüber H_1: $\rho_{XY} > 0$, falls $v > c_{t(n-2)\ 1-\alpha}$.

Beispiel 14.8

In der Situation des Beispiels 14.6 ist die Verwendung einer verbundenen Stichprobe im Vergleich zur Erhebung zweier unabhängiger Stichproben (vgl. Abschnitt 14.5) von Vorteil, wenn von einer positiven Korrelation der Stichprobenwerte beider Stichproben ausgegangen werden kann. Es soll daher unter Annahme der Normalverteiltheit aufgrund der in Beispiel 14.6 betrachteten verbundenen Stichprobe untersucht werden, ob sich dies für die Grundgesamtheit nachweisen lässt (Signifikanzniveau: 5%), d. h., es ist zu testen:

    H_0: $\rho_{XY} = 0$ vs. H_1: $\rho_{XY} > 0$.

Der Stichprobenkorrelationskoeffizient hat (vgl. Beispiel 14.6) den Wert $r = 0,74$. So ergibt sich

$$v = \sqrt{n-2} \cdot \frac{r_{XY}}{\sqrt{1 - r_{XY}^2}} = \sqrt{50-2} \cdot \frac{0,74}{\sqrt{1 - 0,74^2}} = 7,62.$$

Als kritischen Wert erhält man für die rechtsseitige Alternative

    $c = c_{t(n-2)\ 1-\alpha} = c_{t(48)\ 0,95} = 1,68$.

Die Hypothese H_1 positiv abhängiger Stichprobenwerte kann somit bestätigt werden.

(8) Kontingenztabellen-Test (χ^2-Unabhängigkeits-Test)

Wie beim Korrelationstest ist auch hier darüber zu entscheiden, ob die Merkmale X und Y voneinander unabhängig sind. Hier sind jedoch keine normalverteilten Merkmale erforderlich; diese dürfen sogar beliebiges Skalenniveau besitzen. Im Unterschied zum Korrelationstest sind hier allerdings keine einseitigen Alternativhypothesen möglich. Getestet wird also die Hypothese H_0, dass die Merkmale X und Y in der untersuchten Grundgesamtheit unabhängig sind, gegen die Alternative H_1, dass sie abhängig sind:

$$(14.31) \quad H_0: F_{XY}(x,y) = F_X(x) \cdot F_Y(y) \quad \text{vs.} \quad H_1: F_{XY}(x,y) \neq F_X(x) \cdot F_Y(y).$$

In der Grundversion dieses Signifikanztests wird davon ausgegangen, dass die Randverteilungen beider Merkmale X und Y bekannt sind, also nicht aus der Stichprobe geschätzt werden müssen. Diese liefert lediglich Informationen über die gemeinsame Verteilung und damit über die (Un-)Abhängigkeit der beiden Merkmale. Die reelle Zahlenachse wird für das Merkmal X in $k \geq 2$ Intervalle der Form $I_j = (a_{j-1}; a_j]$ und für das Merkmal Y in $m \geq 2$ Intervalle der Form $J_l = (b_{l-1}; b_l]$ aufgeteilt. Für diese Intervalle werden sodann aufgrund der bekannten Randverteilungen die Realisationswahrscheinlichkeiten bestimmt:

$$(14.32) \quad \begin{aligned} \pi_j &= F_X(a_j) - F_X(a_{j-1}) = W(a_{j-1} < X_i \leq a_j) \quad \text{für } j = 1, ..., k; \\ \psi_l &= F_Y(b_l) - F_Y(b_{l-1}) = W(b_{l-1} < Y_i \leq b_l) \quad \text{für } l = 1, ..., m. \end{aligned}$$

Unter der Unabhängigkeitsannahme müsste für die Zufallsvariable H_{jl}, welche die Anzahl der Stichprobenvariablen beschreibt, für die $X_i \in I_j$ und $Y_i \in J_l$ ist, folgender Erwartungswert gelten:

$$(14.33) \quad E_{H_0}(H_{jl}) = n \cdot \pi_j \cdot \psi_l.$$

Wie beim χ^2-Anpassungstest beruht die Testfunktion auf den geeignet normierten quadrierten Abweichungen zwischen den beobachteten Häufigkeiten und deren Erwartungswerten unter Unabhängigkeitsannahme. Es gilt:

$$(14.34) \quad V = \sum_{j=1}^{k} \sum_{l=1}^{m} \frac{(H_{jl} - n \cdot \pi_j \cdot \psi_l)^2}{n \cdot \pi_j \cdot \psi_l} \overset{\text{asy.}}{\underset{\sim}{}} \chi^2(k \cdot m - 1) \quad \text{unter } H_0,$$

d. h., die Testfunktion ist asymptotisch χ^2-verteilt mit $k \cdot m - 1$ Freiheitsgraden. Auch hier ist für die Brauchbarkeit der Approximation wiederum zu unterstellen, dass die erwarteten Häufigkeiten gemäß (14.33) jeweils mindestens gleich fünf sind; sollte dies nicht der Fall sein, so ist dies durch entsprechendes Zusammenfassen benachbarter Intervalle zu gewährleisten. Die Hypothese H_0 der Unabhängigkeit ist aufgrund der Realisation der Testfunktion V zu verwerfen, falls $v > c_{\chi^2(k \cdot m - 1)\,1-\alpha}$ gilt.

In den meisten praktischen Anwendungsfällen sind auch die Randverteilungen der Untersuchungsmerkmale unbekannt. Die Intervallwahrscheinlichkeiten der beiden Randverteilungen sind dann zunächst aus den beobachteten Randverteilungen zu schätzen:

$$(14.35) \quad \hat{\Pi}_j = \frac{1}{n} H_{j\bullet} = \frac{1}{n} \sum_{l=1}^{m} H_{jl}, \quad \hat{\Psi}_l = \frac{1}{n} H_{\bullet l} = \frac{1}{n} \sum_{j=1}^{k} H_{jl}.$$

Für die Testfunktion V gilt dann:

$$(14.36) \quad V = \sum_{j=1}^{k} \sum_{l=1}^{m} \frac{(H_{jl} - n \cdot \hat{\Pi}_j \cdot \hat{\Psi}_l)^2}{n \cdot \hat{\Pi}_j \cdot \hat{\Psi}_l} \overset{\text{asy.}}{\sim} \chi^2((k-1) \cdot (m-1)) \quad \text{unter } H_0.$$

Die Hypothese H_0 ist also abzulehnen, falls für die Realisation der Testfunktion V gemäß (14.36) $v > c_{\chi^2((k-1) \cdot (m-1)) \, 1-\alpha}$ gilt.

Schließlich ist auch denkbar, dass die Randwahrscheinlichkeiten nur eines Merkmals bekannt sind. Ist dies (ohne Einschränkung der Allgemeinheit) das erste Merkmal $\square$, so sind lediglich die Randwahrscheinlichkeiten des Merkmals Y aufgrund der Stichprobe zu schätzen. Man erhält für die Testfunktion

$$(14.37) \quad V = \sum_{j=1}^{k} \sum_{l=1}^{m} \frac{(H_{jl} - n \cdot \pi_j \cdot \hat{\Psi}_l)^2}{n \cdot \pi_j \cdot \hat{\Psi}_l} \overset{\text{asy.}}{\sim} \chi^2(k \cdot (m-1)) \quad \text{unter } H_0.$$

In diesem Fall ist die Unabhängigkeitshypothese H_0 abzulehnen, falls für die Realisation der Testfunktion V gemäß (14.37) $v > c_{\chi^2(k \cdot (m-1)) \, 1-\alpha}$ gilt.

Als Approximationsvoraussetzung ist wie beim χ^2-Anpassungstest davon auszugehen, dass die erwarteten Häufigkeiten $E_{H_0}(H_{jl})$ unter der Unabhängigkeitshypothese für jede Zelle der Kontingenztabelle mindestens fünf betragen, d. h., je nach zugrunde liegender Situation muss gelten:

$$(14.38) \quad n \cdot \pi_j \cdot \psi_l \geq 5 \quad \text{bzw.} \quad n \cdot \hat{\Pi}_j \cdot \hat{\Psi}_l \geq 5 \quad \text{bzw.} \quad n \cdot \pi_j \cdot \hat{\Psi}_l \geq 5$$
$$\text{für } j = 1, ..., k; \; l = 1, ..., m.$$

Ist dies nicht der Fall, so kann durch die Zusammenfassung benachbarter Intervalle diese Voraussetzung erfüllt werden.

Beispiel 14.9

In der Situation des Beispiels 14.7 soll nun auf einem Signifikanzniveau von 5 % überprüft werden, ob es einen Zusammenhang zwischen dem Vorliegen eines Kundschaftsverhältnisses vor und nach der Durchführung der Maßnahme gibt. In der nachfolgenden Tabelle sind die beobachteten und die unter Unabhängigkeit zu erwartenden Häufigkeiten (Tabelleneinträge in Klammern) wiedergegeben:

vorher	nachher		Summe
	ja	nein	
ja	14 $(3,8^*)$	2 $(12,2^*)$	32
nein	14 $(20,2^*)$	54 $(63,8^*)$	68
Summe	44	56	100

Dabei errechnet sich beispielsweise der Schätzwert für die erwartete Häufigkeit H_{11} unter der Annahme der Unabhängigkeit wie folgt:

$$n \cdot \hat{\pi}_1 \cdot \hat{\psi}_1 = 100 \cdot \frac{16}{100} \cdot \frac{24}{100} = 3,8.$$

Damit erhält man folgenden Testfunktionswert:

$$\begin{aligned}
v &= \sum_{j=1}^{2} \sum_{l=1}^{2} \frac{(h_{jl} - n \cdot \hat{\pi}_j \cdot \hat{\psi}_l)^2}{n \cdot \hat{\pi}_j \cdot \hat{\psi}_l} \\
&= \frac{(14-3,8)^2}{3,8} + \frac{(2-12,2)^2}{12,2} + \frac{(10-20,2)^2}{20,2} + \frac{(74-63,8)^2}{63,8} \\
&= 26,9 + 8,5 + 5,1 + 1,6 = 42,1.
\end{aligned}$$

Da hier beide Randverteilungen aus der Stichprobe geschätzt wurden, erhält man als kritischen Wert:

$$c = c_{\chi^2((k-1) \cdot (m-1)) \, 1-\alpha} = c_{\chi^2((2-1) \cdot (2-1)) \, 0,95} = c_{\chi^2(1) \, 0,95} = 3,84.$$

Es kann also darauf geschlossen werden, dass ein Zusammenhang zwischen dem Kundschafts-verhältnis vor und nach der Marketingmaßnahme besteht. Dieses Ergebnis ist allerdings insofern mit Vorsicht zu interpretieren, als die erwartete Häufigkeit in einem Fall nur 3,8<5 beträgt. Da jedoch der Abstand zwischen Testfunktionswert und kritischem Wert sehr groß ist und sich eine Ablehnung auch dann ergäbe, wenn man nur die drei übrigen Tabellenfelder heranzieht (dann gilt $v \geq 8,5+5,1+1,6 = 15,2 > 3,84$), kann das obige Resultat hier dennoch als gesichert gelten.

14.5 Signifikanztests für mehrere unabhängige Stichproben

Die in diesem Abschnitt vorgestellten Signifikanztests dienen dem Vergleich der Verteilung des Untersuchungsmerkmals in zwei oder mehr Grundgesamtheiten. Dabei werden in den einzelnen Grundgesamtheiten $G_1, ..., G_g$ unabhängig vonein-ander jeweils einfache Zufallsstichproben erhoben, deren Stichprobenvariablen wie folgt bezeichnet sind:

$$(14.39) \quad \begin{aligned} &X_{11}, X_{12}, ..., X_{1n_1}; \\ &X_{21}, X_{22}, ..., X_{2n_2}; \\ &\vdots \\ &X_{g1}, X_{g2}, ..., X_{gn_g}. \end{aligned}$$

Dabei können die einzelnen Stichproben unterschiedliche Stichprobenumfänge aufweisen. Selbstverständlich ist auch zugelassen, dass mit allen Stichproben die gleiche Grundgesamtheit – etwa zu unterschiedlichen Zeitpunkten – untersucht wird.

(9) Zweistichproben-Tests zum Vergleich zweier Erwartungswerte

Das Ziel dieses Tests ist es zu überprüfen, ob das Untersuchungsmerkmal in den Grundgesamtheiten G_1 und G_2 denselben Erwartungswert besitzt. Bezeichnet μ_1 den Erwartungswert der ersten Grundgesamtheit und μ_2 denjenigen der zweiten, so lassen sich die folgenden Hypothesenpaare aufstellen:

$$\begin{array}{llll} & \text{a)} & H_0\!: \mu_1 = \mu_2 & \text{vs.} \quad H_1\!: \mu_1 \neq \mu_2; \\ (14.40) & \text{b)} & H_0\!: \mu_1 = \mu_2 & \text{vs.} \quad H_1\!: \mu_1 < \mu_2; \\ & \text{c)} & H_0\!: \mu_1 = \mu_2 & \text{vs.} \quad H_1\!: \mu_1 > \mu_2. \end{array}$$

Je nach den getroffenen weiteren Annahmen lassen sich folgende Testsituationen unterscheiden:

● *Zweistichproben-GAUß-Test*: Hier wird zusätzlich unterstellt, dass das Untersuchungsmerkmal in beiden Grundgesamtheiten normalverteilt ist und dass die Streuungen σ_1 und σ_2 des Merkmals in beiden Grundgesamtheiten bekannt sind. Es liegt nahe, zum Vergleich der beiden Erwartungswerte die Differenz der beiden Stichprobenmittelwerte, also $\bar{X}_1 - \bar{X}_2$, heranzuziehen; die Varianz dieser ebenfalls normalverteilten Differenz beträgt bei bekannten Streuungen $\sigma_1^2/n_1 + \sigma_2^2/n_2$. Als Testfunktion ergibt sich daher die bei Gültigkeit der Hypothese H_0 standardnormalverteilte Testfunktion:

$$(14.41) \quad V = \frac{\bar{X}_1 - \bar{X}_2}{\sqrt{\sigma_1^2/n_1 + \sigma_2^2/n_2}} \sim N(0;1) \quad \text{unter } H_0.$$

Aufgrund der Realisation v dieser Testfunktion ist die Hypothese abzulehnen

    a) gegenüber $H_1\!: \mu_1 \neq \mu_2$, falls $v < c_{N(0;1)\ \alpha/2}$ oder $v > c_{N(0;1)\ 1-\alpha/2}$,
       d. h. falls $|v| > c_{N(0;1)\ 1-\alpha/2}$;
    b) gegenüber $H_1\!: \mu_1 < \mu_2$, falls $v < c_{N(0;1)\ \alpha} = -c_{N(0;1)\ 1-\alpha}$;
    c) gegenüber $H_1\!: \mu_1 > \mu_2$, falls $v > c_{N(0;1)\ 1-\alpha}$.

● *Zweistichproben-t-Test*: Unterstellt man weiterhin Normalverteiltheit des Merkmals in den Grundgesamtheiten, lässt die Annahme bekannter Streuungen jedoch fallen, so ist zusätzlich vorauszusetzen, dass die Streuungen σ_1 und σ_2 übereinstimmen, d. h. dass gilt: $\sigma_1 = \sigma_2 = \sigma$. Diese gemeinsame Streuung kann durch

$$(14.42) \quad \hat{\Sigma} = \sqrt{\frac{(n_1-1) \cdot S_1^{*2} + (n_2-1) \cdot S_2^{*2}}{n_1 + n_2 - 2}}$$

geschätzt werden; dabei bezeichnen S_1^* und S_2^* die korrigierten Stichprobenstandardabweichungen in den beiden Stichproben. Die bei Gültigkeit der Hypothese t-verteilte Testfunktion lautet in diesem Fall

$$(14.43) \quad V = \frac{\bar{X}_1 - \bar{X}_2}{\sqrt{\hat{\Sigma}^2/n_1 + \hat{\Sigma}^2/n_2}} \sim t(n_1+n_2-2) \quad \text{unter } H_0.$$

Aufgrund der Realisation dieser Testfunktion ist H_0 zu verwerfen

a) gegenüber H_1: $\mu_1 \neq \mu_2$, falls $v < c_{t(n_1+n_2-2)\ \alpha/2}$ oder $v > c_{t(n_1+n_2-2)\ 1-\alpha/2}$
   d. h. falls $|v| > c_{t(n_1+n_2-2)\ 1-\alpha/2}$;

b) gegenüber H_1: $\mu_1 < \mu_2$, falls $v < c_{t(n_1+n_2-2)\ \alpha} = -c_{t(n_1+n_2-2)\ 1-\alpha}$;

c) gegenüber H_1: $\mu_1 > \mu_2$, falls $v > c_{t(n_1+n_2-2)\ 1-\alpha}$.

● *Approximativer Zweistichproben-GAUß-Test*: Schließlich lässt sich der Signifikanztest auch approximativ durchführen, wenn für die Daten keine Normalverteilung unterstellt werden kann. In diesem Fall muss allerdings der Umfang beider Stichproben mindestens 30 betragen, um eine hinreichende Genauigkeit des Testverfahrens sicherzustellen. Hier kann zudem auch wieder auf die Annahme identischer Streuungen in beiden Grundgesamtheiten verzichtet werden, sodass diese Testvariante auch für normalverteilte Daten in Frage kommt, wenn die Streuungen verschieden und die Stichprobenumfänge groß genug sind. – Als approximativ normalverteilte Testfunktion verwendet man in diesem Fall

$$(14.44) \quad V = \frac{\bar{X}_1 - \bar{X}_2}{\sqrt{\hat{\Sigma}_1^2/n_1 + \hat{\Sigma}_2^2/n_2}} \overset{\text{asy.}}{\underset{\sim}{}} N(0;1) \quad \text{unter } H_0.$$

Dabei bezeichnen $\hat{\Sigma}_1$, $\hat{\Sigma}_2$ beliebige konsistente Schätzfunktionen für die beiden Streuungen σ_1, σ_2; es können also beispielsweise auch hier S_1^*, S_2^* verwendet werden, die korrigierten Stichprobenstandardabweichungen für die beiden Stichproben. Die Ablehnungsregeln gestalten sich genauso wie beim exakten Zweistichproben-GAUß-Test.

Beispiel 14.10
Die Kunden der ‚Statistik AG‘ sollen nun daraufhin untersucht werden, ob sich je nach der Branche, in der die Unternehmen tätig sind, Unterschiede in den Auftragsvolumina der potenziellen Kunden ergeben. Analog zur Stichprobe in Beispiel 11.3 wurden hier nun erneut Daten erhoben, und zwar getrennt für die drei Wirtschaftsbereiche ‚Land- und Forstwirtschaft, Bergbau‘ (primärer Sektor), ‚produzierendes Gewerbe‘ (sekundärer Sektor) sowie ‚Dienstleistungsgewerbe‘ (tertiärer Sektor). Dabei ergaben sich bei unterschiedlichen Stichprobenumfängen in den einzelnen Wirtschaftsbereichen folgende Resultate (in TDM):

untersuchter Sektor	Stichprobenumfang	Stichproben-mittelwert	Stichproben-standardabweichung
primärer Sektor	16	2,75	1,85
sekundärer Sektor	36	3,02	1,55
tertiärer Sektor	31	3,56	2,15

Zunächst soll untersucht werden, ob es Unterschiede im Erwartungswert des Auftragsvolumens zwischen dem primären Sektor und dem sekundären Sektor gibt. Es handelt sich also um eine zweiseitige Fragestellung der Form

$$H_0:\ \mu_1 = \mu_2 \quad \text{vs.} \quad H_1:\ \mu_1 \neq \mu_2.$$

Da einer der Stichprobenumfänge niedriger als 30 ist, kann hier nur eine Testentscheidung getroffen werden, wenn Normalverteilung unterstellt und zugleich angenommen wird, dass die Streuung des Untersuchungsmerkmals in beiden Teilgesamtheiten identisch ist. In diesem Fall kann ein Zweistichproben-t-Test durchgeführt werden. Hierfür ist zunächst ein Schätzwert für die gemeinsame Varianz in den beiden Teilgesamtheiten zu bestimmen:

$$\hat{\sigma}^2 = \frac{(n_1-1)\cdot s_1^{*2} + (n_2-1)\cdot s_2^{*2}}{n_1+n_2-2} = \frac{n_1\cdot s_1^2 + n_2\cdot s_2^2}{n_1+n_2-2}$$

$$= \frac{16\cdot 1,85^2 + 36\cdot 1,55^2}{16+36-2} = \frac{141,25}{50} = 2,83.$$

Mit diesem Wert kann nun der Testfunktionswert berechnet werden:

$$v = \frac{\bar{x}_1 - \bar{x}_2}{\sqrt{\sigma^2/n_1 + \sigma^2/n_2}} = \frac{2,75 - 3,02}{\sqrt{2,83/16 + 2,83/36}} = \frac{-0,27}{0,51} = -0,53.$$

Der kritische Wert ist

$$c = c_{t(n_1+n_2-2)\ 1-\alpha/2} = c_{t(50)\ 0,975} = 2,01.$$

Wegen $|v| < c$ kann die Hypothese $H_0:\ \mu_1 = \mu_2$ nicht verworfen werden.

Beim Vergleich des sekundären und des tertiären Sektors kann auf die Normalverteilungs-annahme und die Annahme gleicher Varianzen verzichtet werden, da beide Stichprobenumfänge größer als 30 sind. Das zu testende Hypothesenpaar lautet hier

$$H_0:\ \mu_2 = \mu_3 \quad \text{vs.} \quad H_1:\ \mu_2 \neq \mu_3.$$

Die Hypothesen lassen sich hier mit dem approximativen Zweistichproben-GAUß-Test über-prüfen; als Testfunktionswert erhält man

$$v = \frac{\bar{x}_2 - \bar{x}_3}{\sqrt{s_2^{*2}/n_2 + s_3^{*2}/n_3}} = \frac{\bar{x}_2 - \bar{x}_3}{\sqrt{s_2^2/(n_2-1) + s_3^2/(n_3-1)}}$$

$$= \frac{3,02 - 3,56}{\sqrt{1,55^2/(36-1) + 2,15^2/(31-1)}} = \frac{-0,54}{0,47} = -1,15.$$

Als kritischen Wert ermittelt man

$$c = c_{N(0;1)\ 1-\alpha/2} = c_{N(0;1)\ 0,975} = 1,96.$$

Auch hier kann wegen $|v| < c$ die Hypothese $H_0:\ \mu_2 = \mu_3$ nicht verworfen werden; für beide getesteten Hypothesen ergeben sich damit keine signifikanten Anhaltspunkte für Unterschiede in den Erwartungswerten.

(10) Approximativer Zweistichproben-GAUß-Test für Anteilswerte

Ebenso wie im Fall einer einzigen Stichprobe und im Fall verbundener Stichproben kann der approximative GAUß-Test auch auf den Fall dichotomer Untersuchungsmerkmale angewendet werden. In diesem Fall lauten die Hypothesenpaare:

$$
\begin{array}{llll}
\text{a)} & H_0: \pi_1 = \pi_2 & \text{vs.} & H_1: \pi_1 \neq \pi_2; \\
(14.45) \quad \text{b)} & H_0: \pi_1 = \pi_2 & \text{vs.} & H_1: \pi_1 < \pi_2; \\
\text{c)} & H_0: \pi_1 = \pi_2 & \text{vs.} & H_1: \pi_1 > \pi_2.
\end{array}
$$

Als Approximationsvoraussetzung sollte überprüft werden, ob für die zu analysierenden Stichprobenwerte $n_1 \cdot \hat{\pi}_1 \geq 5$; $n_1 \cdot (1 - \hat{\pi}_1) \geq 5$ und $n_2 \cdot \hat{\pi}_2 \geq 5$; $n_2 \cdot (1 - \hat{\pi}_2) \geq 5$ gilt. Die asymptotisch normalverteilte Testfunktion lautet in diesem Fall

$$
(14.46) \quad V = \frac{\hat{\Pi}_1 - \hat{\Pi}_2}{\sqrt{\hat{\Pi} \cdot (1 - \hat{\Pi}) \cdot (1/n_1 + 1/n_2)}} \overset{\text{asy.}}{\sim} N(0;1) \quad \text{unter } H_0.
$$

Dabei sind $\hat{\Pi}_1$, $\hat{\Pi}_2$ die Punktschätzfunktionen für die Anteilswerte der beiden Grundgesamtheiten, während $\hat{\Pi}$ eine unter H_0 gültige gemeinsame Anteilsschätzfunktion aus beiden Grundgesamtheiten darstellt:

$$
(14.47) \quad \hat{\Pi} = \frac{n_1 \cdot \hat{\Pi}_1 + n_2 \cdot \hat{\Pi}_2}{n_1 + n_2}.
$$

Aufgrund der Realisation der Testfunktion (14.46) wird die Hypothese $H_0: \pi_1 = \pi_2$ verworfen

a) gegenüber $H_1: \pi_1 \neq \pi_2$, falls $v < c_{N(0;1)\ \alpha/2}$ oder $v > c_{N(0;1)\ 1-\alpha/2}$, d. h. falls $|v| > c_{N(0;1)\ 1-\alpha/2}$;

b) gegenüber $H_1: \pi_1 < \pi_2$, falls $v < c_{N(0;1)\ \alpha} = -c_{N(0;1)\ 1-\alpha}$;

c) gegenüber $H_1: \pi_1 > \pi_2$, falls $v > c_{N(0;1)\ 1-\alpha}$.

Beispiel 14.11

Die Stichprobenuntersuchung des Beispiels 14.3, bei der der Anteil der Kunden der ‚Statistik AG' an der Grundgesamtheit aller Unternehmen untersucht wurde, ist nun nochmals getrennt nach der Zugehörigkeit der Unternehmen zu den drei Sektoren durchgeführt worden. Dabei wurde aus den potenziellen Kunden in jedem Sektor eine Stichprobe vom Umfang 50 erhoben. Von diesen gehörten im primären Sektor 8, im sekundären Sektor 12 und im tertiären Sektor 16 zu den Kunden der ‚Statistik AG'. Da diese Anzahl jeweils größer als 5, aber kleiner als $n-5 = 45$ ist, sind die Approximationsvoraussetzungen für einen approximativen Zweistichproben-GAUß-Test für Anteilswerte erfüllt.

Will man zum Beispiel nachweisen, dass der Kundenanteil im tertiären Sektor größer ist als im primären Sektor, so ist folgendes Hypothesenpaar zu prüfen:

$$
H_0: \pi_1 = \pi_3 \quad \text{vs.} \quad H_1: \pi_1 < \pi_3.
$$

Dazu ist zunächst unter Annahme der Hypothese H_0 ein gemeinsamer Schätzwert für den Anteilswert zu bestimmen:

$$\hat{\pi} = \frac{n_1 \cdot \hat{\pi}_1 + n_3 \cdot \hat{\pi}_3}{n_1 + n_3} = \frac{50 \cdot \frac{8}{50} + 50 \cdot \frac{16}{50}}{50 + 50} = \frac{8 + 16}{50 + 50} = 0{,}24.$$

Hiermit erhält man für den Testfunktionswert

$$v = \frac{\hat{\pi}_1 - \hat{\pi}_3}{\sqrt{\hat{\pi} \cdot (1 - \hat{\pi}) \cdot (1/n_1 + 1/n_3)}} = \frac{8/50 - 16/50}{\sqrt{0{,}24 \cdot (1 - 0{,}24) \cdot (1/50 + 1/50)}} = \frac{-0{,}16}{0{,}085} = -1{,}88.$$

Der kritische Wert ist

$$c = -c_{N(0;1)\ 1-\alpha} = -c_{N(0;1)\ 0{,}95} = -1{,}65.$$

Wegen $v < c$ kann die Hypothese H_0: $\pi_1 = \pi_3$ zugunsten der Alternative H_1: $\pi_1 < \pi_3$ abgelehnt werden; bei einer Fehlerwahrscheinlichkeit von 5 % kann somit geschlossen werden, dass der Kundenanteil im tertiären Sektor größer ist als im primären.

(11) Einfache Varianzanalyse

Das Ziel der einfachen Varianzanalyse ist, den Vergleich der Erwartungswerte von mehr als zwei Grundgesamtheiten durchzuführen. Gegenstand des Verfahrens ist also nicht, wie man aufgrund des Namens vermuten könnte, die Überprüfung der Gleichheit mehrerer Varianzen. (Dies ist vielmehr bei dem unter Nr. (12) vorgestellten Varianzhomogenitätstest der Fall.) Werden insgesamt g Grundgesamtheiten verglichen, so lauten die Hypothese und die dazugehörige Gegenhypothese

$$(14.48) \quad H_0\colon \mu_1 = \mu_2 = \ldots = \mu_g \quad \text{vs.} \quad H_1\colon \mu_k \neq \mu_l \text{ für mindestens ein Indexpaar } k < l.$$

Die Gegenhypothese muss hier also insofern allgemein gehalten werden, dass erstens keine einseitigen Gegenhypothesen formuliert werden können und zweitens aus der Ablehnung von H_0 zugunsten von H_1 nicht hervorgeht, welche Erwartungswerte konkret voneinander abweichen.

Voraussetzung für die einfache Varianzanalyse ist, dass die Streuungen des Untersuchungsmerkmals innerhalb der einzelnen Grundgesamtheiten identisch sind, d. h. dass gilt: $\sigma_1 = \sigma_2 = \ldots = \sigma_g$ (Varianzhomogenitätshypothese). Diese Voraussetzung sollte im Zweifelsfall vor der Durchführung der Varianzanalyse durch einen Varianzhomogenitätstest überprüft werden. Darüber hinaus ist – zumindest für die exakte Gültigkeit dieses Testverfahrens – vorauszusetzen, dass die Stichprobenvariablen normalverteilt sind.

Die Bezeichnung ‚Varianzanalyse' rührt daher, dass die in den gesamten Daten steckende Varianz dadurch ‚analysiert' wird, dass sie in zwei Teile zerlegt wird: einerseits in die Varianz zwischen den einzelnen Gesamtheiten, andererseits in die Varianz innerhalb der einzelnen Teilgesamtheiten. Grundlage hierfür ist die aus der deskriptiven Statistik bekannte Streuungszerlegungsformel (3.18), die in der hier verwendeten Notation folgende Gestalt hat:

$$
(14.49) \quad n \cdot S^2 = \sum_{j=1}^{g} \sum_{i=1}^{n_j} (X_{ji} - \bar{X})^2 = \sum_{j=1}^{g} n_j \cdot (\bar{X}_j - \bar{X})^2 + \sum_{j=1}^{g} \sum_{i=1}^{n_j} (X_{ji} - \bar{X}_j)^2
$$

$$
= \sum_{j=1}^{g} n_j \cdot (\bar{X}_j - \bar{X})^2 + \sum_{j=1}^{g} n_j \cdot S_j^2 = Q_1 + Q_2.
$$

Dabei bezeichnet S^2 die mittlere quadratische Abweichung aller Beobachtungswerte vom Gesamtmittelwert $\bar{X}$ und S_j^2 (für $j = 1, ..., g$) die mittleren quadratischen Abweichungen innerhalb der einzelnen Teilgesamtheiten von den jeweiligen Gruppenmittelwerten $\bar{X}_j$. Der Gesamtstichprobenumfang ist mit $n = \sum_{j=1}^{g} n_j$ bezeichnet. Es gilt:

$$
(14.50) \quad \bar{X} = \frac{1}{n} \sum_{j=1}^{g} \sum_{i=1}^{n_j} X_{ji} = \frac{1}{n} \sum_{j=1}^{g} n_j \cdot \bar{X}_j; \quad \bar{X}_j = \frac{1}{n_j} \sum_{i=1}^{n_j} X_{ji}.
$$

Dabei spricht für die Hypothese H_0, wenn die Abweichungen zwischen den Mittelwerten der Teilgesamtheiten, d. h. die Teilsumme Q_1, klein ist im Vergleich zur Teilsumme Q_2, welche die Abweichungen innerhalb der Teilgesamtheiten beschreibt. Hieraus ergibt sich folgende, im Fall der Hypothese F-verteilte Testfunktion

$$
(14.51) \quad V = \frac{Q_1 / (g-1)}{Q_2 / (n-g)} \sim F(g-1; n-g) \quad \text{unter } H_0.
$$

Die Hypothese wird dann gegenüber der Alternative H_1 verworfen, wenn aufgrund der Stichprobenrealisationen der Testfunktionswert $v > c_{F(g-1; n-g) \, 1-\alpha}$ ist.

Die Varianzanalyse bleibt als asymptotisches Testverfahren auch dann gültig, wenn die Normalverteiltheit der Stichprobenvariablen nicht unterstellt werden kann. Für die Asymptotik ist vorauszusetzen, dass alle Stichprobenumfänge n_j gleichmäßig gegen unendlich streben. Für die praktische Anwendung dürfte es in aller Regel genügen, dass alle Stichprobenumfänge größer als 30 sind. – Auf die Voraussetzung der Varianzhomogenität ($\sigma_1 = \sigma_2 = ... = \sigma_g$) kann hingegen nicht ohne Weiteres verzichtet werden.

Die einfache Varianzanalyse ist eine Verallgemeinerung des zweiseitigen Zweistichproben-t-Tests für Mittelwerte. Im Fall $g=2$ ergibt sich für beide Testverfahren stets das gleiche Resultat. – Die einfache Varianzanalyse dient i. d. R. dem Nachweis, dass ein nominalskaliertes Merkmal, anhand dessen die Unterscheidung der Grundgesamtheiten vorgenommen wird, einen Einfluss auf die Verteilung des Untersuchungsmerkmals hat (z. B. hat die Art der Berufsausbildung Einfluss auf die Verteilung des Einkommens). Kompliziertere Verfahren der Varianzanalyse gestatten es, die Einflüsse mehrerer nominalskalierter Einflussmerkmale gleichzeitig zu unterscheiden, die in hierarchischer oder sich überlagernder Struktur zueinander stehen (z. B. könnte überprüft werden, ob für das erzielbare Einkommen neben der Berufsausbildung auch das Geschlecht eine Rolle spielt). Hier sei auf die weiterführende Literatur verwiesen.[2]

Beispiel 14.12

In der Situation des Beispiels 14.10 soll nun geprüft werden, ob die drei Unternehmenssektoren insgesamt Unterschiede in ihren zu erwartenden Auftragsvolumen aufweisen. Es ist also folgendes Hypothesenpaar zu überprüfen:

$$H_0: \mu_1 = \mu_2 = \mu_3 \quad H_1: \mu_1 \neq \mu_2 \text{ oder } \mu_1 \neq \mu_3 \text{ oder } \mu_2 \neq \mu_3.$$

Hierzu muss neben der Varianzhomogenität auch Normalverteiltheit unterstellt werden, da nicht alle Stichprobenumfänge größer als 30 sind.

Zunächst ist der Gesamtmittelwert zu bestimmen:

$$\bar{x} = \frac{n_1 \cdot \bar{x}_1 + n_2 \cdot \bar{x}_2 + n_3 \cdot \bar{x}_3}{n_1 + n_2 + n_3} = \frac{16 \cdot 2{,}75 + 36 \cdot 3{,}02 + 31 \cdot 3{,}56}{16 + 36 + 31} = \frac{263{,}08}{83} = 3{,}17.$$

Für die Summe der quadratischen Abweichungen zwischen den Sektoren ergibt sich

$$
\begin{aligned}
q_1 &= n_1 \cdot (\bar{x}_1 - \bar{x})^2 + n_2 \cdot (\bar{x}_2 - \bar{x})^2 + n_3 \cdot (\bar{x}_3 - \bar{x})^2 \\
&= 16 \cdot (2{,}75 - 3{,}17)^2 + 36 \cdot (3{,}02 - 3{,}17)^2 + 31 \cdot (3{,}56 - 3{,}17)^2 \\
&= 2{,}82 + 0{,}81 + 4{,}72 = 8{,}35.
\end{aligned}
$$

Als Summe der quadratischen Abweichungen erhält man

$$
\begin{aligned}
q_2 &= n_1 \cdot s_1^2 + n_2 \cdot s_2^2 + n_3 \cdot s_3^2 = 16 \cdot 1{,}85^2 + 36 \cdot 1{,}55^2 + 31 \cdot 2{,}15^2 \\
&= 54{,}76 + 86{,}49 + 143{,}30 = 284{,}55.
\end{aligned}
$$

Hieraus errechnet sich der Testfunktionswert

$$v = \frac{q_1 / (g-1)}{q_2 / (n-g)} = \frac{8{,}35 / (3-1)}{284{,}55 / (83-3)} = \frac{4{,}18}{3{,}56} = 1{,}17.$$

Der kritische Wert ist

$$c = c_{F(g-1;n-g)\,1-\alpha} = c_{F(2;80)\,0{,}95} = 3{,}1.$$

Wegen $v < c$ kann die Hypothese H_0 nicht verworfen werden.

(12) Varianzhomogenitätstests

Varianzhomogenitätstests dienen dazu, die – beispielsweise für die Anwendung der Varianzanalyse relevante – Annahme zu überprüfen, dass die Varianzen bzw. Streuungen in zwei oder mehr Grundgesamtheiten identisch sind. Voraussetzung der beiden hier vorgestellten Testverfahren ist jeweils, dass das Untersuchungsmerkmal in allen betrachteten Grundgesamtheiten normalverteilt ist. Liegt kein normalverteiltes Merkmal vor, verlieren diese Tests auch ihre asymptotische Gültigkeit.

---

[2] Vgl. z. B. J. HARTUNG, B. ELPELT & K.-H. KLÖSENER: *Statistik.*, Kap. XI; D. RASCH u. a.: *Verfahrensbibliothek*, S. 433-546; F. POKROPP: *Lineare Regression und Varianzanalyse*, S. 155 ff.

● *Zweistichproben-F-Test für Varianzen*: Hier wird die Gleichheit der Streuungen zweier Varianzen überprüft, d. h. es sind folgende Hypothesenpaare möglich:

$$\text{a)} \quad H_0: \sigma_1 = \sigma_2 \quad H_1: \sigma_1 \neq \sigma_2;$$
$$(14.52) \quad \text{b)} \quad H_0: \sigma_1 = \sigma_2 \quad H_1: \sigma_1 < \sigma_2;$$
$$\text{c)} \quad H_0: \sigma_1 = \sigma_2 \quad H_1: \sigma_1 > \sigma_2.$$

Die zur Überprüfung der Hypothese geeignete, unter H_0 F-verteilte Testfunktion ist

$$(14.53) \quad V = \frac{S_1^{*2}}{S_2^{*2}} \sim F(n_1-1; n_2-1) \quad \text{unter } H_0.$$

Aufgrund der Realisation v dieser Testfunktion ist dann die Hypothese H_0 abzulehnen

a) gegenüber H_1: $\sigma_1 \neq \sigma_2$, falls $v < c_{F(n_1-1; n_2-1)\ \alpha/2}$ oder
$v > c_{F(n_1-1; n_2-1)\ 1-\alpha/2} = c^{-1}_{F(n_2-1; n_1-1)\ \alpha/2}$;

b) gegenüber H_1: $\sigma_1 < \sigma_2$, falls $v < c_{F(n_1-1; n_2-1)\ \alpha} = c^{-1}_{F(n_2-1; n_1-1)\ 1-\alpha}$;

c) gegenüber H_1: $\sigma_1 > \sigma_2$, falls $v > c_{F(n_1-1; n_2-1)\ 1-\alpha}$.

● *Varianzhomogenitätstest von BARTLETT*: Dieses Testverfahren ist die Verallgemeinerung des oben vorgestellten F-Tests auf den Fall $g > 2$. In diesem Fall lautet das zu testende Hypothesenpaar:

$$(14.54) \quad H_0: \sigma_1 = \sigma_2 = \dots = \sigma_g = \sigma \quad H_1: \sigma_k \neq \sigma_l \text{ für mindestens ein Indexpaar } k < l.$$

Für den Fall, dass die Hypothese richtig ist, lässt sich die gemeinsame Varianz σ^2 mit folgender Schätzfunktion schätzen:

$$(14.55) \quad \hat{\Sigma}^2 = \frac{1}{n-g} \sum_{j=1}^{g} (n_j-1) \cdot S_j^{*2} = \frac{Q_2}{n-g}.$$

Die Symbole n, g und Q_2 haben dabei die gleiche Bedeutung wie im Rahmen der Varianzanalyse. Darauf aufbauend lässt sich die folgende asymptotisch χ^2-verteilte Testgröße definieren, die auf dem Vergleich der allgemeinen Varianzschätzung (14.55) mit den Varianzschätzungen für die einzelnen Teilgesamtheiten beruht:

$$(14.56) \quad V = -\frac{\sum_{j=1}^{g} (n_j-1) \cdot (\ln S_j^{*2} - \ln \hat{\Sigma}^2)}{1 + \frac{1}{2(g-1)} \cdot \left(\sum_{j=1}^{g} \frac{1}{n_j-1} - \frac{1}{n-g} \right)} \overset{\text{asy.}}{\sim} \chi^2(g-1) \quad \text{unter } H_0.$$

Die Asymptotik kann dabei als brauchbar gelten, wenn für jede Teilgesamtheit $n_j \geq 6$ gilt. Die Hypothese H_0 gleicher Streuungen wird dabei gegenüber H_1 verworfen, falls gilt: $v > c_{\chi^2(g-1)\ 1-\alpha}$.

Beispiel 14.13

In der Situation von Beispiel 14.10 (Vergleich von primärem und sekundärem Sektor) bzw. Beispiel 14.12 (Vergleich aller drei Sektoren) soll nun jeweils unter Normalverteilungsannahme die für die Durchführung der Mittelwertvergleichstests wesentliche Voraussetzung der Varianzhomogenität überprüft werden. Das Signifikanzniveau beträgt hier in beiden Fällen 10 %, da ein Nichtentdecken einer wesentlichen Abweichung relativ schwerwiegend ist und deshalb ein kleinerer Wert des Fehlers zweiter Art von Interesse ist.

Beim Vergleich der Streuungen des primären und sekundären Sektors ist folgendes Hypothesenpaar zu prüfen:

$$H_0:\ \sigma_1 = \sigma_2 \quad \text{vs.} \quad H_1:\ \sigma_1 \neq \sigma_2.$$

Der Testfunktionswert lautet

$$v = \frac{s_1^{*2}}{s_2^{*2}} = \frac{\frac{n_1}{n_1-1} \cdot s_1^2}{\frac{n_2}{n_2-1} \cdot s_2^2} = \frac{\frac{16}{15} \cdot 1{,}85^2}{\frac{36}{35} \cdot 1{,}55^2} = \frac{3{,}65}{2{,}47} = 1{,}48.$$

Als kritische Werte erhält man

$$c_1 = c_{F(n_1-1;n_2-1)\ \alpha/2} = c_{F(15;35)\ 0{,}05} = \frac{1}{c_{F(35;15)\ 0{,}95}} = \frac{1}{2{,}22} = 0{,}45;$$

$$c_2 = c_{F(n_1-1;n_2-1)\ 1-\alpha/2} = c_{F(15;35)\ 0{,}95} = 1{,}97.$$

Wegen $c_1 < v < c_2$ kann die Hypothese gleicher Streuungen nicht verworfen werden.

Beim Vergleich aller drei Streuungen sind folgende Hypothesen zu prüfen:

$$H_0:\ \sigma_1 = \sigma_2 = \sigma_3 \quad \text{vs.} \quad H_1:\ \sigma_1 \neq \sigma_2 \ \text{oder} \ \sigma_1 \neq \sigma_3 \ \text{oder} \ \sigma_2 \neq \sigma_3.$$

Zur Prüfung der Hypothese muss zunächst ein Schätzwert für die gemeinsame Streuung unter Annahme der Varianzhomogenität bestimmt werden. Für diesen ergibt sich aufgrund der Berechnungen in Beispiel 14.12:

$$\hat{\sigma}^2 = \frac{q_2}{n-g} = \frac{284{,}55}{16+36+31-3} = 3{,}56.$$

Der Testfunktionswert berechnet sich dann wie folgt:

$$v = -\frac{(n_1-1)\cdot(\ln s_1^{*2}-\ln\hat{\sigma}^2) + (n_2-1)\cdot(\ln s_2^{*2}-\ln\hat{\sigma}^2) + (n_3-1)\cdot(\ln s_3^{*2}-\ln\hat{\sigma}^2)}{1 + \frac{1}{2\cdot(g-1)} \cdot \left[\frac{1}{n_1-1}+\frac{1}{n_2-1}+\frac{1}{n_3-1}-\frac{1}{n-g}\right]}$$

$$= -\frac{15\cdot\left(\ln(\frac{16}{15}\cdot 1{,}85^2)-\ln 3{,}56\right) + 35\cdot\left(\ln(\frac{36}{35}\cdot 1{,}55^2)-\ln 3{,}56\right) + 30\cdot\left(\ln(\frac{31}{30}\cdot 2{,}15^2)-\ln 3{,}56\right)}{1 + \frac{1}{2\cdot(3-1)} \cdot \left[\frac{1}{15}+\frac{1}{35}+\frac{1}{30}-\frac{1}{81-3}\right]}$$

$$= -\frac{15\cdot(\ln 3{,}65 - \ln 3{,}56) + 35\cdot(\ln 2{,}47 - \ln 3{,}56) + 30\cdot(\ln 4{,}78 - \ln 3{,}56)}{1 + \frac{1}{4}\cdot 0{,}116}$$

$$= -\frac{15\cdot(1{,}29-1{,}27) + 35\cdot(0{,}90-1{,}27) + 30\cdot(1{,}56-1{,}27)}{1 + 0{,}029}$$

$$= -\frac{0{,}3 - 12{,}95 + 8{,}7}{1{,}029} = -\frac{-3{,}95}{1{,}029} = 3{,}84.$$

Als kritischen Wert erhält man

$$c = c_{\chi^2(g-1)\ 1-\alpha} = c_{\chi^2(3-1)\ 1-0,1} = c_{\chi^2(2)\ 0,9} = 4,61\,.$$

Bei einer Fehlerwahrscheinlichkeit von 10 % kann die Hypothese der Varianzhomogenität für alle drei Sektoren nicht verworfen werden.

(13) χ^2-Homogenitätstest zum Vergleich verschiedener Verteilungen

Sollen die Verteilungen des Untersuchungsmerkmals in den verschiedenen Teilgesamtheiten nicht nur bezüglich ihres Erwartungswerts oder ihrer Streuung verglichen werden, sondern dahingehend, ob überhaupt irgendwelche Unterschiede zwischen diesen Verteilungen bestehen, so bietet sich hierfür wiederum die Verwendung eines χ^2-Tests an. Das Hypothesenpaar dieses auch als χ^2-Homogenitätstest bezeichneten Verfahrens lautet:

$$(14.57) \quad \begin{aligned} &H_0:\ F_1 = F_2 = \dots = F_g = F \quad \text{vs.} \\ &H_1:\ F_k \neq F_l \ \text{für mindestens ein Indexpaar } k{<}l\,. \end{aligned}$$

Dabei bezeichnet $F_j,\ j = 1, \dots, g$, die Verteilungsfunktion des Untersuchungsmerkmals in der Teilgesamtheit G_j.

Zur Überprüfung der Hypothese wird die reelle Zahlenachse in $r \geq 2$ disjunkte, aneinander angrenzende Intervalle $I_s,\ s = 1, \dots, r$, aufgeteilt. Sodann wird für jedes Intervall I_s und jede Teilstichprobe ermittelt, wie viele Stichprobenwerte in I_s liegen: Die Zufallsvariablen H_{js} mit den Realisationen h_{js} beschreiben die absoluten Anzahlen der in dem Intervall I_s liegenden Werte der Stichprobe aus der Teilgesamtheit G_j. Die Häufigkeiten $H_{\bullet s}$ bezeichnen die Anzahlen der insgesamt auf alle Teilstichproben entfallenden Stichprobenwerte im Intervall I_s. Gilt die Hypothese, so sollte H_{js} jeweils nicht ‚allzu weit‘ von der unter Gültigkeit der Hypothese zu erwartenden Häufigkeit $H_{\bullet s} \cdot n_j / n$ abweichen, da diese Häufigkeiten dann weitgehend proportional zu den Anteilen der Teilstichproben am Gesamtstichprobenumfang sein sollten. Aus dieser Überlegung ergibt sich die folgende asymptotisch χ^2-verteilte Prüfgröße:

$$(14.58) \quad V = \sum_{j=1}^{g} \sum_{s=1}^{r} \frac{(H_{js} - H_{\bullet s} \cdot n_j / n)^2}{H_{\bullet s} \cdot n_j / n} \overset{\text{asy.}}{\sim} \chi^2((g-1) \cdot (r-1)) \quad \text{unter } H_0\,.$$

Ein ‚zu großer‘ Realisationswert v von V führt zur Ablehnung der Hypothese H_0. Diese wird gegenüber H_1 abgelehnt, falls $v > c_{\chi^2((g-1)\cdot(r-1))\ 1-\alpha}$.

Diese Approximation ist nur hinreichend genau, wenn für alle erwarteten Intervallhäufigkeiten jeweils $H_{\bullet s} \cdot n_j / n \geq 5$ gilt. Ist das nicht der Fall, so kann dies durch Zusammenfassen benachbarter Intervalle erreicht werden.

Beispiel 14.14

Der einfachste Anwendungsfall des oben beschriebenen χ^2-Tests ist der Vergleich mehrerer dichotomer Verteilungen (d. h. eine Verallgemeinerung des Zweistichprobentests für Anteilswerte auf mehr als zwei Teilgesamtheiten). Hier soll dieser Test daher angewendet werden, um in der Situation des Beispiels 14.11 auf einem Signifikanzniveau von 5 % die Gleichheit aller drei Anteilswerte zu überprüfen. Die zu überprüfenden Hypothesen lauten also

$$H_0: F_1 = F_2 = F_3 \quad \text{vs.} \quad H_1: F_1 \neq F_2 \text{ oder } F_1 \neq F_3 \text{ oder } F_2 \neq F_3$$

$$\text{wobei } F_i = F_{B(50;\pi_j)} \text{ für } j = 1,2,3.$$

Insgesamt treten in den drei Stichproben $H_{\bullet 1} = 8+12+16 = 36$ Fälle auf, bei denen es sich um einen Kunden der ‚Statistik AG' handelt, und $H_{\bullet 2} = 42+38+34 = 114$ Fälle, bei denen es sich nicht um einen Kunden handelt. Damit ergibt sich folgender Testfunktionswert:

$$
\begin{aligned}
v = {} & \frac{(8-36\cdot50/150)^2}{36\cdot50/150} + \frac{(42-114\cdot50/150)^2}{114\cdot50/150} \\
& + \frac{12-36\cdot50/150)^2}{36\cdot50/150} + \frac{(38-114\cdot50/150)^2}{114\cdot50/150} \\
& + \frac{(16-36\cdot50/150)^2}{36\cdot50/150} + \frac{(34-114\cdot50/150)^2}{114\cdot50/150} \\
= {} & \frac{(8-12)^2}{12} + \frac{(42-38)^2}{38} + \frac{(12-12)^2}{12} + \frac{(38-38)^2}{38} + \frac{(16-12)^2}{12} + \frac{(34-38)^2}{38} \\
= {} & 1,33 + 0,42 + 0 + 0 + 1,33 + 0,42 = 3,50.
\end{aligned}
$$

Als kritischen Wert erhält man

$$c = c_{\chi^2((g-1)\cdot(r-1))\,1-\alpha} = c_{\chi^2((3-1)\cdot(2-1))\,1-0,05} = c_{\chi^2(2)\,0,95} = 5,99.$$

Die Hypothese gleicher Anteilswerte der drei dichotomen Verteilungen kann damit nicht verworfen werden. Dieses Ergebnis steht in gewissem Widerspruch zu demjenigen in Beispiel 14.11, wo sich ergeben hatte, dass der Anteil im tertiären Sektor signifikant größer ist als im primären. Dies liegt vor allem daran, dass hier keine einseitige Fragestellung wie in Beispiel 14.11 möglich ist (bei zweiseitiger Alternative hätte sich auch dort keine Signifikanz ergeben).

14.6 Gütefunktion und notwendiger Stichprobenumfang

Da es nicht möglich ist, dass ein Signifikanztest immer die richtige Entscheidung trifft, wurde in Abschnitt 14.1 so vorgegangen, dass die Wahrscheinlichkeit des Fehlers 1. Art auf einen bestimmten Wert festgesetzt wurde (meist 5%), während der Fehler 2. Art nicht kontrollierbar war. Trotzdem ist es natürlich von Interesse, dass die Fehlerwahrscheinlichkeit 2. Art so klein wie möglich ausfällt. Die Berechnung der Wahrscheinlichkeit des Fehlers 2. Art dient daher dazu, die Güteeigenschaften eines Signifikanztests zu beurteilen.

Die Wahrscheinlichkeit des Fehlers 2. Art hängt dabei davon ab, welche konkrete Situation in der Grundgesamtheit tatsächlich vorliegt. Für Parametertests lässt sich dies so formulieren, dass die Wahrscheinlichkeit des Fehlers 2. Art von den tatsächlichen Parameterwerten $\theta_1, ..., \theta_k$ der Grundgesamtheit abhängt. Die Betrachtungen seien im Weiteren auf den Fall beschränkt, dass sich die Güteeigenschaften des Testverfahrens dann anhand einer einfachen reellwertigen Funktion eines zu testenden Parameters θ_j beurteilen lassen. Diese als *Gütefunktion* (auch: *Operationscharakteristik*) bezeichnete Funktion gibt für jeden Wert $\theta_j \in \mathbb{R}$ an, wie groß die Wahrscheinlichkeit einer Testentscheidung für die Alternativhypothese H_1 ist, wenn θ_j der wahre Parameter ist (B bezeichnet den Verwerfungsbereich):

(14.59)　$G(\theta_j) = W_{\theta_j}(H_1) = W_{\theta_j}(V \in B)$.

Dabei gilt aufgrund der Konstruktion des Signifikanztests zum Niveau α gerade $G(\theta_{j0}) = \alpha$. Einen typischen Verlauf einer Gütefunktion für einen einseitigen Signifikanztest zeigt Abbildung 14.1. Je weiter der zu H_1 gehörende Parameterwert θ_j von der Stelle θ_{j0} entfernt ist, desto größer fällt cet. par. der Wert der Gütefunktion aus. Größere Werte der Gütefunktion und damit kleinere Fehlerwahrscheinlichkeiten 2. Art stellen sich cet. par. auch dann ein, wenn entweder das Signifikanzniveau α vergrößert oder der Stichprobenumfang n erhöht wird.

Die Berechnung der Gütefunktion kann für einige Signifikanztests kompliziert sein, da hierfür die Verteilung der Testfunktion V unter Gültigkeit der Alternative H_1 zu bestimmen ist. Diese Verteilung ist häufig keine der in einführenden Lehrbüchern betrachteten ‚Standardverteilungen'.

Die Gütefunktion kann einerseits dazu dienen, verschiedene für eine bestimmte Situation in Frage kommende Testverfahren in ihrer Güte zu vergleichen. Andererseits ist es möglich, für vorgegebene Güteeigenschaften des Signifikanztests den hierfür erforderlichen Stichprobenumfang zu bestimmen. Dabei wird i. d. R. so vorgegangen, dass neben der Stelle θ_{j0}, die zu H_0 gehört und für welche die Fehlerwahrscheinlichkeit 1. Art gleich α sein soll, eine zweite Stelle θ_{j1} vorgegeben wird, die zu H_1 gehört und für welche die Fehlerwahrscheinlichkeit 2. Art höchstens β betragen soll. Es wird also verlangt, dass eine Abweichung von H_0 um einen bestimmten Betrag $\Delta\theta_j = \theta_{j1} - \theta_{j0}$ mit einer vorgegebenen Sicherheitswahrscheinlichkeit entdeckt werden kann.

Beispiel 14.15

Betrachtet sei nochmals das Beispiel 14.2, wobei die Streuung als bekannt und gleich 2,5 unterstellt sei. Die Wahrscheinlichkeit in Abhängigkeit von μ, dass der Testfunktionswert des GAUSS-Tests größer als der kritische Wert 1,65 ausfällt, berechnet sich wie folgt:

$$
\begin{aligned}
W_\mu(v > 1{,}65) &= W_\mu\left(\sqrt{n} \cdot \frac{\bar{X} - \mu_0}{\sigma} > 1{,}65\right) = W_\mu\left(\sqrt{50} \cdot \frac{\bar{X} - 3}{2{,}5} > 1{,}65\right) \\
&= W_\mu\left(\sqrt{50} \cdot \frac{\bar{X} - \mu}{2{,}5} > 1{,}65 + \sqrt{50} \cdot \frac{3 - \mu}{2{,}5}\right) = W_\mu\left(\bar{X}_s > 1{,}65 + 2{,}83 \cdot (3 - \mu)\right) \\
&= 1 - F_{N(0;1)}\left(1{,}65 + 2{,}83 \cdot (3 - \mu)\right).
\end{aligned}
$$

Für diese Wahrscheinlichkeiten erhält man in Abhängkeit von **μ** folgende Werte:

μ	2,8	3,0	3,2	3,4	3,6	3,8	4,0	4,2	4,4
$W_\mu(v>1{,}65)$	0,013	0,050	0,139	0,302	0,519	0,730	0,881	0,960	0,990

Abbildung 14.1 zeigt den Verlauf dieser Gütefunktion. Bei einer Abweichung des Mittelwerts um 20 % (also für **μ=3,6**) wird diese Verletzung der Hypothese mit einer Wahrscheinlichkeit von etwas mehr als 50 % entdeckt.

Stellt man nun die Bedingung, dass diese 20 %-ige Abweichung für das gleiche Signifikanzniveau mit 80 %-iger Sicherheit entdeckt werden soll, so ist der hierfür erforderliche Stichprobenumfang zu bestimmen. Die Wahrscheinlichkeit, dass die Hypothese nicht abgelehnt wird, soll also nur 20 % betragen. Es soll somit gelten:

$$0{,}8 = W_{\mu=3{,}6}(v>1{,}65) = W_{\mu=3{,}6}\left(\sqrt{n}\cdot\frac{\bar{X}-3{,}6}{2{,}5}>1{,}65+\sqrt{n}\cdot\frac{3-3{,}6}{2{,}5}\right)$$

$$= W_{\mu=3{,}6}(\bar{X}_s>1{,}65-0{,}24\cdot\sqrt{n}) = W_{\mu=3{,}6}(\bar{X}_s<0{,}24\cdot\sqrt{n}-1{,}65)$$

$$= F_{N(0;1)}(0{,}24\cdot\sqrt{n}-1{,}65).$$

Da der 0,8-Punkt der Standardnormalverteilung gleich 0,84 ist, erhält man hieraus die Bestimmungsgleichung

$$0{,}84 = 0{,}24\cdot\sqrt{n}-1{,}65,$$

aus der sich durch Auflösen nach dem Stichprobenumfang

$$n = 107{,}6$$

ergibt. Es muss also mindestens ein Stichprobenumfang von 108 verwendet werden, damit die gestellte Bedingung erfüllt ist.

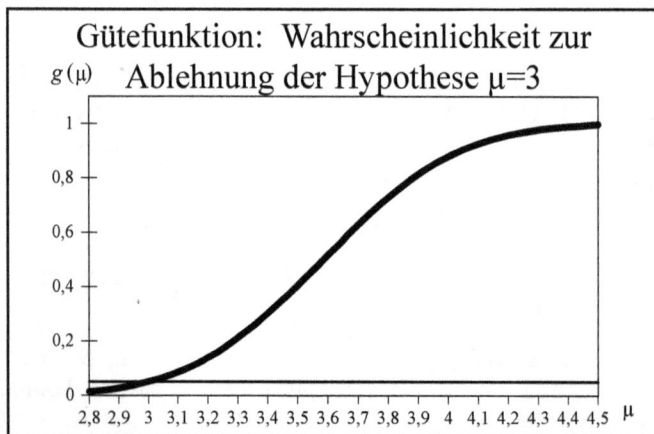

Abbildung 14.1 Gütefunktion eines einseitigen GAUß-Tests

15 Komplexere Stichprobenverfahren

15.1 Überblick

Bislang wurden im Rahmen der Stichprobentheorie lediglich einfache Zufallsstichproben betrachtet. Unter Umständen sind jedoch Vorkenntnisse über die Grundgesamtheit oder über andere Merkmale vorhanden, die sich mit Hilfe geeigneter Stichprobenverfahren nutzen lassen. Dabei sind zwei Verbesserungsmöglichkeiten im Vergleich zur einfachen Stichprobe denkbar: erstens Verfahren, die zu geringeren Standardfehlern führen, und zweitens organisatorische Vereinfachungen. Nachfolgend wird dargestellt, wie sich mit diesen Verfahren eine Punktschätzung für den Erwartungswert des Untersuchungsmerkmals ergibt und wie sich jeweils der Standardfehler dieser Schätzung angeben lässt. Grundsätzlich sind die Verfahren natürlich auch geeignet, um Konfidenzintervalle bzw. Signifikanztests für den geschätzten Parameter zu konstruieren. Im Folgenden soll grundsätzlich angenommen werden, dass die betrachtete Grundgesamtheit G endlich ist und N statistische Einheiten umfasst.

Verfahren, die zu reduzierten Standardfehlern im Vergleich zur einfachen Zufallsstichprobe führen, sind mit organisatorischem Zusatzaufwand verbunden. Bei der Stichprobenplanung muss also jeweils beurteilt werden, ob der Effizienzgewinn die mit diesem Zusatzaufwand verbundenen Kosten rechtfertigt. Zu dieser Gruppe von Stichprobenverfahren zählen u. a. *geschichtete Stichproben*, bei denen die Grundgesamtheit in verschiedene Teilgesamtheiten aufzugliedern ist, für die getrennte Stichproben zu erheben sind, sowie *gebundene Hochrechnungsverfahren*, die das Miterheben eines zweiten Merkmals, über das Vorkenntnisse bestehen, erfordern.

Auf der anderen Seite sind Vorgehensweisen denkbar, die zwar zu einem größeren Standardfehler, aber auch zu erheblichen organisatorischen Vereinfachungen führen. In diesem Fall ist also zu prüfen, ob die organisatorischen Vereinfachungen zu so großen Kostenreduktionen führen, dass dabei ein größerer Standardfehler in Kauf genommen oder durch einen höheren Stichprobenumfang ausgeglichen werden sollte. Zu dieser Gruppe von Stichprobenverfahren zählen insbesondere die *Klumpenstichproben*, bei denen jeweils mehrere Merkmalsträger zugleich erhoben werden.

Darüber hinaus werden in der (amtlichen) statistischen Praxis, beispielsweise bei der Erhebung des Mikrozensus, auch Kombinationen der oben erwähnten Verfahren eingesetzt, auf die im Rahmen dieses Lehrbuchs jedoch nicht weiter eingegangen werden kann.[1]

15.2 Geschichtete Stichproben

Oft ist es möglich, die endliche Grundgesamtheit G in g Teilgesamtheiten G_j zu zerlegen, deren Umfang jeweils N_j beträgt und bekannt ist. Es gilt also:

$$(15.1) \quad G = G_1 \cup ... \cup G_g \quad \text{mit } G_j \cap G_l \neq \emptyset \text{ für } j \neq l, \quad \sum_{j=1}^{g} N_j = N.$$

Die Erwartungswerte der einzelnen Schichten seien mit μ_j und die dazugehörigen Streuungen mit σ_j bezeichnet. Dann gilt (vgl. Streuungszerlegungsformel (3.18)):

$$(15.2) \quad \mu = \sum_{j=1}^{g} \frac{N_j}{N} \cdot \mu_j, \quad \sigma^2 = \sum_{j=1}^{g} \frac{N_j}{N} \cdot ((\mu_j - \mu)^2 + \sigma_j^2),$$

dabei bezeichnen μ und σ weiterhin den Erwartungswert und die Streuung der Grundgesamtheit G.

Man spricht von einer *geschichteten Stichprobe*, wenn in jeder der Teilgesamtheiten G_j (die dann auch als *Schichten* bezeichnet werden) eine einfache Zufallsstichprobe vom Umfang n_j gezogen wird, deren Stichprobenvariablen $X_{j1}, ..., X_{jn_j}$ sind. Die schichtspezifischen Parameter μ_j, σ_j lassen sich dann folgendermaßen erwartungstreu schätzen:

$$(15.3) \quad \hat{M}_j = \bar{X}_j = \frac{1}{n_j} \sum_{i=1}^{n_j} X_{ji}, \quad \hat{\Sigma}_j^2 = S_j^{*2} = \frac{1}{n_j - 1} \sum_{i=1}^{n_j} (X_{ji} - \bar{X}_j)^2.$$

Eine erwartungstreue Schätzfunktion für den Erwartungswert μ des Untersuchungsmerkmals in der Grundgesamtheit erhält man dann wie folgt:

$$(15.4) \quad \hat{M}_S = \bar{X}_G = \sum_{j=1}^{g} \frac{N_j}{N} \cdot \bar{X}_j,$$

d. h., die Schätzung des Gesamt-Erwartungswerts erfolgt als mit den Schichtumfängen N_j gewichtetes arithmetisches Mittel der schichtspezifischen Stichprobenmittelwerte. Diese Schätzfunktion weist folgende Eigenschaften auf:

---

[1] Vgl. z. B. W. G. COCHRAN: *Stichprobenverfahren*; L. KREIENBROCK: *Einführung in die Stichprobenverfahren*; W. KRUG, M. NOURNEY & J. SCHMIDT: *Wirtschafts- und Sozialstatistik*, Kap. 3-6.

- Die Varianz dieser Schätzfunktion ist gleich

$$(15.5) \quad \text{Var}(\hat{M}_S) = \sum_{j=1}^{g} \frac{N_j^2}{N^2} \cdot \frac{\sigma_j^2}{n_j},$$

falls die Stichproben innerhalb der Teilgesamtheiten mit Zurücklegen entnommen werden, und gleich

$$(15.6) \quad \text{Var}(\hat{M}_S) = \sum_{j=1}^{g} \frac{N_j^2}{N^2} \cdot \frac{\sigma_j^2}{n_j} \cdot \frac{N_j - n_j}{N_j - 1},$$

falls dies ohne Zurücklegen geschieht. Im letzteren Fall kann näherungsweise auf die Endlichkeitskorrekturen $(N_j - n_j)/(N_j - 1)$ verzichtet werden, falls diese jeweils größer als 0,95 sind.
- In beiden Fällen (Stichproben mit und ohne Zurücklegen) erhält man eine erwartungstreue Schätzung der Varianz von Schätzfunktion (15.4), wenn die darin auftretenden schichtspezifischen Varianzen σ_j^2 durch ihre erwartungstreuen Schätzungen S_j^{*2} ersetzt werden. Die Wurzel aus diesem Wert ist der Standardfehler der Schätzung.
- Aus (15.5) bzw. (15.6) erkennt man, dass die Schätzung von μ auf Basis der geschichteten Stichprobe umso genauer ausfällt, je kleiner die schichtspezifischen Varianzen σ_j^2 im Vergleich zur Gesamtvarianz σ^2 sind. Die Differenz der Varianz einer Schätzung auf Basis einer einfachen Zufallsstichprobe zur Varianz der geschichteten Stichprobe heißt *Schichtungseffekt*; im Fall des Ziehens der Stichprobe mit Zurücklegen lautet sie

$$(15.7) \quad \text{Var}(\bar{X}) - \text{Var}(\hat{M}_S) = \frac{\sigma^2}{n} - \sum_{j=1}^{g} \frac{N_j^2}{N^2} \cdot \frac{\sigma_j^2}{n_j}.$$

In Bezug auf die *Auswahl des Schichtungsmerkmals*, nach dem die Schichtenbildung vorgenommen wird, ist auf Folgendes zu achten:
- Es muss ohne allzu großen organisatorischen und kostenmäßigen Aufwand eine Auswahlgrundlage zu beschaffen sein, der sich die Umfänge der jeweiligen Schichten entnehmen lassen und die eine Ziehung einfacher Zufallsstichproben in den Schichten erlaubt.
- Der Schichtungseffekt ist in Bezug auf das Untersuchungsmerkmal besonders vorteilhaft, wenn die schichtspezifischen Streuungen σ_j wesentlich kleiner als σ sind, d. h. wenn die Schichten in sich weniger stark streuen als die Grundgesamtheit im Ganzen. Dies ist dann der Fall, wenn von einer

Korrelation zwischen Untersuchungsmerkmal und Schichtungsmerkmal ausgegangen werden kann, da dann ein Teil der Streuung des Untersuchungsmerkmals auf die Schichtunterschiede zurückgeführt werden kann und daher innerhalb der Schichten nicht mehr auftritt.

Beispiel 15.1

In Beispiel 14.10 wurden in drei Stichproben die Kunden der ‚Statistik AG' getrennt nach ihrer Zugehörigkeit zum primären, sekundären bzw. tertiären Sektor in Bezug auf die Höhe ihres jährlichen Auftragsvolumens untersucht. Zusammengenommen stellen diese drei Stichproben eine geschichtete Stichprobe dar, wenn die Untersuchung das Ziel verfolgt, das mittlere Auftragsvolumen für die gesamte Kundschaft zu schätzen. Zwar hat die Varianzanalyse keine signifikanten Unterschiede der Erwartungswerte ergeben, was aber wohl auf die relativ geringen schichtspezifischen Stichprobenumfänge zurückgeführt werden kann. Dieses Vorgehen erscheint dennoch im Vergleich zur einfachen Zufallsstichprobe des Beispiels 13.2 vom Umfang 100 gerechtfertigt, weil sich leicht eine Auswahlgrundlage für die einzelnen Schichten erstellen lässt. Die Schichtumfänge der drei Sektoren betragen für den primären Sektor 1.312 Unternehmen, für den sekundären Sektor 2.951 Unternehmen und für den tertiären Sektor 2.541 Unternehmen. Die Stichprobenumfänge betragen im primären Sektor 16, im sekundären 36 und im tertiären 31, d. h., in jeder Schicht wurden ohne Zurücklegen 1,22 % der statistischen Einheiten ausgewählt. Da dies weniger als 5 % ausmacht, kann bei den folgenden Berechnungen auf eine Endlichkeitskorrektur verzichtet werden.

Für die Schätzung ist von den folgenden Werten auszugehen:

Schicht (Sektor)	j	N_j	n_j	$\bar{x}_j$	s_j	$s_j^{*2} = \frac{n_j}{n_j-1} \cdot s_j^2$
primärer Sektor	1	1.312	16	2,75	1,85	3,65
sekundärer Sektor	2	2.951	36	3,02	1,55	2,47
tertiärer Sektor	3	2.541	31	3,56	2,15	4,78

Als Schätzwert für den Erwartungswert der Grundgesamtheit erhält man damit (vgl. auch Beispiel 14.12)

$$\hat{\mu}_S = \bar{x}_G = \sum_{j=1}^{3} \frac{N_j}{N} \cdot \bar{x}_j = \frac{1.312}{6.804} \cdot 2,75 + \frac{2.951}{6.804} \cdot 3,02 + \frac{2.541}{6.804} \cdot 3,56 = 3,17.$$

Der Standardfehler dieser Schätzung errechnet sich als

$$\hat{\sigma}_{\hat{M}_S} = \sqrt{\sum_{j=1}^{3} \frac{N_j^2}{N^2} \cdot \frac{s_j^{*2}}{n_j}} = \sqrt{\frac{1.312^2}{6.804^2} \cdot \frac{3,65}{16} + \frac{2.951^2}{6.804^2} \cdot \frac{2,47}{36} + \frac{2.541^2}{6.804^2} \cdot \frac{4,78}{31}}$$

$$= \sqrt{0,008.482 + 0,012.906 + 0,021.505} = \sqrt{0,042.893} = 0,207.1.$$

Der Standardfehler beträgt hier also etwa 6,5 % des berechneten Schätzwertes. Unterstellt man wie in Beispiel 14.12, dass die Stichprobenvariablen normalverteilt sind, ist auch die gewichtete Schätzfunktion für den Gesamtanteil normalverteilt, und man erhält das folgende approximative Konfidenzintervall:

$$\left[\hat{\mu}_S^{(u)};\hat{\mu}_S^{(o)}\right] = \left[\hat{\mu}_S - c_{N(0;1)\ 1-\alpha/2} \cdot \hat{\sigma}_{\hat{M}_S}; \hat{\mu}_S + c_{N(0;1)\ 1-\alpha/2} \cdot \hat{\sigma}_{\hat{M}_S}\right]$$
$$= \left[3,17 - 1,96 \cdot 0,207; 3,17 + 1,96 \cdot 0,207\right] = \left[2,76; 3,58\right].$$

Zum Vergleich: Bei einem Stichprobenumfang von 83 ergäbe sich für eine einfache Zufalls-stichprobe (ebenfalls auf Basis der Stichprobenergebnisse von Beispiel 14.12) ein Standard-fehler von

$$\hat{\sigma}_{\hat{M}} = \sqrt{\frac{s^{*2}}{n}} = \sqrt{\frac{(q_1+q_2)/(n-1)}{n}} = \sqrt{\frac{(8,35+284,55)/(83-1)}{83}}$$

$$= \sqrt{\frac{292,9/82}{83}} = \sqrt{0,043.036} = 0,207.5.$$

Dieser Standardfehler fällt für die geschichtete Stichprobe nur geringfügig kleiner aus als für die ungeschichtete Stichprobe, was auf die vergleichsweise geringen Unterscheide zwischen den Gruppen zurückzuführen ist.

Aufteilung des Stichprobenumfangs

Sind die Schichten geeignet festgelegt, so stellt sich die Frage, wie ein vorgegebe-ner Gesamtstichprobenumfang n auf die einzelnen Schichten aufgeteilt werden soll. Hierfür bieten sich die folgenden Vorgehensweisen an:

● *Proportionale Aufteilung*: Hier werden die Stichprobenumfänge n_i der ein-zelnen Schichten proportional zu den Schichtumfängen N_i festgelegt:

$$(15.8) \quad n_j = n \cdot \frac{N_j}{N}.$$

Diese Vorgehensweise ist vor allem dann zu empfehlen, wenn die für die optimale Aufteilung erforderlichen Informationen nicht beschafft werden können. Sie ist auch brauchbar, wenn mehrere Merkmale erhoben werden sollen, für die sich jeweils unterschiedliche optimale Aufteilungen ergeben.

● *Varianzminimale Aufteilung*: Hier soll die Aufteilung so vorgenommen werden, dass die Varianz der Schätzfunktion $\hat{M}_S$ möglichst gering ist, also ein möglichst großer Schichtungseffekt erzielt wird. Werden Stichproben mit Zurücklegen ge-zogen, sind zu diesem Zweck die Stichprobenumfänge n_j proportional zu $N_j \cdot \sigma_j$ zu wählen, d. h.

$$(15.9) \quad n_j^* = n \cdot \frac{N_j \cdot \sigma_j}{\sum_{i=1}^{g} N_i \cdot \sigma_i}.$$

Für Stichproben ohne Zurücklegen ergibt sich

$$(15.10) \quad n_j^* = n \cdot \frac{N_j \cdot \sigma_j \cdot \sqrt{N_j/N_j-1}}{\sum_{i=1}^{g} N_i \cdot \sigma_i \cdot \sqrt{N_i/N_i-1}}.$$

Falls die schichtspezifischen Streuungen σ_j nicht bekannt sind, bietet es sich an, diese durch eine Lernstichprobe zumindest grob zu schätzen.

● *Kostenoptimale Aufteilung*: Die zuvor betrachtete varianzminimale Aufteilung unterstellt, dass die Kosten, eine statistische Einheit zu erheben, in allen Schichten identisch sind. Ist dies nicht der Fall, so ist es vorteilhafter, in den Schichten mit verhältnismäßig geringen Erhebungskosten größere Stichproben zu erheben. Belaufen sich die variablen Kosten zur Erhebung einer zusätzlichen statistischen Einheit in Schicht G_j auf c_j, so ist i. d. R. nicht der Gesamtstichprobenumfang n vorgegeben, sondern ein Gesamtbudget c zur Deckung aller variablen Kosten der Erhebung. Es gilt also $c = \sum_{j=1}^{g} n_j \cdot c_j$. Dann erhält man folgende Formel zur varianzminimalen Aufteilung bei Ziehen mit Zurücklegen:

$$(15.11) \quad n_j^* = c \cdot \frac{N_j \cdot \sigma_j / \sqrt{c_j}}{\sum_{i=1}^{g} N_i \cdot \sigma_i \cdot \sqrt{c_i}},$$

d. h., die Stichprobenumfänge sind proportional zu $N_j \cdot \sigma_j / \sqrt{c_j}$ festzulegen. Wird ohne Zurücklegen entnommen, so ist wiederum der Korrekturfaktor $\sqrt{N_j/N_j-1}$ im Zähler und im Nenner zu berücksichtigen. Der Stichprobenumfang in einer Schicht ist also umso größer, je größer ihr Umfang, je größer ihre schichtspezifische Streuung und je kleiner ihr schichtspezifischer Kostensatz ist.

//   Die mit den Aufteilungsformeln bestimmten $\mathbf{n}_j^*$ sind im Allgemeinen nicht ganzzahlig. Man nimmt dann den ganzzahligen Nachbarwert.

Beispiel 15.2
Zur Bestimmung der varianzminimalen Aufteilung des Stichprobenumfangs lässt sich in der Situation des Beispiels 15.1 folgende Tabelle benutzen:

j	N_j	s_j^{*2}	$s_j^* = \sqrt{s_j^{*2}}$	$N_j \cdot s_j^*$	n_j/n	n_j
1	1.312	3,65	1,91	2.506	0,197	16,4
2	2.951	2,47	1,57	4.633	0,365	30,3
3	2.541	4,78	2,19	5.565	0,438	36,4
Summe	6.804	×	×	12.704	1,000	83,1

Die Anteile n_j/n am Gesamtstichprobenumfang n ergeben sich dabei, indem die Werte $N_j \cdot s_j^*$ durch die entsprechende Spaltensumme dividiert werden. Die optimalen Schichtstichproben-umfänge ergeben sich dann, indem diese Anteile mit dem vorgesehenen Gesamtstichprobenumfang von 150 multipliziert werden. Diese Werte sind noch so auf ganzzahlige Werte zu runden, dass sich als Summe $n=83$ ergibt:

$$n_1 = 16, \ n_2 = 30, \ n_3 = 37.$$

In der zweiten Schicht werden also fünf Einheiten weniger, in der dritten fünf Einheiten mehr erhoben als bei der proportionalen Aufteilung in Beispiel 15.1.

Mit diesen Stichprobenumfängen hätte sich – entsprechende Stichprobenresultate wie zuvor unterstellt – folgender Standardfehler für die geschichtete Anteilsschätzung ergeben:

$$\hat{\sigma}_{\hat{M}_s} = \sqrt{\sum_{j=1}^{3} \frac{N_j^2}{N^2} \cdot \frac{s_j^{*2}}{n_j}} = \sqrt{\frac{1.312^2}{6.804^2} \cdot \frac{3,65}{16} + \frac{2.951^2}{6.804^2} \cdot \frac{2,47}{30} + \frac{2.541^2}{6.804^2} \cdot \frac{4,78}{37}}$$

$$= \sqrt{0,008.482 + 0,015.488 + 0,018.018} = \sqrt{0,041.988} = 0,204.9.$$

Im Vergleich zur proportionalen Aufteilung lässt sich eine weitere, wenn auch nur geringfügige Reduzierung des Standardfehlers erreichen.

15.3 Klumpenstichproben

Auch im Rahmen einer Klumpenstichprobe wird eine endliche Grundgesamtheit G in disjunkte Teilgesamtheiten zerlegt, und zwar in M sog. *Klumpen* $K_1, ..., K_M$. Auch hier gilt also

(15.12) $G = K_1 \cup ... \cup K_M$ mit $K_k \cap K_l = \emptyset$ für $k \neq l$.

Dabei müssen der Umfang der Grundgesamtheit N sowie die Anzahl M der Klumpen bekannt sein.

Die Merkmalswerte des Untersuchungsmerkmals X für die N_k statistischen Einheiten des k-ten Klumpens sind mit $x_{k1}, x_{k2}, ..., x_{kN_k}$ bezeichnet. Innerhalb eines Klumpens beträgt das arithmetische Mittel der Merkmalswerte dann

(15.13) $\mu_k = \dfrac{1}{N_k} \sum_{i=1}^{N_k} x_{ki}.$

Die Idee der Klumpenstichprobe besteht darin, dass man statt einer einfachen Zufallsstichprobe der statistischen Einheiten eine einfache Zufallsstichprobe der Klumpen betrachtet. Die in dieser Stichprobe vom Umfang $m<M$ enthaltenen Klumpen seien mit $K_{[1]}, K_{[2]}, ..., K_{[m]}$ bezeichnet. Nimmt man nun in jedem dieser m Klumpen eine Vollerhebung der statistischen Einheiten vor, so lässt sich für diese Klumpen ihr Klumpenmittelwert $M_{[k]}$ (für $k=1,...,m$) bestimmen.

Eine Schätzung für den Mittelwert μ des Untersuchungsmerkmals in der Grundgesamtheit G erhält man dann wie folgt:

$$(15.14) \quad \hat{M}_K = \bar{X}_K = \frac{M}{N} \cdot \frac{1}{m} \cdot \sum_{k=1}^{m} N_{[k]} \cdot M_{[k]} = \frac{M}{N} \cdot \frac{1}{m} \cdot \sum_{k=1}^{M} \sum_{i=1}^{N_{[k]}} X_{[k]i}.$$

Diese Schätzung beruht also auf den Merkmalssummen in den Klumpen (sog. Klumpensummen) der Stichprobe.[2] Aus diesen Summen wird dann die Merkmalssumme aller in der Stichprobe enthaltenen Klumpen gebildet und diese danach mit dem Faktor $\frac{M}{m}$ auf die gesamte Grundgesamtheit hochgerechnet. Aus dieser Schätzung für die Merkmalssumme in der Grundgesamtheit erhält man nach Division durch N die gesuchte Schätzung für μ.

Die Schätzung des Standardfehlers dieser Schätzung beruht dementsprechend auf der Variabilität der Klumpensummen. Die korrigierte mittlere quadratische Abweichung der Klumpensummen in der Stichprobe errechnet sich als

$$(15.15) \quad S_K^{*2} = \frac{1}{m-1} \sum_{k=1}^{m} \left[N_{[k]} \cdot M_{[k]} - \frac{N}{M} \cdot \hat{M}_K \right]^2.$$

Daraus ergibt sich die folgende Schätzung der Varianz der Schätzfunktion $\hat{M}_K$:

$$(15.16) \quad \hat{Var}(\hat{M}_K) = \frac{M^2}{N^2} \cdot \frac{1}{m} \cdot S_K^{*2}.$$

Auch hier liefert Wurzelziehen in (15.16) den Standardfehler. Entnimmt man die Stichprobe der Klumpen ohne Zurücklegen, so ist in (15.16) als zusätzlicher Faktor die Endlichkeitskorrektur $\frac{M-m}{M-1}$ zu berücksichtigen.

Meist ist die Varianz der Schätzung auf Basis der Klumpenstichprobe größer als diejenige einer Schätzung mit einer einfachen Zufallsstichprobe gleichen Umfangs. Diese Varianzvergrößerung wird als *Klumpeneffekt* bezeichnet.

Zu welchem Zweck arbeitet man trotz dieses Klumpeneffektes mit Klumpenstichproben? Erstens steht oft nur eine Erhebungsgrundlage für Klumpen zur Verfügung, sodass eine einfache Zufallsstichprobe von vornherein ausscheidet. Zweitens bietet eine Klumpenstichprobe häufig organisatorische Vorteile, d. h., Klumpenstichproben sind i. d. R. wesentlich kostengünstiger als einfache Zufallsstichproben gleichen Umfangs. Dabei fällt die Varianzvergrößerung durch den Klum-

---

[2] In der Literatur (vgl. z. B. HARTUNG U. A. (2002), S. 291) wird alternativ eine Schätzfunktion für μ betrachtet, die nicht auf den Klumpensummen, sondern auf den Klumpenmittelwerten basiert. Diese ist zwar nicht erwartungstreu, hat aber i. d. R. eine deutlich geringere Varianz als die hier betrachtete, wenn stark variierende Klumpengrößen vorliegen.

peneffekt i. d. R. verhältnismäßig klein aus, falls die Klumpen in sich möglichst heterogen gebildet werden. Jeder Klumpen sollte im Idealfall ein möglichst getreues Abbild der Grundgesamtheit darstellen.

Aus dem oben Gesagten ergibt sich, dass die Anforderungen an die Bildung von Klumpen genau umgekehrt sind wie bei der Bildung von Schichten: Die Klumpen sollen untereinander möglichst homogen, in sich aber möglichst heterogen ausfallen. In der Praxis verwendet man als Klumpen häufig Zusammenfassungen räumlich beieinander liegender statistischer Einheiten, indem beispielsweise eine Stichprobe aus den Straßennamen gezogen wird und anschließend in den gezogenen Straßen eine Vollerhebung durchgeführt wird. Diese Vorgehensweise führt vor allem zu kostenmäßigen Vorteilen, da ein Interviewer kaum Zeit mit der An- und Abreise zu den zu erhebenden Einheiten verbringt. Darüber hinaus kann davon ausgegangen werden, dass ein Straßenzug insofern ein kleines Abbild der Grundgesamtheit darstellt, als hier i. d. R. Frauen wie Männer, alle Altersklassen und auch unterschiedliche Einkommensniveaus anzutreffen sind.

Beispiel 15.3
Alternativ zur einfachen oder geschichteten Zufallsstichprobe kann die Kundenbefragung der ‚Statistik AG' auch als Klumpenstichprobe durchgeführt werden. Die insgesamt 6.804 Kunden werden dazu nicht in Branchen wie bei der geschichteten Stichprobe, sondern nach geographischen Regionen (Straßenbezirke, Ortsteile) in insgesamt 945 Klumpen zusammengefasst. Dies ist insbesondere dann von Vorteil, wenn die Befragung der Kunden nicht schriftlich, sondern mit einem Interviewer erfolgen soll. Befragt werden die Kunden wiederum hauptsächlich nach ihrem jährlichen Auftragsvolumen.

Auf einen Klumpen entfallen durchschnittlich 7,2 Unternehmen. Um auch hier einen Stichprobenumfang von ungefähr 100 zu realisieren, müssen demnach 14 der Klumpen erhoben werden. Die Erhebung von 14 zufällig ausgewählten Klumpen liefert folgendes Ergebnis:

Klumpen-Nr. $[k]$	1	2	3	4	5	6	7
Klumpenumfang $N_{[k]}$	7	5	12	5	6	2	10
Klumpenmittelwert $\mu_{[k]}$	2,55	2,89	3,15	2,77	3,88	4,51	3,08
Klumpen-Nr. $[k]$	8	9	10	11	12	13	14
Klumpenumfang $N_{[k]}$	8	6	18	5	4	9	7
Klumpenmittelwert $\mu_{[k]}$	2,95	3,33	3,07	3,22	3,78	2,25	3,45

Mit Formel (15.14) erhält man die folgende Schätzung des Mittelwerts der Grundgesamtheit:

$$\hat{M}_K = \frac{945}{6.804} \cdot \frac{1}{14} \cdot \sum_{k=1}^{14} N_{[k]} \cdot \mu_{[k]} = 0,1389 \cdot 0,0714 \cdot (7 \cdot 2,55 + 5 \cdot 2,89 + \ldots + 7 \cdot 3,45)$$

$$= 0,1389 \cdot 0,0714 \cdot 321,51 = 3,19.$$

Zur Berechnung des Standardfehlers dieser Punktschätzung ist wie folgt vorzugehen: Zunächst bestimmt man die korrigierte mittlere quadratische Abweichung der Klumpensummen in der Stichprobe:

$$s_K^{*2} = \frac{1}{14-1} \cdot \sum_{k=1}^{14} \left[n_{[k]} \cdot \mu_{[k]} - \frac{6{,}804}{945} \cdot 3{,}19 \right]^2 = \frac{1}{13} \cdot \sum_{k=1}^{14} \left[n_{[k]} \cdot \mu_{[k]} - 22{,}97 \right]^2$$

$$= \frac{1}{13} \cdot \left((17{,}85 - 22{,}97)^2 + (14{,}45 - 22{,}97)^2 + \dots + (24{,}15 - 22{,}97)^2 \right)$$

$$= \frac{1}{13} \cdot \left(26{,}21 + 72{,}59 + \dots + 1{,}39 \right) = \frac{1}{13} \cdot 1.827{,}50 = 140{,}58.$$

Hiermit erhält man für den Standardfehler nach (15.16):

$$\hat{\sigma}_{\hat{M}_K} = \frac{945}{6.804} \cdot \frac{1}{\sqrt{14}} \cdot \sqrt{140{,}58} = 0{,}440.$$

Der Standardfehler ist also mehr als doppelt so groß wie bei der einfachen Zufallsstichprobe vom Umfang 100 (vgl. Beispiel 14.1). (Wegen $\frac{m}{M} = \frac{14}{945} = 0{,}015 < 0{,}05$ kann hier auf eine Endlichkeitskorrektur verzichtet werden.)

15.4 Hochrechnungsverfahren

Unter Hochrechnung versteht man die Aufgabe, eine Schätzung für die Merkmalssumme eines Untersuchungsmerkmals in der Grundgesamtheit zu bestimmen. Dabei gilt:

$$(15.17) \quad T_X = N \cdot \mu_X = \sum_{i=1}^{N} x_i.$$

Diese Aufgabe ist also gleichbedeutend mit der Aufgabe, den Erwartungswert des Untersuchungsmerkmals zu bestimmen, der bereits in Kapitel 19 nachgegangen wurde. Dabei gilt – unabhängig von der angewandten Schätzmethode – folgender Zusammenhang zwischen der Schätzung des Erwartungswerts und der Merkmalssumme bzw. zwischen den zugehörigen Standardfehlern:

$$(15.18) \quad \hat{T}_X = N \cdot \hat{M}_X, \quad \hat{\Sigma}_{\hat{T}_X} = N \cdot \hat{\Sigma}_{\hat{M}_X}.$$

Im Folgenden wird aus Vereinfachungsgründen wieder davon ausgegangen, dass die zur Schätzung verwendete Stichprobe eine einfache ist. Prinzipiell ist es aber auch denkbar, dass die Hochrechnungsmethoden auf eine geschichtete Stichprobe oder eine Klumpenstichprobe angewendet werden.

Abgesehen von der freien Hochrechnung wird davon ausgegangen, dass im Rahmen einer verbundenen Stichprobe zusätzlich ein Hilfsmerkmal Y betrachtet wird, für das die Merkmalssumme T_Y bzw. der Erwartungswert μ_Y in der Grundgesamtheit

$$(15.19) \quad \mathbf{T}_Y = N \cdot \mu_Y = \sum_{i=1}^{N} y_i$$

bekannt ist. Diese Information soll benutzt werden, um eine gegenüber der freien Hochrechnung verbesserte Schätzung für $\mathbf{T}_X$ bzw. μ_X zu erhalten. Nachfolgend sind jeweils die Schätzfunktionen zur Schätzung von μ_X dargestellt, entsprechende Schätzfunktionen für die Merkmalssumme $\mathbf{T}_X$ erhält man dann über Formel (15.18). Die im Folgenden angegebenen Formeln für die Berechnung der Standardfehler beruhen auf der Annahme, dass die Stichprobe mit Zurücklegen gezogen wird; soweit Stichproben ohne Zurücklegen vorliegen, ist hier jeweils noch mit der Endlichkeitskorrektur $\frac{N-n}{N-1}$ zu multiplizieren.

Als Hilfsmerkmale eignen sich solche, die möglichst hoch mit dem Untersuchungsmerkmal korreliert sind. Beispielsweise kann in einer Stichprobenuntersuchung eines Merkmals auf die Ergebnisse einer Totalerhebung dieses Merkmals zu einem früheren Zeitpunkt zurückgegriffen werden; bei der Vorausschätzung des zu versteuernden Einkommens in einer Gemeinde kann z. B. auf die Bruttoeinkommen der Einwohner zurückgegriffen werden.

Die Stichprobenvariablen des Untersuchungsmerkmals X und des Hilfsmerkmals Y bilden zusammen eine verbundene Stichprobe vom Umfang n. Wie bei Signifikanztests für verbundene Stichproben ist auch hier darauf zu achten, dass beide Merkmale auf der gleichen Grundgesamtheit definiert sind. Dies kann insbesondere dann Probleme bereiten, wenn beide Variablen sich durch ihren unterschiedlichen Erhebungszeitpunkt unterscheiden und zwischenzeitlich statistische Einheiten zur Grundgesamtheit hinzugekommen oder aus ihr ausgeschieden sein können (vgl. auch die Bemerkungen zu Differenzentests in Abschnitt 14.4).

● *Freie Hochrechnung*: Bei der freien Hochrechnung wird auf die Zuhilfenahme eines weiteren Merkmals verzichtet. Diese Vorgehensweise wurde bereits in Abschnitt 12.3 dargestellt; es ergibt sich die Schätzfunktion bzw. deren Standardfehler

$$(15.20) \quad \hat{\mathbf{M}}_X = \bar{X}; \quad \hat{\Sigma}_{\hat{\mathbf{M}}_X} = \frac{S_X^*}{\sqrt{n}}.$$

● *Differenzenschätzung*: Bei diesem Verfahren der gebundenen Hochrechnung wird der Hochrechnungswert, der sich gemäß der freien Hochrechnung (15.20) ergibt, um die Abweichung korrigiert, die sich für das Hilfsmerkmal zwischen dem hochgerechneten Merkmalssummenwert und dessen bekanntem wahren Wert errechnet:

(15.21) $\hat{M}_X^{(D)} = \bar{X} + (\mu_Y - \bar{Y})$.

Diese Schätzung ist erwartungstreu, und ihr Standardfehler lässt sich durch

(15.22) $\hat{\Sigma}_{\hat{M}_X^{(D)}} = \dfrac{1}{\sqrt{n}} \cdot \sqrt{S_X^{*2} + S_Y^{*2} - 2 \cdot S_{XY}^{*}} = \dfrac{1}{\sqrt{n-1}} \cdot \sqrt{S_X^2 + S_Y^2 - 2 \cdot S_{XY}}$

angeben. Hierbei ist eine besonders hohe Korrelation der Merkmale günstig; zudem sollten beide Merkmale annähernd die gleiche Streuung aufweisen. Unterstellt man, dass die Streuungen beider Merkmale identisch sind, ergibt sich eine Verbesserung der Schätzung gegenüber der freien Hochrechnung, falls die Korrelation größer als 0,5 ist.

● *Verhältnisschätzung*: Bei diesem Verfahren wird versucht, eine Verbesserung der Schätzung von μ_X dadurch zu erzielen, dass das aus der Stichprobe geschätzte Verhältnis der Merkmalssumme der X- und Y-Werte auf Basis des bekannten Erwartungswerts des Hilfsmerkmals Y auf die Grundgesamtheit hochgerechnet wird. Aus diesem Ansatz ergibt sich folgende Schätzfunktion:

(15.23) $\hat{M}_X^{(V)} = \mu_Y \cdot V_{XY} = \mu_Y \cdot \dfrac{\bar{X}}{\bar{Y}} = \bar{X} + (\mu_Y - \bar{Y}) \cdot \dfrac{\bar{X}}{\bar{Y}}$.

Diese Vorgehensweise liefert allerdings keine erwartungstreue Schätzfunktion. Statt der Varianz ist daher als Vergleichsmaßstab der *mittlere quadratische Fehler* heranzuziehen, für den näherungsweise gilt:

$$\text{MQF}(\hat{M}_X^{(V)}) = \text{E}\left[(\hat{M}_X^{(V)} - \mu_X)^2\right]$$

(15.24)

$$= \dfrac{1}{n} \cdot \left(\dfrac{\mu_X^2}{\mu_Y^2} \cdot \sigma_X^2 + \cdot \sigma_X^2 - 2\rho_{XY}\sigma_X \cdot \sigma_Y \cdot \dfrac{\mu_X}{\mu_Y} \right).$$

Eine Schätzung für den mittleren quadratischen Fehler erhält man, indem man in (15.24) die unbekannten Parameter der Grundgesamtheit durch entsprechende erwartungstreue Schätzfunktionen auf Basis der Stichprobe ersetzt. Die Wurzel hieraus ist dann als Vergleichsmaßstab zum Standardfehler der freien Hochrechnung zu verwenden. – Vergleicht man den mittleren quadratischen Fehler mit der Varianz der Schätzung aufgrund freier Hochrechnung, so ergibt sich:

(15.25) $\text{MQF}(\hat{M}_X^{(V)}) < \text{Var}(\hat{M}_X) \quad \Leftrightarrow \quad \dfrac{\sigma_Y}{\mu_Y} \Big/ \dfrac{\sigma_X}{\mu_X} < 2\rho_{XY}$.

Die Verhältnisschätzung bietet sich daher vor allem in solchen Fällen an, in denen der Variationskoeffizient des Hilfsmerkmals wesentlich kleiner ausfällt als derjenige des Untersuchungsmerkmals. Dabei muss dieser Unterschied in der Variabilität umso deutlicher ausfallen, je geringer die Korrelation beider Merkmale ist. Stehen die Beobachtungswerte beider Merkmale für alle Untersuchungsobjekte in einem nahezu konstanten Verhältnis zueinander, so ist der Quotient der Variationskoeffizienten ungefähr gleich eins und die Verhältnisschätzung ist vorteilhaft, wenn die Korrelation zwischen dem Untersuchungs- und dem Hilfsmerkmal mindestens 0,5 beträgt.

● *Regressionsschätzung*: Eine Kombination der beiden zuletzt betrachteten Verfahren ergibt sich, wenn die Hochrechnung auf Basis einer Regression der Untersuchungsvariablen vorgenommen wird:

$$(15.26) \quad \hat{M}_X^{(R)} = \bar{X} + \hat{B} \cdot (\mu_Y - \bar{Y}) \quad \text{mit } \hat{B} = \frac{\sum_{i=1}^{n} (Y_i - \bar{Y}) \cdot (X_i - \bar{X})}{\sum_{i=1}^{n} (Y_i - \bar{Y})^2} = \frac{S_{XY}}{S_Y^2}.$$

Der Mittelwert des Untersuchungsmerkmals in der Stichprobe wird dabei entsprechend der Steigung der Regressionsgeraden des Untersuchungsmerkmals auf das Hilfsmerkmal korrigiert. Diese Schätzfunktion ist erwartungstreu, und ihr Standardfehler ergibt sich für große Stichprobenumfänge näherungsweise als

$$(15.27) \quad \hat{\Sigma}_{\hat{M}_X^{(R)}} \sim \frac{1}{\sqrt{n}} \cdot S_X^* \cdot \sqrt{1 - R_{XY}^2} = \frac{1}{\sqrt{n-1}} \cdot S_X \cdot \sqrt{1 - R_{XY}^2}.$$

Die Regressionsschätzung ist also vorteilhaft, wenn eine betragsmäßig große Korrelation beider Merkmale vorliegt.

Beispiel 15.4

In Beispiel 14.6 wurde für 50 zufällig ausgewählte Kunden der ‚Statistik AG' zu zwei Zeitpunkten, nämlich vor und nach der Durchführung der Marketing-Maßnahme, das jeweilige jährliche Auftragsvolumen erhoben. Bezeichnet man nun (umgekehrt wie in Beispiel 14.6, um der Notation dieses Abschnitts zu entsprechen) die Auftragsvolumina vor der Maßnahme mit y_i und diejenigen nach der Maßnahme mit x_i, so gilt:

$$\bar{x} = 3,28; \ s_X^* = 1,97; \ \bar{y} = 2,78; \ s_Y^* = 2,45; \ r_{XY} = 0,74.$$

Der Umfang der Grundgesamtheit beträgt 6.804 (vgl. Beispiel 11.2).

Mit der freien Hochrechnung kommt man zu folgenden Resultaten (vgl. Beispiel 13.1):

$$\hat{\mu}_X = \bar{x} = 3,28; \quad \hat{\sigma}_{\hat{M}} = \frac{s_X^*}{\sqrt{n}} = \frac{1,97}{\sqrt{50}} = 0,279.$$

Unterstellt man im Folgenden, dass die Merkmalssumme des Auftragsvolumens vor der Maßnahme bekannt ist und dass hierfür
$$T_Y = 18.030 = N \cdot \mu_Y = 6.804 \cdot 2,65$$

gilt, so lassen sich verbesserte Schätzungen mittels gebundener Hochrechnungsverfahren errechnen.

Für die Differenzenschätzung ergibt sich
$$\hat{\mu}_X^{(D)} = \bar{x} + (\mu_Y - \bar{y}) = 3,28 + (2,65 - 2,78) = 3,15.$$

Als Standardfehler erhält man in diesem Fall

$$\hat{\sigma}_{\hat{M}_X^{(D)}} = \frac{1}{\sqrt{n}} \cdot \sqrt{s_X^{*2} + s_Y^{*2} - 2 \cdot s_{XY}^*} = \frac{1}{\sqrt{50}} \cdot \sqrt{1{,}97^2 + 2{,}45^2 - 2 \cdot 0{,}74 \cdot 1{,}97 \cdot 2{,}45}$$

$$= \frac{1}{\sqrt{50}} \cdot \sqrt{2{,}74} = 0{,}234.$$

Verwendet man eine Verhältnisschätzung, so ergibt sich als Schätzwert

$$\hat{\mu}_X^{(V)} = \mu_Y \cdot \frac{\bar{x}}{\bar{y}} = 2{,}65 \cdot \frac{3{,}28}{2{,}78} = 3{,}13.$$

Eine Schätzung des mittleren quadratischen Fehlers errechnet sich als

$$M\hat{Q}F(\hat{M}_X^{(V)}) = \frac{1}{n} \cdot \left(\frac{\hat{\mu}_X^{(V)2}}{\mu_Y^2} \cdot s_X^{*2} + s_Y^{*2} - 2 \cdot r_{XY} \cdot s_X^* \cdot s_Y^* \cdot \frac{\hat{\mu}_X^{(V)}}{\mu_Y} \right)$$

$$= \frac{1}{50} \cdot \left(\frac{3{,}13^2}{2{,}65^2} \cdot 1{,}97^2 + 2{,}45^2 - 2 \cdot 0{,}74 \cdot 2{,}45 \cdot 1{,}97 \cdot \frac{3{,}13}{2{,}65} \right)$$

$$= 0{,}02 \cdot (5{,}414 + 6{,}003 - 8{,}437) = 0{,}02 \cdot 2{,}980 = 0{,}059.6.$$

Zieht man hieraus noch die Wurzel, erhält man

$$\sqrt{M\hat{Q}F(\hat{M}_X^{(V)})} = \sqrt{0{,}059.6} = 0{,}244.$$

Für die Regressionsschätzung schließlich ist zunächst der Regressionsparameter einer Regression von X auf Y zu bestimmen. Hierfür berechnet man

$$\hat{\beta} = \frac{s_{XY}}{s_Y^2} = \frac{s_{XY}^*}{s_Y^{*2}} = \frac{0{,}74 \cdot 1{,}97 \cdot 2{,}45}{2{,}45^2} = \frac{3{,}57}{6{,}00} = 0{,}595.$$

Als Schätzwert für μ_X ergibt sich damit

$$\hat{\mu}_X^{(R)} = \bar{x} + \hat{\beta} \cdot (\mu_Y - \bar{y}) = 3{,}28 + 0{,}595 \cdot (2{,}65 - 2{,}78) = 3{,}20.$$

Einen Näherungswert für den Standardfehler dieser Schätzung erhält man auf folgende Weise:

$$\hat{\sigma}_{\hat{M}_X^{(R)}} = \frac{1}{\sqrt{n}} \cdot s_X^* \cdot \sqrt{1 - r_{XY}^2} = \frac{1}{\sqrt{50}} \cdot 1{,}97 \cdot \sqrt{1 - 0{,}74^2} = 0{,}188.$$

Für die Differenzenschätzung erhält man hier eine Reduktion der Schätzgenauigkeit gegenüber der freien Hochrechnung um 16%, für die Verhältnisschätzung von 13% und für die Regressionsschätzung sogar von 33%.

Anhang

A.1 Verteilungstabellen

(1) Binomialverteilung

Angegeben sind in Abhängigkeit von den Parametern n und $\pi \leq 0,5$ die Verteilungsfunktionswerte $F_{B(n;\pi)}(x)$. Für $\pi > 0,5$ lassen sich Verteilungsfunktionswerte mit Hilfe der folgenden Beziehung ermitteln:

$$F_{B(n;\pi)}(x) = 1 - F_{B(n;1-\pi)}(n-x-1).$$

● $\pi = 0,1$

$n =$	1	2	3	4	5	6	7	8	9	10
$x = 0$	0,900	0,810	0,729	0,656	0,591	0,531	0,478	0,431	0,387	0,349
1	1	0,990	0,972	0,947	0,919	0,886	0,850	0,813	0,775	0,736
2		1	0,999	0,996	0,991	0,984	0,974	0,962	0,947	0,930
3			1	1,000	0,999	0,999	0,997	0,995	0,992	0,987
4				1	1,000	1,000	1,000	1,000	0,999	0,998
5					1	1,000	1,000	1,000	1,000	1,000

$n =$	11	12	13	14	15	16	17	18	19	20
$x = 0$	0,314	0,282	0,254	0,229	0,206	0,185	0,167	0,150	0,135	0,122
1	0,697	0,659	0,621	0,585	0,549	0,515	0,482	0,450	0,420	0,392
2	0,910	0,889	0,866	0,842	0,816	0,789	0,762	0,734	0,705	0,677
3	0,982	0,974	0,966	0,956	0,944	0,932	0,917	0,902	0,885	0,867
4	0,997	0,996	0,994	0,991	0,987	0,983	0,978	0,972	0,965	0,957
5	1,000	0,999	0,999	0,998	0,998	0,997	0,995	0,994	0,991	0,989
6	1,000	1,000	1,000	1,000	1,000	0,999	0,999	0,999	0,998	0,998
7	1,000	1,000	1,000	1,000	1,000	1,000	1,000	1,000	1,000	1,000

$n =$	21	22	23	24	25	26	27	28	29	30
$x = 0$	0,109	0,099	0,089	0,080	0,072	0,065	0,058	0,052	0,047	0,042
1	0,365	0,339	0,315	0,293	0,271	0,251	0,233	0,215	0,199	0,184
2	0,648	0,620	0,592	0,564	0,537	0,510	0,485	0,459	0,435	0,411
3	0,848	0,828	0,807	0,786	0,764	0,741	0,718	0,695	0,671	0,647
4	0,948	0,938	0,927	0,915	0,902	0,888	0,873	0,858	0,842	0,825
5	0,986	0,982	0,977	0,972	0,967	0,960	0,953	0,945	0,936	0,927
6	0,997	0,996	0,994	0,993	0,991	0,988	0,985	0,982	0,978	0,974
7	0,999	0,999	0,999	0,998	0,998	0,997	0,996	0,995	0,994	0,992
8	1,000	1,000	1,000	1,000	0,999	0,999	0,999	0,999	0,998	0,998
9	1,000	1,000	1,000	1,000	1,000	1,000	1,000	1,000	1,000	0,999
10	1,000	1,000	1,000	1,000	1,000	1,000	1,000	1,000	1,000	1,000

● $\pi = 0{,}2$

$n =$	1	2	3	4	5	6	7	8	9	10
$x = 0$	0,800	0,640	0,512	0,410	0,328	0,262	0,210	0,168	0,134	0,107
1	1	0,960	0,896	0,819	0,737	0,655	0,577	0,503	0,436	0,376
2		1	0,992	0,973	0,942	0,901	0,852	0,797	0,738	0,678
3			1	0,998	0,993	0,983	0,967	0,944	0,914	0,879
4				1	1,000	0,998	0,995	0,990	0,980	0,967
5					1	1,000	1,000	0,999	0,997	0,994
6						1	1,000	1,000	1,000	0,999
7							1	1,000	1,000	1,000

$n =$	11	12	13	14	15	16	17	18	19	20
$x = 0$	0,086	0,069	0,055	0,044	0,035	0,028	0,023	0,018	0,014	0,012
1	0,322	0,275	0,234	0,198	0,167	0,141	0,118	0,099	0,083	0,069
2	0,617	0,558	0,502	0,448	0,398	0,352	0,310	0,271	0,237	0,206
3	0,839	0,795	0,747	0,698	0,648	0,598	0,549	0,501	0,455	0,411
4	0,950	0,927	0,901	0,870	0,836	0,798	0,758	0,716	0,673	0,630
5	0,988	0,981	0,970	0,956	0,939	0,918	0,894	0,867	0,837	0,804
6	0,998	0,996	0,993	0,988	0,982	0,973	0,962	0,949	0,932	0,913
7	1,000	0,999	0,999	0,998	0,996	0,993	0,989	0,984	0,977	0,968
8	1,000	1,000	1,000	1,000	0,999	0,998	0,997	0,996	0,993	0,990
9	1,000	1,000	1,000	1,000	1,000	1,000	0,999	0,999	0,998	0,997
10	1,000	1,000	1,000	1,000	1,000	1,000	1,000	1,000	1,000	0,999
11	1	1,000	1,000	1,000	1,000	1,000	1,000	1,000	1,000	1,000

$n =$	21	22	23	24	25	26	27	28	29	30
$x = 0$	0,009	0,007	0,006	0,005	0,004	0,003	0,002	0,002	0,002	0,001
1	0,058	0,048	0,040	0,033	0,027	0,023	0,019	0,016	0,013	0,011
2	0,179	0,155	0,133	0,115	0,098	0,084	0,072	0,061	0,052	0,044
3	0,370	0,332	0,297	0,264	0,234	0,207	0,182	0,160	0,140	0,123
4	0,586	0,543	0,501	0,460	0,421	0,383	0,348	0,315	0,284	0,255
5	0,769	0,733	0,695	0,656	0,617	0,577	0,539	0,500	0,463	0,428
6	0,981	0,867	0,840	0,811	0,780	0,747	0,713	0,678	0,643	0,607
7	0,957	0,944	0,929	0,911	0,891	0,869	0,844	0,818	0,790	0,761
8	0,986	0,980	0,973	0,964	0,953	0,941	0,926	0,910	0,892	0,871
9	0,996	0,994	0,991	0,987	0,983	0,977	0,970	0,961	0,951	0,939
10	0,999	0,998	0,997	0,996	0,994	0,992	0,989	0,985	0,980	0,974
11	1,000	1,000	0,999	0,999	0,998	0,998	0,996	0,995	0,993	0,990
12	1,000	1,000	1,000	1,000	1,000	0,999	0,999	0,998	0,998	0,997
13	1,000	1,000	1,000	1,000	1,000	1,000	1,000	1,000	0,999	0,999
14	1,000	1,000	1,000	1,000	1,000	1,000	1,000	1,000	1,000	1,000

● π = 0,3

n =	1	2	3	4	5	6	7	8	9	10
x = 0	0,700	0,490	0,343	0,240	0,168	0,118	0,082	0,058	0,040	0,028
1	1	0,910	0,784	0,652	0,528	0,420	0,329	0,255	0,196	0,149
2		1	0,973	0,916	0,837	0,744	0,647	0,552	0,463	0,383
3			1	0,992	0,969	0,929	0,874	0,806	0,730	0,650
4				1	0,998	0,989	0,971	0,942	0,901	0,850
5					1	0,999	0,996	0,989	0,975	0,953
6						1	1,000	0,999	0,996	0,989
7							1	1,000	1,000	0,998
8								1	1,000	1,000

n =	11	12	13	14	15	16	17	18	19	20
x = 0	0,020	0,014	0,010	0,007	0,005	0,003	0,002	0,002	0,001	0,001
1	0,113	0,085	0,064	0,048	0,035	0,026	0,019	0,014	0,010	0,008
2	0,313	0,253	0,203	0,161	0,127	0,099	0,077	0,060	0,046	0,035
3	0,570	0,493	0,421	0,355	0,297	0,246	0,202	0,165	0,133	0,107
4	0,790	0,724	0,654	0,584	0,515	0,450	0,389	0,333	0,282	0,237
5	0,922	0,882	0,835	0,780	0,722	0,660	0,597	0,534	0,474	0,416
6	0,978	0,961	0,938	0,907	0,869	0,825	0,775	0,722	0,665	0,608
7	0,996	0,990	0,982	0,968	0,950	0,926	0,895	0,859	0,818	0,772
8	0,999	0,998	0,996	0,992	0,985	0,974	0,960	0,940	0,916	0,887
9	1,000	1,000	0,999	0,998	0,996	0,993	0,987	0,979	0,967	0,952
10	1,000	1,000	1,000	1,000	0,999	0,998	0,997	0,994	0,989	0,983
11	1	1,000	1,000	1,000	1,000	1,000	0,999	0,999	0,997	0,995
12		1	1,000	1,000	1,000	1,000	1,000	1,000	0,999	0,999
13			1	1,000	1,000	1,000	1,000	1,000	1,000	1,000

● π = 0,4

n =	1	2	3	4	5	6	7	8	9	10
x = 0	0,600	0,360	0,216	0,130	0,078	0,047	0,028	0,017	0,010	0,006
1	1	0,840	0,648	0,475	0,337	0,233	0,159	0,106	0,070	0,046
2		1	0,936	0,821	0,683	0,544	0,420	0,315	0,232	0,167
3			1	0,974	0,913	0,821	0,710	0,594	0,483	0,382
4				1	0,990	0,959	0,904	0,826	0,733	0,633
5					1	0,996	0,981	0,950	0,901	0,834
6						1	0,998	0,991	0,975	0,945
7							1	0,999	0,996	0,988
8								1	1,000	0,998
9									1	1,000

n =	11	12	13	14	15	16	17	18	19	20
x = 0	0,004	0,002	0,001	0,001	0,001	0,000	0,000	0,000	0,000	0,000
1	0,030	0,020	0,013	0,008	0,005	0,003	0,002	0,001	0,001	0,001
2	0,119	0,083	0,058	0,040	0,027	0,018	0,012	0,008	0,005	0,004
3	0,296	0,225	0,169	0,124	0,090	0,065	0,046	0,033	0,023	0,016
4	0,533	0,438	0,353	0,279	0,217	0,167	0,126	0,094	0,070	0,051
5	0,754	0,665	0,574	0,486	0,403	0,329	0,264	0,209	0,163	0,126
6	0,901	0,842	0,771	0,692	0,610	0,527	0,448	0,374	0,308	0,250
7	0,971	0,943	0,902	0,850	0,787	0,716	0,640	0,563	0,488	0,416
8	0,994	0,985	0,968	0,942	0,905	0,858	0,801	0,737	0,667	0,596
9	0,999	0,997	0,992	0,983	0,966	0,942	0,908	0,865	0,814	0,755
10	1,000	1,000	0,999	0,996	0,991	0,981	0,965	0,942	0,911	0,872
11	1	1,000	1,000	0,999	0,998	0,995	0,989	0,980	0,965	0,943
12		1	1,000	1,000	1,000	0,999	0,997	0,994	0,988	0,979
13			1	1,000	1,000	1,000	0,999	0,999	0,997	0,993
14				1	1,000	1,000	1,000	1,000	0,999	0,998
15					1	1,000	1,000	1,000	1,000	1,000

● π = 0,5

n =	1	2	3	4	5	6	7	8	9	10
x = 0	0,500	0,250	0,125	0,062	0,031	0,016	0,008	0,004	0,002	0,001
1	1	0,750	0,500	0,312	0,187	0,109	0,062	0,035	0,019	0,011
2		1	0,875	0,687	0,500	0,344	0,227	0,144	0,090	0,055
3			1	0,937	0,812	0,656	0,500	0,363	0,254	0,172
4				1	0,969	0,891	0,773	0,637	0,500	0,377
5					1	0,984	0,937	0,855	0,746	0,623
6						1	0,992	0,965	0,910	0,828
7							1	0,996	0,980	0,945
8								1	0,998	0,989
9									1	0,999
10										1

(2) Poissonverteilung

Angegeben sind die Werte der Verteilungsfunktion $F_{P(\mu)}(x)$ für Parameterwerte $0,1 \le \mu \le 10$.

x =	0	1	2	3	4	5	6	7	8	9	10	11
μ = 0,1	,905	,995	,999	...								
0,2	,818	,982	,999	...								
0,3	,741	,963	,996	,999	...							
0,4	,670	,938	,992	,999	...							
0,5	,606	,910	,986	,998	,999	...						
0,6	,548	,878	,977	,997	,999	...						
0,7	,497	,844	,966	,994	,999	...						
0,8	,449	,809	,952	,991	,999	...						
0,9	,416	,773	,937	,987	,998	,999	...					
1,0	,368	,736	,919	,981	,996	,999	...					
1,1	,333	,699	,900	,974	,994	,999	...					
1,2	,301	,662	,879	,966	,992	,998	,999	...				
1,3	,273	,627	,857	,957	,989	,997	,999	...				
1,4	,247	,592	,834	,947	,987	,996	,999	...				
1,5	,223	,558	,809	,934	,981	,995	,999	...				
1,6	,202	,525	,783	,921	,976	,994	,999	...				
1,7	,183	,494	,758	,908	,972	,994	,999	...				
1,8	,165	,462	,730	,891	,963	,989	,997	,999	...			
1,9	,150	,434	,704	,875	,956	,987	,997	,999	...			
2,0	,135	,406	,677	,857	,947	,983	,996	,999	...			
2,2	,111	,355	,623	,820	,928	,976	,993	,998	,999	...		
2,4	,091	,309	,570	,779	,904	,964	,988	,996	,999	...		
2,6	,074	,267	,518	,736	,877	,951	,983	,995	,999	...		
2,8	,061	,231	,469	,691	,847	,934	,975	,991	,997	,999	...	
3,0	,050	,199	,423	,647	,815	,916	,966	,988	,996	,999	...	
4,0	,018	,092	,238	,343	,629	,785	,889	,950	,979	,992	,997	,999
5,0	,007	,040	,125	,265	,441	,616	,762	,867	,932	,968	,986	,995
6,0	,003	,017	,062	,151	,285	,446	,606	,744	,847	,916	,957	,980
7,0	,001	,007	,030	,082	,173	,301	,450	,599	,730	,831	,902	,947
8,0	,000	,003	,014	,042	,100	,191	,313	,453	,593	,717	,816	,888
9,0	,000	,001	,006	,021	,055	,116	,207	,324	,456	,587	,706	,803
10,0	,000	,000	,003	,010	,029	,067	,130	,220	,333	,458	,583	,697

(Forts.)

x =	12	13	14	15	16	17	18	19	20	21	22	...
μ = 4,0	,999	...										
5,0	,998	,999	...									
6,0	,991	,996	,999	...								
7,0	,973	,987	,994	,998	,999	...						
8,0	,936	,966	,983	,992	,996	,998	,999	...				
9,0	,876	,926	,959	,978	,989	,995	,998	,999	...			
10,0	,792	,865	,917	,951	,973	,986	,993	,997	,998	,999	...	

(3) Standardnormalverteilung

Angegeben sind die Werte der Verteilungsfunktion $F_{N(0;1)}(x)$ für $0 \leq x < 3$.
Verteilungsfunktionswerte für $x < 0$ erhält man aufgrund der Symmetrieeigenschaft der
Standardnormalverteilung mit der Beziehung

$$F_{N(0;1)}(x) = 1 - F_{N(0;1)}(-x).$$

$x =$	.,.0	.,.1	.,.2	.,.3	.,.4	.,.5	.,.6	.,.7	.,.8	.,.9
0,0.	,500	,504	,508	,512	,516	,520	,524	,528	,532	,536
0,1.	,540	,544	,548	,552	,556	,560	,564	,567	,571	,575
0,2.	,579	,583	,587	,591	,595	,599	,603	,606	,610	,614
0,3.	,618	,622	,625	,629	,633	,637	,641	,644	,648	,652
0,4.	,655	,659	,663	,666	,670	,674	,677	,681	,684	,688
0,5.	,692	,695	,698	,702	,705	,709	,712	,716	,719	,722
0,6.	,726	,726	,732	,736	,739	,742	,745	,749	,752	,755
0,7.	,758	,761	,764	,767	,770	,773	,776	,779	,783	,785
0,8.	,788	,791	,794	,797	,799	,802	,805	,808	,811	,813
0,9.	,816	,819	,821	,824	,826	,829	,831	,834	,836	,839
1,0.	,841	,844	,846	,848	,851	,853	,855	,858	,860	,862
1,1.	,864	,866	,869	,871	,873	,875	,877	,879	,881	,883
1,2.	,885	,887	,889	,891	,893	,894	,896	,898	,900	,901
1,3.	,903	,905	,907	,908	,910	,912	,913	,915	,916	,918
1,4.	,919	,921	,922	,924	,925	,926	,928	,929	,931	,932
1,5.	,933	,934	,936	,937	,938	,939	,941	,942	,943	,944
1,6.	,945	,946	,947	,948	,949	,950	,951	,952	,953	,954
1,7.	,955	,956	,957	,958	,959	,960	,961	,962	,962	,963
1,8.	,964	,965	,966	,966	,967	,968	,969	,969	,970	,971
1,9.	,971	,972	,973	,973	,974	,974	,975	,976	,976	,977
2,0.	,977	,978	,978	,979	,979	,980	,980	,981	,981	,982
2,1.	,982	,983	,983	,983	,984	,984	,985	,985	,985	,986
2,2.	,986	,986	,987	,987	,987	,988	,988	,988	,989	,989
2,3.	,989	,990	,990	,990	,990	,991	,991	,991	,991	,992
2,4.	,992	,992	,992	,992	,993	,993	,993	,993	,993	,994
2,5.	,994	,994	,994	,994	,994	,995	,995	,995	,995	,995
2,6.	,995	,995	,996	,996	,996	,996	,996	,996	,996	,996
2,7.	,996	,997	,997	,997	,997	,997	,997	,997	,997	,997
2,8.	,997	,997	,998	,998	,998	,998	,998	,998	,998	,998
2,9.	,998	,998	,998	,998	,998	,998	,998	,998	,999	,999

(4) t-Verteilung

Angegeben sind ausgewählte α-Punkte für Freiheitsgrade im Bereich $n = 1, ..., 100$ sowie für $n = \infty$ [entspricht $N(0;1)$].
Für $0{,}005 \leq \alpha \leq 0{,}1$ erhält man die α-Punkte aus der Beziehung $x_\alpha = -x_{1-\alpha}$.

$n =$	1	2	3	4	5	6	7	8	9	10	11	12
$\alpha = 0{,}995$	63,7	9,92	5,84	4,60	4,03	3,71	3,50	3,36	3,25	3,17	3,11	3,05
0,990	31,8	6,96	4,54	3,75	3,36	3,14	3,00	2,90	2,82	2,76	2,72	2,68
0,975	12,7	4,30	3,18	2,78	2,57	2,45	2,36	2,31	2,26	2,23	2,20	2,18
0,950	6,31	2,92	2,35	2,13	2,02	1,94	1,90	1,86	1,83	1,81	1,80	1,78
0,900	3,08	1,89	1,64	1,53	1,48	1,44	1,42	1,40	1,38	1,37	1,36	1,36

$n =$	13	14	15	16	17	18	19	20	21	22	23	24
$\alpha = 0{,}995$	3,01	2,98	2,95	2,92	2,90	2,88	2,86	2,85	2,83	2,82	2,81	2,80
0,990	2,65	2,62	2,60	2,58	2,57	2,55	2,54	2,53	2,52	2,51	2,50	2,49
0,975	2,16	2,14	2,13	2,12	2,11	2,10	2,09	2,09	2,08	2,07	2,07	2,06
0,950	1,77	1,76	1,75	1,75	1,74	1,73	1,73	1,72	1,72	1,72	1,71	1,71
0,900	1,35	1,35	1,34	1,34	1,33	1,33	1,33	1,33	1,32	1,32	1,32	1,32

$n =$	25	26	27	28	29	30	40	50	60	80	100	∞
$\alpha = 0{,}995$	2,79	2,78	2,77	2,76	2,76	2,75	2,70	2,68	2,66	2,64	2,63	2,58
0,990	2,48	2,48	2,47	2,47	2,46	2,46	2,42	2,40	2,39	2,37	2,36	2,33
0,975	2,06	2,06	2,05	2,05	2,05	2,04	2,02	2,01	2,00	1,99	1,98	1,96
0,950	1,71	1,71	1,70	1,70	1,70	1,70	1,68	1,68	1,67	1,66	1,66	1,65
0,900	1,32	1,32	1,31	1,31	1,31	1,31	1,30	1,30	1,30	1,29	1,29	1,28

(5) χ^2-Verteilung

Angegeben sind ausgewählte α-Punkte für Freiheitsgrade im Bereich $n = 1, ..., 1.000$.

$\alpha =$	0,01	0,025	0,05	0,1	0,9	0,95	0,975	0,99
$n = 1$	0,00	0,00	0,00	0,02	2,71	3,84	5,02	6,63
2	0,02	0,05	0,10	0,21	4,61	5,99	7,38	9,21
3	0,11	0,22	0,35	0,58	6,25	7,81	9,35	11,34
4	0,30	0,48	0,71	1,06	7,78	9,49	11,14	13,28
5	0,55	0,83	1,15	1,61	9,24	11,07	12,83	15,09
6	0,87	1,24	1,64	2,20	10,64	12,59	14,45	16,81
7	1,24	1,69	2,17	2,83	12,02	14,07	16,01	18,48
8	1,65	2,18	2,73	3,49	13,36	15,51	17,53	20,09
9	2,09	2,70	3,33	4,17	14,68	16,92	19,02	21,67
10	2,56	3,25	3,94	4,87	15,99	18,31	20,48	23,21
11	3,05	3,82	4,57	5,58	17,28	19,68	21,92	24,72
12	3,57	4,40	5,23	6,30	18,55	21,03	23,34	26,22
13	4,11	5,01	5,89	7,04	19,81	22,36	24,74	27,69
14	4,66	5,63	6,57	7,79	21,06	23,68	26,12	29,14
15	5,23	6,26	7,26	8,55	22,31	25,00	27,49	30,58
16	5,81	6,91	7,96	9,31	23,54	26,30	28,85	32,00
17	6,41	7,56	8,67	10,09	24,77	27,59	30,19	33,41
18	7,01	8,23	9,39	10,86	25,99	28,87	31,53	34,81
19	7,63	8,91	10,12	11,65	27,20	30,14	32,85	36,19
20	8,26	9,59	10,85	12,44	28,41	31,41	34,17	37,57
21	8,90	10,28	11,59	13,24	29,62	32,67	35,48	38,93
22	9,54	10,98	12,34	14,04	30,81	33,92	36,78	40,29
23	10,20	11,69	13,09	14,85	32,01	35,17	38,08	41,64
24	10,86	12,40	13,85	15,66	33,20	36,42	39,36	42,98
25	11,52	13,12	14,61	16,47	34,38	37,65	40,65	44,31
26	12,20	13,84	15,38	17,29	35,56	38,89	41,92	45,64
27	12,88	14,57	16,15	18,11	36,74	40,11	43,19	46,96
28	13,56	15,31	16,93	18,94	37,92	41,34	44,46	48,28
29	14,26	16,05	17,71	19,77	39,09	42,56	45,72	49,59
30	14,95	16,79	18,49	20,60	40,26	43,77	46,98	50,89
40	22,16	24,43	26,51	29,05	51,81	55,76	59,34	63,69
50	29,71	32,36	34,76	37,69	63,17	67,50	71,42	76,15
60	37,48	40,48	43,19	46,46	74,40	79,08	83,30	88,38
70	45,44	48,76	51,74	55,33	85,53	90,53	95,02	100,4
80	53,54	57,15	60,39	64,28	96,58	101,9	106,6	112,3
90	61,75	65,65	69,13	73,29	107,6	113,1	118,1	124,1
100	70,06	74,22	77,93	82,36	118,5	124,3	129,6	135,8
200	156,4	162,7	168,3	174,8	226,0	234,0	241,1	249,4
400	337,2	346,5	354,6	364,2	436,6	447,6	457,3	468,7
1000	898,9	914,3	927,6	943,1	1.058	1.075	1.090	1.107

(6) F-Verteilung

Angegeben sind α-Punkte (für $\alpha = 0,95$ und $\alpha = 0,99$) für ausgewählte Freiheitsgrade in den Bereichen $m = 1, ..., 100$ und $n = 1, ..., 200$ sowie $n = \infty$.
Für $\alpha = 0,05$ und $\alpha = 0,01$ erhält man die α-Punkte aufgrund folgender Beziehung:

$$x_{F(m;n)\ \alpha} = \left(x_{F(n;m)\ 1-\alpha} \right)^{-1}$$

● $\alpha = 0,95$

$m =$	1	2	3	4	5	6	7	8	9	10	20	50	100
$n = 1$	161	200	216	225	230	234	237	239	241	242	248	252	254
2	18,5	19,0	19,2	19,3	19,3	19,3	19,4	19,4	19,4	19,4	19,5	19,5	19,5
3	10,1	9,6	9,3	9,1	9,0	8,9	8,9	8,9	8,8	8,7	8,7	8,6	8,6
4	7,7	7,0	6,6	6,4	6,3	6,2	6,1	6,0	6,0	6,0	5,8	5,7	5,7
5	6,6	5,8	5,4	5,2	5,1	5,0	4,9	4,8	4,8	4,7	4,6	4,4	4,4
6	6,0	5,1	4,8	4,5	4,4	4,3	4,2	4,2	4,1	4,1	3,9	3,8	3,7
7	5,6	4,7	4,4	4,1	4,0	3,9	3,8	3,7	3,7	3,6	3,4	3,3	3,3
8	5,3	4,5	4,1	3,8	3,7	3,6	3,5	3,4	3,4	3,4	3,2	3,0	3,0
9	5,1	4,3	3,9	3,6	3,5	3,4	3,3	3,2	3,2	3,1	2,9	2,8	2,8
10	5,0	4,1	3,7	3,5	3,3	3,2	3,1	3,1	3,0	3,0	2,8	2,6	2,6
11	4,8	4,0	3,6	3,4	3,2	3,1	3,0	3,0	2,9	2,9	2,7	2,5	2,5
12	4,8	3,9	3,5	3,3	3,1	3,0	2,9	2,9	2,8	2,8	2,5	2,4	2,4
13	4,7	3,8	3,4	3,2	3,0	2,9	2,9	2,8	2,7	2,7	2,5	2,3	2,3
14	4,6	3,7	3,3	3,1	3,0	2,9	2,8	2,7	2,7	2,6	2,4	2,2	2,2
15	4,6	3,7	3,3	3,0	2,9	2,8	2,7	2,6	2,6	2,5	2,3	2,2	2,1
16	4,5	3,6	3,2	3,0	2,9	2,7	2,7	2,6	2,5	2,5	2,3	2,1	2,1
17	4,5	3,6	3,2	3,0	2,8	2,7	2,6	2,6	2,5	2,5	2,2	2,1	2,0
18	4,4	3,6	3,2	2,9	2,8	2,7	2,6	2,5	2,5	2,4	2,2	2,0	2,0
19	4,4	3,5	3,1	2,9	2,7	2,6	2,5	2,5	2,4	2,4	2,2	2,0	1,9
20	4,4	3,5	3,1	2,9	2,7	2,6	2,5	2,5	2,4	2,4	2,1	2,0	1,9
30	4,2	3,3	2,9	2,7	2,5	2,4	2,3	2,3	2,2	2,2	1,9	1,8	1,7
40	4,1	3,2	2,8	2,6	2,5	2,3	2,3	2,2	2,1	2,1	1,8	1,7	1,6
50	4,0	3,2	2,8	2,6	2,4	2,3	2,2	2,1	2,1	2,0	1,8	1,6	1,5
60	4,0	3,2	2,8	2,5	2,4	2,3	2,2	2,1	2,0	2,0	1,7	1,6	1,5
70	4,0	3,1	2,8	2,5	2,3	2,2	2,1	2,1	2,0	2,0	1,7	1,5	1,5
80	4,0	3,1	2,8	2,5	2,3	2,2	2,1	2,1	2,0	2,0	1,7	1,5	1,4
90	3,9	3,1	2,7	2,5	2,3	2,2	2,1	2,0	2,0	1,9	1,7	1,5	1,4
100	3,9	3,1	2,7	2,5	2,3	2,2	2,1	2,0	2,0	1,9	1,7	1,5	1,4
200	3,9	3,0	2,7	2,4	2,3	2,1	2,1	2,0	1,9	1,9	1,6	1,4	1,3
∞	3,8	3,0	2,6	2,4	2,2	2,1	2,0	1,9	1,9	1,8	1,6	1,4	1,2

● α = 0,99

m =	1	2	3	4	5	6	7	8	9	10	20	50	100
n = 2	98,5	99,0	99,2	99,3	99,3	99,3	99,4	99,4	99,4	99,4	99,5	99,5	99,5
3	34,1	30,8	29,5	28,7	28,2	27,9	27,7	27,5	27,3	27,2	26,7	26,4	26,2
4	21,2	18,0	16,7	16,0	15,5	15,2	15,0	14,8	14,7	14,6	14,0	13,7	13,6
5	16,3	13,3	12,1	11,4	11,0	10,7	10,5	10,3	10,2	10,1	9,6	9,2	9,1
6	13,7	10,9	9,8	9,1	8,7	8,5	8,3	8,1	8,0	7,9	7,4	7,1	7,0
7	12,3	9,6	8,5	7,8	7,5	7,2	7,0	6,8	6,7	6,6	6,2	5,9	5,8
8	11,3	8,7	7,6	7,0	6,6	6,4	6,2	6,0	5,9	5,8	5,4	5,1	5,0
9	10,6	8,0	7,0	6,4	6,1	5,8	5,6	5,5	5,4	5,3	4,8	4,5	4,4
10	10,0	7,6	6,6	6,0	5,6	5,4	5,2	5,1	4,9	4,8	4,4	4,1	4,0
11	9,6	7,2	6,2	5,7	5,3	5,1	4,9	4,7	4,6	4,5	4,1	3,8	3,7
12	9,3	6,9	6,0	5,4	5,1	4,8	4,6	4,5	4,4	4,3	3,9	3,6	3,5
13	9,1	6,7	5,7	5,2	4,9	4,6	4,4	4,3	4,2	4,1	3,7	3,4	3,3
14	8,9	6,5	5,6	5,0	4,7	4,5	4,3	4,1	4,0	3,9	3,5	3,2	3,1
15	8,7	6,4	5,4	4,9	4,6	4,3	4,1	4,0	3,9	3,8	3,4	3,1	3,0
16	8,5	6,2	5,3	4,8	4,4	4,2	4,0	3,9	3,8	3,7	3,3	3,0	2,9
17	8,4	6,1	5,2	4,7	4,3	4,1	3,9	3,8	3,7	3,6	3,2	2,9	2,8
18	8,3	6,0	5,1	4,6	4,2	4,0	3,8	3,7	3,6	3,5	3,1	2,8	2,7
19	8,2	5,9	5,0	4,5	4,2	3,9	3,8	3,6	3,5	3,4	3,0	2,7	2,6
20	8,1	5,8	4,9	4,4	4,1	3,9	3,7	3,6	3,5	3,4	2,9	2,6	2,5
30	7,6	5,4	4,5	4,0	3,7	3,5	3,3	3,2	3,1	3,0	2,5	2,2	2,1
40	7,3	5,2	4,3	3,8	3,5	3,3	3,1	3,0	2,9	2,8	2,4	2,1	1,9
50	7,2	5,1	4,2	3,7	3,4	3,2	3,0	2,9	2,8	2,7	2,3	1,9	1,8
60	7,1	5,0	4,1	3,6	3,3	3,1	3,0	2,8	2,7	2,6	2,2	1,9	1,7
70	7,0	4,9	4,1	3,6	3,3	3,1	2,9	2,8	2,7	2,6	2,2	1,8	1,7
80	7,0	4,9	4,0	3,6	3,3	3,0	2,9	2,7	2,6	2,6	2,1	1,8	1,7
90	6,9	4,8	4,0	3,5	3,2	3,0	2,8	2,7	2,6	2,5	2,1	1,8	1,6
100	6,9	4,8	4,0	3,5	3,2	3,0	2,8	2,7	2,6	2,5	2,1	1,7	1,6
200	6,8	4,7	3,9	3,4	3,1	2,9	2,7	2,6	2,5	2,4	2,0	1,6	1,5
∞	6,6	4,6	3,8	3,3	3,0	2,8	2,6	2,5	2,4	2,3	1,9	1,5	1,4

A.2 Übersichten zu Wahrscheinlichkeitsrechnung und schließender Statistik

(1) Wichtige Wahrscheinlichkeitsverteilungen

Wahrscheinlichkeitsverteilung und Parameterbedeutung	Wahrscheinlichkeits- bzw. Dichtefunktion und Wertebereich	Verteilungsfunktion	Erwartungswert	Varianz
Binomialverteilung B(n;π) n - Versuchsanzahl π - Erfolgswahrscheinlichkeit	$\binom{n}{x}\cdot\pi^x\cdot(1-\pi)^{n-x}$ für $x=0,1,2,...,n$	Tabellen erforderlich	$n\cdot\pi$	$n\cdot\pi\cdot(1-\pi)$
Poissonverteilung P(μ) μ - Intensität	$\dfrac{\mu^x}{x!}\,e^{-\mu}$ für $x=0,1,2,...$	Tabellen erforderlich	μ	μ
Rechteckverteilung R(a,b) a - linke Intervallgrenze b - rechte Intervallgrenze	$\dfrac{1}{b-a}$ für $a\le x\le b$	$\dfrac{x-a}{b-a}$ für $a\le x\le b$	$\dfrac{a+b}{2}$	$\dfrac{(b-a)^2}{12}$
Exponentialverteilung Exp(λ) λ - Ausfallrate	$\lambda\cdot e^{-\lambda x}$ für $x\ge 0$	$1-e^{-\lambda x}$ für $x\ge 0$	$\dfrac{1}{\lambda}$	$\dfrac{1}{\lambda^2}$
Normalverteilung N(μ;σ) μ - Erwartungswert σ - Streuung	$\dfrac{1}{\sigma\sqrt{2\pi}}\cdot e^{-\frac{1}{2}\left(\frac{x-\mu}{\sigma}\right)^2}$ für $x\in\mathbf{R}$	Tabellen erforderlich	μ	σ^2

A.2.2 Punkt- und Intervallschätzungen

zu schätzender Parameter	Voraussetzungen	Punktschätz-funktion	Verteilung der Schätzfunktion	Konfidenzintervall
Erwartungswert μ	$X_i \sim N(\mu;\sigma)$, σ bekannt.	$\bar{X} = \frac{1}{n}\sum_{i=1}^{n} X_i$	$\sqrt{n}\,\frac{\bar{X}-\mu}{\sigma} \sim N(0;1)$	$\left[\bar{X} - c_{N(0;1)\,1-\alpha/2}\,\frac{\sigma}{\sqrt{n}}\ ;\ \bar{X} + c_{N(0;1)\,1-\alpha/2}\,\frac{\sigma}{\sqrt{n}}\right]$
	X_i beliebig verteilt, σ bekannt, $n>30$.		$\sqrt{n}\,\frac{\bar{X}-\mu}{\sigma}$ appr. $N(0;1)$	$\left[\bar{X} - c_{N(0;1)\,1-\alpha/2}\,\frac{\sigma}{\sqrt{n}}\ ;\ \bar{X} + c_{N(0;1)\,1-\alpha/2}\,\frac{\sigma}{\sqrt{n}}\right]$
	$X_i \sim N(\mu;\sigma)$, σ unbekannt.		$\sqrt{n}\,\frac{\bar{X}-\mu}{S^*} \sim t(n-1)$	$\left[\bar{X} - c_{t(n-1)\,1-\alpha/2}\,\frac{S^*}{\sqrt{n}}\ ;\ \bar{X} + c_{t(n-1)\,1-\alpha/2}\,\frac{S^*}{\sqrt{n}}\right]$
	X_i beliebig verteilt, σ unbekannt, $n>30$.		$\sqrt{n}\,\frac{\bar{X}-\mu}{S^*}$ appr. $N(0;1)$	$\left[\bar{X} - c_{N(0;1)\,1-\alpha/2}\,\frac{S^*}{\sqrt{n}}\ ;\ \bar{X} + c_{N(0;1)\,1-\alpha/2}\,\frac{S^*}{\sqrt{n}}\right]$
Anteilswert π	$X_i \sim B(1;\pi)$, $nP>5$, $n(1-P)>5$	$P = \frac{1}{n}\sum_{i=1}^{n} X_i$	$\sqrt{n}\,\frac{P-\pi}{\sqrt{P(1-P)}}$ appr. $N(0;1)$	$\left[P - c_{N(0;1)\,1-\alpha/2}\,\frac{\sqrt{P(1-P)}}{\sqrt{n}}\ ;\ P + c_{N(0;1)\,1-\alpha/2}\,\frac{\sqrt{P(1-P)}}{\sqrt{n}}\right]$
Varianz σ^2	$X_i \sim N(\mu;\sigma)$, μ unbekannt.	$S^{*2} = \frac{1}{n-1}\sum_{i=1}^{n}(X_i-\bar{X})^2$	$\frac{(n-1)\,S^{*2}}{\sigma^2} \sim \chi^2(n-1)$	$\left[\frac{(n-1)\,S^{*2}}{c_{\chi^2(n-1)\,1-\alpha/2}}\ ;\ \frac{(n-1)\,S^{*2}}{c_{\chi^2(n-1)\,\alpha/2}}\right]$

A.2.3 Signifikanztests für eine einfache Stichprobe

Hypothesen	Verteilung der Grundgesamtheit	Testfunktion	Verteilung der Testfunktion unter H_0	Verwerfungsbereich
Einstichprobentests für Erwartungswerte a) H_0: $\mu=\mu_0$ H_1: $\mu\neq\mu_0$ b) H_0: $\mu=\mu_0$ H_1: $\mu<\mu_0$ c) H_0: $\mu=\mu_0$ H_1: $\mu>\mu_0$	Einstichproben-GAUSS-Test $N(\mu,\sigma)$, σ bekannt	$V=\sqrt{n}\,\dfrac{\bar{X}-\mu_0}{\sigma}$	$N(0;1)$	a) $(-\infty;c_{\alpha/2})\cup(c_{1-\alpha/2};+\infty)$ b) $(-\infty;c_\alpha)$ c) $(c_{1-\alpha};+\infty)$
	Einstichproben-t-Test $N(\mu,\sigma)$, σ unbekannt	$V=\sqrt{n}\,\dfrac{\bar{X}-\mu_0}{S^*}$	$t(n-1)$	
	approximativer Einstichproben-GAUSS-Test beliebig, σ bekannt, $n>30$	$V=\sqrt{n}\,\dfrac{\bar{X}-\mu_0}{\sigma}$	appr. $N(0;1)$	
	approximativer Einstichproben-GAUSS-Test beliebig, σ unbekannt, $n>30$	$V=\sqrt{n}\,\dfrac{\bar{X}-\mu_0}{\hat{\Sigma}}$ $\hat{\Sigma}$ beliebige unter H_0 konsistente Schätzung für σ, z. B. $\hat{\Sigma}=S^*$	appr. $N(0;1)$	
Approximativer Einstichproben-Gauss-Test für einen Anteilswert a) H_0: $\pi=\pi_0$ H_1: $\pi\neq\pi_0$ b) H_0: $\pi=\pi_0$ H_1: $\pi<\pi_0$ c) H_0: $\pi=\pi_0$ H_1: $\pi>\pi_0$	$B(1;\pi)$ $n\pi_0\geq5$, $n(1-\pi_0)\geq5$	$V=\sqrt{n}\,\dfrac{P-\pi_0}{\sqrt{\pi_0(1-\pi_0)}}$	appr. $N(0;1)$	a) $(-\infty;c_{\alpha/2})\cup(c_{1-\alpha/2};+\infty)$ b) $(-\infty;c_\alpha)$ c) $(c_{1-\alpha};+\infty)$

Hypothesen	Verteilung der GG	Testfunktion	Verteilung der Testfunktion unter H_0	Verwerfungsbereich
χ^2-Test für die Varianz a) $H_0: \sigma=\sigma_0$ $H_1: \sigma\neq\sigma_0$ b) $H_0: \sigma=\sigma_0$ $H_1: \sigma<\sigma_0$ c) $H_0: \sigma=\sigma_0$ $H_1: \sigma>\sigma_0$	$N(\mu;\sigma)$, μ unbekannt	$V = \dfrac{(n-1)\cdot S^{*2}}{\sigma_0^2}$	$\chi^2(n-1)$	a) $(0; c_{\alpha/2})\cup(c_{1-\alpha/2}; +\infty)$ b) $(0; c_\alpha)$ c) $(c_{1-\alpha}; +\infty)$
	$N(\mu;\sigma)$, μ bekannt	$V = \displaystyle\sum_{i=1}^{n}\dfrac{(X_i-\mu)^2}{\sigma_0^2}$	$\chi^2(n)$	
χ^2-Anpassungstest an konkrete Verteilung $H_0: F=F_0$ $H_1: F\neq F_0$ F_0 fest vorgegeben	beliebig k Intervalle mit $n\cdot\pi_j\geq 5$ für alle $j=1,...,k$.	$V = \displaystyle\sum_{j=1}^{k}\dfrac{(H_j-m\pi_j)^2}{m\pi_j}$	appr. $\chi^2(k-1)$	$(c_{1-\alpha}; +\infty)$
χ^2-Anpassungstest an einen Verteilungstyp $Q_0=\{F_0(\theta_1,...,\theta_p)\}$ Parameter θ_j von F_0 unbekannt, sie werden mit $\Theta_1,...,\Theta_r$ aus der Grundgesamtheit geschätzt. $H_0: F\in Q_0$ $H_1: F\notin Q_0$	beliebig k Intervalle mit $n\cdot\hat{\Pi}_j\geq 5$ für alle $j=1,...,k$.	$V = \displaystyle\sum_{j=1}^{k}\dfrac{(H_j-n\hat{\Pi}_j)^2}{n\hat{\Pi}_j}$ $\hat{\Pi}_j = \pi_f(\hat{\Theta}_1,...,\hat{\Theta}_r)$	appr. $\chi^2(k-r-1)$	$(c_{1-\alpha}; +\infty)$

A.2.4 Signifikanztests für verbundene Stichproben

Hypothesen	Verteilung der Grundgesamtheit	Testfunktion	Vert. der Testfunktion u. H_0	Verwerfungsbereich
Differenztests für Erwartungswerte a) $H_0: \mu_X=\mu_Y$ $H_1: \mu_X\neq\mu_Y$ b) $H_0: \mu_X=\mu_Y$ $H_1: \mu_X<\mu_Y$ c) $H_0: \mu_X=\mu_Y$ $H_1: \mu_X>\mu_Y$	$D_i=X_i-Y_i$, $\mu_D=\mu_X-\mu_Y$, $D_i\sim N(\mu_D;\sigma_D)$, σ_D unbekannt	$V=\sqrt{n}\,\dfrac{\overline{D}}{\sqrt{\frac{1}{n-1}\sum_{i=1}^n(D_i-\overline{D})^2}}$	$t(n-1)$	a) $(-\infty;c_{\alpha/2})\cup(c_{1-\alpha/2};+\infty)$ b) $(-\infty;c_\alpha)$ c) $(c_{1-\alpha};+\infty)$
	$D_i=X_i-Y_i$, $\mu_D=\mu_X-\mu_Y$, D_i beliebig verteilt, σ_D unbekannt	$V=\sqrt{n}\,\dfrac{\overline{D}}{\hat{\Sigma}_D}$ $\hat{\Sigma}_D$ beliebige unter H_0 konsistente Schätzung für σ_D,	appr. N(0;1)	
Anteils-Differenzentest a) $H_0: \pi_X=\pi_Y$ $H_1: \pi_X\neq\pi_Y$ b) $H_0: \pi_X=\pi_Y$ $H_1: \pi_X<\pi_Y$ c) $H_0: \pi_X=\pi_Y$ $H_1: \pi_X>\pi_Y$	$X_i\sim B(1;\pi_X)$, $Y_i\sim B(1;\pi_Y)$, $D_i=X_i-Y_i$ $5\le\sum X_i\le n-5$; $5\le\sum Y_i\le n-5$	$V=\dfrac{\sum_{i=1}^n D_i}{\sqrt{\sum_{i=1}^n D_i^2}}$	appr. N(0;1)	a) $(-\infty;c_{\alpha/2})\cup(c_{1-\alpha/2};+\infty)$ b) $(-\infty;c_\alpha)$ c) $(c_{1-\alpha};+\infty)$
Korrelationstest a) $H_0: \rho=0$ $H_1: \rho\neq0$ b) $H_0: \rho=0$ $H_1: \rho<0$ c) $H_0: \rho=0$ $H_1: \rho>0$	$(X_i;Y_i)$ zweidimensional normalverteilt mit dem Korrelationskoeffizienten ρ	$V=\dfrac{R}{\sqrt{1-R^2}}\sqrt{n-2}$	$t(n-2)$	a) $(-\infty;c_{\alpha/2})\cup(c_{1-\alpha/2};+\infty)$ b) $(-\infty;c_\alpha)$ c) $(c_{1-\alpha};+\infty)$
Kontingenztabellen- bzw. χ^2-Unabhängigkeitstest $H_0: X$ und Y unabhängig $H_1: X$ und Y abhängig	Randverteilungen bekannt. Merkmalsausprägungen unterteilt in k bzw. m Klassen, dabei gilt: $n\cdot\pi_j\cdot\psi_l\ge5; j=1,...,k, l=1,...,m$	$V=\sum_{j=1}^k\sum_{l=1}^m\dfrac{(H_{jl}-n\cdot\pi_j\cdot\psi_l)^2}{n\cdot\pi_j\cdot\psi_l}$	appr. $\chi^2(km-1)$	c) $(c_{1-\alpha};+\infty)$
	Randverteilungen sind unbekannt. Merkmalsausprägungen unterteilt in k bzw. m Klassen, dabei gilt: $n\cdot\hat{\Pi}_j\cdot\hat{\Psi}_l\ge5; j=1,...,k, l=1,...,m$	$V=\sum_{j=1}^k\sum_{l=1}^m\dfrac{(H_{jl}-n\cdot\hat{\Pi}_j\cdot\hat{\Psi}_l)^2}{n\cdot\hat{\Pi}_j\cdot\hat{\Psi}_l}$	appr. $\chi^2((k-1)(m-1))$	

A.2.5 Signifikanztests für unabhängige Stichproben

Hypothesen	Verteilung der Grundgesamtheit	Testfunktion	Verteilung der Testfunktion unter H_0	Verwerfungsbereich
Zweistichprobentests für Erwartungswerte a) $H_0: \mu_1=\mu_2$ $H_1: \mu_1\neq\mu_2$ b) $H_0: \mu_1=\mu_2$ $H_1: \mu_1<\mu_2$ c) $H_0: \mu_1=\mu_2$ $H_1: \mu_1>\mu_2$	Zweistichproben-GAUSS-Test $N(\mu_1;\sigma_1)$ bzw. $N(\mu_2;\sigma_2)$ σ_1 und σ_2 **bekannt**	$V = \dfrac{\bar{X}_1 - \bar{X}_2}{\sqrt{\sigma_1^2/n_1+\sigma_2^2/n_2}}$	$N(0;1)$	a) $(-\infty;c_{\alpha/2})\mathrm{U}$ $(c_{1-\alpha/2};+\infty)$ b) $(-\infty;c_\alpha)$ c) $(c_{1-\alpha};+\infty)$
	Zweistichproben-t-Test $N(\mu_1;\sigma_1)$ bzw. $N(\mu_2;\sigma_2)$ σ_1 und σ_2 **unbekannt**	$V = \dfrac{\bar{X}_1 - \bar{X}_2}{\sqrt{\hat{\Sigma}^2/n_1+\hat{\Sigma}^2/n_2}}$ $\hat{\Sigma}^2=\dfrac{(n_1-1)S_1^{*2}+(n_2-1)S_2^{*2}}{n_1+n_2-2}$	$t(n_1+n_2-2)$	
	Appr. Zweistichproben-GAUSS-Test beliebige Verteilungen σ_1, σ_2 **unbekannt**, n_1, $n_2>30$	$V = \dfrac{\bar{X}_1 - \bar{X}_2}{\sqrt{\hat{\Sigma}_1/n_1+\hat{\Sigma}_2/n_2}}$ $\hat{\Sigma}_1, \hat{\Sigma}_2$ beliebige unter H_0 konsistente Schätzungen für σ_1 bzw. σ_2	**appr.** $N(0;1)$	
Appr. Zweistichproben-GAUSS-Test f.Anteilswerte a) $H_0: \pi_1=\pi_2$ $H_1: \pi_1\neq\pi_2$ b) $H_0: \pi_1=\pi_2$ $H_1: \pi_1<\pi_2$ c) $H_0: \pi_1=\pi_2$ $H_1: \pi_1>\pi_2$	$B(1;\pi_1)$ bzw. $B(1;\pi_2)$ $n_1\cdot\pi_1\geq5$; $n_1\cdot(1-\pi_1)\geq5$ $n_2\cdot\pi_2\geq5$; $n_2\cdot(1-\pi_2)\geq5$	$V=\dfrac{P_1 - P_2}{\sqrt{P(1-P)\cdot(1/n_1+1/n_2)}}$ $P=\dfrac{n_1P_1+n_2P_2}{n_1+n_2}$	**appr.** $N(0;1)$	a) $(-\infty;c_{\alpha/2})\mathrm{U}$ $(c_{1-\alpha/2};+\infty)$ b) $(-\infty;c_\alpha)$ c) $(c_{1-\alpha};+\infty)$
Zweistichproben-Varianzhomogenitätstest a) $H_0: \sigma_1=\sigma_2$ $H_1: \sigma_1\neq\sigma_2$ b) $H_0: \sigma_1=\sigma_2$ $H_1: \sigma_1<\sigma_2$ a) $H_0: \sigma_1=\sigma_2$ $H_1: \sigma_1>\sigma_2$	$N(\mu_1;\sigma_1)$, μ_1 unbekannt bzw. $N(\mu_2;\sigma_2)$, μ_2 unbekannt	$V = \dfrac{S_1^{*2}}{S_2^{*2}}$	$F(n_1-1;n_2-1)$	a) $(0;c_{\alpha/2})\mathrm{U}$ $(c_{1-\alpha/2};+\infty)$ b) $(0;c_\alpha)$ c) $(c_{1-\alpha};+\infty)$

Hypothesen	Verteilung der Grundgesamtheit	Testfunktion	Verteilung der Testfunktion unter H_0	Verwerfungsbereich
Einfache Varianzanalyse $H_0: \mu_1 = \mu_2 = ... = \mu_g$ $H_1: \mu_k \neq \mu_l$ für mindestens ein Paar (k,l)	$N(\mu_1;\sigma),...,N(\mu_g;\sigma)$ wobei die Streuungen σ jeweils gleich sind, σ unbekannt	$$V = \frac{\frac{1}{g-1}\sum_{j=1}^{g} n_j\cdot(\bar{X}_j - \bar{X})^2}{\frac{1}{n-g}\sum_{j=1}^{g}\sum_{i=1}^{n_j}(X_{ji}-\bar{X}_j)^2}$$ $\bar{X}_j = \frac{1}{n_j}\sum_{i=1}^{n_j} X_{ji}$, $\bar{X} = \frac{1}{n}\sum_{j=1}^{g} n_j\cdot\bar{X}_j$	$F(g-1;n-g)$	$(c_{1-\alpha};+\infty)$
Varianzhomogenitätstest von BARTLETT $H_0: \sigma_1 = \sigma_2 = ... = \sigma_g$ $H_1: \sigma_k \neq \sigma_l$ für mindestens ein Paar (k,l)	$N(\mu_1;\sigma_1),...,N(\mu_g;\sigma_g)$ $\mu_1,...,\mu_g$ unbekannt $n_1,...,n_g \geq 6$	s. u.	appr. $\chi^2(g-1)$	$(c_{1-\alpha};+\infty)$
χ^2-Homogenitätstest $H_0: F_1 = F_2 = ... = F_g$ $H_1: F_k \neq F_l$ für mindestens ein Paar (k,l)	beliebig r Intervalle mit $H_{\bullet s}\cdot\frac{n_j}{n} \geq 5$ für alle $j=1,...,g, s=1,...,r$	$$V = \sum_{j=1}^{g}\sum_{s=1}^{r} \frac{(H_{js} - H_{\bullet s}\cdot\frac{n_j}{n})^2}{H_{\bullet s}\cdot\frac{n_j}{n}}$$	appr. $\chi^2((g-1)(r-1))$	a) $(-\infty;c_{\alpha/2})\cup$ $(c_{1-\alpha/2};+\infty)$ b) $(-\infty;c_\alpha)$ c) $(c_{1-\alpha};+\infty)$

Testfunktion des Varianzhomogenitätstest von BARTLETT:

$$V = -\frac{\sum_{j=1}^{g}(n_j-1)\cdot(\ln S_j^{*2} - \ln\hat{\Sigma}^2)}{1 + \frac{1}{2(g-1)}\left(\sum_{j=1}^{g}\frac{1}{n_j-1} - \frac{1}{n-g}\right)} \quad \text{mit } \hat{\Sigma}^2 = \frac{1}{n-g}\sum_{j=1}^{g}(n_j-1)\cdot S_j^{*2}.$$

A.3   Literaturverzeichnis

BACKHAUS, K., B. ERICHSON, W. PLINKE & R. WEIBER: *Multivariate Analysemethoden.*
Springer, Berlin, 13. Aufl. 2010.

BAMBERG, G., F. BAUR & M. KRAPP: *Statistik.*
Oldenbourg, München, 16. Aufl. 2011.

BLEYMÜLLER, J., G. GEHLERT & H. GÜLICHER: *Statistik für Wirtschaftswissenschaftler.*
Vahlen, München, 15. Aufl. 2008.

BOHLEY, P.: *Statistik. Einführendes Lehrbuch für Wirtschafts- und Sozialwissenschaftler.*
Oldenbourg, München, 7. Aufl. 2000.

COCHRAN, W. G.: *Stichprobenverfahren.*
De Gruyter, Berlin, 1972.

DEGEN, H. & P. LORSCHEID: *Statistik-Aufgabensammlung mit ausführlichen Lösungen.*
Übungsbuch zur Statistik im wirtschaftswissenschaftlichen Grundstudium.
Oldenbourg, München, 5. Aufl. 2005.

GLUTH, H.: *Betriebsstatistik. Grundlage für die Planung.*
Deutscher Betriebswirte-Verlag, Gernsbach, 1978.

GRAF, U., H.-J. HENNING, K. STANGE & P.-T. WILRICH: *Formeln und Tabellen der angewandten Statistik.*
Springer, Berlin, 3. Aufl. 1987.

HARTUNG, J. & B. ELPELT: *Multivariate Statistik. Lehr- und Handbuch der angewandten Statistik.*
Oldenbourg, München, 7. Aufl. 2007.

HARTUNG, J., B. ELPELT & K.-H. KLÖSENER: *Statistik. Lehr- und Handbuch der angewandten Statistik.*
Oldenbourg, München, 15. Aufl. 2009.

HEILER, S. & P. MICHELS: *Deskriptive und Explorative Datenanalyse.*
Oldenbourg, München, 1993.

KLEIJEN, J. & W. VAN GROENENDAAL: *Simulation. A Statistical Perspective.*
Wiley, Chichester, 1992.

KREIENBROCK, L.: *Einführung in die Stichprobenverfahren. Lehr- und Übungsbuch der angewandten Statistik.*
Oldenbourg, München, 2. Aufl. 1993.

KRUG, W., M.. NOURNEY & J. SCHMIDT: *Wirtschafts- und Sozialstatistik. Gewinnung von Daten.*
Oldenbourg, München, 6. Aufl. 2001.

NEUBAUER, W., E. BELLGARDT & A. BEHR: *Statistische Methoden. Ausgewählte Kapitel für Wirtschaftswissenschaftler.*
Vahlen, München, 2. Aufl. 2002.

PINNEKAMP, H.-J. & F. SIEGMANN: *Deskriptive Statistik.*
Oldenbourg, München, 5. Aufl. 2008.

POKROPP, F.: *Regressions- und Varianzanalyse.*
Oldenbourg, München, 1994.

RASCH, D., G. HERRENDÖRFER & andere: *Verfahrensbibliothek. Versuchsplanung und Auswertung, Band I.*
Oldenbourg, München, 2. Aufl. 2008.

RINNE, H.: *Taschenbuch der Statistik.*
  Deutsch, Thun, 4. Aufl. 2008.
SCHARNBACHER, K.: *Statistik im Betrieb. Lehrbuch mit praktischen Beispielen.*
  Gabler, Wiesbaden, 14. Aufl. 2004.
SCHIRA, J.: *Statistiche Methoden der VWL und BWL. Theorie und Praxis.*
  Pearson Studium, München, 3. Aufl. 2009.
SCHULZE, P. M.: *Beschreibende Statistik.*
  Oldenbourg, München, 6. Aufl. 2007.
SCHWARZE, J.: *Grundlagen der Statistik I: Beschreibende Verfahren.*
  Neue Wirtschafts-Briefe, Herne, 11. Aufl. 2009.
SCHWARZE, J.: *Grundlagen der Statistik II: Wahrscheinlichkeitsrechnung und induktive Statistik.*
  Neue Wirtschafts-Briefe, Herne, 9. Aufl. 2009.
STATISTISCHES BUNDESAMT: *Statistisches Jahrbuch für die Bundesrepublik Deutschland.*
  Statistisches Bundesamt, Wiesbaden, versch. Jahrgänge.
STIER, W.: *Verfahren zur Analyse saisonaler Schwankungen in ökonomischen Zeitreihen.*
  Springer, Berlin, 1980 (Taschenbuchausgabe 1998).
VOGEL, F.: *Beschreibende und schließende Statistik. Formeln, Definitionen, Erläuterungen, Stichwörter und Tabellen.*
  Oldenbourg, München, 13. Aufl. 2005.
VON DER LIPPE, P.: *Deskriptive Statistik.*
  Fischer-UTB, Stuttgart, 5. Aufl. 1999.
VOSS, W.: *Statistische Methoden und PC-Einsatz.*
  Leske + Budrich, Opladen, 1988.
o. Verf.: *Der große Brockhaus, Band 11.*
  Brockhaus, Wiesbaden, 16. Aufl. 1957.

A.4 Stichwortverzeichnis

www.ingramcontent.com/pod-product-compliance
Lightning Source LLC
Chambersburg PA
CBHW072010230326
41598CB00082B/7106